U0495261

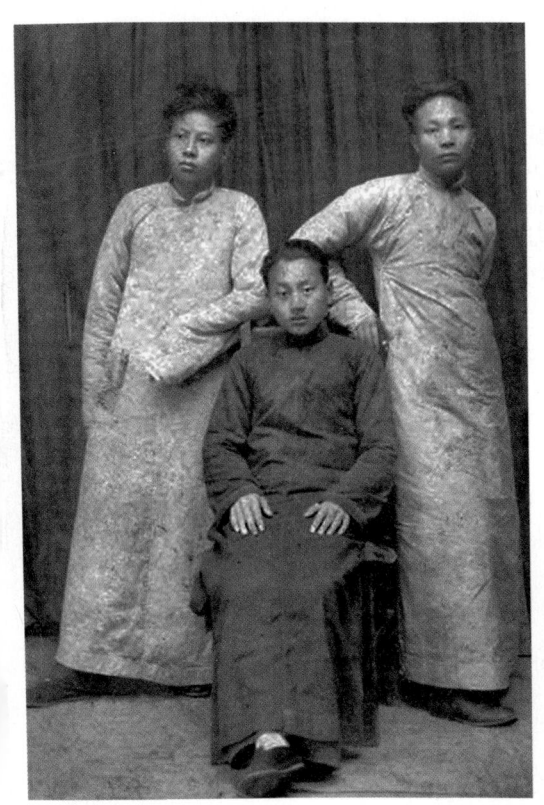

父亲萧远健（中）生前唯一的一张近照。他在北平师范大学求学时参加中共地下党。1941年夏秋之交去世，时年27岁

母亲欧阳明玺1933年在北平女子师范大学

父母在"一二·九"运动现场拍摄的照片

西安临时大学师生参加西安各界抗日动员大会,父亲时任西安临大中共地下党分支部(支部)书记

父母在江西泰和国立幼稚师范学校任教时的师生合影。中为校长、著名教育家陈鹤琴,三排右三、四为父亲母亲

2018年夏，全家六口去陕西城固西北联大旧址寻找七十八年前的双亲身影

2018年夏，全家六口去陕西城固西北联大旧址寻找双亲足迹

西北联大旧址陕西城固古路坝镇，曾在此拍摄电视剧《古路坝的灯火》

2019年清明节前，在南昌母亲墓前种下象征父母团聚的两株松柏

外祖父欧阳瀚存 20 世纪初从日本留学回国，任国立中正大学教授，有《原始佛教思想论》《合作金融论》等译著面世

外祖父二哥（二公公）欧阳溥存日本留学回国后在京主编了《中华大字典》（1935 年版），后回家乡任江西文史馆馆员、文史委员会主任

四舅爷张惟和，著名建筑师。日本留学回国后设计了南昌第一座赣江大桥。中华人民共和国成立后任江西省建工局局长，1955年在京受到毛泽东主席接见

在母亲和外婆怀抱中

刚上小学

在欧阳家长大

去京上大学,欧阳家照"全家福"

12岁的初中生　　　　　　　　　　　踏入高中门槛

高考准考证，命运未卜　　　　　　　考上中国人民大学新闻系

大学时期

20世纪五六十年代，中国人民大学城内校区铁狮子胡同一号，难忘新闻系57级一班同学情谊（前右二）

在京时，随母亲拜访父母当年老同学、时任全国政协秘书长彭友今一家

相隔二十多年，母子同在北京铁狮子胡同上学、拍照（上图，1936年，前右一母亲）

1958年，全班同学参加修建北京十三陵水库劳动（前右一）

1959年，参加班级社会主义教育学习活动

1961年,大学毕业到陕西日报社任记者、编辑

1963年冬,第一次到延安采访

1965年冬，随时任副省长黄静波在秦岭深山采访

1986年，作为省文化系统扶贫工作队队长在当时的榆林市（现榆阳区）工作一年

1988年，在神府煤田采写长篇报告文学《黑色浮沉》

1993年，将文艺家的公益捐赠送到大巴山茶乡

二十五年后去"文革"时下放的西乡五里坝看望当年老房东

1996年,在玉树赛马大会与冠军藏族选手合影

就在这里！1996 年，拉萨哲蚌寺偏巷，被藏獒咬了一口

2006 年，在壶口瀑布现场，陕西文联组织了千人《黄河大合唱》，担任现场总指挥

2008年,在陕西"两会"上接受采访

2017年,为整理父亲生前的历史资料,走访井冈山区,在老乡家吃饭

与易中天、魏明伦、朱维铮在凤凰卫视"风追司马"文化论坛现场

2004年，担任黄帝陵"中华大祭祖"活动主讲嘉宾，央视现场直播

第八次全国文代会（2006年）合影，陕西文艺家有幸被安排在党和国家领导人身后

2012年，在布鲁塞尔欧盟总部参加中欧高级别人文对话

在央视九、十频道讲文学与文化

2012年，在意大利罗马举办"肖云儒墨迹展"并做"罗马与长安"文化讲座

2013年,与有关部门赴美国宾夕法尼亚大学博物馆洽商流落美国的唐代昭陵六骏中的两骏("拳毛䯄""飒露紫")回归事宜,未果

2013年,任凤凰卫视"秦岭与黄河对话"主讲嘉宾,主持人为名嘴胡一虎

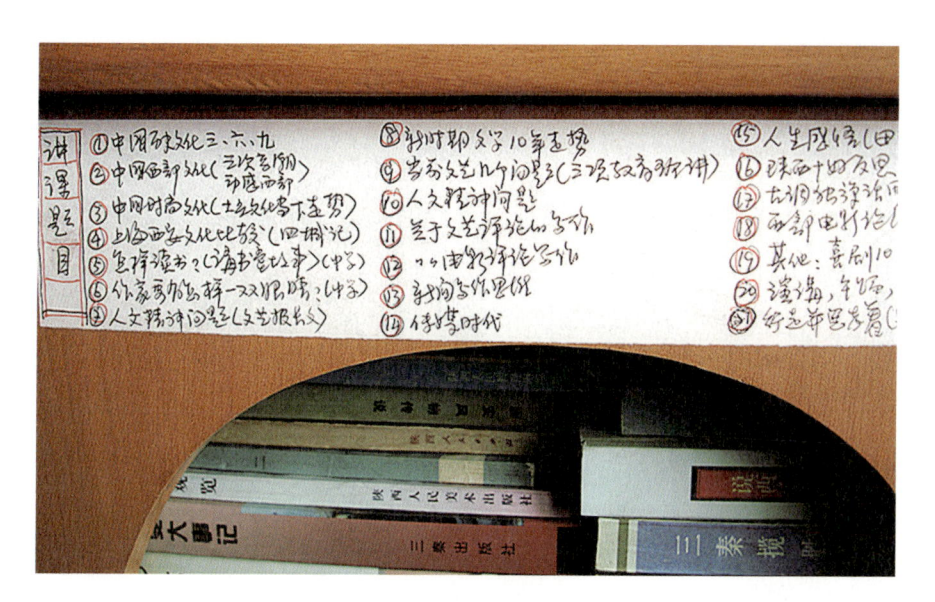

历年讲学课题

2016年，参加世界历史文化名城会议，与十几位中外文化名家对话

2018年，在北京大学做"八万里丝路云和月"的文化演讲

2018 年，参与侨办组织的慰问华人华侨活动，在英、捷、罗三国为侨领讲中国文化

2018 年，担任"擂响中华"全国戏曲大赛评委

2018 年，获冰心散文奖，在颁奖典礼上代表获奖者讲话

2012年春，书法作品在南非约翰内斯堡展出

2012年春，在非洲最南端好望角标志牌前，与前来研学旅游的中学生在一起

2013年，在"9·11"恐怖袭击事件现场、纽约世界贸易中心废墟前

2014年至2017年，坐汽车三次跑丝路，历32国，80余城，80000华里，真可谓"八万里丝路云和月"。这是途中的"戎装照"

因油荒，车队在乌兹别克斯坦千里荒漠中抛锚

哈萨克斯坦戈壁大峡谷

中东欧原野

在中亚旅游品商店能买到由中国貔貅、中亚骆驼和印度大象组成的三件套陶艺,表明中华文化、中亚文化和印度文化在丝路上的交汇,得到民间的认同

中亚陕西村聚居着一百四十多年前由中国迁来的陕西乡党。我们在一起说陕西话，吃陕西饭，唱三秦民谣：他大舅他二舅都是他舅，高桌子低板凳都是木头，天在上地在下你娃嫑牛，东岸子西岸子都是骨肉

90岁高龄的贝德高老先生说一口北京话，他是拉脱维亚推广汉语、研究汉学第一人

爱沙尼亚这位民间歌手会弹唱十几首中国当代流行歌曲,像《月亮代表我的心》《茉莉花》等

北马其顿山区乔瓦尼老人希望"一带一路"能把中欧高速路修到山区

2013年,在瑞典斯德哥尔摩市政大厅,这里是诺贝尔奖颁奖之地

2014年9月,第一次丝路万里行到达罗马,在罗马市政厅广场的欢迎仪式上向罗马副市长赠送礼品

波黑首都萨拉热窝拉丁桥发生的"暗杀事件"是第一次世界大战的导火索,在这里将中国书法"和"送给当地大学生

向柬埔寨前副首相涅本才赠送书作

在中非肯尼亚

向泰国前总理差瓦立上将赠送书作

2014年，第一次丝路万里行乘这辆车从长安到意大利罗马，跑了8个国家、15000公里

2016年，第二次丝路万里行，乘这辆车从长安到印度加尔各答，跑了8个国家、15000公里

2017年，第三次丝路万里行，乘这辆车从长安到中东欧16个国家，18000公里

《光明日报》一个整版报道古稀老人的三次丝路万里行

收藏自己：一匹低头前行的老马，一生都与墨池伴行，这才有了背后一些文字

50岁以前作品集

50 至 60 岁的作品

60 至 70 岁的作品

70 至 75 岁的作品

74 至 79 岁集中写作丝路作品

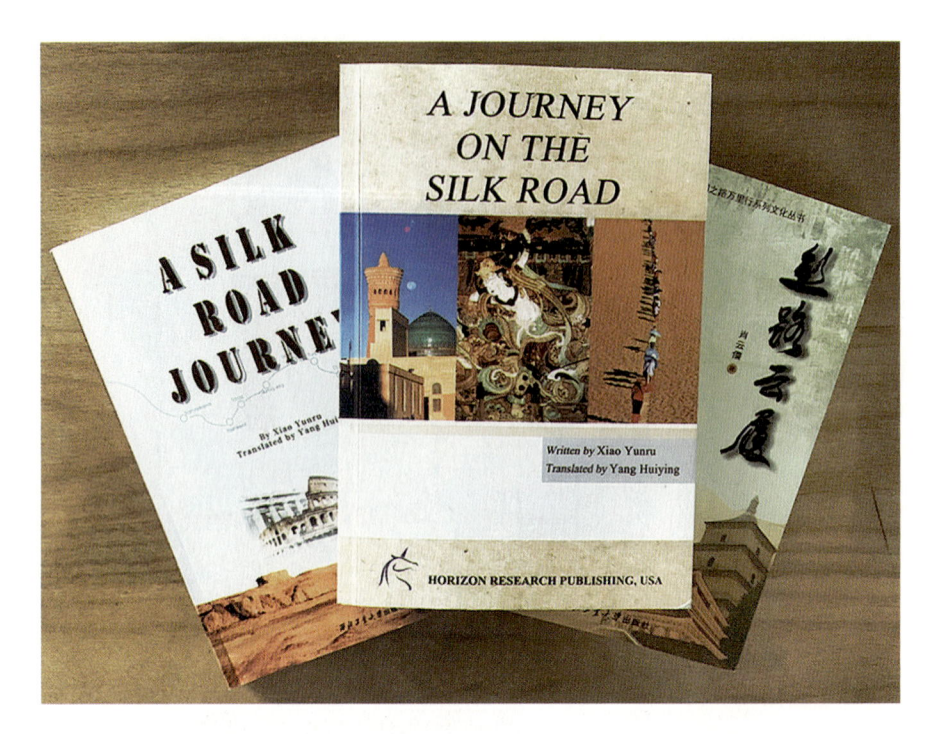

丝路作品的英文版

主编的丝路青少年读本

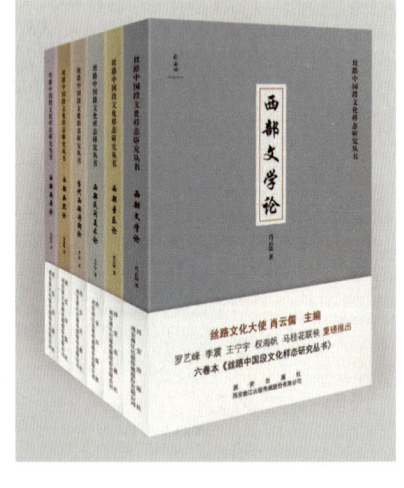

主编的"丝路中国段文化样态研究丛书"

一生心血

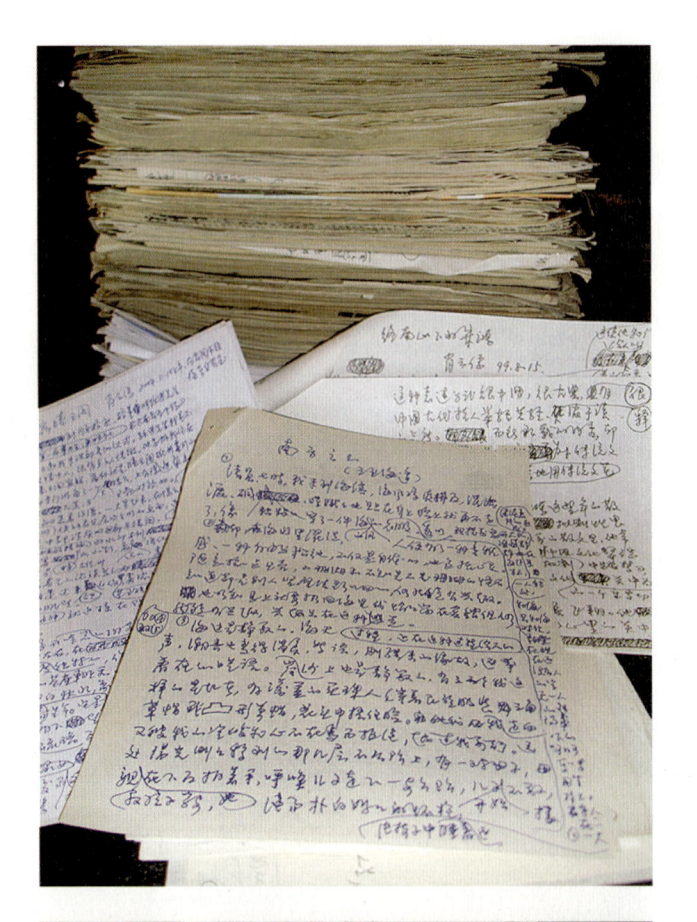

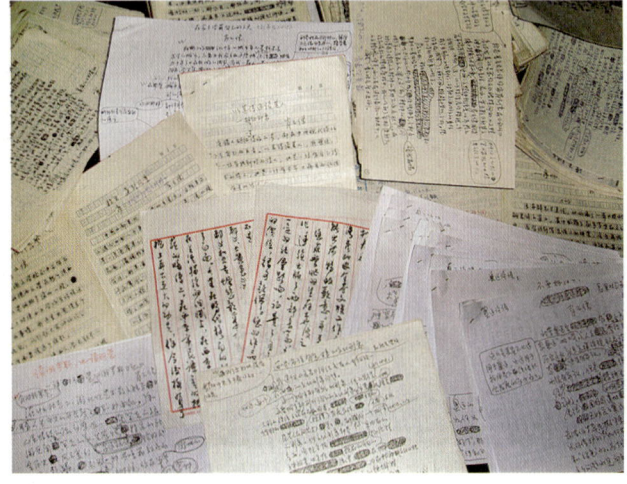

手稿

为写《中国当代文坛百人》访谈著名诗人、原全国作协副主席艾青

陪同作家、原全国作协副主席丁玲访陕七日

与作家路遥、贾平凹,评论家李星合影,我们那时候多么年轻

与学者、北京大学教授季羡林在人民大会堂"亚洲文明交融共进"研讨会上

与表演艺术家秦怡在全国文代会上

与表演艺术家孙道临在全国文代会上

与表演艺术家、原全国剧协主席李默然在全国文代会上

与表演艺术家田华在全国文代会上

与学者文怀沙、剧作家魏明伦在"长安雅集"主讲长安文化

与中国台湾作家龙应台有过三面之缘

大学老同学杨伟光,电视艺术家,曾任中央电视台台长

吴天明,电影导演,西部电影的领军人物,曾任西安电影制片厂厂长,和他是四十年的老友

与油画家、原全国美协主席、中央美院院长靳尚谊

李准,评论家,中国文联副主席,三十多年前在《光明日报》任编辑,多次编发过我的文章,友谊便这样延续至今

与学者易中天在央视"中国最佳魅力城市"评选活动当点评嘉宾

与画家、原全国美协副主席刘文西多次在陕北、陕南采风

与学者余秋雨在"华山论剑高峰论坛"做主旨演讲

与作曲家、原全国音协主席赵季平十年的邻居、一生的朋友

与评论家、中国小说学会会长雷达心有灵犀、意气相投

与学者王立群总是在各类文化论坛不期而遇

中国台湾漫画家蔡志忠来到西安楼观台,现场给孙女画了一幅漫画

与中国作协副主席陈忠实、贾平凹相交四十年

与贾平凹部分往来书信

与国际硬派男星、时任美国加州州长施瓦辛格做电视论坛"铁血英雄"

最开始是一个

又出现了一个

两人走到一起

熟了

老了

三人组合

有了另外两个

又有了两个

新的四人组合

五个

六个，六六大顺，是为"全家福"

书自作联，题天一阁

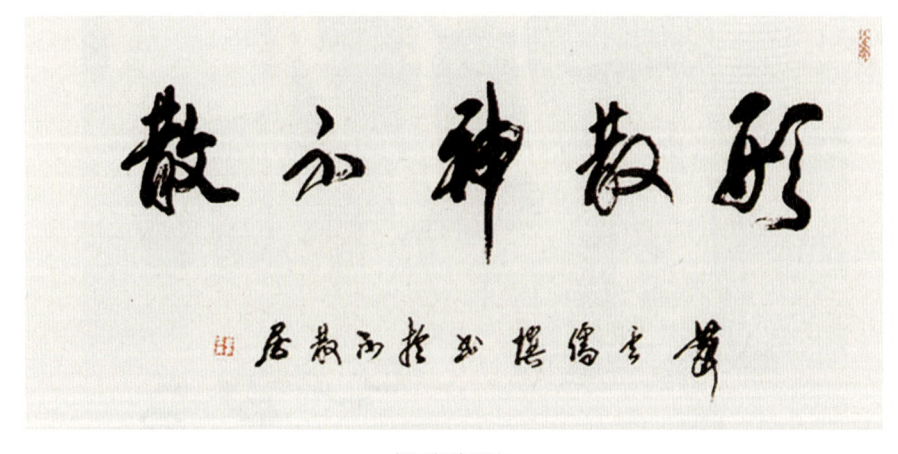

书早年自作句

2010年，在西安市中心钟楼举办书法展

在西安钟楼正入口（面北）书写自撰联。上联：阳春烟景八百里秦川唯此楼坐镇；下联：大块文章五千年华夏赖斯玺钤印

2017年，为西安航天城揽月阁撰书《揽月阁赋》，勒石于阁旁

2014年夏，向敦煌博物院名誉院长、考古学家樊锦诗赠送自撰书作

2016年夏，书作被伊朗国家博物馆收藏，并与馆长诺坎德先生合影留念

2019 年，为紫阳县东来书院书联。上联：超脱文章外千般情怀真善美；下联：涵养道德中万古气象天地人

为西安周至楼观台碑记撰文

为铜川鬼谷子庙撰书并勒石：合纵连横苏秦张仪承其智，六韬三略孙膑庞涓仰其法

为长安杜公祠撰书并勒石

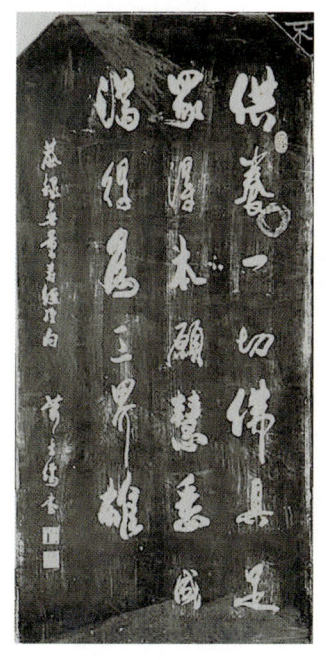

书无量寿经句勒石寺内

读道德经，撰书并勒石

所书部分牌匾

天街小雨润如酥,草色遥看近却无。最是一年春好处,绝胜烟柳满皇都。

唐韩愈 薛玄德题

书唐韩愈诗,勒石于西安唐延路公园

贾平凹先生的长篇小说《秦腔》有着传统农业文明远去的身影，当代乡村变革的脉象，浓浓的哀伤中浮现出历史的笑厉，人性靓焉坤壶青山孤不闲招手等待。戊戌初欤秦腔山菓子红长安

部分自作诗词联书作（一）

部分自作诗词联书作（二）

部分自作诗词联书作（三）

部分自作诗词联书作(四)

部分印章

画·说云公

李秀芳 主编

陕西师范大学出版总社

图书代号　SK19N2019

图书在版编目（CIP）数据

画·说云公 / 李秀芳主编. — 西安：陕西师范大学出版总社有限公司，2019.12
ISBN 978-7-5695-1299-1

Ⅰ.①画… Ⅱ.①李… Ⅲ.①肖云儒—人物研究 Ⅳ.①K825.6

中国版本图书馆CIP数据核字（2019）第267664号

画·说云公
HUA · SHUO YUN GONG
李秀芳　主编

出 版 人	刘东风
责任编辑	张旭升　杨　杰
责任校对	雷亚妮　刘存龙
出版发行	陕西师范大学出版总社 （西安市长安南路199号　邮编 710062）
网　　址	http://www.snupg.com
印　　刷	陕西龙山海天艺术印务有限公司
开　　本	680mm×1000mm　1/16
印　　张	29.75
插　　页	2
字　　数	393千
版　　次	2019年12月第1版
印　　次	2019年12月第1次印刷
书　　号	ISBN 978-7-5695-1299-1
定　　价	98.00元

读者购书、书店添货或发现印刷装订问题，请与本公司营销部联系、调换。
电话：（029）85307864　85303635　传真：（029）85303879

目录 contents

守我寒窗一橱书

　　——人民大学校友口述实录

　　/自述　肖云儒　采写　李宣谊　1

序《雩山》书系/雷　达　25

人生深处的留影

　　——序《独步岚楼》/冯其庸　30

说给云儒三句话/陈忠实　32

长安城肖先生

　　——《对视》书系序/贾平凹　35

贾平凹复肖云儒信摘句/贾平凹　37

开发西部人的精神世界/钟恬棐　38

"形散神不散"与散文的发展/马平川　40

读肖云儒君文艺评论/叶四维　45

好大一棵树/高建群　47

睿智而潇洒的生命写意

　　——略说肖云儒的散文随笔创作/古　耜　49

守望西部：肖云儒理论学说的构建/马平川　55

智者无疆

　　——评肖云儒老师《不散居文存》/刘　宁　70

为开拓者立传

　　——长篇纪实报告《黑色浮沉》序/胡　采　83

关于《榆林纪事》这本书
　　——代序 / 胡　采　87

视野和学风
　　——读《中国西部文学论》/ 王　愚　90

多维文化学的理论建构
　　——肖云儒的《中国西部文学论》/ 王仲生　93

西部文学理论研究的第一部书 / 阎建滨　101

在多维文化的空间建筑自己的批评大厦
　　——评肖云儒《中国西部文学论》/ 郭文珍　103

开放的思维　深刻的探求 / 刘　枫　114

西部文学研究的开门钥匙 / 李沙铃　117

研究西部文学的第一部专著
　　——推荐《中国西部文学论》/ 刘　路　121

思维辐射　激情催动
　　——肖云儒《八十年代文艺论》/ 古　耜　123

新时代的《黄河颂》
　　——评电视文化片《黄河不息》/ 王仲生　128

民族精神的赞歌
　　——评电视文化片《黄河不息》/ 周大鹏　130

论肖云儒的书法 /133

肖云儒书法：我们追寻的梦境

　　/［意大利］阿尔纳多·克拉桑提　137

肖云儒：一位老人与千年古丝路的当代情缘

　　/张哲浩　唐芊尔　139

一条不断伸延的曲线

　　——肖云儒人生掠影/古文洪　147

肖云儒：向西的人生/龚仕建　孙睿楠　159

江南云儒西部歌/王晓阳　166

我们充满信心地期待着

　　——西部文化研究的当代状态/席　文　177

肖云儒：西北文学给我"补钙"/颜　亮　曾　晶　179

五十年人生足迹叠加五千年古都印迹

　　——著名学者肖云儒：爱一座城不需要理由/张　静　183

因书自豪，嗜书如命/成东丽　187

生命在磨刀石上迸出火花

　　——对话肖云儒/黎　峰　191

驰骋文坛一书生

　　——记肖云儒和他的《中国西部文学论》/王盛华　223

魂系西部

　　——记肖云儒和他的《中国西部文学论》/秋　乡　232

燃烧的火炬
　　——文艺评论家肖云儒扫描 / 吴树民　239

话说肖云儒 / 吕海涛　247

肖云儒：文人都不聪明 / 素　人　252

近访"杞人"
　　——肖云儒印象记 / 凌　军　谭　慧　265

肖云儒的那根香肠 / 秦　俑　268

一个喧闹而无声的文化时代
　　——肖云儒访谈 /　270

不知疲倦的灵魂，火焰一般起舞
　　——访文化学者、书法家肖云儒 / 雁　翎　279

绿色道德就是对天地的良心
　　——访"中国绅士"肖云儒先生 / 尹孟雪　284

撩开人生帷幕
　　——肖云儒的书法情结 / 李　凯　288

台湾归来访恩师 / 林　娇　291

名士肖云儒 / 史飞翔　294

肖云儒素描 / 高海松　297

肖云儒访谈录 / 张世民　何　平　301

形散神不散
　　——访谈著名文化学者肖云儒 / 李玉和　313

智者肖云儒 / 叶二四　姬可周　李艳婷　317

肖云儒和他的文艺评论 / 李健彪　327

心仪这方安宁康泰的绿地 / 屈善施　梁真鹏　331

肖云儒和汉中 / 徐永锡　338

随大儒而后行 / 陈泽顺　341

肖云儒的夜 / 俞敏杰　347

感怀史诗《大明宫》/ 师安鹏　350

记书法名家著名学者肖云儒先生 / 赵　刚　354

观肖云儒写字 / 王　蓬　357

文人情趣的书法文本 / 樊　奎　360

肖云儒先生从文五十周年暨七十华诞贺词 / 晏　朝　362

在肖云儒先生七十寿辰上的贺词 / 刘　斌　364

赠云公诗词

——贺肖云儒老师七十华诞、从文五十年 /365

贺云儒先生七十五寿诞 / 桂维民　368

贺肖云儒先生地球之虹雅集 / 徐熙彦　撰　马西平　书　369

寻找父亲 / 李秀芳　370

守我寒窗一橱书

——人民大学校友口述实录

自述 肖云儒 采写 李宣谊

人大老校区铁狮子胡同一号门口，有两个大狮子，头一次进校门看到那对狮子觉得很熟悉，暑假回去问母亲，她说她当年也在那里上过学，那里曾是北平女子师范大学旧址。她还有一张照片，是1934年与女同学在狮子前的合影。同样一对狮子，1957年我也和几位同学在那里照了一张相。前后23年，母子两个在同一个院子上学，说起来真的非常巧，历史的巧合呀。

同学少年几度峥嵘

我现在的名字是肖云儒，其实本来的名字不是这个，是"萧雩孺"。因为我在江西雩都（今于都）出生，孺字辈，所以叫"雩孺"。可是好多人不认得"雩"字，众口铄金，便叫成了"云儒"。"萧"在20世纪50年代文字改革中，又被简化为"肖"。我现在写毛笔字书法，一定还要用"萧"字。日常的书写和称呼改不掉了，索性就是"肖云儒"了。在百度上查，我成了"萧雩孺"与"肖云儒"两个人，称谓的分裂，刻下了时代的印痕。

我父亲萧远健是四川广安人，他于1933年考取北平师范大学。差不多同时，母亲欧阳明玺也考入北平女子师范大学，后又并入北平师范大学。两个人都参加了中共外围组织民先队，父亲是地下党员。他俩在进步的学生运动中，革命加爱情，相识并相恋了。1937年9月，国民政府将几所大学组建为西北联合大学，他俩的学校亦在其中。一开始是迁到西安，成立了西安临时大学。父亲是西安临时大学中共地下党的负责人，时间有一年多。之后学校整个迁到陕南汉中的城固县，正式改称西北联大。毕业后父母被分配到四川的一个县，他们没去，受组织派遣在重庆中共地下党工作。

后来怎么去了江西呢？当时的情况是，学前教育领域著名的教育家陈鹤琴受当时的江西省政府主席熊式辉之托，组建国立幼稚师范学校，因为缺少师资，就去重庆找陶行知先生，请他推荐一批年轻有为的教师，这样我父亲母亲就被陶行知推荐了。我父亲请示了当时在重庆的中共负责人董必武，得到了组织同意。因为我母亲江西的娘家是书香门第，名士家庭比较好掩护，于是他们来到井冈山下泰和县的江西国立幼稚师范学校当教师。其间他们还组织师生去慰问、接济红军长征时留下来的陈毅的留守部队（后整编为新四军）。

我是1940年12月出生的。1941年夏天，一场疟疾席卷了整个学校，许多师生，包括后来中国科学院副院长竺可桢的夫人和孩子，都是在这场病灾中去世的。父亲也在这场疟疾中去世，年仅28岁。

1945年日寇投降，母亲带着幼年的我，坐船由赣南顺赣江而下，回到她的老家南昌。之后我在南昌上小学，初中是在南昌一中，一个比较好的老学校。高中是在江西第一高中，是学习苏联中学的标准新办的重点学校，在江西全省抽调学生，全体住校。我们是第一届，1957年毕业。高考大家都考得不错。那时候江西属于中南区，我们学校名列前茅。班上50多个人，有四十五六个人考上大学，考到北京的有近20人，我是其中之一。

我考上中国人民大学是幸运也是缘分，是扬长避短的结果。本来准备参加统考，我喜欢文学，打算统考第一志愿填北大，第二填武汉大学，都是中文系。但是人大那时提前招生，单独出题。人大出题的思路正好切合我的长处：我记忆力不是最好，但分析、思考是我的长项。人大的出题风格不重知识记忆，正好重分析、思考。一道作文题，加上六七道语文题和八九道历史题，都属于考察独立思考能力方面的，这样我就考上了。人大那一年在江西总共招了十几个人，新闻系3个人。它是提前发榜，在高考前的一个礼拜，《江西日报》就登了录取名单。一旦提前招录，我就不能参加高考了，于是我成了中国人民大学的一名学子。

那时我还不到17岁，之前从来没有出过远门，连铁路什么样都不知道，还以为铁路就是整个用钢板铺的路。是我母亲陪我从南昌坐火车到九江，从九江坐船到南京浦口，之后再到北京的。

整个大学四年，我没有在现在的人大校园（当时叫西郊校区）待过，一直在城内校区。第一个学年是在东城区人大海运仓校区（后来的北京中医药大学），记得斜对门当时是中国青年报社。那会学校没有暖气，宿舍和教室全部烧煤炉子，大家轮流值班管炉子。主要由北方人来管，我们南方人不太会弄。第二个学年开始，我们搬到不远的张自忠路，大家习惯叫铁狮子胡同，也就是"铁一号"，在那里度过了大学的后三年时光。只有新闻系、中共党史和历史档案系三个系在那里，其余都在西郊校区。铁狮子胡同校区一进门正中有座小楼，是原段祺瑞政府的办公楼，我们有时听大课就在楼上的小礼堂。东苑是现在中国社科院的外国历史所，那时候是我们的宿舍，中苑主要是教室，西苑是老师们住的三栋红楼。

我们班的同学有一些是应届高中考入的，也有许多从部队、机关考入的，年龄差距很大，大的比我大十多岁。那时全国都掀起了工农干部学习文化知识和专业技能，参加社会主义建设的高潮。大家早晨跑步就在铁狮子胡同中苑的环路上绕着圈跑，北面是图书馆，朝南是框形的教学楼，中间还有个小花园。我还记得每天都有大轿车把住在城里的老师拉到西郊去上课。大轿车又长又宽敞又漂亮，是捷克产的斯柯达，真想坐一次，却没有资格坐。六十年后我访问捷克，在首都布拉格专门去参观了斯柯达汽车厂，算是圆了年轻时的梦。

那时新闻系的课程有中国新闻史、新闻概论、新闻采访、新闻写作、新闻编辑学、中共党史、国际共运史、哲学、政治经济学，再有就是中国古典文学、外国文学、文艺理论和俄语这些。当时没有外国新闻史，有一门是资产阶级新闻观点批判。我记得有6本没有装帧封面的绿皮书，内容是资产阶级新闻管理、西方传播学等内容，被作为反面教材，注明了"供批判用"。

我们那个时候的课程内容是很单纯的，新闻理论几乎全部都是马恩对普鲁士和资产阶级报刊的批判，还有大量列宁、毛主席和陆定一同志的新闻思想和论述，核心是新闻是党的宣传事业，记者是党的驯服工具，报刊要对人民群众起到组织、鼓舞、激励、推动的作用等等。我是因为热爱文学考到新闻系来的，好多同学都和我一样带着文学梦。上课第一天，新闻系主任安岗和总支书张南舍讲话，先拿粉笔在黑板上写了几个大字："新闻记者——党的政治工作者！"我真的有些发懵，有点失落。

我们的大学老师，不少都是在中国新闻界和文学界有所建树的。一个就是系主任安岗，当年40多岁，能说会道，风趣亲切，年轻人都特别崇拜他。后来是《人民日报》副总编辑。记得有一次他出国，路过波兰在华沙有半日之游，回来给我们讲了两个钟头的见闻评述，我想，这就是记者的观察力和对细节的敏感度呀。还有方汉奇老师，报刊史的教授，记忆力惊人，上课从不带讲稿，滔滔不绝，有如江河泻地。遇到千百年前的年号、年代、人名、地名甚至引文，都一点都不会记错，大家那个佩服呀。甘惜分老师讲马克思主义新闻理论，那真是把理论吃透了。他把马克思主义和从延安带来的新闻实践，化为自己的见解，讲得非常自信，没有套话，鲜活易懂。

文学方面，延安鲁艺老革命何洛教授是文学教研室主任，冯其庸先生讲红楼梦，还外请了何其芳、周扬、唐弢等名家讲课。当时人大没有语文系，所以由新闻系和中国社科院文学所联合组建了一个马列主义文艺理论研究班，把唐弢先生调过来负责。因为我爱文学，所以也偷偷去听他们的课，就在那个小礼堂。印象最深的是冯其庸先生，他当时还是讲师。跟一般古典文学教授不一样，他把中国美学、中国古典文学化为自己的人生情趣和审美方式。他的语言有很多空间供学生去再想象，从而调动起审美经验。我比较崇拜他。

新闻系同学毕业后大部分到了媒体，像杨伟光、艾丰后来都有广泛影响。钱理群、刘梦溪、陈传才、杨匡汉这些同学算是一直在文学和文化学上坚持并卓有成效的。还有一个老师王前，是资料室副主任，她跟我们没有太多直接接触，当时领着一些右派学生在那里搞报刊资料，《资产阶级新闻学批判》那套绿皮书好像就是他们在那里收集整理的资料。

在校期间我到过两个报社实习。一个是《汉语拼音报》，是兼任国家文字改革委员会主任的人大校长吴玉章吴老创办的。这个报社地址就在铁狮子胡同最贴东墙的一排厢房里。我在那里当记者、编辑，也当过检字和制版工人。吴老很认真，经常来我们这儿巡视。《汉语拼音报》是一个四开小报，没有自己的新闻主渠道，是1958年国家推行汉字拼音化时创办的，后来拼音化取消了，说不符合国情，报纸也就停办了。我还在《大公报》实习过三个多月，记得当时的社长是常芝青。后来内地的《大公报》撤销了，只保留了香港《大公报》。1958年"大跃进"时，报上曾有亩产12万斤的照片，后来才知道，那是头天晚上将别的地块里的麦子割来挤在这里的。密实的麦穗上面竟然能坐一个孩子，"高产"到那个程度！但年轻的我们当时很激动，头脑发热，为"大跃进"欢呼，为我们这么快"超英赶美"而由衷高兴。

上学的时候也有文艺活动。新闻系创作排演了大型报告剧《绞索套着脖子时的报告》（借用捷克革命作家伏契克的书名），是抨击美帝国主义侵略、封锁新中国而不得逞的。和我一道分配到陕西工作的车轰演当时的美国总统艾森豪威尔，后来《经济日报》的总编艾丰演当时的美国国务卿杜勒斯。大三的时候,全校调人集中排练过《人民公社大合唱》,合唱的词作者有新闻系我们年级的杨匡汉。虽然人民公社后来被否定了,但当时那个大合唱在全国很走红,不少高校都排演。我只是系合唱队里滥竽充数的一员。合唱队有100多人,包括男高男低和女高女低四个声部,前面还有一个乐队。这些青春的回忆,至今还令人激动。

还有就是参加大型义务劳动。我们参加过十三陵水库和密云水库的建设,是学校组织全校师生轮流去锻炼的。工地上有好多条架子车的车道通向大坝,两人一组一个驾辕一个拉梢,朝坝上运土。在我们之前,毛主席、周总理和许多国家领导人都去那里劳动过,可惜我们没有遇上。特别巧,有一次遇上了郭沫若先生,他在竹棚搭的工地广播站朗诵自己即兴写的一首诗,我就悄悄地把架子车放下跑过去趴着竹棚的破洞看郭老朗诵。那时候郭老也不过60岁吧。他经常现场吟诗,写得很白,但很押韵。工棚里,只见广播员说现在请郭老给我们朗诵他歌颂十三陵水库的诗歌,郭老带着川音的吟哦便响遍了整个工地。

我在人大赶上了1957年反右斗争,1958年"大跃进"、大炼钢铁、人民公社"三面红旗"运动,1959年下农村参加社会主义教育,1960年批判修正主义,还参加了学校的大批判运动,是学校大批判组文艺分组的成员。

有一些同学至今印象很深刻。我有个要好的同学赵全章,是部队转业的党员,我是高中的应届生,当时还是团员。1957年的下半年,我们没有赶上斗争右派的高潮,但赶上了补划右派的"补课"。学校让大家讨论还有几个人要不要划成右派。在讨论甘粹(比我们高一级)要不要划成右派时,赵全章大会发言力主不应该把甘粹划为右派,因为他没有太多的反党言论,只不过是同情右派而已。我那时年轻、正直,也发言支持赵全章的意见。但大部分人主张要把甘粹划成右派,他被补划为右派了。这样,赵全章就在党内受到了批判,我没什么事,可能是"胁从者不问"吧。从此我就认识了甘粹,铁一号那个院子本来就那么点大。

甘粹和后来很著名的右派林昭，当时在偷偷谈恋爱。林昭留校劳动改造，接受监督，任务是打扫教学楼卫生，就住在我们宿舍对面一个斜三角的楼梯间里，里面放着扫把、抹布、脸盆什么的，还有一张床。有时候我晚上从图书馆回来，能看到林荫道的树影里甘粹和林昭散步聊天的身影。有次我听他们谈得很热烈，声挺大，是比较形而上的对社会思考方面的对话。当时我年龄小，觉得他们相爱挺美好的，把他们打成了右派，内心稍有一点人道方面的不忍。

1958年，我在第一学年暑假，到正在扩建的人大西郊校区参加建校劳动。开始是跟着张百发（后来的北京市副市长）"青年鲁班"建筑队，当小工，也参与对和我们一起劳动的著名右派学生、法律系林希翎的监督批判。说真话，那时候我也有很不忍的心情。林比我们大一些，但也不过二十四五岁吧，那种重体力劳动我一个小伙都干不动，何况这位女同学呢。因为要铲泥浆举过头顶递给脚手架上的师傅，师傅再抹到墙上去，一天下来确实很累。干完一晌，中午在工棚里吃饭，林希翎不能先吃，站在排队买饭的窗口边，接受大家批判和歧视的目光。我们吃完了，她才悄悄地买饭躲起来吃。我特别于心不忍，她是一位知识女性呀。

我的这种感情可能是我一直不是很政治化的原因。我还是挚爱我的文学，埋在图书馆里系统地读文学名著。我计划毕业前将所学中外文学史上提到的主要作家的代表作通读一遍。

我还记得我的同学木铁，原名张光天，是著名的"佩剑将军"张克侠之子。《毛泽东选集》中曾提到他父亲多年蛰伏在国民党军队中，官至集团军副司令，在淮海战役中策动国民党几个军起义投诚，中华人民共和国成立后任渔业部部长。木铁大我十二三岁，抗美援朝时曾在志愿军文工团，活跃于朝鲜前线。毕业后任中央新闻纪录电影制片厂编导。他是我们班的党支部书记，是我心目中优秀的党的政治工作者形象。他开朗、亲切、关心同学，又很坚持原则，有社会经验，极有长者风度。一年级报到时，他一见我便调侃说："哎哟，这么个小孩，夏天还穿个凉皮鞋。"然后把我头摸一摸。当时他们家住东四附近，我们曾到他家里玩，在他的照片集中有他们志愿军文工团访问东欧时他跟捷克女郎拍的照片，让我稀罕的眼睛瞪得多大。大二之后，大约因抵制右倾错误不力，有一天突然换掉了他的支部书记。毕业后他在新影曾参与拍摄过《青青塞上柳》《淮海春秋》《笑》，还带着摄像队到越南的中越自卫反击战前线做过战地采访。

还有两个比我们低一级的同学，是写过《我要读书》《半夜鸡叫》的部队作家高玉宝和姜玉娥两口子。因为是调干生，年龄比我们大。因为已经有了有全国影响的作品，很受大家关注。这两个人真好，不仅仅是作品好，为人更好，就是活雷锋。高玉宝会木工，每个暑假寒假都把有损坏的桌椅集中起来，在铁一号教室修桌子、板凳，姜玉娥给他当下手。他们非常热心公益，对大家极为热情。

我们上学期间，学生伙食经历过大起大落。1957年入学时学生伙食还分中灶跟大灶，大灶7.5元一个月，中灶12.5元一个月。因为我母亲有一点溺爱我，所以就让我吃中灶，中灶是8个人围坐一桌子。大灶就是在窗口买，没有方桌。我吃了大概三个月中灶就不吃了，因为班上吃中灶的人不多，觉得太特殊化了。改吃大灶后，和大家伙一样排队，也吃得挺好的。1958年"大跃进"开始了，食堂放卫星，在铁狮子胡同校区吃过100个菜！这100个菜就像现在宾馆的自助餐，虽质量一般，花样可真多。白面馒头、发糕、窝头、面条、米饭，有好几个肉菜和大量花样搭配的素菜，随便吃。结果，到了1960年，"困难时期"来了，开始吃不饱饭了。为了保护青年学子的身体，有一段时间九点半全校拉闸停电，不准大家加夜班学习。因为学生们的身体都不行了。那时候我也饿，但还不是最饿的，因为我个子小，也不太爱运动。我们班上的篮球运动员们可真饿坏了。我记得我们班的篮球运动员，饭吃不饱，街上又买不到什么吃的，好像只有东城北新桥一带还可以买到高价啤酒。他们每天都去灌啤酒，很贵呀！我们课余做过小球藻，做过人造肉精，做过很多食物替代品。有的同学因为浮肿病而退学。每个院系给有病的同学会配发一点黄豆，磨成豆浆补补。

1960年吧，全国开展批判修正主义运动，学校也成立了大批判组，我和几个同学被留下来一起写文学方面的批判文章。学校为了让留校大批判组的同学过好春节，还给北京市高教工委写报告，建议给我们特供一点鱼、肉、蛋。听说市高教工委特批了，大家非常高兴，想着会有什么好吃的，结果是两大块冰冻的海鱼，那就是我们过年的主打菜了。

记得同年级有一位叫邵宪康的云南昆明来的同学，因为吃不饱，在买饭的窗口，偷偷拿了别人的饭票被发现了，受批判不说，还在他档案中记录了有偷盗行为。为此毕业后他被分到了青海玉树藏族自治州，在一个民族中学教汉语。"文化大革命"期间，不知什么原因，可能是被批斗，去世了。学校与他家里联系，那时"文革"很乱，家里很久以后才收到消息。但是人不能久放，由于他教书很好，当地藏民对他很尊敬，就按藏区的风俗将他天葬了。这非常不符合汉族的殡葬习惯，直到现在，大家想起来就很痛惜，很难受。同学聚会时，回忆起这件伤心事，都为他祈祷。

在困难时期，记得高我们一级的陈昌本（后来的国家文化部副部长），挺身而出，本应毕业却申请去新闻系食堂当了一年指导员。他真的是扑着身子去办食堂，采购、蒸馒头、炒菜、卖饭，他觉得同学们太苦了，整整干了一年。

后来实习来到西安，陕西的碗很大，在陕西日报社吃饭的时候，一个人夹着一个大碗，就像钢盔一样。大半碗稀面条或面片看着很多，实际上也没有多少"干货"，但的确把人灌饱了。当时陕西的羊肉泡馍也是要票的，一个人一年也就只能轮上吃一两次。我们部门的领导杨田农（报社文化部主任）很好，在会上与大家商量说，鉴于云儒实习完就要回北京了，建议让我插一次队，先吃一次羊肉泡馍。大家都同意，我便有了一张票去吃羊肉泡馍。那个感觉啊可真好！就像阿城在他小说中描写云南插队时饥饿的感觉，一吃下去开始胃不适应，因为太高级了，相当于一个要饭的人到了五星级宾馆，受宠若惊呀。一会儿胃里便温暖如春，嘴里长久地感觉有一种油腥味和羊肉的膻味。我本来不爱吃羊肉，但是现在简直是夹道欢迎！那是在西安东大街的一家泡馍馆。我顿时觉得长安这个地方并不是居大不易，倒是很可以待下去的。所以有不少媒体说，是一碗羊肉泡馍改变了肖云儒的一生。

深思苦索　踏平坎坷

我写作的起步是在母校人民大学，虽主要是写文化研究和评论方面的文字，其间却始终有新闻教育的影子。

第一篇文章的发表说起来很有意思，原题目是《谈华君武解放战争时期的政治讽刺画》，专门对老一代著名漫画家华君武在这一时期的漫画做了评论分析，8000多字，寄给中国美术家协会主办的《美术》杂志（现在叫《中国美术》）。不久后有一天，新闻系办公室突然叫我，说《美术》杂志有一个人电话找我，是女编辑高焰大姐问我能不能去编辑部一趟，他们主编王朝闻先生要和我讨论这个稿子如何修改。

王朝闻！鼎鼎大名的美学家、雕塑家，我第一次惴惴不安地踏入了中国文联的大门。当时在王府井大街，是现在三联书店的地方。一进门，看到墙上挂的"图书馆借书逾期未还人名单公告"，田汉、安娥夫妇两位大名人赫然在目。田汉（国歌的词作者呀）借了书两年未还便上了墙。哈，如此神圣的人这一刻忽然变得亲近了。主编王朝闻见到我"啊呦"大吃一惊，"你还是个娃娃么！"当时我19岁，他没想到我这么年轻。我也没想到能与这位自己崇拜的大家坐到一起讨论自己的习作。当时"毛选四卷"已开始发行，他建议我能在文中加一点学习《毛泽东选集》的体会，把这篇文章由对一位艺术家的评论变成通过具体作品来阐述毛泽东文艺思想的理论文章。后来这篇文章在《美术》杂志头条黑体字发表了，原来的题目变成了副题，主标题改成《毛泽东思想的威力》。所以我写作的起步、文艺评论的起步，就有新闻思想的影子。

1961年，《人民日报》开辟了《笔谈散文》专栏，就散文的特点、散文的作用、散文的题材等问题开展讨论。我在"铁一号"的阅览室里翻着报，读着之前很多知名作家如李健吾、秦牧、刘白羽谈散文的文章，也有感而发写了一篇题为《形散神不散》的短文，很短，不到1000字。《人民日报》很快登了。那时我已经去西安实习了，也再没有管。后来我正式到陕西日报社工作，一直到七八年后"文革"中下放农村，有不少人写信到陕西日报社打问我，才知道这个短文已经炒热、编入了各种教材等等情况。"形散神不散"这个观点，直到现在介绍我的人还会提到，我都会马上制止，说，快80岁了还说20岁的事，只能表明一个人在60年中一无作为，惭愧。

毕业分配那一年，当时全国只有两个新闻系，政策是人大新闻系全部分配到长江以北，复旦新闻系分在长江以南。我在陕西日报社实习过，后来也就到了这家报纸做了记者。毕业后我的人生基本可分为四个阶段：一是当记者编辑，算起来最多十年，因为后面十年就是"文革"，我们下放了；二是搞文艺评论；三是从事西部文化的研究；四是丝路文化的探寻。有人给我冠上三句话：散文理论的先行者，西部文化的开创者，丝路文化的探寻者，那原因恐怕在这里。

当记者的阶段，有两件事印象特别深刻。1963年第一次到延安采访，1967年再次去陕北，当时整个陕北大旱，颗粒无收，整整一座小山包糜子的收成，一个老人就能背回来。国家给陕北农民每人每月配备18斤商品粮，以维持生命基本需求。农民本来是不吃商品粮的，实在是收成不足以自保啊。我在一个县里采访到，一位姓孙的老人，大概60多岁，自杀了，留下的口头遗言是，我感谢毛主席、共产党给了我这18斤粮，我没有别的意思，我的孙子在修公路，他一个小伙子18斤不够，我希望我死后政府把我这18斤粮给他。这件事让我很震动，当时就写了一个内参，加入提炼了一些面上的综合材料，譬如整个老区的生活甚至比解放战争时期的生活水平还有所下降，以及生态的极度脆弱，等等。稿件内部发出后，时任中共中央西北局第一书记的刘澜涛同志看到了，他去陕北视察时特地找到了那个村子那家人，在现场就流泪了。刘澜涛本身就是陕北米脂人，他说："我们闹革命为啥，就是为了老百姓能过好日子，对革命贡献最大的陕北人生活竟然这样困难，我们愧对父老乡亲呀。"这篇报道的影响比较大。

另一件事是在陕南，有一度我在陕西日报汉中记者站驻站。我这个人天生对经济问题、社会政治问题不太感兴趣，也不很懂，总抓不到有分量的稿件，上头条大多是经济和政治新闻。当时压力非常大，就想汉中有什么带有唯一性的东西可以报道呢？这就想到了濒危的珍稀动物熊猫和朱鹮，在陕西，这是汉中独有的新闻资源。我们记者站一位记者和报社本部派来的一位摄影记者，三个人进到秦岭深山去寻访熊猫。应该说我们是第一次在现场见到野生熊猫并拍摄和写出报道的记者。那是1982年，走到佛坪县三官庙，住在老乡家，寻访好几天，立志见不到熊猫不回去！还通过县上乡上安排了一些"线人"，请他们留意有什么迹象，及时告诉我。

待了八九天毫无动静，我都失去信心了。因为之前报道中的熊猫大都是在动物园或是放养归山后带有追踪装置的熊猫，几乎没有人能够现场见到野生熊猫并与之相处。那天早上正吃饭，一个老乡跑来说："肖同志、肖同志，有了有了，快！"我问有了什么，他说发现了熊猫的大便，还冒热气，表明没有走远。我们跟着他就跑，还有保护站一位科研人员也跟着跑。到了现场，他小心地将熊猫粪便包严实，装进了自己的背包。大家跟着脚印上上下下、曲曲弯弯，终于在一个山洞找到了这个家伙！它特别乖，乖到什么程度呢？那天正好是六一，我们把红领巾给它戴到脖子上它也平和地接受。它不是光吃竹子，我们尝试给它馒头它也吃，给它一个熟鸡蛋，它抓不到手里，急得一口吞了。吃饱了，它就在闪光灯的咔嚓声里躺倒大睡，挺可爱的。记得当时还给它起了个名字，因为熊猫雌雄不易分辨，大家说，如果是个小伙子，叫山山，是小姑娘，就叫姗姗。我们写的新闻报道放在了头版显著位置，境内境外许多华文报刊都转发了，有的还配发了整版照片。

报道朱鹮是1982年在秦岭山中洋县一个村子山坡上的青冈林里。当时认为濒危动物朱鹮全世界只剩下3至5只，后来又增加到6至7只。我们则在现场报道了世界上第8、9、10三只小朱鹮的出生。朱鹮很敏感、机警，当时只能看见高高的树杈上有一只老鸟（雌鸟）守在鸟窠旁，但是看不到藏在窠里的鸟宝宝到底有几只。当地老乡说待会儿觅食的公鸟会回来，看看小鸟能不能冒头。我们就架上相机不敢出声、不敢抽烟一直屏住气儿守候。大概两个多钟头，公鸟觅食回来了。朱鹮双翅展开后十分漂亮，翼下有两团朱红色，静静地滑翔过来。它好像感觉到有异况，久久不落下，一圈又一圈地盘旋着。这时大约小鸟们听见爸爸送晚餐来了，三个小头一下冒出来，叽叽喳喳，嘴张得比头还大，雄鸟只好落在窠边，让宝贝们在它嘴里啄食。我们咔嚓咔嚓一阵狂拍，直到带的胶卷全部用完才恋恋不舍地离开。第二天我们发自秦岭深山的电稿宣告，世界上第10只朱鹮面世。新华社转发了这条消息。上面说的这两次报道，都获得了全国新闻奖。而那以后三十多年，朱鹮已经繁殖到近2000只，在秦岭北麓也有了新种群。

我生命中也有低谷，就是"文革"中被下放到山区。我在陕西日报社有二十二年的人事关系，但是只有十多年的业务工作。另外那十年，就是1969

年到1979年"文革"下放期间。1969年，陕西日报被军管，知识分子"臭老九"全部被下放，总共有近200人，主要是编采人员。分别下放在3个县，一个县60人左右。我下放到陕南西乡县大巴山最深处，离县城还有100多公里。

从西安出发，戴着大红花的我们被送上火车。到陕南阳平关没铁路了，就改轿子车把我们送到汉中。到了汉中再换敞篷卡车，把行李往上一撂就到了西乡县。到了西乡县又换拖拉机再往深山里拉，最终拉到了一个叫五里坝的公社。公社的干部找了两位山民用背架给我背行李，山里叫他们"背老二"。干部们提醒我不要感谢他俩，也不要和他们多说话，因为他们是五类分子。当时我很有点儿过意不去，人家背着我的行李，我空着手，就这样一路无话到了我落户的苏家庄。

想起那段记忆，还是很温馨的。成天跟老乡们在一起，劳动、说笑、吃派饭。山里的老百姓待人实诚温暖，也尊重知识。晚上收了工，和村里的年轻人围着火塘烤火、煮茶，我就给他们讲水浒、三国、说唐全传，他们会听得入迷。还跟他们一起上山抓野鸡烤着吃。跨过冬天，我被抽调上了阳平关—安康铁路工地，成了当地民兵团的宣传人员。当时叫宣传处，但其实处长、处员就是我一个人。

我们下放山乡，还保留了工资，人事关系也还在陕报，所以对未来还是有期盼的，想几年回去以后再搞我的专业。但时任辽宁革委会主任的毛远新"创造"了一个"先进经验"，就是将所有下放干部工资撤销、户口转到农村，听说要在全国推广。取消户口当农民，就得在这大巴山里待一辈子，如何承受得起？我是个文弱书生，怎么养活自己？而且那个时候我母亲也去世了，没有兄弟姐妹，没有同学同乡，又没有成家，孑然一身怎么生存？我一下子感觉扛不住了，崩溃了，躲在屋背后的林子里哭了一场。这时公社一位姓刘的干部找我有事，知道我伤心的原因，他没有安慰我，而是真诚地、稍显严厉地说："不要这么脆弱，我们世世代代就在这山里生活，不也活得挺好么，你就不能过山里的日子？有什么哭的。"别看表述有点严厉，其实很贴心。基层干部给了我力量，是啊，为什么就被这点事打倒了呢？

精神上最关键的扭转，是因为壶口瀑布。这中间有一个机会我回了一趟西安，专门跑到壶口瀑布去了一次。看到黄河在那儿一下子挺立起来、飞腾起来，突然就想到个人命运，有什么可悲观的，黄河千年万年就这么流着，不依然如此这么激越、高亢吗？我怎能一下子就垮了？黄河壶口给了我勇气，给了我生命的钙质。

回到大巴山，我就琢磨如果取消工资了怎么养活自己。现在有人称我为书法家，其实我练字就是从那时候开始的。"臭老九"写文章那时发表不了，也没有稿费，好歹我还爱写爱画。于是开始学隶书，用隶书给公社、大队写毛主席语录牌。油画我也粗知一点，便主动给每个村镇画毛主席像，打着格子放大画。我把西乡县的村子都调查了，有一百几十个村子，油画像在风雨的剥蚀中最多能保持十来年就得换了。我想这正好可以循环，100多个村子，一个月画一个像，一年就能画十来个村子，等我把最后一个村子画完，前面又开始要画新的了。我还帮老乡画画，画出嫁的嫁妆箱子和新房里的花饰，并蒂莲、凤凰和鸣一类。

为了感恩西部大地尤其是壶口瀑布给我的激励，二十多年后，我在陕西文联工作时，负责组织了1000多位艺术家在黄河壶口瀑布现场唱《黄河大合唱》，郭兰英、赵季平、刘大东等许多著名艺术家都到场了。

到了1978年，全国科学大会召开，邓小平提出科学是第一生产力，中科院院长郭沫若有一个书面讲话，叫《科学的春天》，那个讲话与文章看得我眼眶发热、心跳加速。我当时已经成家，并且调回西安附近离家较近的一个国防工厂做工会工作。就在我住的那个干打垒房子外面，夕阳西下，我反反复复地读《向科学进军》的报纸。我很感动，很庆幸，觉得自己此生可能还能赶上这个机遇，命运可能还有希望，我说不定还能从事文学、文化研究。

我重又如饥似渴地读书，并在业余写了一篇文章《重视矛盾同一性在事物发展中的作用》，八九千字，讲矛盾的斗争性其实是量变的积累和质变的准备，只有矛盾的统一性才是新质的形成、新质的归定性，社会发展、矛盾斗争的终极目的是同一，同一再斗争，再同一。这篇文章当时投给《光明日报》哲学专刊，不久就发表了。中央人民广播电台分两天向全国播发。这算是我的"死灰复燃"吧。

不到一年，在全面落实干部政策的大趋势之下，我调回陕西日报重返新闻工作岗位。一些人大同学也因为看到了报纸和广播的这篇文章，又陆续联系上了我。

壮美西部　笔尖驰骋

1979 年落实政策调回《陕西日报》副刊部之后，我算是进入了文艺评论的丰收期。1980 年，写了《文艺创作反映当代生活中的封建主义潜流问题》，很长，近 20000 字，《上海文学》将这篇文章作为理论黑体字头条发表，《新华文摘》、香港《文汇报》和《北美华侨日报》等海内外报刊也都有转载。20 世纪 80 年代初在大型文学期刊《绿原》上，发表了近 30000 字的文论《呼唤真正自由的文学》，当时文艺界的评价也很高。

1984 年，陕西省文联在"文革"后重新组建，我调去参与筹建，后被任命为党组成员兼理论部主任，不久又当选为省文联主管业务组织和写作的专职副主席。毕业二十多年后，文艺评论研究终于成为我的主业。因在文联，评论的范围很广，既有像丁玲、艾青、柳青、杜鹏程、茹志鹃这样的老作家，也有当代作家比如张洁、刘心武、邓友梅、路遥、陈忠实、贾平凹，还有石鲁、刘文西、赵季平、吴天明、张艺谋、陈彦等艺术家。

四十四五岁时，个人研究内容有了一点调整。有次西安的一些中年评论家在一起聊，都说我们不能这样下去，不能总跟在作家、艺术家的屁股后边跑，我们40多岁了，有自己的学术领域吗？没有。那之后，大家便开始各自定位领域，有的人转到了喜剧研究方向，有的人写开了作家群研究专著，有的人转向美学研究。我也是从这个时候起，由以文学评论为主转向了西部文化的研究。文学终归还是窄，我就直奔西部这块广袤的大地。所以从1984、1985年开始，我频繁地跑西部，深入到中国西部大地的各个民族、各种类型的社区去。这也是人大的新闻教育给我留下的烙印。我注定不能够成为一个学院派的研究者，我就是个田野考察的学者型记者。当时想，既然要搞西部，就搞结实一点，读万卷书还要行万里路、思万代事。因为好多书读了以后并不能理解透彻，没有人生经验与生命情怀的共鸣，但是一旦到了现场，与具体的大自然、大实践一碰撞，与当地的民俗风情一碰撞，马上就能理解了。在跑西部的那些日子里，我曾在拉萨被藏獒咬过，在新疆巴伦台夜里被车撂下过，在云南瑞丽被边防站盘问过，也深入到麻风病院的重症区采访过。

1985年8月，陕西省文联和西影厂作为发起单位，在西北边陲伊犁召开了第一次中国西部文艺研讨会，有十几个省市参与。大家公推我做了主题发言，叫《关于西部文学的若干问题》。反响还比较好，转载、摘要、采访、呼应、延伸，慢慢地，"西部文学"这个概念得到了广泛认同，出了一批书，有了一支队伍。

后来我综合自身的阅读、思考、体验，继续深入研究，写成了《中国西部文学论》30多万字，是1989年出版的。那是中国第一部把西部作为一种独立的文化现象来研究的书。第二年得了中国图书奖和中国当代文学研究成果奖。以文学为出发点，我还参与主编了西北中青年作家评论集，主编了一整套西部文艺理论建构的丛书，包括《西部文学论》《西部音乐论》《西部歌舞论》《西部新诗潮论》《西部民间艺术论》《西部幽默论》等等。

我的整个著作量大约是600多万字，其中文艺评论有200多万字，给近

400位文艺家的作品写过很认真的评论。我出版过近40部书，从60岁起，每一段还出一次套书。60岁出了《对视》五卷本，70岁出了《雩山》四卷本，75岁出了《独泊·守昧》两卷本。80岁马上到了，今年年底前《云儒文汇》十四卷本将面世。

因为认真，文艺界又都是熟人，所以百无禁忌。生活在文艺界，常发生一些有意思的小插曲。陈忠实在我七十寿辰的时候讲了一段话，他说当年他高中毕业后，跑几十里路来听云儒的散文报告，还把那时的情景写进了自己的小说。他说他的小说得了全国短篇小说奖之后，唯一一个在会上当面提意见的人就是云儒。意见的分量有点重，他很不接受，但是随着岁月的流逝，觉得他是对的。我向往自己是一个率真的、敢说真话的评论者。

还有一次我和陈忠实在电视台录节目时争吵开了。当时陈忠实，工程院院士、建筑大师张锦秋和我三个嘉宾，谈西安的城市建设应该怎么保留古都风貌。我和张锦秋觉得要对西安"古调独弹"，在保留古调的基础上创新，出新。陈忠实觉得西安的古貌在当时就是先进，就是时尚，为什么要改变？主持人知道节目要挑起争论才有看点，他故意问陈忠实，陈老师好多人都说西安人思想保守是因为这个城墙，你怎么看？忠实一下子就激动了，说西安人哪里保守了？人保守和城墙又有什么关系？城墙建筑这么伟大，在那个时代是先进工艺技术的结晶，怎能与保守有关？主持人然后问我，我说我同意陈老师的意见，但是将城墙作一个比喻，来说西安文化精神中的不足，也未尝不可。这不是指建筑技术，说的是精神状态。主持人然后又问张锦秋老师。张院士和我都是南方人，对于陕西的保守有同感，她表示同意我的感受。这样双方就开始激辩，都有点激动，节目完后连午饭也不吃了，分道扬镳。到了晚上，我给忠实去电话，没有拨通。一会儿他拨过来，说你不要生气了，这都是学术争论。我说我不生气，我正给你拨电话呢，只有诤友才能如此推心置腹地争论。陈忠实这个人性格非常正直，我后来写回忆文章还特别提到了这一点。那次陈忠实对我表示了歉意，但他又说自己的观点不变，还要写系列文章阐释自己的观点。他对这块土地的挚爱让人感动，但我也不让人，开玩笑说，我一篇都不看，不回应。

丝路情牵　弦歌不断

我对我自己较为满意的一点是，人老了身体还可以，生命的火还烧得挺旺的。我快70岁才退休，退休十多年一直还在工作，投身于丝路文化的探寻。

在研究西部文化的过程中，行走并思考着，但那个时候思考的都是中国西部，还没有放到横贯亚欧大陆的丝绸之路这一国际格局中，形成贯通全球文化的系统思路。最近五六年我们国家提出的"一带一路"倡议，让我一下子豁然开朗。西部文化是什么？不就是丝绸之路的中国段吗？无论是戈壁丝路、南方丝路、草原丝路、唐蕃古道还是茶马古道，都是从中国西部辐射向世界的丝绸之路网络啊，它是地球之虹、地球之弧、地球之链，是连接世界各国的第一大通道。

2014年，我参与了由丝路卫视联盟和陕西卫视联合策划实施的"丝路万里行"活动，这个活动是国家新闻出版广电总局组织的"丝绸之路影视桥工程"的一部分，主要是坐汽车重走丝绸之路、传播中华文化、促进各国文明互鉴。我是整个西行车队中年龄最大的。

这一走就走了三年，共三次行程，每次都在车上泡两个多月。从我74岁到77岁，总共跑了32个国家、80多座城市、40000多公里。第一次是从西安出发，经哈萨克斯坦、乌兹别克斯坦、俄罗斯等8个国家到达意大利首都罗马，号称"追寻张骞之旅"；第二次是从西安出发，经中亚、南亚8个国家，循着大唐玄奘的足迹，到达印度加尔各答西北的那烂陀寺，号称"追寻玄奘之旅"；第三次是从西安出发，经中亚，先后到达俄罗斯、拉脱维亚、立陶宛等 16 个中东欧国家,最后抵达匈牙利首都布达佩斯,称"探秘中东欧之旅"。

旅途中当然会有很多见识和体会,也必有一些奇遇和艰险。让我印象特别深刻的,譬如一组中亚小陶俑。我两次经过乌兹别克斯坦的撒马尔罕,两次都在旅游商店里发现了这组小陶俑,它是统一设计的三件套,分别是骆驼、大象和貔貅。老板跟我说,这三件陶俑自古以来就是一组,不零卖,各种型号的销路都很好。我就想,这不正暗合了中亚文化、印度文化和中华文化在古丝路上相互融合的历史吗?不正是文明互鉴最好的物证吗?这种融合自古至今一直被沿途各民族的文化心理认同着,到今天仍然是一种活态的文化心理存在。

路上也经历过不少惊险。2014 年夏天,在乌兹别克斯坦的克孜勒库姆沙漠,整个车队加不上油,在 40 多摄氏度高温下瘫痪了 20 多个小时。车队发出 SOS 信号后,受到了几乎半个亚洲的关注。2016 年夏天,车队经过帕米尔高原吉尔吉斯斯坦口岸时,需要人车分离接受检查,厚衣服都放在车上,一时取不出来。我们穿着夏天的单衣,从中午 12 点一直待到晚上 10 点。太阳落山时(这里与北京有两小时时差)气温特别低,到了零下三四度。当时海拔是 3600 米,也不能跑跑跳跳取暖,有高原反应呀,冻坏了。开始大家有点牢骚,终于过境后,我们看到七八个山弯上停着几百辆等着过境的中国重卡,都欢呼起来——这就是丝绸之路经济带,它如此繁忙、兴盛,也特别壮观!大家的精神一下子振奋起来。

一边走,也一边写。现在关于丝路的那些最重要的著作,无一不是前辈学者在艰难行走中探索得来的。我这些年走丝路,也写了不少东西,加起来大概有 60 来万字。第一次"追寻张骞之旅",一天一篇文章,写完就传回来在西安的报纸上连载。还有个小插曲,有一天正赶上房祖名吸毒出狱,报纸要发这个新闻,编辑就说不要把肖老师的文章和吸毒放在一起吧,所以那天就没有登。结果编辑部收到十几封来信和电话，问肖老师出事没有。这种大强度的写作，确实是很累很苦，白天全在路上跑，通常是晚上10点以后才开笔写，每天都得熬过半夜12点。到第二次、第三次跑印度、中东欧，我放缓了一点，两三天一篇，有十来篇是回来写的。三年跑了40000多公里，号称"八万里丝路云和月"。这三趟在汽车上的绝对时间，加起来将近七个月。后来《光明日报》以《一位老人的丝路情怀》为题，对我的丝路之行发了整整一个版的长篇报道。我对我自己还能有这样的生命状态，也很满意。

关于丝路文化，我出版了四本文化散文：《西部向西》《丝路云履》《丝路云谭》《丝路云笺》。《丝路云谭》获得了第八届冰心散文奖，《丝路云履》还出了两个版本的英文版，合集《八万里丝路云和月》出了俄译本。

在丝路上，其实写作是我的"副业"，我的"正业"是与原央视的王志，凤凰卫视的田桐、刘睿几位电视主持人，一路解读丝路文化，也会根据不同国家的情况做一些讲座。我在罗马大学讲过《长安与罗马的16个共鸣点》，在波兰和匈牙利讲过《中国历史发展的两河递进互惠结构》，在哈萨克斯坦东干族陕甘村给当地华人讲《民族迁徙与文化坚守》，在乌兹别克斯坦讲《中国西部和中亚地区文化的向心交汇和离心交汇》，在印度讲《从佛教的生成和传播谈文化流动的"飞去来"轨迹》，等等，大都是结合所见所闻来谈所思所想，不是那种纯理论的演绎。因为爱书法，每到一国一地，还会向当地赠送自己的书法作品。书写内容大都是弘扬丝路友谊和中华文化，也写所在国家的名诗、名句、民谚。

那三次车行丝路之后，我还一直在丝路上跑。飞着跑丝路，已经有七八回了，总共加一起有50多个国家了。我两次坐汽车穿过帕米尔高原，越野车一层又一层驶进大山的堂奥，在它的五脏六腑中穿行。犬牙交错的山、层峦叠嶂的山、绵延不绝的山、纠缠不清的山、一望无际的山、一往情深的山，就这样一下子扑了过来！它们像成千上万胳膊挽着胳膊、顶天立地站在宇空之下的男子汉！我只想呐喊，只想高歌，只想沉思，也想……流泪。帕米尔让我们这些被都市文化娇惯得羸弱不堪的生命几乎窒息。

我个人的理解，"一带一路"不仅铺就了一条融通国际经济文化交流的商路和文路，更重要的是，它还开辟了一条心路，让沿路各国、各民族有了心理上的亲近感和认同感，这是构建人类命运共同体的重要通道。

蓦然往事　恩情难忘

今年（2019年）我79岁，也是我父母两人加在一起的79年生命。直到今年，我才把埋葬着父亲的井冈山下的一抔红土，一份捧到南昌，洒在母亲的墓上；一份捧回广安，洒在祖父祖母坟前。一辈子的心愿总算了却了，父亲终于和他的亲人在一起了。

母亲年纪轻轻守寡带大我，我对她的感情特别深。母亲就是我的佛，就是在彼岸世界审视我、关爱我的严厉而温柔的眼睛。我永远都记得一个细节、一个场景：上小学时有一段时间我学习不太努力，爱看杂书。有一天快蒙眬入睡的时候，母亲趴在我耳朵上说："毛毛（我的小名）你要有出息，你要没有出息，大家会看不起我啊。"因为她是一个寡母，母以子贵呀！我假装睡着了，她深深亲了我一下。我永远都记得这个场景，遇到大事我就会跟天国里的母亲对话。现在我已由耄入耋，和父母见面的日子越来越近了，千万千万不能愧对他们。母亲、母语、母校、母土，在我的生命中有着超常的分量，构成了精神天地和感情世界极为重要的支柱。这是心灵中不可磨灭的，是条分缕析说不出来的，也是无处不在影响着我的。

关于人生的感想，随意谈这么几点吧：

我很感谢这个时代，感谢时代用坎坷使我的生命深刻化。回想起来很多事情，都觉得自己很幸运。我虽然在抗日的战火中诞生，但是此后一生没有遭遇过大的战乱。"文革"算一个动乱,但我当时年轻,不是当权派,只给了一顶"修正主义黑苗子"的小帽子。时代给了我几十年的和平生活,但和平容易使人平庸;时代便又给了我若干次生死攸关的坎坷,正是这些坎坷使得我深刻。而这些坎坷,恰好又在40岁左右改革开放的大趋势中,不早不晚给了我生命的转机。我真的很满足了。

应该说,一路走来,中国人民大学一直是我心中的一个支撑。我的同学们后来各有各的生存方式,各有各的成就,各有各的人生和幸福,大家从各个角度表明了人民大学的土壤何等肥沃!我身处其中,当然深受感染,获益匪浅。

或许可以说我是个勤奋的人,这勤奋得益于新闻岗位的培养。不消说,记者需要勤奋和敏锐,其实学术研究也如此。我总是把大目标清晰化、标准化,又把阶段性目标在条理中碎片化。将人生总目标分切成若干阶段的小目标,这样你每个阶段便都有了切实的动力。

另外一点体会是,要从自己的负能量中去开掘正能量,将弱点锤炼为优势。这是我的一种思维和处事方式。比如说懒惰,那就盯住懒惰,以加倍的勤奋去克服;比如说软弱、怕事,那就专门寻找复杂处境、复杂问题,在处理复杂中学方法,炼胆识。人要从克服自己的缺点中去获得圆满。

母校人民大学有许多学友已经走进了历史。像最初起草《实践是检验真理的唯一标准》的胡福明;最早报道邓小平南行讲话,写《东风吹来满眼春》的陈锡添;等等。他们的文字都影响了一个国家、一个民族的历史进程呀。再有为民族受难、戴荆冠、背负十字架的张志新和林昭,她们用自己的鲜血和生命印证了一个特定时期,呼唤着改革开放新时代的曙光。我的这些校友像印章一样镌刻在中国当代史上,镌刻在人民的心里,尤其镌刻在我们这些校友们的心里,成为一种恒久的力量和自信。历史一定会记住他们。

对于学弟学妹,我也有几句即兴的寄语。我希望人大的学生一定要有大格局大境界，要读万卷书，行万里路，思万代事，为万民呼。思万代事，就是在整个历史脉络中思考当下问题；为万民呼，就是要为生民立命，为人民服务，要须臾不忘我们学校的名称，她就叫"中国人民大学"呀。思万代事、为万民呼的本钱在哪里，就在读万卷书和行万里路之中。

我已经年龄大了，虽然仍有志于千里之想，无奈老骥终已伏枥，殷切地期之于我的学弟学妹们吧。

2019 年 4 月 1 日，中国人民大学校友工作办公室采访并整理

序《雩山》书系

雷 达

云儒是我在评论界非常敬重的同行。我欣赏他以南人的温雅俊秀却能多少年来一直持守在西部，并在西部成就了一番事业；我欣赏他一碰触文化和文学问题就来感觉，那与众不同的尖锐眼光和宽广不羁的思路；我欣赏他超强的捕捉能力和归纳能力；还欣赏他的长于辞令，机敏权变，风流倜傥。前年观看公祭轩辕黄帝大会的电视实况转播，云儒以文化学者身份担任了主持人角色，面对浩大场面，他不惧不亢，神态自如，言谈时有警句闪烁，令人目醒神清。显然，他是有备而来，他对中华文化的精神母题是做过一番深入钻研的。这是我们一般弄文学的朋友所不可及的。

我一直感到，肖云儒不仅属于陕西，而是属于全国的。在新时期文学发展的每一个重要时刻，大都能听到他的声音。他是新时期以来给文坛留下过深刻印象的批评家之一。现今更年轻的一代才俊，也许不能完全理解，上一辈人在三十年前，即新时期之初，所做的破冰解冻、弃旧图新、开拓新境的努力；那种告别旧我、迎接新潮的勇气和坚定、痛苦和奋发，多么值得历史铭记。云儒虽有学者的儒雅，却不属于学院派，他是始终置身于文艺发展潮流之中的、与时同行的、第一线的批评家。但他又不同于一般批评家，他是学新闻的，资深报人出身，曾经栖于新闻与文艺之间，他是由新闻记者的敏锐性作为先导的批评家。但不可否认，其心性又是学者型的。越到后来，特别是担任陕西文联副主席以来，由于工作需要，他的知识结构偏向于整体性的时代审美意识变化的研究，他对国学、对中华传统文化、对书法、对陕西地域文化，都有了更多的投入和研习。于是，这些年来，他的角色和我们不一样了，他一步步地蜕变和转型，由文学而文艺，由文艺而文化，直到大文化，逐渐走向开阔，走向大气。

我与云儒，是由远观而渐渐熟起来的。我本与陕西文学界的朋友极熟，也早知云儒其人，但我和他却始终保持着距离，互不了解和往来。究竟为什么，却不可解，是否与他是南方人有关？他是首先在文学界崭露头角的，从20世纪80年代到90年代，我看着他和李星、王愚等友人搞"笔耕社"，搞文学聚会，提各种主张，看他们的文章一篇篇地涌出，不能不佩服。他在近三十年文学发展的每个时刻几乎都有言论，他的话总能给人启发。我欣赏他，却远观他，同样，他知道我，也远观我。直到2005年，我们共同担任文化部国家舞台精品工程的评委，共同渡过了两个月"白天在机场，晚上在剧场"的特殊生活，才真正地熟悉了，相知了，陌生打破了，成了要好的朋友。我不断发现他的其他特长，比如，策划能力惊人。后来得到印证，原来他的诸多头衔里，早有一个"陕西策划协会会长"。

人们常说，创作需要才能，写诗写小说需要天赋，乃至天才，好像搞评论的什么都不需要。事实上，批评同样需要天赋，有才情的评论与无才情的评论，虽同为铅字，虽面目大致相似，内质却差之千里。杜勃罗留波夫活了25岁，别林斯基活了41岁，他们并不一定是学富五车的大学问家，但他们却是影响了历史的人文精神进程的天才批评家。我觉得天赋在肖云儒的身上表现得格外明显。也许在他的基因里，有一种擅长批评性思维的因子。说他早慧，天资聪颖，都太泛泛，并不准确。他的特点是，似比别人能更早地发现处于萌芽状态的动向，能更敏锐地感应时代与文艺互动的隐秘关联，能提出稍后将会发生的问题。听说，他早在江西读高中时，同学们就发现了他的特点。一位他当时的同学、后来成为台湾著名学者的叶四维，赠其言，曰："有见解、有感受、有文采。见解在质朴中见力度，感受于真切中藏灵性"。他在人民大学读新闻系时，自发地写过一篇评华君武政治讽刺漫画的文章。

人家以为一定是老师写的，不料却是个学生。此文后来发表于《美术》杂志的头条，颇得主编王朝闻的赏识。更有说服力的例子是"形散神不散"的提出。那年肖云儒不过20岁，斗胆投稿给《人民日报》副刊《笔谈散文》专栏，他接过老作家师陀说散文"忌散"的话头，以《形散神不散》为题写了篇仅500字的小文。不承想这竟成了对中国散文经验的一个著名概括，一个散文理论的关节点，"文革"前后引起过热烈争论。肖云儒说他当时不过想发一点小感想，绝无给散文提要求、定规矩之意，其后的反响是他始料不及、担待不起的。我却认为，别看只是寥寥数字，于简单中却可见其悟性，是他长期思索的一个火花式的爆发。

贾平凹在给肖云儒的书序中说，肖云儒的特点是："当文坛时尚之风阵阵刮过之后，他开始水落石出，价值和实力渐渐被国内文坛认知和钦佩。"还说，"西安的地域成于他也碍于他，他真的是有些委屈了"。此话多被人引用，我却觉得也许只是说了一方面的事实。肖云儒在大多数时候并非如此。他的表现恰恰是能超越时空的限制，最早或较早地发声。比如，1983年发表于《上海文学》的《文艺创作反映当代生活中的封建主义潜流问题》，就是他有感于伤痕文学陷于浅表层，不能深掘到农耕文明、小生产意识、皇权政治遗留的原因。再如《艺术家的主体、生活客体和审美反映》《被拷问的人文精神》等等，都是在反思文学初起，或主体性争论初起，或人文精神大讨论的热潮中发出的，具有实践品格、现实品格，并非后发制人，倒是站在前沿，直接在文学潮流中汲取鲜活之水。其实文学史上不乏僻处闭塞之地，却能发人之所未发、言人之所未言的例子。我们很难说，僻处西部的路遥、陈忠实、贾平凹，在创作意识上就一定是落后的。还有一例：由林兆华执导、北京人艺演出的话剧《白鹿原》曾经一票难求，轰动一时。此剧究竟怎么样？除了一片浮泛的叫好声，我没看到多少真见解的评论，而肖云儒的不足2000字的《话剧〈白鹿原〉的得与失》却见解灼灼。我至今保留着这份剪报。文章指出了三点遗憾：一是没有找到可以深度解读原著的"简约而有象征意味的戏剧结构"；二是"缺乏内部世界的打开和戏剧冲突的强化"，虽不断有掌声，但那多是老腔和表演引发，从戏剧冲突与感情深处爆发的掌声其实不多；三是表演过于昂扬、激愤，忘了必要的节制和深度。这些话真是说到了点子上。我在想，有的学人也许可以弄出一部部砖头样厚的"专著"，却不一定能以敏锐的直觉和出色的审美判断力写出一篇让人击节叹赏的短评。

肖云儒的另一个几乎不为人注意的特色是，他具有很强的理论想象力和滚雪球般的思维发散力。他第一次进新疆参加西部文艺研讨会时，从飞机上俯瞰博格达雪峰，产生了某种关于西部的强烈感应。他原本没有发言稿，憋了几天忽然思如泉涌，拉出了一个大纲。这就是后来的"专著"——《中国西部文学论》的雏形。这本专著的封面上写着"多维文化中的西部美"，他认为西部生活精神是一种具有主导倾向的"多元动态结构"，而多元结构又是由"三个精神对子"组成的"两极震荡"。他从历史感和当代性、忧患意识和达观精神、封闭守成和开放开拓这样的几组"两极震荡"展开论述，并最终提炼出如下关于西部文学总体美学风貌的观点："一个以阳刚为核心的，多种审美形态组成的有机整体，这个有机整体的内部构成是多元动态结构。"显然，这里带有当年新观念热、新方法论时期的某些印痕，也带有想象的成分，作者调动了当时所有可以调用的理论资源和概念工具，为此付出了极大的精力，我表示钦佩。但这个时期他留给我较深印象的主要还不是这种专著，而是他以感悟式的审美方式写的散在文论，它们多从价值、意义、趋向等几个层面使人耳目一新。

纵观肖云儒近三十年的文论，突出感到，他思路活跃，涉猎面很广，举凡文学、哲学、戏剧、书法、散文创作，社会评论、民俗研究，直至文化人类学，都有论列，但以文学为中心。他的著述可以分前后两个时段，前一段以文学的宏观综论和作家作品论为主；后一时段，以宽泛的文化研究为主。

他自己总结说,他的文艺评论的主要方位是社会的、历史的、美学的坐标,他是大体沿着反映论——文化论和历史——美学的路子走下来的。我以为这个定位是实事求是的。他是一个有理想、有抱负的评论者,他始终不放弃"建构体系"的梦想和搞大部头专著的雄心。他对自己长期陷于"三评一论",即书评、影评、剧评和文艺短论的写作很不满足,极力要突破,于是有了他的《中国西部文学论》和由他主编的"中国西部文学论丛"等等。由于原有的知识结构和哲学基础的稳固性,也由于大半生处于政治运动之中,肖云儒和我们这一代人的这种力图建构体系的努力,付出了超常的劳动,不免带上了悲壮的色彩。

云儒不但是理论家,而且是散文家,有一颗诗心,灵心善感,读他的《我在故乡冷藏三天》,真让人忍俊不禁。原来,他一回到南昌,就被朋友、老同学、同行、亲戚们包围了,颇不自由,他想独自去寻旧梦,于是想出绝招,伪称自己去了别处,好似人间蒸发了,其实潜伏在南昌的老巷深处,"变成了一个陌生的老头",每天转悠于童年和少年时留踪的地方,静静地咀嚼着人生。然而,谁又能禁得住诱惑?人怎能弃绝红尘?反正,这个"老头"又回来了,回到了他游刃有余的关系网和生存网中了。他又登上飞机,去参加一个什么"重要会议"去了,"恐怕直到烧成灰烬",也难改变。多么深刻有趣的自嘲和自省呵。

我心目中的肖云儒,一个真实的、复杂的、丰富的、深邃的人。

2009 年 5 月 5 日,北京

人生深处的留影

——序《独步岚楼》

冯其庸

说起来，云儒是我的学生。任教人大新闻系时，我在北京铁狮子胡同的教室教过他古典文学。他的关于《红楼梦》的论文，交我看过。后来他们这一批同学都去了新闻界，但有几位一直抱住文学不放，像杨匡汉、陈传才，他也是其中的一个。这样我们便没有断了来往，我也便一直引他为同好。

云儒的文艺评论文章时见于报刊，读过一些，他的散文、随笔却读得少。读得少，反倒有了一点新鲜感。虽未全读，却有了一些印象。他的散文随笔，写的是真话真情，是真文章。无时下一些散文的精巧，也没有时文的造作和奢华。秋水长天，恬情淡韵，有中年风，有书卷味，多少可以从中感受到一点作者的处世为人之道。他恐怕并不甘于寂寞，却又总生活在寂寞的事实中。云儒对此少有参与性的抗争，一味只作微嘘式地感叹，便又平添了一层寂寞。他的文章里还隐匿着某种哀伤，又有从哀伤中挣扎出来的昂奋。不知这是否留下了他这几十年命运的雪泥鸿爪，想着这总该会有他人生深处的留影吧。

他生活得很累，文章却写得不累。不炫示寂寞，不彩饰哀伤，不以自己的苦痛为美丽，也不直陈寂寞，不呼号哀伤，苦痛也就不带着激越。当然，他的文字对人生必有筛选，也有节制，这节制也是中年人的一种真实。

在云儒的散文里，感悟与思考并重，都有点力度。思考和见解的能力，对一位文艺的评论者，是分内的能力，不消说了。引我注意的是他思考的宽阔和广泛，不限于文艺问题，举凡社会、历史、文化诸多问题，都认真去想，都能想出这样那样的门道。思考时，他的胸襟是大的，视点是多的，一般能够宏观地、综合地把握对象，有时也有独辟蹊径的巧思。云儒喜思、善思，是思想的丰产者。而一位文艺的评论者，同时具有感觉和感情的灵悟，就难得了。这种感悟力在他的评论文字中早有端倪，因受理性思考的限制，得不到发扬，到了他的散文随笔中，便腾空而起。

他的感悟不是没有缺欠，那就是形象的捕捉力、形象的记忆力和寓感思于形象的能力稍差。这恐怕和一个评论者多年的思维习惯有关。他怕是写不了小说的。但他对感情与悟思的捕捉、记忆，表达能力都是很强的，这时候你就感到了云儒的诗人气质。

他的文字，散落着他的人生，恰如其分地写照了他知命的年龄和评论的生涯。山转水流，娓娓道来，真切如其人，明白如其话。间或跳出几句哲理与艺术机智的水花儿，旋又没入沉沉的流脉。——也许我已入老境，很喜欢这样的文字。

文章没有全读，一下子说了老多的话，云儒谅我，读者谅我。

1993 年 12 月 24 日

说给云儒三句话

陈忠实

云儒过七十岁生日,各界人士云集,场面庞大而又热烈。对于一个大半生都从事原本属于冷寂的文学评论工作的人来说,足以见得社会影响的广泛,远远超越了文学界。云儒约我说话,正中我表现欲念,连任何客套都不曾发生,我便踊跃而出,瞬即形成三句话,说给云儒。

第一句话,云儒是我的老师。这话不是客套,更不是恭维,而是真实的事实。

20世纪60年代初,西安市群众艺术馆为文学爱好者搞文学讲座,我是一个虔诚的听众。周六下午走到纺织城东边的水沟村,花两角钱在农民的家庭客店歇脚,天不明起身赶到西安聆听各种选题的讲座。约略记得是那年春末夏初的一个周日,我在讲堂里看到了走上讲台的肖云儒,竟然由惊诧而瞬间浮泛出悲哀沮丧的情绪来,概出于他那一张脸孔。不单是那张脸的俊气,关键在那张脸所标志的太过年轻的年龄,看去好像比我还要小几岁,我的沮丧以至悲哀便发生了,这样年轻的人登上讲台做讲座,而自我感觉比他还长过几岁的我坐在台下接受他的文学启蒙,还梦想搞文学创作,未免太晚了……

我还是耐心听讲。他的讲题是"散文散谈"。就是在这次讲座上,我亲耳聆听到他对散文这种文体的概括——"形散而神不散"。这句堪称精湛的概括,在我一遍成记。我那时正学习散文写作,这句话便悬在心中。几十年后的今天,云儒关于散文的"形散而神不散"的概括,不仅随处被人引用,业已成为学界公认的关于散文写作最精到也最传神的概括,似可称为"肖氏语录"。而这样精准的概括,是他在20出头的年纪做出的,足见其学养之不俗,以及横溢的才气。

我视他为老师，源出于此。尽管见面握手时直呼其名，老师的印记一直悬在心中。

新时期文艺复兴潮头伊始，陕西应运而出一茬青年作家，作品引起整个文坛的关注。几乎与此同时，陕西的中青年评论家组成一个纯民间性质的"笔耕"评论组，紧盯着刚刚跃上新时期文坛的这一茬陕西青年作家的创作变化和发展，对他们的作品进行品评，对他们的创作起到了促进作用。云儒是"笔耕"评论组年龄偏轻却最敏锐的评家，他的笔锋触及每一个作家的作品，赢得了作家们的钦服和珍重。我也是受益者之一，不仅在他肯定意见所给予的鼓励，更在对作品弱点的严肃批评。记得我的《信任》获1979年全国短篇小说奖时，得到的几乎是一口腔的称赞，猛乍听到他毫不掩遮的批评，而且是甚为致命的否定性批评。他既不管你获什么全国奖的影响，而且是在一个小型创作座谈会上正对着我说的。我虽然没有申辩，却基本不予接受。直到几年又几年之后，自我感觉实现了一次又一次创作突破之后，我才一次又一次更深地理解了他的批评。确实说来，是一个生活真实与艺术真实的老话题，也是创作的一个大命题。我在20世纪70年代末，对于创作的理解和感知，尚不能理解他的批评；反之，他对文学创作的理念和审美，超出了我当时的接受的可能性；当我后来的创作有所突破，大约才一步一步接近了他的那个文学理念和审美准则，钦佩便发生了，敬重也就是很自然的事。

听到也看到一些看人看脸却不看作品成色甚至掂红包轻重的评论的传闻，常会想起仁兄云儒直对着我面的毫不口软的批评，愈觉难能可贵。隐藏在心中三十年的这第二句话，在仁兄庆贺七十华诞的场合说出，在我算得是一个最恰当的机遇。

第三句话，是我刚刚意识到的，即云儒已经进入人生的又一个新的境界——达观。

生日庆典仪式的同时，云儒的散文随笔集《雪山》首发。我先读《雪山》自序，直感便是云儒已进入达观这种人生的高境界。我觉得尤为难得，人活70岁现在并不难，难得的是进入生命体验里的达观境界。

我约略可以看到云儒抵达达观境界的一条途径，从文学评论形成广泛影响之后，即到新的世纪伊始，他的言论已经不再局限于文学作品，而是涉及社会、政治、经济、文化、历史和现实，完全成为一个视野宽泛且有独立见解的学者。说来有趣，每当有机缘听他发言，或在报刊上看到他的文章，还有电视上听他侃侃而谈某个话题，都是一种新颖的理念，敏锐的思维；甚至刚刚流行的新鲜语汇，在他说来如道家常。在我这个受众的感觉里，既有对新理念的启蒙，也有新鲜语汇的普及……这种情景里，我突然会意识到，我还是近五十年前坐在文学讲座讲堂里的听众，是学生；他依然是登上讲台讲演的先生、老师。差别仅仅在于——

云儒已是进入达观境界的人了。

2009 年 12 月 7 日

长安城肖先生

——《对视》书系序

贾平凹

肖先生是个矮子，但我和他在一起，他就不那么矮了，而且很有一些儒雅之气。我们都喜欢坐着与人照相。十多年来，我与他同时在西安城里生活，他搞理论批评，我弄文学创作。因为都居家南护城河岸，总有南城门口碰着的机会，立于城墙下，一对那般矮着，说些文坛上的事故。我的创作，他一直是关注的，也写下一些评论，他说他是为我做了嫁衣的，我说，不，应是我做衣嫁你吧。这比如收藏，古董是在一个一个人的手中辗转才所以成为古董，其实并不是人收藏了古董，而是古董在收藏人，像我这样的一批弄创作的，几十年里，由幼稚的作品一日复日使他这样的人成熟了自己的理论批评体系。

前些年我出游到了浙江，对绍兴有了很复杂的感情。初到绍兴城，城里的人个头都不高，使我很自在，但绍兴有过鲁迅和马一浮，所有来的高个人却又觉得矮了，我就越发觉得自己不但矮而且猥琐。回来后一次聚会吃饭，饭桌上一条鱼，大伙只吃鱼身，却不吃鱼头，肖说：没人吃吗，我吃呀！吃得特别仔细和兴趣。我便想起南方人的吃相，遂说起在绍兴的感想，他说他原籍就是南方的，我听了，明白了一切，遂也有些闷气，干嘛么，"既生瑜而何生亮？"！

肖先生几时从南方到的陕西，我不大清楚，在我的感觉中，北方的理论批评家的文章犹如下象棋，南方的理论批评家的文章又像是下围棋，各有肥瘦短长，曾感叹，谁若能南北风范集于一身，谁必能成就大的气象。肖先生可以说就有这番面貌，他应该归于国内理论批评的一流，但他的声名并不显赫，西安地域成于他也碍于他，他真的是有些委屈了。因为北京或上海，那里的报刊面对的是全国，西安的报刊只向于一隅。而他的文章又大多发表于西安报刊，国内的文坛多少疏忽了他的存在。

在他十分年轻的时候，他提出过关于散文创作的"形散神不散"观点，此话姑且不论有多大准确性和概括性，实际是影响了数十年的国内散文创作。20世纪80年代末，他最早研究中国西部文化和文艺的问题，撰写和出版了国内第一部《中国西部文学论》专著。90年代他又集中对长安文化的内质、特色及其在中华文化构局中的定位、作用做研究。他是较早意识和尽力完成自己独立体系的理论批评家。他不善于张扬和炒作自己，但成果扎实而独姿独采，当文坛时尚之风阵阵刮过之后，他开始水落石出，价值以实力渐渐被国内文坛认知和钦佩。去年，我在我的书房写过四句话贴在墙上："圣贤庸行，大人小心，静坐玄思，不知不觉。"这话还真适应于他。

在陕西的任何文学、艺术及文化研讨会上，每有发言立即会场寂静，大家洗耳要恭听的，其中总少不了他和李星先生，他们阅读面广，了解国内文坛乃至世界文坛状况，批评的坐标高，自己的感觉又好，见解独到鲜活，概括归纳准确。他是智慧型的，又是才子型的。所以，肖先生也写散文随笔。也热爱书法。我每每见到他出门总记得提包里要装上毛笔印章，而在书法表演中得意忘形，其形状率真可爱。

现在，出版社肯花大的力气，投资大的款额，一次推出他的《对视》书系四册，其隆重的礼待是一般从事理论批评的人难以遇到的。单瞧瞧四册的书名：《对视文化西部》《对视20年文艺》《对视269》《对视风景》，是可以看出此人释放的能量有多大，思维是多么活跃和丰富，劳动是何等繁重而艰辛。我是畏惧这样的人，更是尊重这样的人。

1999年3月5日，夜记

贾平凹复肖云儒信摘句

贾平凹

我好的一点是没有心凉，写作的热情没有减退，我要对着社会说话，作品是我唯一的说话的方式。当我疲倦的时候，不妨对你说，一个人坐在书房悄悄垂泪，孤单和寂寞，深感自己的无能和无力，然后就慢慢平下心去，继续工作。这几部长篇和一两本散文就是这样产生的。我的写作自然不能比拟昔日和氏璧，但我有和氏的韧劲，我也相信我对石头和凿子是越来越有了些感觉。

——《复肖云儒信》

我的河要流，我将纳一切溪水。社会在允许和培养着我的写作，鸟投树上，树肯包容，鸟是知道的。

——《复肖云儒信》

2008年11月

开发西部人的精神世界

钟惦棐

云儒同志：

信悉。来信称"钟老"，愧不敢称"老"。你在访问记中不是说我穿羽绒服、跳迪斯科么，何老之有？

前年在西影讲了几句，两篇报道引起了风波，你不能辞其"咎"也[①]。也好，总是提出了一个问题。不想风刮大了，你们在新疆开了会，又编书[②]，我还写了个语焉不详的序。此事可以提倡，又不宜操之过急。西部显出了文艺的光轮，还要看光热的稳定性。有些事做定评，要几代时间观察。自然未必等几代之后才可以谈西部的文艺。你想做系统一点的思考研究，尽可搞你的，无须受别人也包括我的影响。

我说过，制片人要打出新牌，不能看别人出什么牌你也出什么牌。理论研究也是这样。西北的文艺家没有理由将视线由自己的土地转移到它对角线的东南方向去。西北的理论家也是这样。西部生活的美最好由西部作家去发现，西部艺术的美又最好由西部论者去发现。这样想来，我又是赞成你搞更系统的研究的。读你的一些论文，深感你有这个能力。

文学艺术的研究，要从作品出发（我编《电影美学》，就从具体影片谈美学），又要从作品以外去开掘。一是从美学，《毛诗序》说"诗言志"，

[①] 指1984年3月6日在西影创作会议上的发言《面向大西北，开拓新型的西部片》，肖云儒曾在《陕西日报》做报道，广为转载。

[②] 指西北五省文联在伊犁联合召开的中国西部文学研讨会和新疆文联编的"中国西部电影论丛"。

就是说艺术的核心问题是艺术家的审美理想。这怕也是西部文艺的核心。一是从你说的文化心理，也就是开发大西北人的精神世界和它的历史构成。还有从历史社会因素入手开掘，我仍然认为这是培育作品的土壤。作品之内、作品之外，两处落笔，大约能将艺术问题说深，说透辟。

倘对华彩初现的这个现象说不透，不好说透，也无妨，先做些材料集纳、观点述评的工作，切切实实打点基础，好让有识者在这基础上再往前走。"良工示人以朴"，做到这一步很不容易，功莫大焉了，倒未必一定对素材作矫态的提炼和打磨。你是会有把握的。

1986 年 4 月 23 日

"形散神不散"与散文的发展

马平川

检视20世纪中国散文理论的变迁,1961年《人民日报》"笔谈散文"大讨论,是一个无法回避的话题。这场讨论对散文实践经验的观察与思考,对散文文体的探讨和分析,是"十七年文学"中真正意义上的具有理论建树的散文批评,直接推动了散文的繁荣与发展。其中影响最大的是肖云儒提出的"形散神不散"。"形散神不散"作为一个重要的散文理论主张,曾长期主导散文写作,而且影响波及当代散文的发展,也引起广泛持久的争鸣和研究。时隔49年的今天,对"形散神不散"的审视与反思,有助于我们深刻认识、把握"形散神不散"的本质,进一步推动散文研究的科学发展。

20世纪50年代初,散文由于受到"左"的文艺理论和"左"的僵化观念的影响,作家基于统一的思想表现模式,限制了散文创作题材和体裁的多样化。50年代末、60年代初的散文,则内容初现广阔,艺术技巧趋于圆熟,达到了中华人民共和国以来的最好水平,赢来了当代文学史上散文创作的高峰期,涌现出杨朔的《雪浪花》《茶花赋》《荔枝蜜》,刘白羽的《灯火》《日出》《长江三日》,秦牧的《社稷坛抒情》《古战场春晓》,吴伯箫的《歌声》《记一辆纺车》,冰心的《一只木屐》,曹靖华的《花》《好似春燕第一枝》,袁鹰的《青山翠竹》,魏钢焰的《船夫曲》,等等,都曾在读者中广为传诵,脍炙人口。

1961年被称为当代文学史上的"散文年"。《人民日报》副刊从1月28日至6月5日,开辟"笔谈散文"专栏,先后发表了老舍的《散文重要》、李健吾的《竹简精神——一封公开信》、吴伯箫的《多写些散文》、师陀的

《散文忌"散"》、凤子的《也谈散文》、柯灵的《散文——文学的轻骑队》、塞先艾的《崭新的散文》、秦牧的《园林·扇画·散文》、许钦文的《两篇散文,两种心境》、肖云儒的《形散神不散》、菡子的《诗意和风格》等二十篇文章。就散文的文体、内容、形式、风格、体制等展开热烈的探讨和研究。这些文章从理论上推动了当时散文创作的发展,推动了1949年后散文创作第二次高潮的到来。

肖云儒在《形散神不散》中指出,所谓"形散",是指"散文的运笔如风、不拘成法,尤贵清淡自然、平易近人",是指"小题大作""大题小作""无题有感"的自在自由。所谓"神不散",是指"中心明确,紧凑集中"。"形散神不散"的观点,不胫而走,成为指导散文写作的基本理论,受到广大读者和文学界的肯定和推崇。"形散神不散"作为散文写作的定义与特点,写进一些大学、中学教材和理论著作,几乎成了散文作者自觉或不自觉遵循的不二法宝,"形散神不散"的影响远远超过它产生的时代。成为散文写作一种极具权威性和代表性的观点。

80年代伴随着拨乱反正,改革开放,思想解放,在"双百""二为"方针正确指引下,散文的复苏与发展是密切联系在一起的,过去"一个阶级一个典型","写中心,画中心,唱中心"等"左"的思想意识限制了散文创作题材和风格。大大束缚了作家艺术创造性的进一步发挥,自由灵性的进一步抒写。由于"左"的思想意识的长期淤塞,导致散文的河床不断抬高,散文堤坝的水位也迅速上涨,形成了散文入汛以来的第一次洪峰。散文的泱泱春水在时代的转机中赢得了开闸泄洪排沙的最佳时机,一泻千里。浩浩荡荡,瀑布般喷涌飞泻而下,形成文学大潮一道特有的壮美景观。散文艺术思维呈现出多元化拓展的态势。散文作家和理论家不但冲破五六十年代的思维模式,而且向更深入更开放的层面拓展。散文批评首先集中于对"十七年文学"中散文的重新认识、评价与梳理上,对长期主导散文创作的"形散神不散"的质疑、论辩是正常的，也是必然的。

"形散神不散"引起评论界、散文界长达数几十年的论争。松木、吴欢章、林非、俞大翔、王尧、叶公觉、郭风、杨振道、曾绍义等先后撰文围绕"形散神不散"的展开论争。普遍认为"形散神不散"造成散文单一化和模式化，形成自我封闭的框框。这些观点在《文学评论》《河北学刊》《散文世界》《散文选刊》等发表，在文学界引起极大的影响，成为中国当代散文发展史上产生重大影响的事件之一。

对于"形散神不散"，要有公正客观的评价和认识，既要以今天的眼光认识到"形散而神不散"的局限，更要理解在当时的社会环境下，"形散而神不散"对当代散文创作和理论的贡献。在20世纪60年代初的散文复兴中，杨朔、秦牧、刘白羽被认为是成就突出且对当代散文艺术做出贡献的作家。他们的作品，分别构成了五六十年代散文写作的三种主要"模式"，在一个时期产生广泛的影响。"形散神不散"和当时秦牧、刘白羽、杨朔等作家的散文创作联系在一起，成为当时散文理论和散文创作互相印证的散文现象。"形散神不散"的特性在当代社会找到了立足之点，也就被理所当然地接受了。

客观地讲，虽然"形散神不散"对散文的概括不免单薄和模式化，它的确没有跳出特定时代"左"的和形而上学文艺思想的阴影，但它很简洁、准确地概括了当时散文文体的基本特征，是对当时散文的思考和回应。范培松在《中国散文批评史》中指出："把'形散神不散'作为散文的文体的最主要特征这也是对散文文体的一种皈依。但它实质上是对20年代鲁迅提出的散文'其实是大可以随便的，有破绽也不妨'的一个矫正。"

在当今散文写作的个人化、世俗化和多元化中，"形散神不散"不可能概括散文的丰富性和多样性。但它确实代表了一种类型散文的特点。"形散神不散"的主张在当时规范了"十七年"来散文的审美风貌和品格，在那个特定的社会历史时代有其合乎规律的一面。近年来虽然不断质疑、排拒"形散神不散"这个说法，但时至今日，沿袭"形散神不散"的传统手法写作的散文仍然长久不衰。比如余秋雨的散文如《道士塔》《白莲洞》等，具有形散神不散、托物言志的特点。当年具有"形散神不散"特点的散文至今也还有读者，一版再版，在散文发展史上依然有着应有的地位。

"神"是指主题"中心明确，紧凑集中"，这确实是带有那个时代烙印的一种简单化表述。当然，我们今天面对理解散文得有"神"、不能散"神"的看法，应该建立在对散文之"神"更宽泛、更深广的基础上的。形是外在的形式，神是内在的本质。"神"就是散文的"精气神"，既是指贯穿散文的主题和情感脉络，也是指灌注于全篇的神情、意蕴、气韵、理趣、性情等，属于更高层次的审美理想。20世纪90年代，肖云儒在《美文》和《河北学刊》重提旧事的文章中，对散文之"神"的理解也做了与此类似的修正、补充。并针对有人提出的散文也可以"神散形也散"的观点指出，对"神"的理解会随时代、随散文写作的发展而不断丰富、深化，但"无神"的散文，"神散形也散"的散文，断不是好散文。"神"是散文的灵魂，是散文无处不在的精神气息，纵横跌宕在景观或物象中，一直氤氲弥漫在字里行间的。散文大家苏轼在《答谢民师书》中说："大略如行云流水，初无定质，但常行于所当行，常止于所不可不止，文理自然，姿态横生。"把抒情、状物、写景、说理、叙事等多种成分杂糅起来，以胸中的真实感受为主，展开联想和想象，放得开、收得拢，文章结构似乎松散，但却于漫不经心中贯穿了意脉，气韵生动，摇曳多姿。

在当前消费化、快餐化、娱乐化的文化环境下，我们被太多漫不经心、拖沓沉闷、"无形无神"的散文包围，使人麻木昏睡的时候，"形散神不散"仍然给我们以启示。"神"乃散文之灵魂，散文之血脉。人失神，则目光呆滞，面色无华。作为呈现主体心灵世界的散文若失神、无神，则言无气，呆板木讷，使人读之索然无味。当下一些散文成了鸡零狗碎式的泼烦平庸、清汤寡水式的寡情少趣、一地鸡毛式的芜杂低俗、小资情调式的闲愁闺怨，缺乏内在意蕴与神韵的开掘，忽视了情感体验的深度和浓度，自然就没有了生机。

散文的勃兴与发展，是与前进时代的精神，与思想主流的要求，与发展社会中人的审美需求分不开的。散文应着眼于人的心灵开掘和人的全面发展。散文要最直接、最具体地展现、体现时代发展方向与社会进步要求的思想和精神。我们今天的时代，是充满生机与活力的时代，是更加文明开放和谐的社会。充足的雨水和阳光、适宜的温度和湿度一定会浇灌、催生出四季常绿的散文阔叶林，为我们营造丰饶的精神绿洲。全民的审美意识在不断提高，散文的性灵会更自由更畅达的抒写，散文会越来越受到读者欢迎，最终走向更为广阔的舞台，散文的茂林嘉卉就在前面的地平线上婆娑起舞。

2010 年秋

读肖云儒君文艺评论

叶四维

我和肖云儒君发蒙时同窗，总角之年劳燕分飞，烟波两茫茫。此次归家探亲，顺道访古于长安，不意重逢明城之下。匆匆四十年过去，俱已到了知命之年。回想儿时在南昌赣江边豫章国小的种种调皮，河边嬉水，弹弓击鸟，看卡通片，吃枝仔冰，一忆三叹，感兮慨兮。孤悬海外，每每玩味"四明狂客"贺知章的《五绝》："少小离家老大回，乡音无改鬓毛衰。儿童相见不相识，笑问客从何处来？"此情此景，竟是在自己的命运中一一应验了。

长安旅次聚首，恰逢肖的评论集又一册印行，嘱为之序。学识上哪里担待得起，心情吧又不想辞却，便诚惶诚恐诚心诚意捉起了笔。

这些年我沉没于中古史中，文苑艺林的事不甚清楚。曾见香港报刊综述大陆散文理论的变迁，谓近二三十年来影响颇大的是肖提出的"形散神不散"说，并引起种种争议。后来，大约是1985年，在北美华文报纸上又见肖研究大陆西部文化和艺术的资讯。我心为之颤动者一而再，勾起了几多感念，又怕是重名，心里总存着一个疑问。现在见书里收了这方面的短文，才敢对肖说，我们早几年已经神交了。原来，他在南昌一直读到高中毕业，考入京城的中国人民大学新闻系，毕业后一直在陕西报馆当记者和编辑。写评论、散文，编《秦岭》文艺副页。"文革"也去过山地农村，去过工厂，近五年才转而探究文艺，是陕西社科优秀成果奖的得主。

这一本是肖的短评论选，他还另有论文集和论著。书中文章虽都是从文艺引发，又大都穿透着社会，发散着一个社会的、宣导的、艺术的场。看得出是报馆养成的胸襟气度。肖自谦曰既短且杂，一路翻阅而来，我倒斩获甚多，感知了大陆二三十年的文艺史从而社会史，体察了大陆艺术文学的精神和起落，也看到了大陆人的心影神状，和在规整中流动不居、万千变化的文章架构和做法，于我这样的读者实在是有益。作为艺文之论评，其文可赠以九字，曰：有见解、有感受、有文采。见解在质朴中显现力度，感受于真切中暗藏性灵，而文气飞扬，常有溢彩流光之句攫住你的目光，流连忘返其中。这里且谈我的心得，自是隔靴搔痒，文界识士会做出更确当的评估。

在海外和中国台湾、香港地区，理论的研究而外，艺文的评论，一向以报刊为主，讲究的是快、活、精，言其反应快，写法活，见解精辟，篇幅精练也。一度戏言报刊评论人为"快活精"，又讯传为写评论有本"快活经"。岂知其实是相当苦的差事呢。海外和中国台湾、香港地区华文艺文评论，对社会和人生的影响未可轻视，是报纸，也是文艺进入舆论、进入人心的一条通衢。因之倒是很看重以文艺的剖视来阐发社会的、人生的见解，并不一味地狭论艺术，甚而至于谈"玄"，钻牛角。以此点论，肖的文章倒和这边极似——当然无须说的是，很多赖以立足的理念是相径庭的。书名定为《撩开人生的帷幕》，实在恰切不过。

四十年前在一起，此后远别，四十年后又见面，见即如故，坐下即作夤夜恳谈。长长的分离原隔不过心流短瞬的交汇！这实在不只是两个故人的离聚，也不妨视为两块故土的离合啊。肖，你道是如何呢？

1988 年夏，西安旅次

好大一棵树

高建群

二十年前我说过一句话，我说，陕西文坛上，有两个人才华比我大，这两个人一个叫肖云儒，批评家；一个叫张敏，小说家。那时的肖云儒，一身霸气，指点江山，大有成为中国别林斯基之势。

1985年，云儒先生在《文学家》上发表了《呼唤真正自由的文学》一文。这是五四时期"为人生"的文学主张，因了鲁迅先生的去世，因了当时要服务于更为紧迫的抗日战争任务，而中断了整整五十年后，在新时期文学的宽松气势下，在改革开放进程中，链条得以延续。它确认了新时期文学的方向；它给当时这条文学小道上行走的许多作者以教益，包括我。

这篇文章广为转载、传播，令肖云儒成为当时闻名遐迩的人物，成为当时重要的批评家和思想家。"真正自由的文学"其实是列宁提出来的，并且是他的原话。

这篇文章是新时期文学发展到一定阶段，思考趋于成熟，又有了许多创作实践可资参照后的产物。

如果说早年"形散神不散"观点的提出，只是揭示出散文这种创作形式的个中奥秘，那么《呼唤真正自由的文学》一文，则是直逼内核，揭示文学最初的命意和最后的主旨，以及创作者进入创作之后应当具有的状态。

我当时还在延安。一个秋高气爽的日子，我们一群文学青年登上凤凰山顶。我们盘腿而坐，议论的主题正是肖云儒先生的这篇文章。记得当时望着北方忧郁的天空，我脸色苍白，喃喃地说："中国的别林斯基就要出现了，让我们做好接受他的心理准备！"

当人们跟着他走的时候，突然发现前面的他，不见了。他突然从公众的视野中消失。沉寂一段时日后，人们重新看到他时，他已经成为一个"寻章摘句老雕虫"的学者。我至今不明白他为什么这样做。我为他也为中国文坛深深遗憾。

后来肖先生在西部文化艺术的研究方面，取得了许多成就，他的才华又一次得以淋漓尽致地再现。他的沉寂也许是为了积蓄力量，开辟第二战场。但是，我还是深深地为他遗憾。

云儒先生这些年潜心研究西部。西部的各种大文化现象，经他发现、思考、归纳、升华，从而形成一套自己的理论体系。他把中国的西部文化，放在东西方文化的大背景下来观照，此其一。其二，中华民族五千年的文化传统，是由农耕文化和游牧文化这两部分相互交融、相互促进而形成的，同样的，肖先生把中国的西部文化放在这个大背景下来观照。他的目光波及中亚，并顺着古丝绸之路，波及欧洲。

最近又读到了肖先生的新著《对视文化西部》。我以前虽然看过很多肖先生关于西部研究的文章，但都是零散的，没有系统读过。这部厚重之作，叫我感到自己在文章中对肖先生在西部文艺研究上的开拓之功，估计不足。这是最后需要补充和强调的话。

2008 年 5 月 20 日，西安

睿智而潇洒的生命写意

——略说肖云儒的散文随笔创作

古 耜

在当代文坛上，肖云儒首先是一位颇有成就亦颇有影响的学者和文艺评论家。我之所以如此断言，并非仅仅因为在他身上集中了诸如中国西部文艺研究会会长、陕西文艺评论家协会主席、中国小说学会副会长、西北大学和西安交大特聘教授等若干代表着学术实力的职衔；也不尽是由于迄今为止，他已发表了三百数十万言的文艺研究和评论文字，出版了12部专著，先后17次获得了国家和省级以上的奖励；更为内在也更为重要的依据，还是他在当代文学发展史上所留下的那一连串相当醒目的行进足迹：早在20世纪60年代初，他还是大学校园里的普通学子时，即有多篇有新意、有分量的文学和美学评论刊载国内重要报刊，其中文学短论《形散神不散》由《人民日报》刊出后，很快成为当代散文创作领域里得到广泛认同的观点之一，其见仁见智的讨论，迄今仍有影响。进入20世纪80年代，肖云儒相继发表了《文艺创作反映当代生活中的封建主义潜流问题》《时代风云和命运纠葛》等一系列开风气之先的论文，引起了多方面的关注。特别是当文坛发生有关文学主体性论争时，他撰写的《艺术家主体、生活客体和审美反映》一文，另辟思路，独抒己见，被理论界认为是论争双方之外的第三种主张。近十年来，肖云儒以西部文艺为主要对象，展开系统的学术研究，先后出版了《对视》书系五卷本、《雪山》书系四卷本，以及《中国西部文学论》《民族文化结构论》《八十年代文艺论》等专著，并主持编撰了六卷本的"中国西部文艺论丛"。

这部丛书更是赢得了广泛的赞誉，报刊称其为"开辟了西部文艺研究的新局面""这一领域内开先河之作"。正是以上的批评实绩和理论建树，从根本上确立了肖云儒在当代文艺研究领域中的地位，使他成为不可或缺、无法取代的"这一个"。

然而，在当代文坛上，肖云儒在学术研究和文艺评论之外，还广泛涉及散文、小说、报告文学、电视艺术片稿本等多种文学样式。在诸种文体中，他对被称为"一切作家的身份证"的散文随笔一体，更是情有独钟，久恋不舍，每每于严谨的理性写作之余，做认真的"客串"。尤其是近些年来，为了调整自己的写作心态与节奏，也为了把心中的一份情思、一种思索，更为轻松也更为鲜活地传达给读者，他于散文随笔的写作上，可谓空前用力。短短数年间，先后在国内诸多报刊，发表了上百篇散文随笔作品，并出版了散文随笔集《独步岚楼》《走过》。这些作品中的优秀篇章被频频收入《西部散文》《中国当代散文检阅·学者卷》《学者自选散文精华·风华卷》等高质量选本，有的还成为一方面的范文。所有这些似乎都在说明：肖云儒于学者和文艺评论家的身份之外，已经具备了优秀散文家的资质。

作为学者和文艺评论家，肖云儒曾在自己的文章中热情呼吁过当代散文文体的进一步解放，由衷希望文坛出现"能充分传达当代生活内在活力的各种各样的散文风度"（《形可散，神不可散》，收入作者《八十年代文艺论》一书）。这样一种创作观念自然会反映、渗透到他自己的创作实践中。正因为如此，我们观赏肖云儒的散文世界，第一个突出的印象便是它在文体形态上的五光十色，摇曳多姿。这当中既有《怪球手方英文》这类志人之文，又有《我的第一篇文章》之类记事之作；既有以写景抒情见长的《西陲纪美》，又有以状物感怀取胜的《陕北牧歌》；既有随笔体的《文明膜中苍白的生命》，又有诗歌化的《娲咏》；既有打捞生命记忆的《无根》，又有感悟现实生活的《在移栽中得天独厚》；既有重在说理的《人——代码》，也有旨在倾吐的《生命之瀑》；既有《生命，从这里走向神圣》这种长篇，又有《异议熊猫》这类短制……它们像一只只翩然于碧空的莺鹤，以特有的潇洒或劲健挥洒着作家活跃的文思与不羁的才情，同时也透显出他高超娴熟的驾驭语言的能力，以及"有容乃大，有大乃容"的散文发展观。

  肖云儒的散文世界聚集了多种多样的文体形态，但是，这由不同文体形态构成的散文世界，又毕竟是同一作家的主体投影，因此，它又最终打上了属于作家特有的学者式的审美印记，具体来说便是：无论以哪种文体形态表现客观生活或内心世界，大都比较自然地负载了一种思辨的色彩和智性的力量。而这种"思辨"和"智性"，又不是那种几乎让当下某些散文写滥了的泛泛的生活哲理与生命体认，而是作家站在历史认知的制高点上，以机敏而睿智的目光，对当今时代人们的生存特征、心灵现状、文化流向乃至地域人文的一种审视和把握，一种发现和评说。一句话：是作家透视和描绘现实的一种理性深度和精神高度。我们不妨静心一读《真想过一个绿色的春节》。在这篇作品中，作家从自己的春节感受写起，先回忆了少年和青年时几次过春节的情景，然后概括地描述了这些年过春节的盛况，从中引申出这样一种人生体验：昔日的春节在物质上是贫困的，但恰恰因此它靠近生命、靠近自然，是一个"绿色"的节日，贻人以抚慰和激励；现在的春节物质空前丰裕起来，但它因此也成为消费的高峰、电视的高峰、交通的高峰、庆典和礼仪的高峰，是一个"火红"的节日。而这种"火红"对人来说，既是期待向往的，但又是不堪重负的……显然，作家在这里借春节的话题，对科技和物欲时代人的理想生存寄寓了深沉的思考。《文明膜中苍白的生命》和《人——代码》是两篇随笔体的作品。它们更是以机敏灵俏的语言，通过对某些司空见惯的社会现象的剖析，深入浅出地揭示了"文明使人获得万物灵长的尊严，又使人沦为消失了自然生命本性的奴隶"的悖论，进而揭示在科技日益现代化的大地上，人怎样才能诗意地安居。《无根》是一篇回忆性、记叙性的文字。它讲述的虽然是作家因为"祖籍四川,在江西生长,去北京求学,最后落脚在陕西"而生出的一系列"南腔北调"的语言经历,但其中作为主线贯穿的那种"无根"的困惑与焦虑,那种"乡关何处"的渴求与探问,以及对这一切的理性分析与判断,却分明于不经意间表现了作家对包括自己在内的现代人心灵与情感状态的深层透视和准确梳理,这里,智性的辉光仍然是文章魅力之所在。《陕北牧歌》《西陲纪美》这两篇长文,分别对陕北和西北大地的地理自然、风土人情和文化性格,进行了主体多面的宏观写照。这当中固然不乏瑰丽的场景、奇异的民俗、真挚的抒情和有趣的细节,但最终引领全篇的却依旧是作家那富有时代特征的理性目光,它一下子赋予陕北和西北在世纪之交方得以展示、呈现的风采与意涵。似乎无须再继续征引下去了。仅从以上诸篇,我们已经足以看到,现代理性思维与精神高度在作家整个散文世界中的重要审美意义:它不仅仅是一种内容要素,令作品平添了通常所说的启示性与穿透力,而且是一种内在气质,使作家的整体写作生成了某种较之传统散文更为阔大、奇崛,同时也更为新颖、独异的东西。

  同卓尔不群的精神承载相呼应,肖云儒的散文随笔在艺术表现和语言运用方面,亦有着属于自己的超凡功力和独特优长,其中值得特别一议者,我以为至少有如下三点:

  首先,肖云儒的散文随笔很善于抓住审美对象的主要特征,用传神的笔墨,从宏观上加以准确把握和生动呈现。以《陕北牧歌》为例,它将审美视点对准了陕北高原特有的优越的人种孕育能力、丰厚的历史文化积淀、神秘的自然地理蕴含、质朴的民众心理性格等几个基本方面,然后选择最富表现意义的材料,展开点与面、简与繁、具象与抽象相结合的艺术描绘,并辅之以必要的、有节制的主体抒怀,其结果是为这一方土地成功地绘制了一幅形神兼备的写意画。《娲咏》是一篇只有1500字的短文,但它同时又是一篇从整体上、宏观上感悟女性的大文。而这篇作品之所以能在有限的篇幅里完成对一个女性的勾勒,恰恰因为作家的笔墨落在了女性作为社会角色的根本特征上,从而收到了提纲挈领、举重若轻的艺术效果。《城市吉卜赛》《文明膜中苍白的生命》等文,是作家对整个现代社会的观照和速写。它们虽然不曾铺陈大量的生活现象,但却由于准确地抓住了时代的某种特征,所以仍然堪称精辟的宏观文化透视。毫无疑问,如此这般的文本建构,不仅使作品平添了一种内在的雄健和大气,而且为散文如何以有限的空间表现繁复阔大的艺术对象,做出了有益的探索与实践。

其次,肖云儒的散文随笔在行文落墨、布局谋篇上,既放得开,又收得拢,既"无定质",又"有规矩",可谓自由而不失谨严,缤纷而未损和谐。不妨来看《我的第一篇文章》。这篇作品仅从题目看,即知道它讲述的是作家当年于文坛初试笔墨的情景。只是在实际为文时,它并不直奔主题,而是先写了当年人大校园的历史和建筑,后讲了莘莘学子忍着饥饿在此读书的境况;在有了足够的铺垫之后,才引出了作者给《美术》投稿,并获得了该刊主编王朝闻先生约见一事。而在着重叙述这一难忘的旧事时,作家又忙里偷闲,斜出旁逸,既讲了自己走近众多名人时又惊又喜的心情,又讲了王朝闻先生那种"飞去来"式的谈话方式,以及历史走出梦魇后,自己对王先生昔日谈话方式的重新理解,还讲了数年前专程前往拜访王先生却又偏偏不遇的情形。显然,所有这些,林林总总,已牵进了历史与现实的许多内容,但它们又最终或远或近地连接着"我的第一篇文章"这个中心,委实算得上繁而不乱,漫而不散。相比之下,《真想过绿色的春节》《无根》诸篇,则是开门见山,先亮主题的。只是一旦从题旨出发展开叙述,便同样是时空跳跃,异象纷呈,一派自由潇洒而又暗循着潜在的规约,并最终使作品意旨得以深化和强化。读着这样的作品,我们很容易想起作家关于散文创作"形可散,而神不可散"的主张。从他自己所提供的创作实践来看,如此主张应当说是符合艺术实际的。

再次，肖云儒的散文随笔有一种语言的磁性和叙述的魅力。

也就是说，它在走向读者时，便带有一种能够进入你生命的东西。譬如，读《借光斋》，你会同斋中的作家一样，无形中"消泯了烦恼，生发出对人世些许的爱悦和执着来"；读《寻找不回来的世界》，你会伴随着作家心绪，品尝到心灵的失落、困惑乃至忧患，进而情愿挺身而出，去改变些什么；而读《西陲纪美》《陕北牧歌》，你会禁不住心动神摇，随即在想象中遨游、拥抱那一片神奇而壮丽的土地……

而肖云儒的散文随笔之所以会产生如此富有感染力的阅读效果，在我看来，除了因为作家在语言运用上精益求精，赋予其丰富的艺术表现力外，更重要的和更根本的无疑还是人格与心境使然。也就是说，是作家特有的积极健朗的人生格调和澄明舒展的心灵境界，决定了作为其生命呈现的散文作品，有实力打动乃至征服读者，进而与其产生灵魂和感情共鸣。从这一意义讲，颠扑不破的还是那句老话：有一等的胸襟，方有一等的文章。

总之，在当代文坛上，学者和文艺评论家肖云儒，以自己的散文创作完成了一次睿智而潇洒的生命写意。这当中既包含了斑驳的时代光影，又映现了复杂的心灵风采，从某种意义上讲，它是现代人生的艺术浓缩。正因为如此，它值得一切现代读者特别珍爱并静心一品。

1998年4月，大连

守望西部：肖云儒理论学说的构建

马平川

新时期以来，肖云儒以他的文学批评与西部文学研究饮誉当代文坛。肖云儒在出版16部著作的基础上，于花甲之年出版了四卷文集《对视》书系，《对视文化西部》、《对视20年文艺》、《对视269》（上、下）、《对视风景》共计230万字，几乎囊括了他20世纪80年代、90年代以来对文学、文艺、文化的精辟思考，是20年来文学、文艺、文化过渡时期的见证。这些文章曾在文学界、文化界引起了广泛的反响。像西安城墙砖块一样厚重的五大卷文集齐刷刷摆在我面前，足有20厘米高，我深深地被肖云儒感动、震撼了。正如贾平凹评论肖云儒文集《对视》书系时说："他不善于张扬和炒作自己，但成果扎实而独姿独采。当文坛时尚之风阵阵刮过之后，他开始水落石出，价值以实力被国内文坛认知和钦佩。……足可以看出此人释放的能量有多大，思维是多么活跃和丰富，劳动是何等繁重而艰辛。我是畏惧这样的人，更是尊重这样的人。"肖云儒以严谨的治学风格和富有激情的探索精神，特别是他在西部文学、文化研究中所表现出来的当代立场和当下建设的责任感，使他的学术研究总是穿过纷繁复杂的事实和现象的表层，上升到社会的民众生存、历史实践和文化创造领域里去，探索、揭示并总结出内在的意义和规律性的东西，体现出一代知识分子的文化使命和人格力量。

一、"形散神不散"：散文理论的拓展与深化

20世纪50年代末60年代初，由于"大跃进"和人民公社化运动，加上"三

年困难时期",国民经济遭到严重破坏,中央开始纠正"大跃进"以来的"左"倾错误,推动了国民经济顺利恢复并重新出现欣欣向荣的景象。随着现实主义文学创作的倡导和深化,尤其是"双百"方针的提出,文学创作出现了短暂的繁荣期,各类体裁的文学创作生机盎然。面对这一切,当时还是中国人民大学新闻系学生的肖云儒跃跃欲试,练习写作。他写了一篇美术评论《谈华君武解放战争时期的政治讽刺画》寄往《美术》杂志,很快主编王朝闻打电话约肖云儒面谈,肖云儒随即赶到当时位于王府井大街的文联大楼,当王朝闻询问后得知肖云儒还差五个月才20岁,不禁脱口而出:"还是个娃娃嘛!"王朝闻语重心长地谈了对肖云儒文章的看法和几点具体修改意见,后来这篇文章在1960年第11期《美术》头条发出,这对年轻的肖云儒鼓舞很大。他就这样踏上了自己的学术研究道路,义无反顾地走下去,留给这个世界的只能是前行的背影。

如果说20世纪50年代的散文重在表现社会主义新生,那么60年代的散文,内容更广阔,艺术技巧更圆熟,达到了中华人民共和国成立以来的最好水平。赢来了当代文学史上散文创作的又一个高峰期。出现了1961年——当代文学史上的"散文年"。这些散文从不同的侧面,挖掘生活中的人情物理,寄寓深情,阐明事理,既有诗般的意境,又充分发挥了散文灵动不羁的风格。我们从散文发展的审美倾向对这一时期散文进行整体考察的时候,自然也同时看到其局限与弱点,这就是:自身审美个性的偏离,由此而导致在时代与个性、功利与审美相互关系处理上的片面性。正是在这样一个背景的积极引发下,推动了散文理论走向繁荣和发展。1961年《人民日报》副刊开设了"笔谈散文"理论专栏,吸引了冰心、徐迟、老舍、李健吾、师陀、柯灵、秦牧、菌子等著名散文家,他们纷纷撰文参与讨论,就散文的文体、内容、形式、风格、体制等展开热烈的探讨和研究。当时年仅21岁的大学生肖云儒名不见经传,斗胆投稿"笔谈散文"专栏,发表了一篇短文《形散神不散》,提出散文要"形神兼备，形散而神不散"的观点，受到广大读者和散文理论界的肯定和接受，引起了广泛的反响。

"形散而神不散"作为散文的特征和要求写进一些大学、中学教材和理论著作，还成为1982年高考试题。由此派生出诸如"形散神聚""形散神收""形散神凝""形散神圆"的说法。引起评论界、散文界长达数二十年的论争和研究。林非认为"当时流行过的有些带片面性的提法，在今天的散文创作中依旧畅通无阻，像其中影响最大的'形散而神不散'就是如此"。范培松认为，"把'形散而神不散'作为散文的文体的最主要特征这也是对散文文体的一种皈依。但它实质上是对20世纪20年代鲁迅提出的散文'其实是大可以随便的，有破绽也不妨'的一个矫正"。

在西安一次学术会后的餐桌上，我开玩笑称他为"肖不散"时，肖云儒认真地说，中国是一个散文大国，散文的水太深了，谁吃了豹子胆，敢用三五百字来给它总结特征。我那篇小文并非要给散文写作提要求定规矩，只是在参与"笔谈散文"讨论时从一个侧面，提供一点感想而已。

时隔四十五年的今天，剥离掉"形散神不散"的种种历史尘埃，我们在回头看"形散神不散"这场论争，"形散神不散"之所以能成为当代散文写作的标志，不胫而走，流传至今，是与20世纪60年代"一个阶级一个典型"，"写中心，画中心，唱中心"等"左"的思想意识限制了散文创作题材和风格，大大束缚了作家艺术创造性的进一步发挥、自由灵性的进一步抒写有关。肖云儒的"形散而神不散"是对当时散文的思考和回应，肖云儒的一篇500字的短文，在当时不仅规范了中华人民共和国成立十七年来散文的审美风貌和品格，而且影响波及整个当代散文的发展轨迹，"形散神不散"与当时主流意识形态所倡导的文艺思想主张不谋而合，受到极大的肯定和推崇，于是便成为那个时代散文写作极具代表性的观点，并和当时秦牧、刘白羽、杨朔等作家的散文创作联系在一起，成为当时散文理论和散文创作互相印证的散文现象。"形散神不散"的特性在当代社会找到了立足之点。现在看来明显打上"左"的烙印和阴影，难免肤浅、简单和单薄。

20世纪80年代散文的复苏与发展是与社会的拨乱反正、改革开放、思想解放密切联系在一起的。由于"左"的思想意识的长期淤塞，导致散文的河床不断抬高，持续强降雨过程使散文堤坝的水位迅速上涨，形成当年散文"入汛"以来的第一次洪峰。散文的泱泱春水在时代转机中赢得了开闸泄洪排沙的最佳时机，一泻千里。浩浩荡荡，瀑布般喷涌飞泻而下，形成新时期文学大潮中一道特有的壮美奇观。散文艺术思维呈现出多元化拓展的态势。散文作家和理论家不但冲破20世纪五六十年代的思维模式，而且向更深入更开放的层面拓展。所以"形散而神不散"引发争议是正常的，也是必然的。

近二十年来虽然不断质疑、排拒"形散神不散"这个说法，直至今日，采用"形散神不散"老写法的散文仍然不衰，相当一批"形散神不散"年代的作家作品至今也还有读者，一版再版，在散文发展史上依然有着应有地位。当然，今天这些认为散文得有"神"、不能散"神"的看法，是建立在对散文之"神"更宽泛、更深广的基础上的。"神"不完全是指主题明确、思想集中。这"神"既是指贯穿全篇的主题和情感脉络，也是指笼罩全篇的意蕴、气韵、理趣、情趣。把抒情、状物、写景、说理、叙事等多种成分糅合起来，以胸中的感受、联想为主，信笔写去，文章结构似乎松散，但却于漫不经心中贯穿了意脉，摇曳多姿中见神采。它要求放得开、收得拢。正如散文大家苏轼在《答谢民师书》中说："大略如行云流水，初无定质，但常行于所当行，常止于所不可不止，文理自然，姿态横生。"时代的进步开拓了我们对散文之"神"的理解，这种认识的提升，反映了中国人精神生活日渐开阔和丰富的历史进程。

二、对"人"意义的呼唤和提升

20世纪80年代初,在党的十一届三中全会以来所制定的正确的思想政治路线指引下,各个领域都呈现出一派勃勃生机,这是充满开拓和创造激情的年代,也是积极改革、辛勤建设、深刻变动的年代。文学创作和文学批评也迎来了空前的解放和发展,纠正了长期以来关于文艺与政治、文艺与生活问题的理论偏颇,突破了传统文艺理论与创作的教条主义和公式主义,艺术的真实性、艺术的现实主义在深度和广度上取得了突破性的深化、丰富和发展。当时围绕批判"国民性"还是文明与愚昧的冲突展开了激烈的交锋。众说纷纭,莫衷一是。前者对文学的覆盖面较小,缺乏鲜明主题和时代内涵;而后者又似乎流于空泛,步入形式主义的误区。两千多年形成的封建意识已渗透到全民族的血液,沉淀在人的灵魂里,成为民族性格和个人人格的一部分。肖云儒敏锐地认识到,反封建主义成为20世纪80年代初文学的基本主题。他的《文艺创作反映当代生活中的封建主义潜流问题》,从整体上和实质上揭示了封建主义思想意识在中国社会生活和文化心理中的沉淀,对神性的迷恋和崇拜成为当时一种深层的价值轴心,神性迷恋支配着人们的精神想象、抹杀人感性的自由本性等方面进行了深刻的剖析,并结合《班主任》《被爱情遗忘的角落》等作品对神性时代人的主体性的异化和反动所造成的精神创伤进行了深刻的阐释。认为这一时期文学标志着时代精神价值取向的转换与神性时代非人思想控制的终结。肖云儒的这篇论文,在《上海文学》头条发表,以理论的概括性、研究的整合性与论述的深广、细微、精辟引起反响。他是国内较早论及这一问题的学者。国内多家报刊以及《北美华侨日报》和一些日本报刊都纷纷给予报道。

新时期文学的现代转型是以"人"的发现和个性主义张扬为显著标志的。"文革"期间人的主体性迷失,直接构成了当时文学发生的背景。随着改革开放的进一步发展，时代的主体意识日益强化，与文学创作中主体性记忆的复苏转化遥相呼应的是学术界从理论上重新审视和梳理。探讨文艺的主体性，使人的主体意识和人文精神从旧的模式中解放出来，大力提倡和呼唤人的主体地位、价值和尊严。20世纪80年代中期围绕文学的主体性在全国展开了一场旷日持久的学术争鸣。刘再复发表了《论文学的主体性》一文后，陈涌著文《文艺学方法论问题》，旗帜鲜明地批驳了刘再复的观点。肖云儒在《红旗》杂志发表了《艺术家主体、生活客体和审美反映》一文，他吸纳主体性论争双方有价值的理论观点，运用马克思辩证唯物主义的反映论来论证审美主体与审美客体的"交互作用"，从认知关系和价值关系的融合上来认识文学的主体性活动。肖云儒以艺术家主体、生活客体、审美反映这三个概念为立足点和出发点，认为这三者原本就包含广泛的外延和多层次的内涵，主体、客体处在运动之中，无时不在内部和外部力量的影响下发生变化。肖云儒以宽阔发展的眼光强调主体论者轻蔑和淡化人的客体性，将人的主体性凌驾于人的实践主体之上的唯心主义实质，指出或修正了论战双方文学主体性理论存在的某些漏洞和弱点，强调文学主体理论在新时期文学观念变革上的重要意义，使得文学主体论获得更强的理论的自洽性和论争的说服力，在这场连绵不断的论争热潮中被认为是最具代表性的学术观点之一。肖云儒的《时代风云和命运纠葛》《时代的聚光镜》则及时抓住了20世纪80年代文学创作以反映社会政治生活为本位、以人物命运为核心这一新的动态加以论述。提出"敢用最新光源""也不妨用逆光"分析社会主义新人形象，令人耳目一新。全文有条不紊，层层深入，以极强的逻辑性和说服力把这个问题论述得透彻完整、丝丝入扣。肖云儒的理论是建立在对事物进一步发展的研究和对旧有观念的反思批判的基础上，这就需要对历史和生活审视的胆识和勇气，显示了一个理论家对纷繁的社会变革和复杂的文学现象的深刻认识和把握。

中篇小说《高山下的花环》（以下简称《花环》）在1982年第6期的《十

月》发表后，迅速产生了全国性的轰动。在无数的感动与泪水中，人们记住了梁三喜、靳开来，记住了沾满英雄鲜血的欠账单，记住了崇高的生、壮烈的死。肖云儒与张守仁一起写了近两万字的学术论文《新时期文学的突破——论〈高山下的花环〉在当前创作中的意义》，发表在《当代文艺思潮》1983年第3期上。全文浑厚，情文郁勃，且论证分析多有独到见地，可以说是较早给了《花环》系统全面、准确评价的文章。文章认为，《花环》冲破了军事题材的"雷区"，跳出了"战斗文学"、战术战役的狭隘圈子，由军营、战壕、前线迈向社会、引向后方的广阔背景，把军营与社会结合起来，写军人生活时，处处观照它与整个社会脉搏的联结与感应。《花环》的立意、构思，是由军事生活和社会生活的联系中，诞生、延展、丰富而来的。发现、感知、感受军事生活和社会生活的紧密联系、渗透、交融，使作者顺理成章地塑造了梁三喜、靳开来、赵蒙生、雷军长及梁大娘、韩玉秀等生动的人物形象。《花环》的成功是大胆触及军内矛盾，如实地展示军队内部尖锐的矛盾冲突，因而产生震撼读者的艺术力量。生活中存在的矛盾，无论多么尖锐、阴暗，绝不能回避、讳饰，重要的是发现、描写实际存在的积极力量去解决它、战胜它。揭示了前线战士和后方指导机关官僚主义的矛盾——这显示了一个艺术家创新、探险的勇气。张守仁在《美文》撰文披露当年执导《花环》的著名电影艺术家谢晋看了他们的论文后，委托编剧之一的李存葆索取刊登此论文的《当代文艺思潮》五本，并为摄制组主创人员每人复印一份，让大家从中领会原著，拍好电影。

与18世纪启蒙主义思想家对理性主义时代人类文明发展合理化、秩序化、高尚化前景的浪漫主义展望截然对照的是，自20世纪90年代以来，中国随着市场经济迅猛发展，现实生活中大众的思想观念和文化形态都受到商品大潮的冲击，以娱乐性、消遣性为目的的流行文化很快占据了普通大众审美的精神空间，取代了知识分子精英文化和主流文化的主导地位。于是国内学界掀起一场声势浩大的"人文精神"的大讨论，旷日持久，但缺乏真正的思想交锋和对话，一个主要表现就是把人文精神仅仅局限于一种文人生存和思想状态的理解。把人文精神仅仅看作知识分子的生存危机。肖云儒的《被拷问的人文精神》可以看作是对当时人文精神讨论的再一次拓展和深化。肖云儒在文中试图从文学作品表现社会生活这一视角出发，通过对作家作品精到而鞭辟入里的分析，反思了文学与人文精神问题盘根错节的内在联系，还原了社会生活中人文精神大面积崩塌和深层次迷乱的复杂景观，揭示了人文精神在新的拷问中如何辗转反侧、寻寻觅觅的艰难历程。全文视野开阔，简洁明快，文采斐然，极富冲击力，洋溢着知识分子强烈的社会责任感和文化良知，执着的忧患意识与理想憧憬，以及坚定的理想主义信念。

20世纪90年代中期，随着中国社会主义市场经济的迅猛发展，有种倾向把人文精神同正在发展的市场经济对立起来，认为在市场经济的发展进程中带来的文化价值失范必然导致精神堕落，终将影响整个社会生活。肖云儒敏锐地意识到这种偏激论断是脱离具体历史实践进程、价值观念单一带来的片面性的表现。他在《文学与现代人格的建构》一文中开宗明义地指出，人文价值的坐标在历史进程中是不断发展更新的，市场经济孕育、催生出许多新的思想观点、人文品格和道德价值，它们不断成为社会主义文明新的生长点，无可阻遏地朝每个人的内心世界渗透、浇铸，锻打着现时代的新人格。肖云儒认为，市场经济的确立是千百年来中国最富意义的历史事件，文学作品尽可能发现并表现实践生活进程中和生活中新的因素，着力写出现代人新的人格，为社会人格建构新的亮点。在这里肖云儒站在马克思"人本身的发展"实现"每个人的全面而自由的发展"的立场上，通过对现实的反思、批判和超越，来建构一个市场经济下理想的精神世界，来维系并提升人的生存意义，具有鲜明的时代主题。

三、西部文学的理论建构

20世纪80年代以来,张承志、张贤亮、贾平凹、路遥、扎西达娃、昌耀、周涛、杨牧等一部分中国西部作家横空出世,誉满文坛。《黄土地》《红高粱》《人生》《牧马人》《野山》《老井》等西部电影也风靡一时,乐坛上的西北风更是愈刮愈烈。几年时间,西部文艺已经以文学、电影、音乐三足鼎立之势,矗立在艺坛上,构成了一道独特炫目的西部文化景观。当代为什么选择西部?西部又如何熔铸当代?新的艺术现象呼唤理性的回答。1982年老一辈电影评论家钟惦棐在西安电影制片厂看了《人生》《海滩》等几部新出的片子,倍加称赞,说了一句石破天惊的话:美国有西部片,西影为什么不能拍中国的西部片?呼吁提倡"西部电影"。肖云儒作为负责采访报道的《陕西日报》文化记者,眼前豁然一亮,钟老的这些话在他心里生了根发了芽。1983年秋天,肖云儒由报社调到陕西省文联研究部,很想对自己的研究写作有一个宏观的策划,他长久思索、苦苦寻觅建立自己学术体系,终于找到了一个落脚点和突破口。

1986年,中国作家协会和中国社会科学院文学研究所在北京联合召开"新时期文学十年学术讨论会",肖云儒被邀以西部文学为题做了大会发言。大会之外,还召开了有关新时期五个重要文学现象的专题讨论会,中国西部文学列为其中之一,大会委托肖云儒主持这个专题会。会后,除了国内各媒体,许多涉外报刊也有大量报道,肖云儒个人就收到5个国家24封来信询问情况,索要资料,探讨切磋。肖云儒决定研究西部文学,当时关于西部文学的批评和理论探讨文章,常见于报端和有关学术会议,虽然引起了一些反响,但毕竟处于草创阶段,未形成全局性影响。由于此前从未有过这方面的著作或论文,可供参考的资料极少,这就迫使肖云儒不能走学院式的青灯黄卷的研究路子,必须走以西部人文田野考察为主的新路子。这是一条学术研究的"绿色通道"。在那一两年里，肖云儒抓住一切机会西行，一个省一个省地做社会学、民族学、文化学和民俗民艺的田野考察。他曾计划五年内让自己的脚板踏上西部各省区的每一个地市，可惜至今也没有完成，故而至今也不能停下西行的脚步。

　　1986年夏，陕西省文联组织作者改稿会，肖云儒以组织者和作者双重身份参加。带着一整箱书籍、笔记、资料来到秦岭主峰太白山下一个叫39所的国防研究单位，在这里的招待所待了25天，写出了《中国西部文学论》的前10万字。从事写作一辈子，其实肖云儒一直是"业余作者"，这是他享受的唯一一次"创作假"。万事开头难，有了这10万字垫底，后面的20万字便可以边上班边加夜班完成了。书稿杀青后，肖云儒与老伴分开抄写，那时家里只有一张书桌，老伴只好趴在床上抄。肖云儒知难而进，锐意进取，苦心打造，冬去春来，春华秋实。1989年5月，近30万字的《中国西部文学论》由青海人民出版社出版，很快便获得1990年的中国图书奖和1992年的中国当代文学研究成果奖。

　　日本、加拿大两度根据此书拍摄了中国西部的文化专题片。中国西部电影、西北风音乐和西部文学创作，一时潮音迭起，西部各种文艺报刊纷纷以"西部"易名，如《中国西部文学》《西部电影》《西部》《西部美术》，成为重要的文化艺术现象。

　　《中国西部文学论》视野开阔，学理严谨。肖云儒用当代意识熔铸西部生活，观照西部历史。他认为西部文学在20世纪80年代的崛起，乃是作家的当代意识自觉地、强烈地渗透进西部生活的结果。肖云儒从多维文化的视角出发，把西部文学作为一种社会历史的、文化心理的、审美的现象来考察。首先是地域特征的突出与彰显。肖云儒从西部文学的界定、兴起、分类入手，从西部自然、人文地理、文化结构、生活精神、艺术意识、美学风貌等方面进行细致入微的由表及里的反思、梳理和重构。以具有重要意义的优秀作家、诗人为主线，对其作品涵纳、张扬的艺术精神和美学理想进行富有个性的阐发。

美籍华裔学者叶维廉在文化研究中倡导"文化模子寻根法"，这也是跨文化研究中出现的文化冲突、文化碰撞中形成的一种研究法。首先要寻其"共相"，同时进行寻根探源，从其本身的文化立场上进行观照、比较，探求其共同性和独立性。"共相"的寻求必须以文化模子的寻根作为基础，"要寻求'共相'，我们必须放弃死守一个'模子'的固执，我们必须要从两个'模子'同时进行，而且必须寻根探故，必须从其本身的文化立场去看，然后加以比较和对比，始可得到两者的面貌"。各文化模子之间的互相介入与互相比照，对促进新文化模子的形成起到推动作用。在《中国西部文学论》中，肖云儒自觉运用这一研究方法，将中国西部文学放在世界文学格局中去考察、评论。他将美国西部文学、苏联西伯利亚文学与中国西部文学进行横向比较研究，认为西部美不完全是地域性概念，在空间上，这是带有世界性的现象。中国和美国两个西部的自然风貌、民族聚居、垦殖历史都类似，作品中所表现出来的阳刚审美气质、浪漫色彩、自然意象、硬汉强者性格等种种也类似，但这种类似并不是横向交换、移植的结果，而是从各自国家与民族土壤中孕育的。但这种类似所凝聚的时代精神、价值观念乃至人物思想、感情却大不相同。肖云儒在更为广阔的审美背景下，对中国西部文学进行了全新的探索，在比较二者的契合点上，来求解中国西部文学的内在底蕴和发展规律。

四、开掘充满动感的文化西部

1984年肖云儒发起组织西部部分省区文联研究室，在新疆伊犁联合召开第一次中国西部文艺研讨会。这是肖云儒调陕西省文联后组织的第一个大型学术活动。承办方新疆文联临时通知肖云儒，说是鉴于这个会是他提议开的，陕西又是西部文化大省，各兄弟省沟通后，公推他在会议开始时做一个较长的主题讲演。这时要推辞已经来不及，既却之不恭，不如立刻动手准备。第三天就要坐长途汽车去 500 公里外的伊犁开会，只有抓住第二天的时间了。无奈旅社房间里还有一位同仁，哪里有安静可以容得下思考？第二天一早肖云儒就去了乌鲁木齐的红石公园，找到曲径幽深处的一个小石桌，啃着干馕干开了。倒真是个僻静的好去处，公园里谈恋爱者，扭头扔下一句嘟囔："逛公园还当孔夫子，假正经！"伊犁的主题发言后来整理出两篇论文，一篇是万字长文《中国西部文艺的若干问题》，发在了学术刊物《当代文艺思潮》上，一篇是 5000 字的《美哉，西部》，《陕西日报》文艺版加编者按发表。两文在全国较早也较充分地提出了中国西部、中国西部文化、中国西部文艺等概念，初步论述了中国当代文艺对西部生活如何做审美转化的一些关键问题。后来又写了《西部电影五题议》，是把西部电影作为一种文化现象、创作现象正面展开来谈的最早一篇学术论文。新华社记者卜云彤就这个问题三次采访了肖云儒，先后写成新闻、通讯、综述三种稿件，新华总社发了通稿，在海内外媒体多次刊登。尤其是肖云儒写的内参稿，在新华社《内参清样》刊出，引发了中央领导的关注和中央主管部门的重视。

　　肖云儒马不停蹄，雄心勃勃要建构一个以中国西部文学为龙头的"中国西部文艺研究系统工程"，担纲主编了"中国西部文艺研究丛书"，涉及西部音乐、美术、电影、诗歌、舞蹈等。丛书力图把中国西部文艺作为一种社会历史的、文化心理的、审美的现象来研究，对西部艺术做分门别类的轮廓描述和深入的理论探讨，从各个方位观照精神生活中的西部现象。肖云儒谦虚地说，我们只想为西部文艺踏开一条路子，引来更多的人。

　　作为对中国西部文学的延伸和拓展，肖云儒由西部文学再到对西部文化的研究。任何理论、理性都是对社会生活的升华，理所当然包含着人生的内容和感情的投入。肖云儒走出幽闭的书斋，在西部进行了大量的田野考察。

他用脚板接触土地，用身体接近大自然，用行走和追寻去贴近文化现场，打捞文化的原生态。中国西部终究是一片广袤而丰饶的热土，雄奇而又神秘。自古以来在这片神奇的土地上，生存繁衍着众多的民族，创造了光辉灿烂的西部文化。独特的自然风貌，丰富的人文景观，每每激起肖云儒长久的惊悸与感叹，他在心灵纯净的状态中，完成着对生命和价值的不断叩问。他用田野获得的"第一手资料"，完成着生命对历史漂泊中永恒的追寻，释放出超越个体生命的人文关怀。

关于中国西部五圈四线的多维文化结构和多维包容心态，关于中国西部和世界人文地理总体构成的关系，以及中国西部和美、澳、非西部现象的比较分析；关于中国西部动态生存和内地静态生存的比较，以及西部精神游牧现象的出现；关于中国西部具有潜现代性的孤独感和悲剧感；关于中国西部民族杂居所形成的杂化心态；关于中国西部文艺的现代浪漫主义气质和理想主义追求；关于中国西部的阳刚审美和硬汉子精神；关于中国西部文化的圈外色彩，以及对现代工业社会的平衡、减压作用……原先不大常见的新观点和分析，可以说大多是肖云儒在西部的行走中触发，在西部人文风情于心头反复"过电影"中逐步形成、成熟并深化的，很少靠书斋中的冥思苦想、推理演绎来完成。在感悟与理性的结合中完成学术研究、学术写作，真是一个极为鲜活的愉快的过程。

肖云儒从高原暴风雪中孤独无助、巍然屹立的牧羊汉子，感受到西部人雄鹰一般的孤独和刚毅；从敦煌的壁画、库车的千佛洞追索到更古老的印度阿犍德石雕，从山南海北（祁连山南与青海湖北）种种多民族杂居的文化漩涡景象，四上云贵高原，体味到各种异质文化在西部的交汇。他还从青藏高原下来，经青海玉树抵达三江源头，再北上内蒙古草原、蒙古国的乌兰巴托，感受藏传佛教在蒙古族地区扎根的历史进程；又从西安出发沿丝绸之路西行，经河西走廊、天山北麓到达伊犁，又飞越帕米尔与中东到达脚踏欧亚两洲的伊斯坦布尔城（即著名古都君士坦丁堡），看到土地文化向游牧文化的过渡，动态生存与静态生存的不同，儒、道、佛、伊斯兰教和天主教（东正教）文化，亚欧两大洲文化，伟大而瑰丽的交融互补、交相辉映。肖云儒还阅读了到20世纪80年代中期为止的大部分西部作家写的、写西部的文学作品，从中收集素材，体味我的西部。肖云儒为发现真实而追寻真实，他也历尽种种艰辛与困苦。他在接受我的采访时告诉我，他14次西行作学术考察，跑遍了中国西部十几个省区，近30个民族地区，他在西藏喇嘛庙后院被藏獒咬，在新疆4000多米的冰大坂深夜被车弃，在内蒙古草原被飞驰的马甩下来，在瑞丽江畔深入傣族民居采访被边防站疑为贩毒者而扣留……

作为《对视》书系首卷的《对视文化西部》收录了《中国西部文学论》。所谓"文化西部"就是将中国西部作为整个文化的西部，从大文化生态的角度来观照西部。从西部文学到西部文化，肖云儒的研究从微观进入宏观，他把西部文化作为一种精神文化现象，放在中国文化总体格局中考察，放在中国西部社会和生活中去认识。从文化发生、文化沿革、文化结构、精神特质及其内在冲突、审美风范、艺术表现，以及在现时代的深层意义等方面展开论述，有大量鲜活的生活事件和作品为例证。书中重点对西部文化心理和现代的应和，中国和世界文化的比较，文化原生林和混交林的关系，以及长安文化、黄土文化、炎黄文化，进行了全面深入的研究。

西部大开发，大力发展文化事业和文化产业。这也为我国西部文化、文艺的繁荣和发展带来了千载难逢的机遇，提供了一个更为广阔的舞台。不断整合西部文化资源，对于推动西部区域经济和社会发展具有十分重要的意义。在全球文化交流日益频繁的背景下，西部文化也必然会在与异域文化的交流融合中实现存续和弘扬。对此，肖云儒认为，我们应该保持清醒的认识，秉承自信、开放的心态，在汲取和借鉴异域优秀文明成果时体现包容性，主动汲取它们的积极成分，但我们也绝对不能失掉西部文化固有的文化血脉，丧失自己的主体性。在与世界其他文化的交流融合中实现自身文化的繁荣发展，并最终实现中华民族传统文化的伟大复兴。近年来，肖云儒进一步在各公众媒体上热情地为西部为陕西做文化推介。他在央视的"精彩中国"和"魅力城市"等大型宣传活动中，在凤凰卫视和各地电视台的《纵横中国》《开坛》《黄帝陵大祭祖》《金庸华山论剑》《城市名片》等栏目中，乐此不疲地解读西部文化，并先后为西部的十几个城市做文化代言人，被公认为西部的文化大使和形象代表。

"却顾所来径，苍苍横翠微。"肖云儒这位原籍四川、生于江西、扎根陕西的南方汉子，在中国西部文学、西部文化的研究中，凝聚着他一生的忧患、感伤、苦乐、奋争和憧憬。经过一代人理想的失落也罢，还是历经一代人心力交瘁也罢，肖云儒仍顽强地安于一个知识分子强烈的社会责任感和文化良知，年过花甲，依然保持着旺盛的思想力量和敏锐的感受能力，仍然洋溢着青春般的活力和激情，沉实稳健地朝这条路走下去。正如《信天游》里唱道：一把把黄土一把把汗，红花绿叶都是用心换。朝肖云儒如期而来的是秋天的丰腴和芳香。

1990 年 10 月 21 日

智者无疆

——评肖云儒老师《不散居文存》

刘 宁

肖云儒这个名字在中国当代文坛及文化界是响当当的，从20世纪60年代初，他以一篇《形散神不散》的短文崭露文坛，六十余年来始终站在时代最前列发出振聋发聩的声音。云儒师的文论起步于文学，但不止于文学，先后在美术、音乐、电影、戏剧、小品，以及社会文化等领域多有驰骋，这就使得他成为名副其实的文化学者，更重要的是，六十余年来他的足迹踏遍祖国山河，又先后到过世界50多个国家，100多个城市，可谓是真正的大地行者、文化大使，尤其是新世纪以来，三次以古稀高龄参加"丝绸之路万里行"活动，这种敢为天下先，老当益壮的精神，都让我们向他投来敬仰的目光。如今摆在我们面前的这部《不散居文存》是云儒师六十余年来的文论结晶，内容之丰赡，思想之睿智，文辞之精当，都让我们深深体味到智者无疆、行者见识广博的无穷魅力来。

一、敏锐的时代文艺记录员

《不散居文存》分上下两册，洋洋洒洒百余万字。虽是云儒师的个人论述，但是在我看来，却是一部当代中国文艺、文化动态发展史的缩影，就此而论，云儒师不愧是一位敏锐的时代文艺记录员。

记得1961年当他还是一名大学生时，就在《人民日报》上发表了"形散神不散"散文观,从此之后,这个观点影响了一代又一代人青年学子,如今当年那些接受"形散神不散"散文观的孩子们都已步入人生中年,云儒师也从朝气蓬勃的青年迈进杖朝之年,但是"形散神不散"观仍然存活着。这是云儒师在他长达六十余年的文艺评论和文化批评生涯中最值得荣耀的事。纵观他一生与中国文艺、文化同呼吸、共命运,1979 年当绝大多数人尚在默然等待之际,他就以一篇《重视矛盾的同一性在事物发展中的作用》的文章宣告复出,在那个乍暖还寒的时代里,毫无疑问再次吹响了时代的号角。

若论云儒师收获最丰厚的时期,当是在 20 世纪 80 年代。在举国进入改革开放时期,国门洞开、拥抱世界,在社会上各种西方思潮风起云涌之际,他却将自己评论的目光投向中国的西部,如同 20 世纪 30 年代范长江发现了中国西北角一般,云儒师发现了 20 世纪 80 年代的中国西北角。当是时他还是一名记者,就对中国西部美术、音乐、文学等发表了独树一帜的见解,之后,在他的倡导和建构下,"西部"不仅仅作为一个自然地理概念出现,而且生发成一个风景秀绝、人文内涵丰富的文化空间。1988 年他出版的《中国西部文学论》开启了"西部文学"这一重大的学术研究领域,从此在这面旗帜下集结了一大批优秀的当代中国学者,像丁帆、李继凯、赵学勇、杨光祖、韩子勇等,而云儒师是开创者。

他把西部文明视为世界文化版图上多维交汇的一个典型,按照从大自然到人类社会,到个体人,再到人的文化心理四个层次,由表层到深层概括出西部文艺的基本特征,提炼出长河大漠、城堞烽烟、窑洞帐篷、驰马放牧、雪山井架、戍边屯垦等西部独有的文学意象,并在此基础上分析了西北的风景线、民俗图、伦理谱、宗教观等等。毋庸置疑,20 世纪 80 年代的肖云儒已经深深体味到:"西部自然和社会生活荒凉的历史感、浓郁的诗意和色彩感,辽阔大自然的天籁和溶解在各兄弟民族生活中的自娱性民间歌舞所构成的音诗、音画、节奏和旋律感,等等,使西部小说在融诗于文、融乐于文方面显得突出。"而就在云儒师大力礼赞西部,发现西部这一绝域文化魅力时,他并没有忘记当时正在迅速崛起的东部。20世纪80年代的肖云儒亲身经历从左倾文艺向改革开放文艺转型的历程,他从历史文化沉积深厚的西安来到海潮澎湃的珠江三角洲,《南风扑面》里他描述自己感受到一个励精图治、正在发生变化的古老国度迎接新时代、新挑战,云儒师眼中风起云涌的东部烛照出"中国西部文化不但是中华文化稳态结构中的重要一翼,中华文化成果辉煌的一个光环,而且是推动中华文化发展的重要动力"。在一个思潮迭起、不断更替的时代里,云儒师创建了一个有别于其他地域的新文化空间——西部,从此,关于西部文艺的研究汗牛充栋,关于"西部"的命名争论不休。而对于它的提出者来讲,这无疑是非常有意义的。

一个人引领一个时代的风潮已经了不起了,而要时刻站在时代最前列,他需要付出怎样的艰辛和努力,需要怎样的睿智和能力?20世纪90年代,云儒师先后写下《都市需要精神营养》《论"陕军东征"》《文化的混交林带和次生林带》《佛教和中国民俗民艺》《被拷问的中国人文精神》《从大生命系统看人文》《与白君夜谈"长安文化"》《确立陕西、西安文化形象》《黄河不息——电视文化片解说词四章》《追日——电视片解说词二章》《当前地域文化研究的特点》等文章,他谈陕西地域文化、佛教与民俗文化、都市文化,从大生民系统看人文精神。在云儒师看来,1990年代是世俗文化与精英文化并在的年代,商业经济大潮的来势凶猛造成知识分子的不断分化。因此,1990年代是当代中国最有意味的一个时代,1993年则是一个不同寻常的年份。是年张伟、张承志发起人文精神大讨论,是年"陕军东征"显示出书籍商业化发展势头猛烈,还有崔健的摇滚乐、王朔的痞子文学、贾平凹的《废都》,皆表达了文化人在世纪末的颓废情绪。就是在这样一个社会整个文化发生逆转,人人感受到文化颓废、精神堕落的时刻,云儒师看到"90年代是现代大都市在中国集群性地出现,现代都市文化逐渐走向成熟的这样一个年代"。他敏锐地感应到世俗化来自国家的城市化发展进程,都市文化已然进入文学文本。文化无疑又在变化,文艺又出现新的态势,而他还在时代的航船上领航扬帆。

与此同时,他还发现与世俗文化相对抗的精英文化在悄然滋长,对中国传统文化的反思和再造开始纳入到他的思考中。2000 年后,他先后写下《和谐文化,人类文化的结晶》《与易中天解码司马迁》《与文怀沙、魏明伦谈雅集文化》《称"国学"为"华学"是否更好?——〈岘峰山人说〉序》,《炒煳了的国学热——根据〈华商大讲堂〉讲稿改定,〈华商报〉〈陕西日报〉及 20 家网站实况转播或刊载》《与张岂之谈黄帝文化》《高原情怀 大山品质 孔雀风姿——云南精神与文艺谈片》等文章。从这些文章的命名来看,云儒师从神话或历史人物角度解读中国文化,也从地域文化视角去谈当代文艺,更从宏观的整体视域观照中国文化,由此发现中华民族在五千年历史长河中所创造的文化辉煌灿烂,由此产生强烈的民族文化自信心。比照 2003 年所写的《与徐城北、祝勇谈北京的"大"》《与葛剑雄、朱学勤谈上海的怀旧》《与黄树森、黄爱东西谈广州的"吃"》,2006 年的《与杨锦麟、黄挺谈潮州文化的留守与出走》,云儒师对中国文化的剖析开始以地域文化的面目出现。他讲:中国文化是一棵树,长安文化是树之根,京派文化为树之茎,海派文化为树之叶,特区文化为树之花。国内学者论述中国文化一般是从西北黄河中游地带发祥谈起,较少将不同地域文化连缀起来考量,云儒师对中国文化的论述包含强烈的空间意识。在他看来,纵向的历史梳理是必要的,而横向的地域剖析更不能或缺。因为如袁行霈在《我的中国文化时地观》里所讲:"中国地域广阔,各地文化都有其独特之处,这些地域文化是统一的中国文化的各个分支,也都对中国文化的发展做出过各自的贡献。"故此,云儒师将中国文化放置在地域文化不断发展的基础之上,通过文化中心的转移来完成文化的传承与创造。这是一个极其重要的观照中国文化的思路，不仅可以看到文化在发展过程中的丰富多样性，也可看到中华文化的整体性与区域性之间的深层次联系。

时代在进步，文化在演进，当云儒师向中国传统文化深情凝望时，大众文艺充斥社会各个领域。文化与技术、传媒的结盟带来中国文化、文艺日新月异的变化。云儒师深切感受到这一点，他在《大众文艺的当下走势——2006年在中国文联知名艺术家高级研讨班讲课》中讲道："传媒时代的文化市场，文艺得到前所未有的财力支持而强健起来，比这更重要的是，文艺作为艺术生产力的第一要素，作为文化产业的重要构成，本身成为国民经济实力的重要组成。文化产业是世界市场瞩目的朝阳产业，在GDP中所占的份额稳步上升，正在为强国富民做出自己越来越大的贡献。"在当前对大众文化持诸多反对意见的学术风潮面前，云儒师为大众文艺辩护，为新生事物呐喊，不惟需要勇气，更需要见地。之后他在《大众传媒与当代文艺的走势——答记者问》一文中提出："大众传媒的核心市场是'眼球'，核心价值观是利润，它必然催生以自娱为主体的大众文艺的强劲崛起。""没有批量生产和网络扩散，形不成规模性的社会关注，传媒只能小众而不能大众，也就没有多少影响社会的力量，开辟不了一个传媒时代。""文艺取悦传媒和市场，有两大法宝，一是娱乐，一是造星。"这些论断振聋发聩，惊世骇俗。他对社会现象之敏锐是常人所不及，对社会文化现象的批评更是一针见血的，就此可见其尖锐性。

不言而喻，在共和国七十载岁月里，云儒师所经历的是这个国家走过的七分之六路程，这个时间不算短，一个甲子的时段新中国文艺、文化所走过的路程，云儒师基本上都经历过了，他亲历当代中国文学所承受的左潮、西潮、商潮、科潮冲击，切身感受到文化的变迁，他是每一个时代的弄潮者，更是六十年中国当代文艺、文化的记录员。就此而言，《不散居文存》是一本浓缩版的当代中国文化史、文艺史，从中可以管窥六十年来中国文艺的方方面面、林林总总，可将六十余年中国文艺思想争锋论战的状况一览无余。而在这六十余年的文艺争鸣、文化论战中云儒师是参战者，更是先锋，他饱经风霜，但仍满怀温情；历经磨难，却仍然昂然奋进。为此，我们说他一个战士，但饱含温情。

二、自信的中国文化建构者

对大众而言，云儒师是文化学者，而对世界来讲，他更是一位中国文化宣传大使。如今即将进入杖朝之年，仍宛如一位精力充沛、活力四射的文艺牛仔，尤其是2014年以来，他连续三次参加"丝绸之路万里行"活动，6次乘坐汽车，14次空中飞行，3次乘坐海轮的丰富经历，先后到达世界30多个国家，80多个城市的人生际遇，令人为之震撼，这不禁让我们想起东晋时在丝路上行走的法显。踏破青山人不老，丝路云履绘彩虹。云儒师用脚踏出来的丝路不仅沟通了古丝绸之路，更展开了一轴当代中国"一带一路"的广阔蓝图。故此，他无愧于"丝绸之路文化宣传大使"的称号，无愧于中国文化自信建构者的称谓。

笔者曾经与他有过一次同行的经历，当时70多岁高龄的云儒师丝毫没有疲倦，每天和年轻人一样乘车赶路，而就在大家在车上休息聊天之际，他已经在车上写出文稿了，精力之充沛令人佩服，文笔之迅捷令人赞叹。众所周知，自从2013年习近平总书记提出"一带一路"倡议以来，国内关于丝路的研究可谓汗牛充栋，然而绝大多数是闭门造车，像云儒师这样身体力行、脚踏实地走丝路恐怕是很难找到第二个人了。唯有亲身体验方可了解到丝路的真实面貌，唯有不懈努力才能绘制出一幅世界彩虹图来。云儒师看到丝路上各国纷说的"丝路热乎"，各地表现出来的"丝路人热情"，以及各地的"丝路经济热销"，他深切感受到一出国门世界小，千年丝路情未了，也深深感受到政府很上心，企业很热心，老百姓很关心。如此一来，再回想他在《中国古典绿色文化》《两区、两河、两路、两圈层：中华文明的互补结构》《中华传统文化的精神母题和人格模式》等文里对中国文化、中华文明的论述，云儒师海纳百川、气吞万里的写作气势便溢于言表。这一切来源于他广博而丰赡的知识，更来自他广阔而包容的心胸，以及踏破青山写人生的魄力。他在丝路上行走，挥笔论述农耕与游牧、路上丝绸之路与海上丝路，世界与中国各种文化和力量相互推移的关系，更从古老的丝绸之路延展至当代的"一带一路"，发现从古老的中华文明中生长出来的当代中国新文明。他将之称为中国给予世界提供的中国方案、中国话语、中国读本。这是何等的气魄和眼界，何等的豪气和大手笔。司马迁写作《史记》时声称要"通古今之变，成一家之言"；云儒师则讲：截至2018年4月，我看到我国与沿线61国建立31023对友好城市，占总数近一半，在沿线国家设立了17个国家文化中心（贝尔格莱德），建立孔子学院173所，孔子课堂184个，与27个沿线国实现免签或落地签书香工程，建立了丝路高校联盟，电视联盟、博物馆联盟，开办了丝路艺术节、丝路电影节。几千年来，中华民族给予历史、给予世界提供了诸多中国坐标、中国思路、中国心理、中国经验、中国成果，它们无一例外构成了人类精神宝库中耀目的瑰宝。"一带一路"就是我们向当下世界提供的一个最新的"中国方案"和"中国读本"，就是我们向当下世界提供的最大的"好"！"一带一路"标志着我们国家总体战略的大转型。它意味着在"文革"结束四十年之后，中国已经由韬光养晦跨进了新的战略机遇期，正在由复苏走向复兴，正在以中国的理念、方式和实力形成新的全球力量场。这样一个改善中国和世界格局的大手笔，是全民族文化自信的集中表现。

云儒师以气吞山河的气势，囊括四海、包揽宇宙的胸襟，看到了中华民族的伟大复兴。如同复旦大学中国研究院的张维为教授在他的《中国触动：百国视野下的观察与思考》一著中所写："30年来，我走访了100多个国家和地区。自 20 世纪 80 年代第一次出国感受到的震惊,到今天在海外随处可见的'中国热';从作为国家领导人的翻译参与许多国事访问,到成为有一定影响力的学者参加各种国际交流,我力求从一个比较宽广的国际视野出发,来观察世界、思考中国,特别是探讨与中国崛起有关的热点问题,再尖锐的问题,也不回避。"一位教授三十年来走访了 100 多个国家,深切感受到中国之巨变,感受到中华文明在复兴,新的文明在崛起,而云儒师何尝不是这样呢?他谙熟中国文化的基本特征,了解它的灵感触发、意象传输、整体感悟、模糊表述,这四个有别于西方文化的核心特质,懂得将其凝练成自己的独到见解。也感悟到传统文化一旦被激活,便焕发出卓然一新的魅力;新文明一旦被发觉,便滋生出无穷无尽的力量。从近代以来,中国落后挨打,主张向西方学习,讲究的是师夷之长而制夷,而今经过百年努力终于结束以西方为中心的思维模式,迎来了创建中国话语、中国读本的新时代。回想一百多年前林则徐睁眼看世界,魏源写出《海国图志》,梁启超周游世界各国写下大量海外游记,一百多年后,云儒师在丝绸沿线各国行走,用他的所见所闻,所思所想,也做了睁眼看世界的人,并从世界的角度看到一个欣欣向荣的中国,一个正在积极发生转型的中国,一个强烈要求建构民族文化自信心的中国,这才有了他的《世界格局的古代中国读本》这篇大论。"要说中国的好,中华民族的好,最集中的一点就是她永不枯竭的创造力。在每个历史阶段,我们民族的精英常常会将人民群众的创造实践提升为新的创造理念,向历史、向世界提出社会发展的'中国读本'。这些'中国读本'不但引领了当时中国社会的发展,也为世界历史的发展提供了许多创造基因和助推力量。"就此而论,云儒师是最会讲中国故事的人,一个在丝路行走传播中国文化,发现中国新文明的人,一个如法显一般求法的人。

《走并思考着》是云儒师《不散居文存》非常重要的一篇文章,在这篇文章中,他提出:北纬 34 度半附近是人类文明聚集的地区,两河流域就处在34度半附近，雅典36度半，伊斯坦布尔37度半，埃及32度，罗马38度半，大约都在这个区域。为什么呢？因为它是北温带，由于它有淡水，适合人类生存。所以人类在这儿铸造了自己最早的文明。从而也找到了人类文明发祥的共同点：水、光照。云儒师的评论方式是典型的文化地理学的研究范式，且他一生都以一种大地行走的方式在践行他的文化观，实现他的文化理想。从1980年的西部，到20世纪90年代的中国文化，再到2014年之后的"一带一路"行走，他对文化地理学方法的运用是自发、自觉的。他曾经选择世界上五六个点来将自己的大地行走与文化思考融合起来，看似选择了一点，但是从一点说开去，看到的是中华文明、世界文化。于是，他讲："站在钟楼上你横向东西一望就是这么一个格局，我们处在一个世界的、中国的古都城线上，是最早孕育人类文明的地方。而纵向南北一望，又是中华民族文明聚集的一条线。这就是西安钟楼，人类文明和中国文化的一个重要的脉点。"

作为一名自信的中国文化建构者，云儒师驰骋文坛的有两样东西：文艺与文化，那么他纵横文坛的两个法器必然是文艺批评和文化评论。一个民族需要仰望星空的人。越是文明的社会，越是需要有一批专业学人来构造一个系统的理论体系，从而成为所有社会成员的文化认同。云儒师无疑是那种不惮前行的开创者。他向世界传播中国文化，每到一处便题字留下书法，每到一处都会写下文字。这些读者们会在他其他的集子里看到，譬如他的《丝路云履》《丝路云谭》《丝路云笺》等著作，就此而论，他是中国文化自信的建构者，尤其是他将古丝路与当代的"一带一路"国家发展联系起来，他发现了在"一带一路"新视野下中国文明的崛起。

三、激情诗人与辩证思维的智者

让我们再回到云儒师的《不散居文存》上来,这是一部散发浓郁文化气息,理论深厚的文论著作,也是一部关注现实、脚踏实地、用执着的探索精神撰成的诗化作品。云儒师是记者出身,有敏锐的专业眼光,六十余年致力于中国文化研究、文艺批评,使得他的文论早已经不是媒体派的那种就事论事的批评模式了。《不散居文存》里睿智的思想,新颖的论断,广博的知识,澎湃的诗情,都使我们不得不谈论他的文艺评论、文化评论的特色,这种特色在笔者看来,就是激情的诗人与辩证思维的智者相结合而形成的作品。

云儒师文化积淀异常深厚,对文学、美术、电影、音乐、历史、地理、宗教、民俗等诸多领域均有深入涉猎,中西方文论也都能信手拈来,自如运用,加之多年记者生涯训练的敏锐、专业眼光,以及六十年文化论述的学理修养,便诞生了一个"肖云儒式"文艺批评模式。这种模式不是学院派那种讲究文章逻辑谨严、论证引经据典的样态,也不是媒体派那种大量陈述事实、具体描述情景、讲究细节生动、在叙述中推出观点的样式。云儒师的评论将上述两种批评范式完美地结合起来,即既讲论证的理性逻辑性,梳理时甲乙丙丁一一列举,鞭辟入里地进行论证,又在文章中时时见情感四溢,经常以诗化、散文化句法入文,增加文章的可读性。譬如有时在文中夹进四六骈句,以求对仗工整;有时使用排比句,营造一种酣畅淋漓、排山倒海气势;有时论断如智者断案,有时描述竭力营造意境和情境。因此,读云儒师的文章如同与他促膝而谈,听他娓娓道来,这种感觉如灯下漫笔,平和而自然。譬如他在《重返诗礼人生——在"诗经里"文化景区的演讲》里这样描述:"这块具有唯一性的土地,集聚了诗、礼、乐,中国古典文化奠基性质的几个元素。来到这里仿佛听见了《诗经》的吟咏之声,看见了正在进行的礼乐仪式,内心由不得就有了一种遥远而又遥远的回应,那是隐藏在血缘中的记忆和感动!"这一段落看似质朴无华,但是内中蕴满感情。情之深,让人为之动容,情之隽永,仿佛在我们面前舒展开一轴沣河岸边的画卷。及至他品评中国书法文化时,笔触就更加摇曳多姿了。"点如朝霞,钩如顽石,坚如修竹,横如水波,撇捺若双桨击浪。推拉扭折汇提按更似老藤飞扬,无一不是情感的枝条。或酣畅,或飘逸,或枯涩苍劲,或典雅古拙,又无一不是人生际遇的再现和人格的外化。而以纯形式感的线条来表达书者的生命情怀和艺术意趣,更臻于中国文化写意精神和中国文人写意情趣的极致。"这哪里是在论述啊,简直是在吟咏诗文,笔触下文字朗朗上口,品味着诗味深厚,云儒师的文论向外发现了自然,向内发现了自己的深情。于是便有"这一天,天朗气清,惠风和畅。放眼望去,此地有崇山峻岭,茂林修竹,又有清流激湍,映带左右。大自然是那样的自足圆满,自由活泼,生生不息。他们围坐在溪水之畔,将酒杯置于水中,任其随水漂流。酒杯停到谁的面前,谁便饮酒赋诗,不然罚酒三杯"。文字之清丽仿佛洗去人世一切尘土。随手写来,都成妙谛,境与神会,真气扑人。

  不言而喻,云儒师具备很好的艺术感觉,同时兼备优秀的思辨能力,这正是文艺批评家必须具备的素质。对云儒师来讲,那是在一种辩证思维模式下展开的文化评论,他总喜欢使用"两极震荡、多维互透""两维激荡""相感""相摩""相荡""相斥"等语词来表达他的观点和论断,这种语言表述方式意味着他在论述时力求建构一个辩证思维模式。众所周知,做评论必然要进行论断,以表达论者的看法和观点,而如何能使自己所做的论断合理、更接近事物的本质,评论者首先要心中有一把标尺,懂得相当的文学、文化理论,又要有对文本的深入细读和文化的深刻领悟,对云儒师来讲,他善于将一个论题从对立两个方面去比较分析,用辩证统一的思维去观照,这样就可防止自己的论断太主观、太武断。比如他在论证西部文化时,从动静两方面去论证,讲究主体与客体的两极,在论及中国文化时又使用"相和谐"这样的语词，强调将理性的日神精神与野性的酒神精神对比着去分析，有时，他干脆连这种辩证统一的角度都放弃了，而采取多维视角，立体去观照自己的论述对象，这样他的评论就不是那种对问题简单的阐述，而是一种多维度、多层面的深度剖析。

辩证思维烛照下的云儒师评论折射出思想的多样异彩，呈现出复杂而深刻的思想维度。因为辩证思维加强了横向观照的向度，可他又不局限于此，往往会从一点说开去，难得的是他又能收得回来。比如《"乡土新族"和"乡裔城族"——写好新历史阶段的新农村新农民》这篇在全国农村题材研讨会上的发言稿，他在城乡的矛盾对立中发现了乡村的衰败背后是城市的兴起，因此，他并不像其他论者那样对中国乡村充满忧虑意识，反而感受到城市化背后中国的进步。当众人感受事物不利的一面时他却因辩证的思维模式看到了希望，就像他所讲："我们的创作既要从道德评断的坐标上，对'乡裔城族'的命运施以人道的坐标，特别是精神世界的人本关怀，又不能停留在道德坐标上，而要从历史的坐标上，也是群体命运的坐标上写出，这个城市的'弱族'，其实是历史的'强者'，是历史的'先行者'。"辩证的思维，能在黑暗中看到光明，在最后里看到开始，在破坏中看到创建，这便是肖云儒的评论，总在平易近人中让人们骤然感受到一种强烈的冲击，感受到他思想的睿智。这种辩证思维模式，在笔者看来，是一种逆向思维，即一种能够创新的思维。对于一名优秀的文艺或文化研究者来讲，不是人云亦云，而是要有独立的思想。独立的精神之于对立统一的这种辩证思维往往是不能或缺的。

一般来讲，学院派文艺批评学人由于长期以来受到严格的专业训练，对自己所属专业又了如指掌，他们大多擅长理性思考，注重查阅大量文献资料，讲究慢工出细活，故此所写的文章非常看重严谨深刻，讲究言之有据，喜欢引经据典，如此一来，在深刻中又意境迭出者少之又少。反之，从事形象思维的作家大多又缺乏严格的理性思维训练，因此作协派评论在论述时又缺乏理论深度，作为媒体派更讲究实效性、传播的广泛性，讲生动、吸引眼球便是报章文章的特色。故此，能够兼具思想之深切，表现之特别者凤毛麟角，而云儒师恰恰是将理性与感性思维结合得非常完美的人。而他又善于文本细读与文化分析。前者是任何一位从事文学批评者应该具备的基本功，但是并非所有人能够把它们运用得得心应手；后者又往往是一般人驾驭不了的，因为文化的内涵太丰富，要想把握必须要有深厚的各类文化资源的积累，且在历史文化上有相当深厚的积淀，否则很难驾驭。于是，相对媒体派评论而言，云儒师的评论有深厚的理性分析；与学院派批评相较，他又多了几分活泼、灵气，在推动学术大众化发展方面发挥了积极的作用。

至此，我们可以说《不散居文存》是云儒师近八十年人生精华的浓缩，是他每一种生活新倾向的记录，是他对中国文化自信建构的见证，是他融学院派文艺研究与媒体派文艺批评优长的硕果。而对于他个人而言，在六十年来的文艺评论、文化批评生涯中，他总是全力以赴去面对人生，满怀激情去建构新文化，全身心地去体验、去创造新事物。他带给我们一个历久弥新的生命情绪。这种情绪是什么？就是对生命本身价值的肯定，就是不停息的追求，就是在不断的生命演进中让自己的生活内容愈丰富，境界愈扩大，人生愈有价值。这才是：智者无疆，思如奔涌之泉；行者不羁，文似绚烂之花。

2019 年 7 月 21 日，长安

为开拓者立传

——长篇纪实报告《黑色浮沉》序

胡 采

20世纪80年代的时代钟声敲醒了沉睡中的神府东胜煤田,向神府东胜煤田的进军号吹响了。

正式开发这个特大煤田的决定,是由我们国家的最高层领导者和决策者们,经过反复调查研究和科学论证后做出的。

这一决定,表达了党和国家的意志与决心,体现了人民的利益和愿望,适应了当前经济建设的迫切要求。

就在做出这一决定的前前后后,中央负责同志,包括紫阳同志、李鹏同志在内,以及各有关部委、各有关部门的领导、专家,众多的工程技术人员和参谋人员,亲临煤田现场、工地,一方面进行实地考察,一方面向当地人民、职工群众和地方党政部门的领导同志们进行调查研究,反复磋商,制定开发方案。为此曾付出多少劳动心血啊!

不仅如此。在制造舆论,动员人力,报道煤田实况,提请全国人民重视这一点上,新闻界的同志们,记者同志们,曾经做出了自己的贡献。当新华社、《人民日报》及其他报刊,把"陕北有煤海,质优易开采"这一特大新闻,发往全国和世界各地以后,在人们中间立即引起了震动。

以上这些,在肖云儒、刘仲平合著的20万字长篇报告文学《黑色浮沉》一书中,都有翔实记载。

神府煤田所以如此强烈地引起中外人士重视,是因为这个煤田不但蕴藏量无比丰富，而且煤的质量特别优良。正如《黑色浮沉》中所描述的：它埋藏着数千亿吨足以和世界上任何一个大型优质煤田相媲美的"黑金子"。低灰、低硫、低磷，瓦斯含量几近于零，楼房厚的煤层不夹矸石，不用洗选即最好的精煤，既能满足城市气化用煤，又可减少环境污染。迄今为止，它在世界上几乎无可匹敌。

1987年，当肖云儒主编的报告文集《榆林纪事》出版的时候，我曾为此书写过一篇序文。在序文的结尾部分，有如下一段话：

当前，全榆林地区的人民，除继续扩大治沙造林战果，巩固和加强地上的绿色长城建设外，正积蓄力量，做好准备，积极向神府地下煤田的黑色长城进军。榆林地区的美好前程在望。人们有理由希望：在不久的将来，能有更恢宏的《榆林纪事》续集，出现在读者面前。

我是抱着这样一种情怀和见解来观照出现在我们面前的新情况的：榆林地区的现实生活发展了，反映和描写发展了的现实生活的报道文章和艺术作品，理所当然也要发展。我们曾呼唤应当有《榆林纪事》续集出现。此刻，摆在我们面前的记载神府东胜煤田初期开发阶段生活的《黑色浮沉》一书，就应当说是这样的续集了。

丰富的现实生活，还要继续向纵深发展。神府东胜煤田真正的光辉前景，还在前头。《黑色浮沉》中所反映和记载的，虽然更多的是为迎接光辉的明天而打基础的工作和铺平道路的工作，包括物质力量和精神力量的准备与组建工作，等等。但你不难看出，特别从宏观上讲，这一打基础阶段的工作，是有非常重大的意义的。没有今天的基础工作，就迎不来更光辉的明天。如果说，开发和建设神府东胜煤田的过程，是一个多阶段多层次的丰富而复杂的过程，那么，反映和描写这一实际生活过程的文章和作品，有很大可能将会成为一部风格题材多样、品种多样、色彩斑斓的多卷集大书。从这个意义上讲，我个人愿意把《黑色浮沉》看作这部多卷集大书的第一集，或者叫作初集。我祝愿作者同志们能顺应历史发展的要求，在条件成熟时补写出续集来，形成当前人们所说的纪实性系列作品。

文学领域中出现大量纪实性作品，是有积极意义的。从其受读者欢迎的程度看，今后持续发展的势头，还会有增无减。这种现象的积极意义在于：一方面可以鼓励作家和众多作者同志们深入现实生活，贴近群众，贴近时代，努力开拓创作源泉；同时，又紧跟历史的前进脚步，发扬时代使命感，抓住积极现实题材，通过文艺作品，推动当前建设事业的发展，既为人民鼓了劲，又增强了文艺为社会主义事业服务的生命力。至于说到我们的时代，应当产生伟大史诗性的作品，应当产生更多具有巨大艺术概括力和更富有典型化意义的作品，这种要求当然是对的。但这种作品的产生，最根本的，也还是首先要求作家深入现实生活，深入建设第一线，深入广大干部和群众之中。只有当作家首先从这中间感受到了、深刻理解了，并且切切实实获得了丰富的创作源泉，再加上他在艺术上的创造性劳动，人们所希望的那样的文艺作品，才可能出得来。这部长篇报告文学，不就是云儒、仲平深入陕北矿区，与矿工朋友采访、交流写出来的吗？目前，这种作品产生得较少，除了其他的原因以外，恐怕同我们在创作源泉这个问题上解决得不够好，是有关系的。实践反复证明：毛泽东同志所说的人民生活中存在着最生动、最丰富、最基本的文艺矿藏的话，是千真万确的。不言而喻，文艺矿藏不等于文艺作品本身。文艺作品是对文艺矿藏进行创造性艺术加工的劳动成果。但是，没有从生活中来的文艺矿藏，就没有加工对象，当然也就没有了文艺作品。这也是不言而喻的。

在《黑色浮沉》中，既写事，也写人。事是实事，人是真人。它是把人同事交融在一起来写的。以写人来带动和促进实际事件的发展，并从中显示神府东胜煤田初期开发阶段的历史前进历程。在本书中，写事，写事件发展，所占篇幅较多。但作者并没有忽视写人，而且写了众多的人，几乎可以说是写了煤田创业者的英雄群像。有时，作者用了并不太多的笔墨，就把一个人物的神髓，生动真切地勾画出来，十分动人心弦。书中所写到的原榆林地区行署专员李焕政，能源专家江罗维，铁路工地的青年技术员石立成、郭长富等，就是这样的。这当然与作者在生活中善于观察人物、善于捕捉形象，在描写上善于画龙点睛有关。但首先还是生活中提供了这种生动真切、光彩照人的文艺矿藏啊！在写到一八五勘探队这个英雄群体的章节中，动人心弦的人和事就更多了，情意也更浓了。

以队长白宗铺、总工程师劳炎明为代表的那些以煤海为家、整年整月生活在深山老林中的众多的"拼命三郎"们，"老黄牛"们，被人们称作"一八五队的曲啸"们，在文章中使用的文字，也不能算是很多，但感染力却达到了动人心魄的程度。情真意切的动人，总是和诗情画意连在一起的。当写到文化不高、一心做实事的公认的"老黄牛"、部级劳模王福善时，出现了如下一段简括描写：冬天，刻骨的寒冷侵入肌肤，站在下面还冻得瑟瑟发抖，王福善棉袄一脱，爬上了18米高的钻塔；炎夏，高烧40度还要上班；脚砸伤了，一瘸一拐还在干活。钻塔无语，井架不言，王福善的功劳写在蓝天上。

在我们的现实生活中，在人民群众中，在社会主义建设的生活激流中，拼命三郎们，老黄牛们，众多的曲啸们，建设生活中的顶梁柱们，为祖国，为人民，为社会主义建设所做出的贡献，是应当载入史册的，是应当在今人们和后人们中间广为传颂的。

我们需要更多的社会主义建设的顶梁柱，需要更好地发扬这些顶梁柱的献身精神。当前，纪实文学的重要贡献之一，就是它为这些顶梁柱做了树碑立传的工作。借写这篇小序的机会，表示我对纪实文学的赞赏和支持。祝同志们努力，在前进道路上，取得更大成绩！

1988年10月28日，西安霞村

关于《榆林纪事》这本书
——代序

胡 采

去年秋天,我随同陕西省文联组织和邀请的一批文艺工作者、作家、艺术家,到榆林进行参观、学习、访问,并就地参加事先约定的关于陕北创作题材问题讨论会。这次榆林之行,受到当地党政领导的热情接待,除多方面帮助介绍有关榆林建设的情况外,还安排了一系列的参观、访问和实地考察等事宜。通过这些活动,大家都感到收获很大,学习到很多东西。其中,最突出最深刻的感受是:榆林的变化,实在是太大了。

榆林的变化,表现在现实生活的各个方面。最富代表性的变化,首先是治沙,是造林,是绿化,是把浊浪滚滚的沙漠海洋变成了生意盎然的绿洲。绿色稳住了,人们的脚跟站稳了,社会主义的诸多建设项目,才可能有计划地进行。

多年来,榆林地区的党和人民,正是这样走过来的。

现在,出现在你面前的稻田连片,绿树成荫,在林莽掩映中的新楼幢幢等喜人景象,反复印证着:人们关于榆林的巨大变化的感受,是真切的和实实在在的。

从这里,我不禁萌生出一种联想。我想,如果能够把榆林的这种巨大变化,组织人力,进行采访,通过集体编写,搞出一本既是纪实性又是文艺性的书来,那一定会对广大读者有很大的助益。

我脑海中的编书思想,还只不过是一闪念的时候,正好,在榆林从事扶贫致富工作的肖云儒同志、徐岳同志,向我谈了他们组织人力编写《榆林纪事》一书的计划以及正在进行的情况,并说这计划已经得到了当地县区领导同志的热情支持。听了他们的讲述,我个人很受鼓舞。在交谈中,我非常赞同他们所提出的对编写这本书的一些设想。这些设想是:

一、组织采写人力时,要注意广泛性,尽可能多吸收当地有关同志参加,争取做到通过编书,为地方上发现和培养写作新人;

二、对于具体作品和文章的要求,既注意纪实性,又注意文艺性,既写事,又写人,通过写事,突出表现人的精神风貌;

三、在进行有关题材内容、生活事件、人物活动等方面的选定时,应注意广泛性、丰富性、复杂性和多样性;不回避来自现实生活的真实的矛盾冲突和曲折;人们的开拓精神和生活上的巨大变化,就是在不断克服这种矛盾冲突和曲折中前进的;中心问题,正是在于要通过对生活题材内容广泛性、复杂性和多样性的描写,把榆林人民战胜困难、克服矛盾的开拓精神和改革精神表现出来。

一年多时间过去了,经过云儒、徐岳两位主持者、各位采编者和多方面同志的共同努力,《榆林纪事》这本书终于编写出来,而且不久就要同读者见面了。此刻,我正在阅读出版社送来的已经排好的清样。逐篇浏览过一遍以后,我获得的关于此书的总的印象,比我脑子里原来所设想的要生动、具体、翔实得多,不但内容丰富、充实、多样,而且,其中不少篇章,文采斐然,具有很深的感人力量。

通过全书的整体构思,可以看出云儒他们的匠心。他们把众多的来稿,按照不同的内容加以分类,组成八个栏目,并邀请有关新闻、文艺报刊的负责人,分别担任这八个栏目的主持人;这些主持人所写的各具特色的"栏目主持人的话",刊登在每个栏目的前面;这些别出心裁的做法,给人以耳目一新的感觉。

从八个栏目的分类和内涵,反映出《榆林纪事》在题材内容上的丰富性、复杂性和多样性。而在这种复杂性和多样性之中,编写者们并没有淡化他们所要突现的榆林人的主体精神。这种主体精神，就是同大自然作顽强战斗的不屈不挠的精神，就是世世代代不忘治沙造林的精神，就是以乔、灌、草为网络锁住沙漠蛟龙的精神。这种主体精神，特别突出地表现在"花棒篇""长城魂"等栏目的一些篇章中。作品所歌颂的花棒精神、沙打旺精神，也就是榆林人同风沙作顽强斗争精神的象征和衍化。这种精神的最富代表性的人物，就是《大浪淘金》中所描写的苏振云和《心上的灯》一文中所描写的杨增占。他们既要同沙漠做斗争，又要同"左"的迫害做斗争。苏振云和杨增占，不愧是榆林人民忠诚的儿子和优秀的共产党员。其他栏目中的作品和文章，虽然不都是直接反映榆林人的主体精神生活的，但也从各自不同的题材出发，多角度、多层面、多结构、多韵味地反映和描写了榆林巨大变化这个具有深义的主题，从而使《榆林纪事》这本书，显得更加丰富多彩。当然，有的文章，由于时间紧迫，加工不足，使本来很好的题材，未能充分发挥应有的文学魅力，这样的缺点，也是存在的。

当我们去到靖边县参观访问时，县领导同志曾让我题字留念，我根据我多少天来的实际感受，提笔写了：

靖边的绿色长城，是人定胜天的象征。更光辉的远景，还在前头。靖边，前进！

我笔下直接写的是靖边，而内心所积淀的，思想感情上所寄寓的，却是整个榆林地区和榆林地区的人民。

当前，全榆林地区的人民，在继续扩大治沙造林战果，巩固和加强地上的绿色长城建设外，正积蓄力量，做好准备，积极向神府地下煤田的黑色长城进军。榆林地区更美好的前程在望。我感谢云儒、徐岳两位主编的劳动，我更希望在不太久的将来能有榆林人民书写的更恢宏的《榆林纪事》，一本又一本的续集，出现在读者面前，铺展在塞上的大地上。

1987年10月，西安霞村

视野和学风

——读《中国西部文学论》

王　愚

"西部文学"这个口号的提出，自然不是肖云儒同志一个人的发现。但是，为"西部文学"这个主张四处奔波、八方呐喊，不断写文章加以鼓吹的，恐怕要算云儒同志最为勤奋。尽管这个口号的提出，赞成者有之，反对者有之，有所保留、有所疑虑者有之，有所张扬、有所呼应者有之，但是云儒同志"不以物喜，不以己悲"，坚持不懈宣传他的主张，孜孜不倦进行他的研究，终于拿出了一部分量不轻的专著《中国西部文学论》，凭这份认认真真做学问的精神，也值得人们肃然重视的了。你也许不一定完全赞同"西部文学"这个口号，但你可能愿意侧耳倾听，从中汲取有益的论述和思考。

我也正是抱着这种心情，读完《中国西部文学论》，并且愿意把它推荐给关心这个问题的文艺界同行和广大读者。

自然，现在来品评《中国西部文学论》的成败得失，议论其中观点的正确谬误，似乎有些仓促。"西部文学"的口号提出来，不过四五年时间，在这样短的时间里，论定是非，不免急迫，还是要看创作实践的发展和理论探讨的深入，更何况大西北这样一个广袤的地区，从历史沿革到人文地理，从自然风貌到文化结构，从现实生活到作家感受，既有与整个文学艺术的发展共同的历史印记和时代特点，也确实有不同于中原地区、沿海城市的内在机制和美学风貌，如果我们承认不同社区和不同地域的文学艺术，都是以自身的特点，加入共同的行列，才有可能形成多姿多彩的文艺景观。用"西部文学"

这个口号概括一种文学现象，展示一种文化心理，描绘一种美学风貌，毕竟是个有趣而有益的命题，至于这种概括、展示、描绘准确与否，详尽与否，充分与否，都还在探索中、发展中，与其匆忙地下结论，不如先听听各家之言。

我觉得作者的视野是开阔的。他没有把西部地区文艺的发展同西部地区的历史的递嬗割裂开来，没有把西部地区文艺的发展同世界文明的格局对立起来，而是正像他自己说的："以一种大文化观念，将西部作家、作品和西部文艺问题放在整个西部、整个中国和世界文明发展格局和发展历程中去分析认识。"仅就他的论述范围看，包容甚广，从中国西部自然与人文地理的特点、中国西部文化的结构，采撷中国西部文学的美学风貌，最后归结到中国西部文学在新时期的发展。这种论述范围，初看漫无边际，仔细品味，你就会发现，在这种开阔的视野中，"西部文学"不再是理论家的臆想，不再是与当代中国文学发展无关的偶然现象，也不再是单纯的作家们的个人追求，当然更不是土气十足的封闭地域的粗糙制作，而是历史发展的必然，是文化递嬗的环节。"西部文学"在这里已不仅是扎根于乡土的一种文学现象，而且是具有鲜明的民族特色、丰富的文化内涵和深刻的精神意蕴的审美创造，是当代中国重铸民族灵魂的某种精神动力。作者在论述这么广阔的背景材料时，立论是否精当无误，自然可以商讨，也确实有可以商讨之处，但绝不妨碍作者在开阔的视野中对西部文学做出的立体观照，更不会减损读者对西部文学做出的多侧面理解。

如果说，云儒同志在论述"西部文学"这个主张时，能提供给人们对这样一种文学现象进一步思考的基点，是得力于他开阔的视野。那么，一种求实的学风，就使得他并不只是天马行空的率意而谈，而是力求从实际存在的文学现象，具体说就是大量的作家和作品出发，认真地加以剖析分辨，然后以此作为他立论的根据。云儒同志的《中国西部文学论》对近年来出现的西部地区，或者描写西部地区生活的作家和作品，几乎都有所评议，对近年来有关论述西部地区文学的论文，也都给以注意，并对其中的观点，或赞成，或保留，做出自己的回答，尽管不免有芜杂之处，但总归是从实际出发的论述，不是无根之谈，不是心血来潮的任意发挥，至少在文学研究这个领域里，能启发我们保持和发扬从实际出发的实事求是的学风，廓清一点随心所欲的空谈之弊。

1990年6月19日，《人民日报》

多维文化学的理论建构

——肖云儒的《中国西部文学论》

王仲生

在新时期文艺的多样化格局中，西部文学是一个明确的存在，这大约已经成为人们的共识。就文学创作而论，西部文学涌现于地平线上，是在20世纪70年代末80年代初期，稍后于此，关于西部文学的批评与理论探讨，也见诸报端和有关学术会议，逐渐在国内外引起反响。但从全方位出发，对精神生活中的西部现象进行系统观照与深层阐释，毕竟处于草创阶段。从已经发表的单篇独论看，也未能如某些西部作品那样，产生全局性影响。现在，肖云儒同志的《中国西部文学论》作为"中国西部文艺丛书"的第一部专著的问世，可以说是填补了这一空白，标志着西部文学研究进入了一个新的阶段。

肖云儒追踪西部文学的发展轨迹，从西部文学初露端倪就已开始了。早在1984年钟惦棐提出西部电影时，肖云儒就以一个文艺批评家、理论家的敏锐眼光和预见力，首创了西部文学这一新的文学概念。匆匆五个年头过去了，随着西部文学创作实践与理论探讨的深化，经过几年的资料积累和理性思考，肖云儒推出了《中国西部文学论》，洋洋洒洒30余万字，构筑了一个多维空间中的西部文学批评世界。

《中国西部文学论》的出版，当然是十年来西部文学创作与理论研究的第一份全面总结，从而为西部文学的进一步发展提供了有说服力的理论依据和战略前景；但我以为，这本书的意义不止如此。在我国社会主义文艺学正处于向纵深发展，面临新的突破时，肖云儒的这本专著，虽然论的是西部文学，但它为使西部文学研究形成一门独立学科所反映出来的文艺观念与思维方式、研究方法，无疑对于社会主义文艺理论科学体系的构建提供了有价值的建设性意见。

这种建设性表现为以下几个方面。

一，《中国西部文学论》构筑了一个出色的理论框架。撰写一部富有创见的学术专著，面临的第一个任务，是寻找一个自成体系的理论框架。显然《中国西部文学论》作者在这方面的操作是成功的、出色的。虽然云儒自谦地说："我们并不想建立一个体系，我们只是想踏出一条路子，引来更多的行人。"但"中国西部文艺丛书"的构想与陆续实施本身就已经显示了编纂者们的理论勇气与抱负：为建设自成系统的西部文艺研究体系，使之成为一门独立的学科奠定基石。

《中国西部文学论》全书十一章，以绪言开篇。在绪言中，简要回顾了西部文学创作与理论探讨的发展过程，初步勾勒了西部文学研究的独特风貌，明确提出了西部文学的界定。关于西部文学研究特色的阐述，我以为，既是十年西部文学研究的风貌概括，也是作者为自己所悬设的追求目标。从本书来看，这一构想，应该说是相当成功地实现了的。

第一章，论述了西部文学的界定、兴起与分类。西部文学作为一个自觉的文学群落活动和精神景观，云儒从时空即地域文化与时代背景上予以划定，既有其明确的规定性，同时又有丰富的包容性与开放性，体现了作者在西部文学研究已有成果基础上形成的独到艺术思考与美学阐释。这样，这一章就为全书的展开确立了基石。

第二章，从自然地理、人文地理的角度，论述了"中国西部自然和人文地理特色及其对文化艺术的影响"。关于中国西部既隔离又衔接了欧洲大陆、亚洲大陆和印度次大陆，是这三轮葡萄叶三个端点的联结，从而造成了中国西部荒原的文化阻隔和文化交汇，这样一个论点，应该说是富于创见的，显示了作者的历史眼光和总体意识。这一章，事实上为全书的论述铺垫了底色。

第三、四、五、六章，从三种世界文化系统的衔接点这样一个总体把握出发，分别论述了中国西部文化结构、中国西部生活精神、中国西部艺术意识、中国西部文学现实主义的深化和浪漫主义的浸润。这四章，从审美的主、客体及艺术地把握世界的方式即创作方法，特别是从历史进程中分析中国西部地区文化多层内射交汇的特征等不同角度，对中国西部文学展开了宏观论述，具有一种高屋建瓴的理论气势和阔大风度。

第七、八、九、十以四章的篇幅，深入论证了中国西部文学的美学风貌及中国西部文学在新时期文学中进行的两点探索。这一部分，应该说是抓住文学这一本体所展开的微观剖析，构成了全书的核心部分。相对来说，虽然还可以更充实，但却顺理成章，挥洒自如。这一方面得力于前几章的铺垫，一方面得力于作者对西部文学创作的谙熟。

最后，全书以第十一章"中国和世界文艺格局中的西部文学"作结，收束全书。显然，这一章是前几章的延伸和扩展，也就是说从全国和世界的总体格局中对西部文学予以评估。如果说，第一章侧重于纵向溯源，那么这一章则是横向比较了。

可以看出，《中国西部文学论》的理论框架的合理性，它既有宏观的把握，又有微观的剖析，既有纵向的深入，又有横向的拓展，立论富有创见而论证坚实，显示了肖云儒对西部文学理性思考的成熟与总体统摄能力。

二，《中国西部文学论》提供了一种以新的思维方式与研究方式从事学术著作的良好范例当然，这种新的思维方式与研究方式，并非肖云儒个人独创，他是在成功地总结、熔铸了西部文学创作与理论研究的已有成果上，予以了系统与深化，朝着学术化与体系化迈出了关键性的一步。

这里，我们首先要指出肖云儒所依据的科学指导思想——马列主义在全书的体现与运用。这是构成全书的特色所在。

肖云儒认为"中国西部文学的研究，是以社会主义心理学和美学为中心的多学科交叉的宏观研究"，"毫无疑问，它是以马克思主义的辩证唯物主义与历史唯物主义为指导的，是中国社会主义文艺理论批评的一个组成部分"。作者的这一认识不只是一种观念，而是贯注于实际论述与具体操作中。

作者始终坚持把西部文学放置在新时期中国文学的总体格局中予以考察，放置在新时期中国社会及精神生活的总体变化中予以考察。他认为从大文化的角度，从文化心理的层次来研究中国西部文艺问题，实际上是从生活的深处来观照创作，从精神现象学的角度来理解艺术，以便从根本上把握中国社会主义西部文学的规律。这具体表现为作者所反复强调的当代意识对西部生活的自觉渗透与统摄。

这还表现在作者对西部精神的阐释上。肖云儒认为应该从客体的角度来理解西部精神或曰西部生活精神，并在此基础上，提出了西部艺术意识这一概念，侧重从主体的角度进行把握。应该说，这绝不是文字概念上的故弄玄虚，而是反映了作者严肃的科学态度，即坚持马列主义的辩证的能动的反映论于文艺学研究之中。

这还表现在作者认为西部精神是以一种两极震荡的形态表现出来的，肖云儒对西部精神作为一个矛盾统一体的把握，无疑是马列主义辩证法的具体运用，是"两面性思维"的现实展开。他认为西部精神既有历史感，又富有当代性，既忧患又达观，既封闭又开放。这较之那些各执一端的论者，显然要全面客观多了。而且作者特别强调，长期以来，我们对潜藏在西部生活精神中的开拓品格发掘不够，对这种开拓品格在新时期的苏醒感知不够，对这种开拓品格给予西部文艺的影响认识不够。作者的这一见解，可以说不仅深刻而且具有现实意义了，的确是纠正了对西部精神理解上的偏颇。

我们还可以举出很多书中的论述，这些论述无疑是马列主义辩证唯物主义观点的运用。例如，关于人民——中国西部文学的共同母题的论述，关于文学创作中典型问题的论述，等等，这里就不一一赘述了。

其次，我们还要指出折射在《中国西部文学论》中的肖云儒的思维走向与研究方法，这是《中国西部文学论》的又一显著特色。

坚持马列主义并不意味着对现代科学、现代文艺批评、文艺理论的拒绝。肖云儒的可贵之处，恰恰就在于摆脱了单线性思维，从大文化观念出发，全方位地对西部文学进行了理性扫描。而这种全方位扫描，既是在马列主义思想指导下展开的，又是在多学科交叉中进行的。

肖云儒所面对的研究对象，是一个既有规定性又有模糊性、弥漫性的西部文艺世界，他所从事的是以综合西部文艺经验为基础的理论构造活动。这就是说，不仅包含着由西部文学作品所体现出来的大量创作经验事实，而且需要融会以理性认识为特点的大量理论事实。

新时期以来，随着西部文学实践经验的逐渐积累，西部文学理论研究者不断注意在与其他学科的交叉中进行思考。肖云儒在这方面，虽然不是唯一的倡导者，却是倡导中的佼佼者。他说："每一种研究当代文艺的新观念、新方法，诸如比较的方法、系统的方法，文化人类学，原型批评，现象学，结构主义，符号学，等等，都是研究西部文学的理论源泉，自然，也常常互为论辩的对手。我们所希望的是在这种碰撞、驳诘和吸取的矛盾运动过程中，摸索一条坚持、发展马克思主义的西部文学理论路子。"肖云儒的这种追求无疑值得肯定。

《中国西部文学论》不只是单纯地论文学，而是在以社会文化心理学和美学为中心的多学科交叉中对西部文学展开的全方位考察。这里既有历时性的（如三、四、五、六章），也有共时性的（如第二章），既有文学外部规律的也有文学内部规律的探讨。举凡自然地理、人文地理，民族民俗学、宗教、哲学、历史、文化、社会心理学等等，无一不进入作者探讨西部文艺的视野。而关于西部文艺所呈现的独特审美风貌，特别是关于阳刚之美为主的多种审美形态的结合，关于人与自然的关系在西部文学中独特审美观照等方面的论述，的确从西部文学内部把握了其独有的品格。这里所涉及的，既有创作心理学，也有接受美学、风格学等方面的学科内容。

由此看来，无论是从创建自成体系的西部文学论，还是从构筑深层次的社会主义文艺学来看，肖云儒在这部著作中所呈现给我们的思维走向与研究方法，都是很值得我们重视的。

最后，我们还要指出，《中国西部文学论》所体现的实践性。一部学术专著，不仅要求理论高度，同时，也应力求它的现实指导意义即实践性。思维性与实践性的结合，可以说是《中国西部文学论》的又一特色。

作为一个密切关注西部文学创作并不断进行理论思考的文艺批评家，肖云儒是以西部文学作家的诤友姿态出现的。他并没有一味地赞扬和称颂，而是在肯定的同时，中肯地指出创作现状中的不足，为健康地发展西部文学坦诚地提出了自己的意见。

正如作者所说："我们的研究自然不可能代替西部文艺的实际建设，却可以总结经验，开拓思路，促发西部文艺的成熟。"应该说，这一目的，基本上是达到了。例如，对自然在西部文学中作为主题性内容和主体形象出现，作者既予以了适当的肯定，同时也告诫作家，在处理人与自然的关系时，"无论从文艺全面地反映生活或全面地满足读者的欣赏兴趣，或是文艺的时代的社会责任来看"，都应十分注意把握分寸，防止对自然的孤立的、静态的描写，特别要警惕对现实生活的厌倦与逃避。又如关于塑造新时代强者形象的问题，作者也展开了深入的讨论，分别指出要防止将生活形象、人物形象从具体的社会背景中抽象出来，作纯符号的描写，要注意克服对抽象的人和抽象的人性的崇拜；要注意从西部振兴的精神历程中提炼强者气质，表现崇高美。所有这些，今天来看，都是颇有预见性、颇有针对性的。

三、《中国西部文学论》体现了一个学术研究者应有的科学态度即实事求是的学风和文风（这里就不多说了。因为，这在书中是处处可见的）。

当然，《中国西部文学论》毕竟是"中国西部文艺丛书"的第一部，它远不是完美无缺的。

首先，关于西部文学的界定，作者强调从大文化背景着眼，这当然有其合理性；但如果过分突出文化背景，而有意无意忽略了文学现象自身的特性，这对于更准确地描述西部文学，显然会带来某种程度的空疏感。一个关键的问题是西部文学在全国文学的总体构成中究竟是以什么样的独特品格而独呈异彩的。文学的核心，我以为，始终离不开人。因此，从西部文学中人的因素出发，从西部人的生活与灵魂在西部文学中的艺术表达出发，做全方位多层次的探讨，也许会更接近问题的解决。书的七、八、九章对此已展开了论述，从而构成了全书的重心；但从全书的结构看，比重似嫌不足，还有进一步展开的必要与可能。

其次，与西部文学的界定相联系的是西部文学在文学渊源上的承接关系，从西部文学与新时期我国文学局部与整体的关系上的相互影响与差异这方面，也留下了相当余地，有待进一步探讨。已经有人对现代文学中的京派、海派提出了新的解释，认为京派可以说是内陆文学，表现了一种对传统的认同与乡土的回归。这在关于西部文学界定的不同观点中，也有反映，例如吴亮的《什么是西部精神》一文，就持此近似观点。我并非赞同吴亮的这一说法。但从内陆文学与沿海文学或者说从西部文学与东部沿海文学进行比较的这一思维走向中，我们至少可以得到一些启发，这就是寻求西部文学在新时期我国文学总体格局中的独特风貌，并由此入手，来确立西部文学的内涵与外延。云儒正是这样进行阐释的。如第十一章所论。但还可以开掘得更深广些，此其一。其二是，作者十分强调"只有进入新时期后，西部文学自主的、开拓的艺术意识才在创作和理论的实践中全面觉醒和确立"。这当然正确。

问题在于"五四以来新文学运动在中国西部留下了未开垦的处女地"这一论断，是否准确，还有待商榷。且不说，延安文艺所体现的审美追求与今天的西部文学果真全无内在精神联系吗？例如变革精神，例如作家对现实的关注和历史使命感，社会责任感。仅就抗战初期范长江的《中国的西北角》及茅盾关于西北地区的散文名篇论，也不能仅仅以为这些作品只是从题材范围触及了西部就可以全然弃之不顾的。如果由此上溯，我们还可以举出诸如孙伏园的《长安道上》等作品。这当然不是说这些作品已经是西部文学，而只是想指出，西部文学绝不可能"横空出世"，它是有它文学上的历史渊源的。关于这一方面也有待进一步探讨。

最后，也许是文字处理上的问题吧，作者在论述西部文学的美学风貌之一、二、三中，所举作品往往局限在几个作家的几部作品中。这固然可以反映作者擅长从不同侧面切入对作品进行不同角度、不同层次分析，但也因此带来了某种不足，如果视野再拓展些，涉及面再宽广些，是否会更好呢？当然，这里也有一个作家作品是否成熟、是否可作为范例进行剖析的问题在。

上述几点，近于苛求，也许因为爱之切而求之全的缘故吧，仅以此就正于云儒及各位同好。

1988 年 10 月

西部文学理论研究的第一部书

阎建滨

肖云儒的《中国西部文学论》，作为这个课题的第一部专著，标志着自为西部文学评论的结束和自觉西部文学理论的开端。

作者在"中国西部文艺丛书"的前言中所说：他重在把西部文学"作为一种社会历史的、文化心理的、审美的现象来研讨"，是探讨"多维文化中的西部美"，即试图在中西文化、现代与传统文化、古典与科学文化的对比中，运用多学科的知识去揭示西部文学的美学风骨，揭示西部表层劲骨雄风所潜存的悠远的文化心理投影。

在全书十一章中，分三部分切入西部文学：其一是揭示西部文学的客体性。作者探讨了中国西部自然与人文地理特色、中国西部文化结构、中国西部的生活精神等对西部文学创作的客观影响。其中许多观点和论述，如世界三大文化源流的衔接和隔离、多层向心交汇的文化结构、四圈两线的文化地图、三个精神对子的两极震荡等，在西部文学、美学乃至文化学的研究方面都属首见。二是揭示西部文学的主体性。作者就中国西部艺术意识和西部文学中现实主义深化与浪漫主义浸润，研究了西部文学审美品质的历史及变化、西部浪漫作品的远、奇、意象三要素及自然、神话、远村、人格四种浪漫类型。三是从作品客观存在的审美风貌中揭示西部文学的主客体合流。分别就阳刚美为主的西部审美形态、人民为中心的共同母题及"追寻""交换"程式、大自然上升为主题性内容、整体审美意识、悲剧美和雄奇美等进行了细致的论述。以上三部分构成了全书的主体，形成了一个完整的体系。此外，又勾画了西部文学的界定、兴起、分类，探讨了多民族聚居区杂色心态和现代社会流动群体在新时期西部文学中的创新。从中国和世界文艺格局中探讨了西部文学的共同性和独立性。使全书在结构上更加周密，更趋完整。

在多维度的坐标中，追求某种完善和调和，是该书又一个理论特点。作者尽可能用周全的角度，汲取各家特长而又不失自己的独立品格。西部精神是西部文学研究中一个核心问题。作者提出区别西部精神的主客体，"倾向于从客体的角度来理解西部精神"，并将客体的西部精神称为"西部生活精神"，而将主体的西部精神称为"西部艺术意识"，在唯物论基础上从主客体双方揭示了西部文学的精神特质与自觉程度。

作为西部文学拓荒性的理论著作，理应也难免受到苛求。比如，第一，西部文学创作目前的疲倦和日后的深化，将会从客观上削弱或突破该书的理论规范。书中引例多集中在几位作家身上，不但反映了创作的疲倦，也削弱了专著的丰富与深刻。第二，作者对西部多民族生活缺乏深刻的体验和久远的阅历，大概从主观上影响了该书的情感沉淀。该书行文中，西部质感不足。好在作者意识到了这种不足，热衷于往西部跑，继续探求，那新的收获也就不远了。

1990 年 1 月 25 日，《陕西日报》

在多维文化的空间建筑自己的批评大厦

——评肖云儒《中国西部文学论》

郭文珍

翻开中国文学批评史，就会发现，中国的文学批评大多是在一维文化的视野中行进的。古代文学批评的主要特征是它的审美鉴赏性，那些从直观感悟迸发的会心的艺术评点，确实充满着精微锐敏的审美眼光，成为中国文学批评主体。但从整体文学批评理论来看，古代中国始终没有建立起自己的理性思辨较强的批评体系。"五四"以后，由于西方文艺观念的介入，国人才意识到自己文学批评的局限，开始构建社会历史学的文学批评理论，从时代精神、社会生活和文学的关系中考察评定作品的成就和不足。这种情况延续多年。新时期改革开放以来，西方的文学观念、文艺思潮、表现手法涌进了中国的文坛。诗歌、小说、戏剧的面目变得陌生起来，许多批评家感到困惑，不得不匆匆忙忙地引进各种新的批评方法，出现了令人眼花缭乱的方法热。但在具体评论作品时，仍常常用某种单一的方法来解释作品的某一种倾向，这就难免偏颇。因为新时期的文学是由多种精神状态、多种文化、多种手法构成的杂色世界。加之近几年来，经济、文化频繁交流，出现了世界性文化、文学相融合的趋势，新的趋向呼唤综合性的多维文化视野理论和总体方法论的诞生。可以说，肖云儒的《中国西部文学论》就是应着时代的这种需要而问世的。

一

　　《中国西部文学论》是我国第一部研究西部文学的专著，其成就是不仅总结了西部文学的经验，提供了研究西部文学的理论依据，而且通过批评实践建构了一个自成体系的文学批评理论的框架，即多维文化的文学批评模式。

　　多维文化批评模式的总体特点是用多型文化理论观照研究对象，以多向的思维开拓理论空间，用多学科交叉的方法解释分析作品。总的来说，就是在多维文化的空间建筑自己的批评世界，大大地拓宽了文学批评的理论视野。

　　《中国西部文学论》的封面上写着"多维文化中的西部美"，既标明了西部文学美学特征，也标明了肖云儒把握文学的整体审美观念。把这句话展开来看，也就是说西部文学美学风貌是多维文化的撞击和交汇产生的。研究西部文学就得从多维文化入手，用多型文化理论观照研究对象。肖云儒的多型文化理论并非各种理论简单的综合，而是站在人类文化发展史的高度上，以中西文化、传统意识和现代意识为坐标系，在众多的文化中找寻一种统领世界文化的支点。他把这个支点确定为带有普遍性真理的辩证唯物主义和历史唯物主义，再吸收其他文化学的有效部分，而构成一种特殊组合的相互联系的新实体。

　　多维文化观念作为肖云儒审视西部文学的整体观念，体现在不同的层面上。首先，用唯物辩证法的认识论总体把握对象，构成自己多维文化理论的基本框架。在此基础上，将生活客体、创作主体和作品打通起来研究。然后再用多型文化学展开每个侧面的具体内容，从纵横两方面树立了一种宏观的、全方位的、整合式的研究模式。

　　这种多维文化观念对西部文学的把握首先体现在对生活客体的认识上。为了认清中国西部的真面目，作者一方面像考古学家一样，沿着丝绸之路对西部的自然地貌、各民族的生存方式进行实地考察；另一方面又翻阅了大量的历史、宗教、文化、艺术资料。在此基础上，提出"西部多元有机整体"的文化结构的立论。这个立论又是由"葡萄叶三端点文化"、"四圈两线"说和"板块典型结合部"等分论组成的。"葡萄叶三端点文化"论，是从地理－文化的角度寻找西部文化的根系和世界文化的连接点。他说"山之根""河之源""地球制高点的帕米尔高原"，"像一条拱起的脊梁，支撑着这块世界最大的陆地，组成亚洲山脉的伞形结构"。"像三轮葡萄叶那样连接一体的欧亚大陆和印度大陆，也许正因为有这种隔离，才使得这柄葡萄叶的三个端点产生了相异的欧洲、中国和印度的文化。""葡萄叶的三端点文化，便通过中国西部这个叶掌，交汇融合到一起。"这里显然不是纯地理学的眼光，而是把自然地理作为文化现象，纳入文化学。

"四圈两线"说，是"葡萄叶三端点文化"论的进一步展开和深化，从历史－民族区域文化的角度，研究三端点文化和本土文化的撞击、交汇的形态。作者认为世界三大文化在中国西部不是直接碰撞衔接的，而是"以一种多层次向心的结构实现交汇的"，在漫长的历史发展过程中形成"四圈两线"文化格局，即"新疆的回纥文化圈、青藏的吐蕃文化圈、陕甘的儒道文化圈，并将它们和西亚、南亚、东亚文化贯通一体的丝绸之路和唐蕃古道"。实际上把世界文化通过在西部的历史演进融进历史文化观照中，构成西部文学的人文背景。

"板块典型结合部"论，是用多型文化理论对圈内文化结构的深层认识。从地理环境看，是东亚、南亚、西亚、北亚的文化结合部；从生产方式看，是土地文化和游牧文化的结合部；从宗教来看，是伊斯兰教、喇嘛教和儒道互补哲学的结合部；从民族类别看，是汉文化和中华民族其他民族文化的结合部等，通过不同文化的综合断层扫描，为分析作品创造了一个多维文化的空间。这些带有个性的论断，不但显示了作者广阔的知识面，而且全现了他的多维文化整体观念，完全可以作为一篇独立的学术论文来谈。近几年，理论家、批评家对东南沿海地区的文化做了多方面的发掘，对西部的关注则稍显得不够，肖云儒同志率先注目于西部文化品格的开发，填补了这方面的空白。

然而《中国西部文学论》毕竟是一部文学批评专著，面对的是文学艺术现象，因而论者把注意力集中在西部人的生态和心态上，从文化心理学的角度，观察异质文化的矛盾和交融，历史的积淀和当代意识启悟在西部人心态上投下的各种色彩及这些色彩糅杂后所形成的生存观和行动方式。论者提出了和前几年西部文学研究者不同的见解，认为西部生活精神是一种具有主导倾向的多元动态结构。多元动态是由"三个精神对子"组成的两极震荡体现出来的，并从历史感和当代性、忧患意识和达观精神、封存守成和开放开拓精神的两极震荡三方面做了论述。看来作者已经超越了前些年的那种单纯传统心理的剖析，把目光扩散到更广阔的文化领域，对人的心灵和客观环境做了多维度的沟通，构成了一个人与环境相对应的立体空间。这种研究表面上看，好像脱离了作品，其实使研究更深地介入了文学的本体。

其次是对创作主体的把握，多元文化是西部文化特殊构型，其内部的运动产生了一种推动历史发展的合力。文学需有中介，这中介便是作家的主体意识。专著从客观环境对作家的陶冶影响出发，挖掘由西部的自然、历史文化和当代文化结合成的历史合力在作家心理上的投影，由此总结出西部作家的历史文化意识，即"能够自觉地在历史发展的过程中，在西部历史和中国、世界历史的比较中，在地区文化、民族文化和人类文化的宏观背景下来审视和表现生活"。这是从文化对创作主体制约的"他律性"认知的。又从文学的"自律性"出发剖析个性不同的作家在同一文化环境中对生活的独特感受产生的艺术意识，即"按照全方位的艺术审美功能和自身的规律进行创作"。通过多型文化理论对创作主体的审视，揭开了西部文学美学特征的奥秘。

肖云儒对多维文化观念更深层的追求，体现在他对西部文学美学风貌的把握上。

按照美学分析的理论，作品的美学风格是由主题、生活形象、人物形象、自然意象、艺术手法和语言特色决定的。如果只从美学的角度就作品的美学风格论述，不但难以面对神韵多姿的文学形象，而且使评论只能停留在表面上。美国当代著名的人类学家本尼迪克特认为"伟大艺术风格中所发生的这一切情形，同样存在于作为整体的文化中"。肖云儒依据这一理论挖掘美感形象中的文化内涵。先从作品的美感表征入手，提炼出西部文学总体的美学风貌："一个以刚美为核心的，多种审美形态组成的有机整体，这个有机整体的内部构成是多元动态结构。"归纳出种种的审美形态："人民母题在许多作品中基因般地繁衍"产生的阳刚之美；"男子汉"人物性格构成的"雄风壮美"；"悲剧人物的西聚，悲剧情绪的西流"创造的"通体流贯的悲壮、沉郁之美"；多民族聚居区杂色生活杂色心态描写呈现出的综合之美；原始自然力感人的生命活力和时代情绪对应构成的"沉雄、阔大的崇高感"；等等。

审视每一种审美形态时，专著摆脱了一般美学的常规分析，在多维文化的空间，研究异质文化在同一层次或不同层次撞击、交流对美感形象的渗透。在构成阳刚美内在品质的西部文学母题——人民身上，开拓大漠冰山的地理文化和人类初民文化的结合对人民顽强生命意识的锻打铸造。在男子汉性格里剖析自然地貌雄性美和作家的强者气质。在游牧文化、土地文化、当代文化、地区文化的关系中，探讨游牧民族、集团移民和"盲流"动态生存观的原始形态和现代形态。作者认为西部人动态生存的选择中，"埋藏着变革现状的要求"，"埋藏着竞争和择优的原则，开放、散发的思维"，这些又和"当代形态的动态生存观相呼应"。正是这些众多文化的历时形态和共时形态，形成了作品的神秘美。专著还从促进社会历史进步的价值取向上重新界定了"盲流"的概念，以此类形象匡正了社会上的一些习见。

审视悲壮、沉郁美的形态时，也力图寻找世界文化交汇的优势，探索社会主义条件下，文化合力产生的历史必然要求和现实冲突给人带来的悲剧命运,指出高加林的悲剧是由历史的进步和传统道德的错位造成的。张承志笔下理想人格的悲剧是人物的超前意识和现实中传统文化滞后的差距产生的。章永磷的悲剧中更明显地体现了中西文化多层交汇的特点,中国文化绵延几千年的忧患意识和俄国民粹主义者的理想精神使他时时想人世,而当代中国特定时期极左文化从命运上打倒了他,知识分子的"扶伏民"心理和"西方基督教的原罪感又在精神上踏上一只脚",使他"在劫难中既感到了悲哀,又不觉其为悲哀","还不自禁地去追求这悲哀"。在曹千里的炼狱心理的体验中,混合儒道精神的矛盾和统一。在他向老马苦恼的倾诉中,又看到了契诃夫笔下马车夫(《苦恼》)的影子。对悲剧命运文化内涵的分析,不仅把一般的时代悲剧和性格悲剧升华到文化心理层次,而且把文化分析整合到美学之中,构成了审美文化。同时,肖云儒还通过西部的悲剧意识的分析,对恩格斯的悲剧冲突理论做了新的阐发,提出了社会主义悲剧审美特征的一些新见解,悄悄地为自己的文学理论增添了内容。

通过以上简要的论述,可以看出,肖云儒多型文化理论的特点,就是它的多维性、综合性、整体性,在三者的背后勾勒出一个广阔的宏大的文化背景,把生活客体、创作主体、作品有机整合起来。这种研究是符合科学发展进入综合时代特点的,在理论批评上确实是一种创新。

二

理论观念的创新有赖于思维方式的创新。一定的理论观念纳入思维过程便成为思维活动所依据的规则。但观念是否正确、全面、深刻,往往取决于思维方式。从这个意义来看,多维理论构型必然产生一种多向思维方式。《中国西部文学论》正是这样。它用多维文化理论观照西部文学时,每一种理论都有自己相应的思维方式。譬如:

其一是宏观多向式的趋同求解思维。就是从构成作品的基本因素——广阔的社会生活和创作主体的认识、理解、评价,进入对艺术特征的确定。这是一种顺向的求解思维方式,正如几何学上从已知条件求解未知数一样。肖云儒的已知条件是从实地考察和阅读得到大量思维资料,对这些不同性质的资料用文化学的理解认识,经过作家审美体验中介归结出文学的特征。专著对西部的冰山、荒漠、骄阳、冷月,从文化学的角度来把握其内在气质,经过批评家心理过滤、蒸腾,飞过社会、人生、历史无垠的天宇,进入生存意识领域,化入文学。

对西部人的主体精神,《中国西部文学论》是用文化心理学鉴定的。"强悍坚毅、内忍沉郁、古道热肠"的性格,本身就是一种美感形象。对世界三大文化、三大宗教,从它的原有形态考察入手,进而考察和中国儒道及地方宗教融合后的流变,统一到对西部生存意识和文学的影响上。文学、造型艺术、乐舞也是从已知的古希腊文学、印度的佛教艺术和中国古文学原型的认知开始,在历史演进中研究它的共生和交融现象。本土文化,作者也没有抽象笼统地论述,而是选择了汉、维、回、蒙四种文化进行抽样分析,将生存状态、风俗习惯、宗教信仰抽样分析,将生存状态、风俗习惯、宗教信仰统统归到地域文化的链条上。由此可以看出,专著对生活诸因素的考证认识,是根据不同对象使用不同方法的。

但文化学和文学是两种不同的领域,文化转化为文学必须经过作家的审美意识。肖云儒在多维文化背景分析的基础上,进一步考析作家的生活经历、历史文化意识、艺术意识、创作方法,在二者的契合点上,求解出西部文学的艺术特征。

其二是还原式的逆向辐射思维。就是由作品的美学风貌的分解进入审美主体情性和社会文化认知的思维过程。这种思维方式仍然从他的"多维文化中的西部美"得到确证。作品的美学风貌原是未知数,而在《西部文学美学风貌》的三章中又变成已知条件。专著将已知的总体的美学风貌分解成种种的审美形态，对审美形态逆向性探寻，达到对审美方式和生活原型的把握。从美的本质来看，文学所表现的艺术美是生活美的反映，是人与自然，主体和客体的和谐统一，这正是文学的自律性与他律性之间二律背反关系的体现。专著沿着文学的自律性把美学风格还原为审美意识，辐射到审美意识的各个方面，分析作家的气质、审美视角和艺术思维。在雄奇瑰丽的自然意象中，捕捉张承志历史嬗蜕期的那种躁动不安的情绪和崇高理想人格的追求。在"王民"的身上影印王蒙乐天知命的混合着笑和泪的顽强生命意识。在《冈底斯的诱惑》的艺术氛围中，触摸到马原把神话、宗教、古老民间传说作为一个地区文化传统源头、文化心理原型的艺术思维。章永磷的以"人民和马克思主义两者为坐标严峻的自省思辨"，实际上是张贤亮对自我完善、哲理思考的表露。还根据作品不同的美感特征，归纳出三种审美方式，即按照生活感—人生感—生命感三个梯层的进展，追求作品人生沧桑感；按照生活感—历史感—文化感的进展，追求作品深厚的历史感；在历史社会层面—心理思维层面—同构感应层面，描写精神文化、心理微妙变化，展示历史发展趋向。这是第一层次辐射还原，把美感形象还原为审美意识。

  第二层次是沿着文学的他律性，把审美意识还原为文化形态。审美意识和文化的关系突出地表现在文化对审美意识的制约上。肖云儒认为西部作家的审美意识是"从整体出发，全方位地观照生活"。所谓"全"，就是社会的各个方面，西部的社会由崇山峻岭的自然环境、多民族的文化习俗、中国文化交汇和乐观、豁达、重义轻利的西部人构成。因此专著又在作家的审美意识屏幕上搜寻种种文化的基因。王家达在对黄河意象的塑造中，看到了黄河古文化的风貌。杨牧、周涛的诗歌中，涌动着当代生命意识的活力。在作家对民族心态的杂色杂光的把握中，开掘民族的、宗教的土地文化和游牧文化的原始形态和交汇形态。在远村形象的审美方式中阐释人类初民文化的色彩。经过两次还原，又把思维辐射扩散到文化领域，还原为文化学。

其三是多元对立统一的思维方式。这是《中国西部文学论》阐解问题的核心思维，贯穿全书。从对西部文化到美学风貌的分析，都体现了在联系中、在运动中展开辩证思维的特点。如西部作为"人种博览区"的多民族文化的反差、冲突、交流，西部文化多层向心交汇的结构，西部文学艺术的共生、交融，西部生活精神多元动态的两极震荡，西部文学以阳刚美为核心的多种审美形态等。对每一种现象的理性论证，都是从矛盾和统一两方面展开的。而且在历史演变中考察其发展和变化，这不能不算作思维方式的创新。正是这种多向性的思维，给认识评论文学形象开辟了一个广阔宏大的空间，把文学批评推到一个新的境界。

三

多维文化理论拓宽了文学批评理论视野，多向性的思维开拓了理性观照的空间。但要科学地、深刻地、全面地认识判断作品，还要借助于批评方法。《中国西部文学论》采用的是多学科交叉的批评方法。因为西部文学既是一个类别繁多的群落，又是一个具有特定题材和艺术精神的艺术整体。作为群落，是由许多不同艺术风格、艺术方法和审美风貌的作家和作品组成的，必然存在着差异，任何步入批评领域的人都不可能回避这种差异。作为一个艺术整体它又有的共性，要求批评家有一个较高的俯视点，对这个不断浮动的艺术冰山做整体的、动态的把握。从批评方法的角度看，《中国西部文学论》的特点正像作者在结论中说的，要"以马克思主义为基点，科学地寻找和发现辩证唯物主义和历史唯物主义和当代其他批评方法，特别是进步的、唯物主义的批评方法实际存在的联系，寻找和发现潜藏在这些方法中的合理内核和闪光碎片，加以改造、吸收，将其局部的有效性整合到马克思主义系统中来"。应该说作者实现了自己的追求。整体的研究是围绕着社会生活和文学的关系这一中心展开的。每一章，都扎根在这一基点上，显示了辩证唯物主义反映论的科学性。

但西部文学是新时期社会主义文艺运动的产物，是当代意识、当代文化和中国西部生活相融合所汇成的文艺河流。由于地区的差别，和中国东部的文学不同。由于当代意识浸染，又和西部的传统文学不同。在西部的文苑里开出许多奇异的花朵，如人物形象和意象的融合，流贯在作品中的力感和奔突感。有些现象仅仅用历史的审美的批评方法难以解释。因而在具体论述中，肖云儒就糅合进系统论、心理学、原型批评、结构主义和比较文学的方法。论述西部文学的母题时，作者采用了系统论的方法，将人民这个母题作为一个系统看待，又分了两个子系统。"一是母亲的形象系列。'人民'通过'母亲'形象化、生活化、感情化，走向世俗领域。二是土地系列。人民通过'大地'意象化、象征化、哲理化，走向思辨领域。"专著运用这种系统的分析，基本理清了西部文学的形象体系。

分析"浪漫神话类型""浪漫远村类型"时，运用了原型批评方法。荣格的原型批评方法，是在作品中辨认反复出现的原型因素，即神话和仪式的因素，或者寻找种族和区域的成员在漫长历史发展中形成的"集体无意识"，带有一定的神秘色彩。肖云儒运用这个方法时，淘汰了原型模式的神秘性，致力于探寻西部进入现代社会后，由集体无意识走向集体有意识，即西部人民在艰难命运中养成的宽厚包容的品质。论述远村形象时，主要是剖析乡村原始风土、封建遗迹的习俗及原始心态和现代文明的反差。马原的作品是浪漫神话类型的代表，批评家挖掘的是带有初民色彩和浓重宗教情绪的人生观对生命吞食所显示出的现实主义，给欣赏扑朔迷离的马原指出了一个思路。

结构主义的批评是文本批评，重点是研究语言结构方式、形式和意象。肖云儒在西部诗歌意象创造的研究中，侧重采用了这种方法，引导读者在冰山、长河、雄鹰、奔马等客观对应物中，感知诗人的感情和自我抒情的主体形象。他有时也把这种批评方法用于小说，分析小说出现的自然意象，认为"自然意象"以本身的内质从深层上对立了时代情绪，把这种情绪提升到宇宙人生的高度，挖掘出作品深层的意蕴。

《中国西部文学论》采用的最多的是文化心理学的方法，作者运用时，也大大地扩大了心理学批评原有的内涵。心理学批评原来研究的路子较窄，主要在作品中发掘作家潜意识的流露。《中国西部文学论》把社会文化学和心理学熔铸在一起，一方面考察形象主体的文化心理及文化心理结构的永恒性和随时代发展的转换性；另一方面通过人物形象的文化心理，触摸作家的文化审美心理和思维方式，一下加宽了心理学研究的范围。这种从精神现象学的角度来理解艺术，更有利于帮助我们从根本上认识中国社会主义西部文学的规律。

在世界文学格局中考察西部文学时，又采用了比较研究的方法，把中国的西部文学和美国的西部文学、苏联的西伯利亚文学做了横向的比较，找到了中国西部文学和世界文学的衔接点。在纵向上，把西部文学和"十七年"反映西部生活的作品及唐代的边塞诗做了比较，总结出了一些带有规律性的经验，预测了发展的前景。

可以说专著完成了它既定的目标，探索出了西部文学走向全国、走向世界的内驱力。在具体的研究中，也以自己的多维文化理论、多向思维方式、多学科交叉的总体方法论构成的新体系走向了世界文学批评的行列。

刘枫在序中说："《中国西部文学论》为西部文学提出和发展提供了一定的理论依据。"李沙铃认为专著是"作者在评论领域成熟和升华的说明书，对中国文学理论的贡献，应该说是辉煌的"。这不是夸大。肖云儒确实从理论观念、思维方式、批评方法创新上迈出了可贵的第一步，构筑了一种新文学理论体系和批评体系的雏形。

1990 年 5 期，《上海文论》

开放的思维　深刻的探求

刘　枫[①]

20世纪80年代对于文学，是动荡分化的年代，是深入反思的年代，也是探索前进的年代。在世界文学发展流向和中国传统文化的双重背景下，出现了建立在地域性基础上的地域性文学。应和着这股潮流的律动，西北地区的文艺理论工作者首先提出了"西部文学"的口号，肖云儒同志现在又率先推出了这部理论专著。本书倡导把表现西部文化环境和心理结构作为明确的追求，发掘沉淀于中国西部地域风貌中历史文化的精华与民族性格的灵魂，振奋那种沉雄悲壮的慓烈气质与民族兴亡密切相关的忧患意识，高扬我们民族在现代化进程中所应具备的心理意蕴，与世界上其他发达民族的优秀文化、现代意识相结合，以作为经济开发、民族复兴的一种精神动力。这应该说是积极的思维、严肃的求索，也是文学这枚螺丝钉同大机器协调运转并顽强地表现其特点和个性的合适的选择。这是肖云儒同志多年研究思考的一个结晶。

近年来，一股强劲的"西北风"，在各民族文化的碰撞、对逆、错位的交汇过程中形成了热流，这是文学之根深植于民族文化土壤里的证明，也是一种在改革、开发的大潮之下惊醒、奋起，合乎规律的必然的文化流向。文坛的"小桥流水"，作品的甜腻缠绵，固然是一种不可或缺的享受，但它不足以使现代社会的人们感奋，人们的审美情趣转向了对粗犷豪放、刚健剽悍的强力度感的追求，西部文学的基本美学特征适时地顺应了人们变化的审美要求——这里有长河大漠、冰川绿原的恢宏气势，有充满雄力、动人心魄的

[①] 此文作者曾任青海省委副书记、浙江省委副书记。

长歌短调，它深邃的内涵和广阔的外延给人们留下了沉稳凝重的美。生命力顽强的民族往往诞生于大自然向人类提出严峻挑战的地域。在西部，到处都可以看到人与自然、人与社会的抗争与搏斗。这里自然环境的艰苦异常，使得生命意识在超常状态下显得愈加强烈和深刻，向人们展示出独特的心态。随着现代文明与文化的冲击，新与旧的交替在这块封闭的土地上形成了极其强烈的反差，使人们更易于观察到深厚的古代文明沉积与迅猛的现代经济开发之间的激烈撞击。西部的地域氛围、时代意识、生命体验形成了多种色彩的文化背景，而这种丰富的文化背景正是产生大作品的条件。西部应该有大作品产生，西部必然有大作品产生。

西部文学的提出，不是出于迷恋古风世道的怀旧情绪和地方观念，也并非仅为建立一个地区性文学流派。人们所期待的西部文学，绝不是简单地展现这块地域上的远古残梦和历史陈迹，抑或昭示西部大自然对人的狰狞警告和残酷提醒，而应该是密切观照这种严峻自然生态环境下个体甚或群体生命的历程，歌颂用坚定的意志和行动战胜苦难战胜命运的震撼人心的壮举。高原峡谷、戈壁荒漠构成了中国西部的基本地貌，这种极其险恶严峻的生存空间，塑造了格外勤劳勇敢的民族性格。

从戈壁摇响的第一声驼铃到高高树立的井架，从帐篷里爆出的第一朵酥油花到水库电站带来的灯火通明，从荒漠留下的第一片蹄印到现代化的火箭发射场，西部的每一座高山都记录着开拓者的足迹，每一块岩石都镌刻着创业者的英名。为了开发和建设西部，我们的民族经历了世所罕见的深重磨难，进行了艰苦卓绝的拼搏奋斗，无数人把青春和生命留在了这里，给后世留下了不灭的西部之魂。在改革开放的激流中，他们继续挥洒辛勤汗水，进行着无私的奉献，对生命的真实意义有着更高的追求。在这片土地上，无论从哪里开钻，都会喷出不息的源泉；不管从哪儿下镐，都能挖出闪光的宝藏。我们的作家只要紧贴人民的生活与感情，展示他们思想观念在历史进程中的显著变化，反映他们丰富多彩的精神气质与执着追求，把握他们心灵世界的脉搏和思想感情的波动，无疑将会创作出全新的文学作品。只有以现代意识的思维来审视西部精神，塑造坚忍不拔、豪爽朴拙的精神品格，才能创造出真正意义上的西部文学，这才是提倡西部文学的现实意义所在，才能使西部文学独树一帜，在世界文化潮流中具有强盛的生命力。

西部文学的阐述是西北地区的文艺理论工作者首开先河，本书是这方面的第一部专著。作者肖云儒从事文艺编辑、文学研究工作二十余年，著有200多万字的评论文章，对西部文学也有着一定的探索。本书是研究西部文学颇为系统的一部专著，作者从宏观的角度把握西部文学的发展趋势，对西部文学的兴起、界定、分类、人文地理、文化结构、美学风貌等进行了深入的阐述，详细论述了西部地域、民族与文化思潮、审美风范的关系，内容充实，论述也较精当，反映了作者独到的艺术见解和美学思想，为西部文学的提出和发展提供了一定的理论依据。

在中国西部的土地上，我们的祖先曾经以自己坚强的意志和卓越的智慧，创造了辉煌的西部文化。今天，"西部文学"的旗帜下已经云集了大批辛勤的耕耘者，尽管他们还没有推出优秀的代表作品，尽管他们尚在苦苦探寻之中，还有待于进一步的理论充实和实践考验，尚要挣脱种种有形无形的桎梏，然而，因为他们顺应了时代的需要，有着丰富的创作资源和得天独厚的优势，他们一定能够创作出属于我们民族的艺术珍品，在中国文学发展史上留下重要的篇章。

1988 年 10 月

西部文学研究的开门钥匙

李沙铃①

我曾经长久地想过,而且现在还在这样地想着——认识世界不易,认识中国也不易,认识自己尤不易。就说哺育我们成长、工作、劳动的大西北这块土地吧,我们对它完全认识了吗?

没有。

远远没有。

肖云儒以文艺评论家的眼力,在"西部电影"口号的启示下,放开了视野,张开了思想的双翅,沿着丝绸之路,从长安出发,途经甘肃、青海、宁夏直至新疆,狠狠地"抛金挖银",访古问今,提出了"中国西部文学"的立论,由小到大,积少成多,聚沙为塔,完成了30余万字的《中国西部文学论》专著,这对中国文学的理论贡献,应该说是辉煌的。

《中国西部文学论》,以绪言的潮音乍起、研究特色为引子,展开论述——中国西部文学的兴起、界定、分类—中国西部自然和人文地理特色及其对文化艺术的影响—中国西部文化结构—中国西部生活精神—中国西部艺术意识—中国西部文学现实主义的深化和浪漫主义的浸润—中国西部文学的美学风貌—中国西部文学在新时期文学中的两点探索—中国和世界文艺格局中的西部文学。论点新颖,文字优美,使人茅塞顿开,爱不释手。

我出生在终南山下,少年西行,以青海高原为轴心,走遍西北五省,在那儿生活了三十余载。我深深感到,大西北,既是经济的富矿区,又是文化

---

①此文作者为作家,曾任青海日报社总编辑、陕西省委宣传部副部长。

的富矿区，更是精神的富矿区。它有着取之不尽、用之不竭的财富。只是，在一个时期，被人们忽略了罢了。

稍有心计的人，站在昆仑山顶，就会发现——张骞通西域、隋炀帝屯兵互助、文成和松赞成亲途经日月山，月牙泉的清池杨柳、鸣沙山的奇特风光、河西走廊的古朴幽境，酒泉池旁的动人故事、莫高窟的经变传说、银川城里的清真大寺、嘉峪关城门的石声神话、祁连山上的青松白雪、乌鲁木齐的博格达轶闻、火焰山下的煮蛋奇观、天池的绝妙、吐鲁番的罕见、葡萄沟的歌舞……都是难得的诗，绝世的画。

这些丰富多彩、五颜六色的文化现象充分表明，中国西部的品格是浑厚的、丰满的、充实的，同时也是传奇的、莫测的、神秘的。

认识西部难。表现西部亦难。

在青海的时候，我曾经接待过美国新闻界朋友劳伦斯先生。他游览了青海的山水草原之后对我说：他很奇怪，中国西部的天，为什么格外的蓝；太阳，为什么格外的明朗；草，为什么格外的绿；水，为什么格外的清。

他说："我站在大草原中，感到自己好像特别地矮了，特别地小了，也特别地不引人注目了。"

那一次，在西宁公园宾馆和女作家韩素音交谈的时候，她微笑着说，她到了中国西部，尽管天冷风大，但她没有感冒过。她说，她在瑞士时，尽管风和日丽，但一天老伤风，鼻子总是不舒服，身上软绵绵的……

她说，这大概是西部精神对她的感染吧！

我在那儿的三十个春夏秋冬里，曾经跑遍戈壁、草原，也多次地访问过地质姐妹，石油兄弟，藏、回、维、撒、土各族父老。

我也吃过他们的酥油糌粑，喝过他们的青稞甜酒，睡过他们的牦牛帐房，闻过他们的羊膻香味。

我是爱他们的，但我并不完全懂得他们。

我总觉得——

人到那儿，不会吃亏，不会悲伤，不会丢失，不会后悔，不会沉沦，不会颓废……

我总觉得——

那儿有火，有亮，有希望，有动力……

我总觉得——

不去那儿，向往；去了那儿，留恋；离开那儿，昼夜思念古今诗人作家，无不争抢步至——李白去过，彭德怀去过，陈毅去过，艾青去过，冯牧去过，王蒙去过，刘心武、谌容、孟伟哉都去过……

他们空手而去，满载而归。

记得叶文玲说过一句话：她去时拎的是一只手提包，她归时背回的是一座昆仑山……

那些日本人、美国人、法国人、意大利人、荷兰人、澳大利亚人，男男女女，说说笑笑，行走在西部的大地上，居然忘记返回的航班……

够诱惑了，确实够诱惑了。

我说过，如果我有第二个青春，我愿意再做昆仑山上一棵草……

肖云儒把它从理论上做了一番深刻的剖析，实在是太有见地了。

作者主要立足于社会文化地理的角度，包含着一定地区道德上的整合和互属、感情上的投入和联系，以及亲属关系、团结契合等意思，指出了中国西部是地球的制高点，是亚洲的山之父、河之母，是民族的大家庭，是自然和人文地理上的一个结合部、交汇区，等等，从而揭示了时代生活的流向、时代精神的对应、艺术意识的觉醒、艺术手法的深化。

这对有兴趣研究中国西部文学的人，无疑是一把开门的钥匙；这对无兴趣研究中国西部文学的人，也会是一部"今古奇观"。

云儒刚刚知了"天命"，还属小中年，人勤手快，思敏路宽。他在文艺评论的阶梯上，一直向上攀登。诸如《形散神不散》及现在推出的《中国西部文学论》都是作者在评论领域里成熟和升华的说明书。

我喜欢这部论著。

我相信读者也会喜欢这部论著。

1988 年 10 月 9 日，晨

研究西部文学的第一部专著

——推荐《中国西部文学论》

刘 路

什么样的文学是西部文学？西部文学呈现出什么样的美学风貌？中国西部文学的流向是什么？肖云儒的《中国西部文学论》对这些问题，给出了令人信服的答案。

这是研究中国西部文学的第一部专著。以丝绸之路为标志的汉唐的繁荣与近代的衰落，造成了西部较大的文化落差。多民族杂居和多层次共处又形成了西部的多维文化交汇。所有这些特点，极大地影响着西部文学的精神品格。肖云儒采取了从整体综合、从比较的宏观角度，将西部作家、作品和西部文艺问题放到整个西部，整个中国和世界文明的格局和历史进程中去认识。因之，这部著作，视野开阔，高屋建瓴，以大时空为背景，从文化心理的层次上研究文学，从精神现象学的角度来理解艺术，这种把文学研究向美学、哲学方面升华的取向，无疑扩大了文学研究的广度和深度。

《中国西部文学论》从哲学的高度对各种不同观点进行了思辨性的概括把握，有扬弃也有深化。如对中国西部的地理界定，从来就没有明确的划分。所谓西部，是指新、甘、青、宁、藏和内蒙古、陕西西部的广大地区。接着又从西部这个概念的历史衍变，从西部文化的主要特色，从陕西和西部各省汉族的民族来源、生活习俗、文化艺术影响等三个方面，详尽地做了阐述。这三个方面，从民族文化的发展、变化和互相联系上进行考察，体现了辩证唯物论的哲学精神。类似的还有对西部精神四种不同理解的思辨，对西部人命运和精神气质四种情况的思辨，对中国西部文学与美国西部文学异同的思辨，都讲得有理有据，精湛独到。这部著作，展示出作者有见识，有探索，有创造。

强烈的当代意识，是这部专著的另一个特点。西部文学研究，不是出于迷恋古风世道的怀旧情绪和地方观念，也并非为了建立一个地区的文学流派，而是为了揭示经济、文化落后地区文学艺术如何崛起的某种规律性，并催促西部文艺工作者增强历史使命，以促进西部文艺的崛起和成熟。肖云儒认为，西部在中国的形象，也就是中国在世界的形象。这种强烈的当代意识和参与意识，自觉地渗透进对西部文学的研究之中，成为作者的主导意识。在研究西部的政治经济、风土人情时，作者的眼光集注在当代精神如何熔炼着西部生活上，在研究西部作家时，作者的视角投射在作家已经更新或正在更新的表现力、创造力、道德感、审美力在创作过程的主动作用上。在研究西部作家作品时，作者抓取的是作品中人物精神秉性中一些独特的、有当代价值的东西。西部古朴的生活故事，重人伦轻实利的价值标准，带有初民色彩的人情风俗和精神淳厚的人物，为匡正当代生活的新弊，提供了不动声色的范本。至此，作者认为，在西部，当代性以历史感为依托，历史感因当代性而重获生命。这些见解，都令人有耳目一新之感。

1990 年 4 月 17 日，《西安晚报》

思维辐射　激情催动

——肖云儒《八十年代文艺论》

古　耜

一连几天，都在见缝插针地阅读肖云儒先生新近出版的论文结集《八十年代文艺论》（陕西人民出版社1991年3月第1版）。掩卷之后，脑海里迅即浮现的是一个略带机趣的驳论："理论"并非都是"灰色"的；在始终吸纳着时代滋养、恒久喷发着创造精神的优秀理论家笔下，它可以同文艺作品，甚至可以同"生命之树"一样葱翠常青。就拿云儒先生的文论新著来说，其行文落墨、字里行间，全然看不到"灰色"所象征的迂拘、板滞、艰涩，以及老气横秋与枯燥乏味；取而代之的是由开阔的文思，卓异的见识，敏锐的感受，汹涌的和鲜活的语言交织而成的勃勃生机和盈盈活力，是从著者精神气度和灵性人格里，自然飘逸出来的气扬高趾与颖锐潇洒。它像一只翩然扶摇于碧空的鸢鹞，自由洒脱地俯瞰着、检视着当代文坛林林总总、百态千姿的艺术景观；同时从容不迫地倾吐着、传递着这俯瞰中的发现与检视中的收获，最终贻人以灵智的启迪与精神的美感。

或许与乾嘉学派在我国学术史上所产生的巨大而深远的影响有关；或许同中华民族注重内倾内省的传统心理性格相连，近代以来直至"文革"以前的许多文艺理论家，在自己的精神劳作与理论实践中，每每自觉或不自觉地沿用着聚敛式思维与封闭型操作。反映到具体文本中便是：长于打学问之井，而拙于耕艺术之地；长于纵向发掘作品意蕴，而拙于横向拓展审美视野。然而，肖云儒却像诸多革故鼎新的青年理论评论家一样，自觉地接纳了更富有时代特征的意义，同时亦更具有运作难度的发散性思维与开阔式评论，努力于对象异常复杂的联系与互动中，把握其本质所在或真谛所藏。这一点在《八十年代文艺论》中表现得极为明显和相当充分。这部 24 万言的著作，既有对文学流向的宏观述描，又有对艺术态势的综合检索；既有对某一题材领域的精辟透析，又有对特定作家群体的潜心探照；既有对重要理论问题的深入思考，又有对复杂创作现象的准确切入……而无论是谈文学抑或论艺术；无论是谈某一类作品抑或论某一群作家；无论是谈理论抑或论创作，著者皆能站在时代意识的制高点上和当代学术的大背景下，从论证的需要出发，自觉而恰当地引入哲学、美学、历史学、社会学、民族学、传播学、政治经济学、人文地理学、文化人类学等一种或多种视解，进行圆通周遍而又要言不烦的分析与观照。譬如，在《悲壮沉郁，情与气偕——中国西部文学的悲剧美》一文中，著者首先从人文地理学的角度入手，抽象出中国西部文学悲剧美的自然意象原型和人物形象原型；继而运用颇具当代特色的审美眼光，发掘并阐释了西部文学作品中性格悲剧、命运悲剧、境遇悲剧、生命悲剧和反讽悲剧的种种表现形态及其审美和社会意义；最后以社会历史进程和中外文化交汇为纵横坐标，在较前开阔的艺术时空中，充分肯定了西部文学悲剧美的崭新追求与价值所在。此外，《文艺创作反映当代生活中的封建主义潜流问题》《两极震荡中的多维互渗——论新时期文学的总动势》《西部电影：灌注着当代意识的西部画卷》等文，或居高临下，纵横捭阖；或"八面受敌"，立体掘进；或纳多元视角于一体；或熔几重参照于一炉，其笔锋所至，无不实证着著者思维触角的自由舒展和批评视界的博大开阔，而这样一种发散型、开放型的思维和论证方式，不仅使理论文本具备了激扬超拔、雄健勃发的气势和倜傥潇洒，束放自如的风度；而且使研究对象的内在本质及其复杂的律动，在视线的延展腾挪和学科的交叉互补中，得到了更为清晰的呈示和愈显深刻的阐发。显然，无论从不断更新发展文艺理论思路的角度看，还是就准确评价把握文艺现象和流向的意义讲，这都是一种难能可贵的主体追求。

一部理论专著要真正抛弃"灰色"的重负，而做到活力盈沛、生机盎然，仅有开放的思维和灵动的运作显然不够，除此之外，它还需要属于论者自己的、富有创造性和辩证性的真知灼见，需要一种清醒执拗、独立不羁的精神品格。换句话说，在理论著作生机与活力的形成过程中，开放思维和灵动的运作只是重要条件，深层的思索和独异的识见才是决定因素。而就这后一方面考察，《八十年代文艺论》同样显得熠熠生辉，卓尔不群。它的不少篇章都做到了不囿旧说，不趋时尚，独具慧眼，别于生面，于机智而雄辩的论证中成一家之言。曾几何时，文学创作的主体性问题成了文艺论争的热点之一。两种不同的观点针锋相对，一时难下定论。在这种情况下，肖氏的《艺术家主体、生活客体和审美反映》一文，没有简单地肯定或否定哪一种意见，而是从马克思主义反映论的基本原理出发，同时吸收诸多相关学科的新的研究成果。在充分透析文艺实践中出现的各种新现象的基础上，提出了自己独到的见解：艺术家主体、生活客体、审美反映这三个概念，包含着宽阔的外延和多层次的内涵，它们时时处在运动和变化之中，尽管形态复杂，但最终没有超出马克思主义反映论文艺观，从而以更为辩证的思路和更为充足的事实，指出了主体一元论的唯心主义实质，同时为反映论文艺观注入了生机。现实主义文学作品表现生活，不仅要做到现象的真实，而且要达到本质的真实。肖氏《本质真实三题》一文，从分析事物的矛盾运动入手，在与某些把写本质真实简单化、绝对化、机械化的观点的商榷中，提出了"本质真实是反映了社会发展矛盾和规律的生活现象；本质真实在作品中的显现是多面的、多层次的、多阶段的；本质真实的美学内涵就是人自身的本质，人的内心精神和人与人的关系"等独具灵智、创意盎然的见解，从而使人们在对本质真实的理解和把握上，不知不觉地进入了一个更为开阔同时亦更为深邃的境界。此外，《时代的聚光镜——中篇小说的新人塑造》一文关于用多种光源、特别要善于在逆光中塑造新人形象的观点，《中国电影生产的宏观结构》一文关于我国电影生产应以社会电影为主体、以探索电影和娱乐电影为两翼的观点，《关于四个"并提"——学习〈邓小平文选〉笔记》一文对于小平同志文艺思想的深入阐发，《形可散、神不可散——关于形散神不散的一些话》一文对于散文创作特性与规律的揭示，等等，均系另运文思、独抒识见，言他人所罕见，发前人所未发，表现出一种天马行空，超凡脱俗的精神品格，贻人以心灵的启迪与震撼。而所有这些论文的思想光点汇聚到一起，更自然而然地构成了一种由内而外、不断喷发的生机与活力，它使整部著作的科学品位达到了一个新的高度。

就像一个朝气蓬勃的躯体除了需要强健的骨骼、颖锐的灵智，还需要汩汩流潺的血液一样，一部充满了青春气息和创造活力的文艺理论著作，在具备了开放的思维方式和崭新的精神内核之后，还期待著者一腔激情的浸润的催动。理论著作如果缺少了这种因素，其外在体貌同样难免滞重与刻板、干瘪与苍白。云儒先生无疑熟谙了个中道理。他的《八十年代文艺论》恰恰体现了真切的情思感怀渗透于、贯穿于灵动的理论思辨的特点。请读读《时代的聚光镜——中篇小说的新人塑造》一文吧，那清新兼具明丽、健朗不失柔婉的论述，分明表达了著者因20世纪80年代初期小说画廊中社会主义新人形象不断呈现而产生的欣悦之情与激扬之感。其中对"敢用最新光源"的赞美，对"也不妨用逆光"的肯定，对"在我们中间，又属于未来"的激赏，既是理性思考的结晶，又是情感回旋的升华。《社会主义文艺的审美理想》也是一篇理中寓情、情理交融的佳作。从它那富有节奏感、旋律感的论证语言里，从那屡屡可见的排比、递进与复沓中，我们可以感觉到，在著者和社会主义文艺审美理想之间，不仅有着理性的认同，而且不乏情感的肯定。唯其如此，这篇文章留给读者的，已不单单是思想的启迪，同时还有情绪的提升。同样的追求还映示在有关西部文学和西部电影的几篇文章中。在这里，著者的情思感怀具体化为对祖国西部文化乃至西部历史与现实的潜心体味与凝神观照，化为对新时期西部文艺乃至当代西部精神的拥抱、钟爱与礼赞。于是，我们读到了如此流光溢彩、摇人心旌的文字："一股悲壮、沉郁之气横贯在西部文学的许多作品之中。这种悲壮、沉郁之气和对人民母体、大地山川的崇高感的把握相交融、相辉映，形成一种悲剧氛围……"显而易见，是情感因素的自然渗入，使得一部严格意义上的文艺论著文笔生动，神采飞扬，有一种诗的气韵沛乎其间，从而有效地摆脱了"灰"色的惯影，步入了生机无限的"绿"色境界。

总之，肖云儒先生的《八十年代文艺论》是一部颇值称道和殊应珍视的文艺论著，是近年来当代文艺研究的重要收获之一。它以潇洒飘逸的文本为理论著作的艺术化，为学术研究保持时代的新机与创造的活力，提供了有益的尝试与借鉴。

1992年，《人民日报》

新时代的《黄河颂》

——评电视文化片《黄河不息》

王仲生

20世纪40年代，在我们民族振兴的抗日烽火里，组诗、组歌《黄河颂》曾经唱遍大江南北、长城内外，给奋战在"最危险的时候"的中华健儿以莫大的精神鼓舞和艺术震撼。

半个世纪的历史风云过去了，我们民族正在以崭新的姿态跨越世纪之交的社会转型。这是一个充满焦虑、也充满希望的历史性变革。我们需要我们这个时代的新的《黄河颂》。市委宣传部等单位精心制作的电视片《黄河不息》就是在这样的呼唤中应运而生的民族自强不息歌！民族之魂正气歌！

电视片《黄河不息》由四个声部组成。

在时空的巨大背景下，电视片成功地运用电视的诸多艺术手段，把我们民族数千年历史和当前的伟大变革形象地展示给了广大观众，举凡政治、经济、科技、文化，自然风光、人文地理，乃至民情风俗，可以说汇聚为一部百科全书式的民族史、当代史，这就赋予电视片以一种史的恢宏气势与底蕴。而涉及的诸多领域被我们的编制人员和谐地纳入艺术的整体，这在很大程度上得力于编创人员对题材高屋建瓴的把握和理论上的纵深开掘。有没有这个理论上的阐释和统领，我以为对电视片的成败具有决定性的意义。试想面对浩瀚如烟如云的文化史料、历史事件、地域风情，从英雄领袖到平头百姓，如何筛选、如何组辑，就如同一堆散漫的珍珠，没有一个贯穿线，是根本组织不到一起的。即使拼接在一起，也仍然是平面的现象罗列。编创人员在这方面显示了政治家和学者的眼光与魄力。如前所述。他们把材料分割成四大板块，分别统摄在四个子系统中，又将四个子系统揉捏为一个大系统。在中华民族之魂——自强不息这个总主题之下，分别从创造、奋进、融聚、变革这样的不同侧面，把不同声部组成了一个多声部合唱。理论视点上的聚焦显然就把平面现象照亮、点燃了。现象在这里获得了它的意义、它的内涵。

但是，仅仅有史的韵味和理性烛照，仍然不足以构成一部艺术片。除了画面构成光、色调配、声画组合，镜头剪辑等艺术处理外，我以为，很重要的是编创者的情感投入与表达。我们从电视片可以明显感到，编创制作群体不是以平静的旁观者的冷漠，而是以充沛的参与者的激情，全身心地投入了《黄河不息》的创作。这在解说词与主题歌方面表现得尤为明显。而且，更重要的是，理论上的阐释借助形象，借助电视语言（画面与音响等）表述时，本身就注入了诗的激情，获得了诗的效果。情感把理性燃烧为绚丽的云霞，理性将情感点化为片羽吉光。于是历史与现实的种种现象、人物、事件乃至自然风光，被情感赋予了生命，被理性装点了灵魂。理性与感性，逻辑与情感，政论与诗，在这里被焊接、被渗透、被汇聚为一个阔大而有深度的艺术世界。作为一件追求艺术的作品，《黄河不息》在这方面为我们提供了成功的借鉴。

感谢《黄河不息》为我们时代的主旋律奏响了民族振兴的高亢之歌！

1997年1月8日，《陕西日报》

民族精神的赞歌

——评电视文化片《黄河不息》

周大鹏

人们很难给电视片《黄河不息》规定一个单一的妥帖的名称，诸如政论片、文化片、专题片、风光片、纪实片等等，它是其中之一，似乎又不完全是。任何新的艺术形式的出现，很难说全因了艺术家的天才创造，采取这种形式而不采取那种形式，大都是由现实生活提出的，为了回答生活赐予的问题而又同时被生活规定的。《黄河不息》正是这样一部以不无新鲜的形式传递出并不陌生的内容，从而赋予内容以新意的电视艺术作品。

该片首先给人的印象是几乎无所不包的综合性。形式上的综合并不是主要的，最引人注意的是它的上下古今，纵横捭阖。这完全在于编导选择了一个很困难的表达对象——黄河，这一中华民族精神的象征。曾有过一些只从一个主要角度表现黄河的作品，诸如思想的、文化的、民俗的或科学的，难就难在综合表现。因为黄河"是中国人的无字歌，中国人的根脉，漂流着一部二十四史，书写着我们民族的曲曲折折"（肖云儒撰本片解说词）。要在短短两个小时的篇幅内，以无情节的叙述方式，引导观众读黄河，从而读懂中华民族的文明史、精神史、奋争史，甚而把它放在地域文化和世界文化的背景下去对比把握黄河文明，确实是一件极不容易而又自讨苦吃的事。

从作品的实际情况看，编导以黄河为载体和贯穿始终的客观形象，对中华民族精神进行综合表现的尝试是成功的。全片的四个部分相互掩映，血脉贯通："创造篇"正面表现了中华民族生生不息的巨大物质创造力与精神创造力，以及这种创造对东方文明乃至世界文明的伟大贡献；"奋争篇"以今映古，以古烁今，以昂奋的文字和简洁的画面，叙述了黄河在内忧外患、人祸天灾面前那种"天行健，君子以自强不息"的抗争精神，突出了中国共产党领导中国人民开辟民族新纪元的伟大业绩；"融聚篇"更像是优美的抒情诗篇，将具象的黄河与抽象的民族凝聚力较完美地结合成动人的多彩画卷，"源出昆仑衍大流，玉关九转一壶收"，从"众水归托"到"壶口一收"，象征着中华文化由融合到凝聚、中华民族由多民族共居到万众一心的历史轨迹；"变革篇"以黄河为象征，以"日新""生生""无一不变、无刻不变"的传统主变哲学为底蕴，畅叙了中华民族数千年的革新史、改革史，尤其大胆地采用了大量新闻镜头，以更加直观地表现这场自上而下地实行改革开放的"第二次革命"。但是，综合表现的问题，在于编导想告诉观众的东西太多，解说词和画面传递的信息量太大，太满，叫人有点喘不过气来。

本片的第二个特点是它的学术性。云儒同志以一个学者和诗人的眼光读黄河，自然读出了另一方风景来，这是《黄河不息》与一般的政论片颇为不同的地方，他从文化的视角解读黄河，而不流于浮泛、不流于沉闷，并且从旧史料中解读出新意来，全在于强有力的学术支持，在于有新的学术观点、学术思想。如果说这种学术支持更多地融解并时而闪亮在画面中的话，那么能集中体现他的学术探求的地方，即在于"融聚篇"中关于中国西部三条文化通道和四个文化圈的观点，以四轮葡萄叶和叶掌的形象比喻，论述了位于中国西部的黄河中上游地区之所以具有文化上的优势，在于这一地区所形成的世界几大古文明多维向心交汇的典型结构，从而为文化的交汇、民族的融合提供了新鲜的理论支撑，也就为本片涂上了鲜明的个性特色。

抒情性是本片的又一个特点，优美而充盈着诗意的解说词与精心选择的斑斓多彩的画面结合，为整部作品注入了典雅高尚的抒情气质，形成了一种精致抒怀的人文格调。它抒发的是黄河之情、民族之情，但又不时地与抒发中华民族优秀儿女的个人情怀结合起来，如水利专家王化云、治沙英雄牛玉琴、黄河母亲塑像前的新婚夫妇……他们的言行，都不时激起观众热爱祖国的感情涟漪。所以有的同志称《黄河不息》是一部抒发爱国主义情怀的教科书，这样的评价不无道理。

1996 年 12 月 21 日，《西安日报》

论肖云儒的书法

钟明善（著名书法家，原中国书法家协会副主席，西安交大教授，博导）：

大家都知道云儒先生是文艺评论家，不是所有的人都知道他还是书法家，求字的人和求文的人一样，越来越多。他的字是学者字，秀美，潇洒，有书卷味，看得出对一些基本美学原则的自如运用，还有综合的智力结构和笔情墨趣的把握。他的字比他的人显得更年轻些，这表明他内在的生命力还很旺盛。文化研究只能发挥他的智性，却难以宣泄他的灵性，故而便又为自己独有的生命体验和艺术体验寻找新的传达渠道了。

陈忠实（著名作家，中国作协副主席，陕西省作协名誉主席）：

云儒的社会形象是评论家，他的文化研究和文艺评论几十年中很有影响，他为我省和全国几百个人写过评论，对文艺的繁荣劳苦功高。近年云儒把书法作为他生命体验、艺术体验的一种新的表述方式，如他自己说的，文章是他的日神，书法是他的酒神。他在书法中活得比文章中更自由，更舒畅，更惬意。这不但是艺术兴趣的新果实，也是人生姿态、人生态度的转移和升华。祝老肖的字越写越好，越有才气；也祝老肖的文章越写越好，越老到深沉。

贾平凹（著名作家，中国作协主席团委员，陕西省作协主席，西安市文联主席）

老肖是国内有名望的文艺评论家，有400多万字的著作，尤以西部文化的研究著称。他评论过400多位作家和艺术家的作品，今天这么多人来谈他的书法，可见肖的影响。书法和爱情一样，对人来说是一种病，到什么年龄得什么病，到一定年龄就会爱上书法。老肖是我们这群人中得病最深的。他痴迷书法，也是痴迷美善。外国有一位大画家说过：世界上只有两种最美的东西，一个是女人，一个是中国书法。一个人对啥痴迷，就会产生灵气，和人拜佛一样，佛本是石头，拜的时候多了，就充满灵气。人一痴迷，就会结果实。老肖的字成功了，这几年影响很大。字里充满了激情，充满了尖锐，有生命感，潇洒而有灵气。我们都处在书法的外围，这方面没有多少雄心壮志，修身养性而已，就像老肖说的，养身、养心、养灵，我想有时候也可以养家吧。

霍松林（著名学者，书法家，陕西师大教授，博导）：

我和云儒认识几十年了，有过许多笔墨上的往来。他的见解，素为我所看重。云儒很有才气，看得出这几年在书法上下了不少工夫，在审美上、艺术上触类旁通的能力很强。书法是一门艺术，要写好的确不易，他在学习古人的同时能融会其他各家、融会各艺术门类的规律，表现自己的心绪，这方面的探索值得肯定。

茹桂（著名书法家，陕西省书协名誉主席，西安美院教授）：

书法自古是政治家、文人的遗事。现在文人匮乏、笔墨泛滥，有的人则把这看成了一种敛财的手段，违背了书法艺术的宗旨。而肖云儒先生书法极具张扬力，他以综合性的智力结构来把握笔情墨趣，从某种程度上来讲，才是一种真正的，正确含义上的书法艺术。

我有诗相赠肖先生：

　　云间有儒思飘然，笑将闲情付砚田。
　　文墨相兼灵气足，笔底青山任攀援。

吴三大（著名书法家，陕西省书协名誉主席）：

云儒举办书法展览十分可喜，因为真正意义上的书法，本身就是文化，是文人用书法宣泄自己的情绪。云儒用他的书法来宣泄自己的情绪，这是符合书道本意的。书痴者文功。云儒平常除了评论文学，也经常评论书画，谈经论道，在评论别人时，总结体会，付诸实践。所以他的书法不板滞、不钻牛角尖，是智慧者的字。

雷珍民（著名书法家，中国书协理事，陕西省书协主席）：

赠肖云儒
气象高旷不染尘，谈吐儒雅理念新，
何以落笔龙蛇舞，满腹经纶根基深。

杜中信（著名书法家，陕西省书协顾问，西安市书协主席）：

书法是三分才气，三分努力，三分骨气，一分技巧。什么人写什么字，这已成了定论。云儒的才气大，故而他的书法就占了六分才气，很有一点郭沫若书法的味道，这也和他对书法的顿悟有很大关系。

胡树群（著名书法家，陕西省书协顾问）：

云儒的《对视》书系，四块大砖头，很厚重。他还为文艺界同仁写了大量的评论，对文艺各个门类有广泛的感悟和理解，这为他的书法奠下了基础。今天这么多朋友来，说明他的影响大，为人好。

文人书法异军突起，发展迅猛，这是近年来陕西一个突出的文化现象。书法对文化来说是一种心理调节，同时表现出了中国传统文化的积淀。它为书法队伍带来了一定营养的同时，也补充、发展、壮大了书法队伍。

李成海（著名书法家，中国书协创作委员会委员，陕西省书协副主席）：

这个会叫肖云儒书法恳谈会，表明云儒先生是一位很谦虚的人。他的书法表现的就是他对人生、对艺术的一种态度。其书作有个性，有激情，笔墨流畅，极具神采，整体体现出了全方位的文化人对中国书法的理解。他利用一切时间学习别人的书法，而且认真地化入自己的神韵和笔墨中，我很钦佩这样的人。

肖云儒书法：我们追寻的梦境

［意大利］阿尔纳多·克拉桑提①

在天主教统治的中世纪，弗朗西斯科·彼得拉克像一束炫目的光芒照亮了欧洲，向世人展现其内心无穷无尽的文学空间。当我面对肖云儒的书法作品时，这一笔一画是要将我带去何方？我以为，它同样是一种类似于彼得拉克诗篇那样耀眼的形象。

肖云儒的最终理想是通过毛笔这"行走的笔迹"，找到一种对美的感受力，这种寻找的过程由中国的和谐理念贯穿始终，像一个无形的大门，通向那不可磨灭的极限深处——意蕴，这一书法家最终所要传达的东西。艺术家追求自由，追求了解这个世界存在和自我认识的可能性。作为一个欧洲人，我用外行的眼光看着这些艺术作品，就像是孩童用纯真的眼神看着中世纪灿烂文明的玻璃墙，一颗颗璀璨的宝石装点着这巨大的透明天空，一幅幅书法作品就像是传世的珍珠，圈成一串神秘的项链，又像是散发迷人香气的干花，历久而弥香。那些神秘的汉字墨迹，如日出时一束束光线，照亮我的双眼。我站在肖云儒的书法作品前，抓住每一笔每一画的行进过程：它们开始是那样的缓慢，沿着一个轨迹缓缓前行，突然，峰回路转，笔迹急速运行，强而有力的触摸到了生命的真实。他的作品像一个汁液充盈的蜜桃，内涵丰富，蕴藏着无尽的意味。

查士丁尼时期著名诗人保罗·希朗自亚里奥，当他踏入圣索菲亚教堂时，内心激动的写下这样的句子：这美丽的穹顶仿佛就是一只神圣的孔雀，她的

---

①此文作者为阿尔纳多·克拉桑提，意大利著名文艺评论家。

尾羽像是100支金灿灿瞳孔璀璨夺目。肖云儒的书法作品给我带来的视觉冲击力也如同耀目的夕阳，散发着迷人的光芒。在我看来，不懂得欣赏书法作品的人他们会去无意识的将这样的艺术品"移植"到自己的理解中，将这些文字符号及作品中蕴含的和谐之美按照自己的方式重新改写。而我认为欣赏书法的方式应该和上述恰恰相反，我们要将书法令人狂喜的审美表现融进一个活的生命实体当中，在这个活的生命实体中有灵魂在繁衍生息。我完全沉浸在这样的视觉冲击中。书法像是一个不断盘旋上升的飞行器，在虚无的世界中引领人们走向美的境界。

　　书法给我们带来的，除了艺术上的赏心悦目，最终可能更多的是精神上的经历，一种愉悦的体验经历。我们处在这种经历中，却永远无法真正得到一个确定的她。正是这种得不到的虚无，完美诠释了生命真正的意义。

　　中国书法家肖云儒通过他的作品，表现了一种对自身存在的大爱，但是丝毫没有任何傲慢的态度，绝不无限放大自己的形象。这就好像是那个我们一直思考的问题："对自己的爱是否是我们生活在世界上一直在追寻的梦境呢？"这个问题使肖云儒的书法创作具有了人文主义的光环。

2012年4月4日，罗马

肖云儒：一位老人与千年古丝路的当代情缘

张哲浩　唐芊尔

最近三年，在西部文化界流传着一位古稀老人参与"丝绸之路万里行"活动，连续三年坐汽车重走万里丝路的故事。一次从西安出发，经哈萨克斯坦、乌兹别克斯坦等8国到达意大利首都罗马，号称"追寻张骞之旅"；一次从西安出发，经中亚、南亚8国到达印度加尔各答西北的那烂陀寺，号称"追寻玄奘之旅"；一次从西安出发，经中亚，先后到达俄罗斯、拉脱维亚、立陶宛等中东欧16国，最后抵达匈牙利首都布达佩斯。三次总共跑了32个国家、80多座城市、40000多公里。从74岁到77岁，每次在车上泡两个多月，担当文化使者，传播丝路文化，留下了一串闪光的足迹，书写了新时代"文化张骞"的生动传奇。

这位老人就是著名文化学者——肖云儒。

记者最近联系上他时，他又一次跑欧洲三国英国、捷克、罗马尼亚刚回来，这次是飞过去的，参加中侨办组织的慰问侨胞活动，为当地侨胞演讲中国传统文化。"像这样飞着跑丝路你还有几回？""七八回吧，加到一起就有50多国了。最艰苦当然还是那车轮上的80000多华里。"

踏上丝路　他道廉颇未老

古稀之后、三次踏访、30余国、80000华里，一串数字，几多传奇。机遇总是垂青有准备的人。2013年9月和10月，国家主席习近平发出了共建"丝绸之路经济带"和"21世纪海上丝绸之路"的倡议。2014年，一个由丝路卫视联盟和陕西卫视联合策划的"丝路万里行"活动,作为国家广电总局"丝绸之路影视桥工程"的一部分,拉开了帷幕。传播中华文化,重走丝绸之路!肖云儒,这位为西部奉献了毕生心血和精力、情感和智慧的"西部赤子",成为众望所归的"最老选手"。这一跑,肖云儒再也停不下来了。

许多人听说肖云儒三次坐汽车走丝路,不免瞪大了眼睛。2014年第一次出发前,家人和好友纷纷劝阻。年过七旬的老人,此去几万里,能坚持下来吗?当时还健在的著名文学评论家雷达专门来电话,叮咛又叮咛,"老兄精神固可嘉,安全千万千万放第一啊!"亲友的好意没能抵挡住丝路的召唤和"诱惑","出发的那一刻,我感觉自己一下子燃烧起来了!"

肖云儒与丝绸之路的情缘,自从五十多年前踏上中国西部这片热土,就已注定了。当年大学毕业来陕西工作,这个南方人便怀着西部大地能够壮大自己生命的热望。在半个世纪的西部和丝路的行走中,他经历过各种各样的险情,多次与死神擦肩而过。

2014年夏在乌兹别克的克孜勒库姆沙漠,整个车队加不上油,在40多度高温下瘫痪了20多个小时,发出SOS信号后,受到了几乎半个亚洲的关注。2016年夏,车队经过帕米尔高原吉尔吉斯斯坦口岸时,需要人车分离检查,他们穿着夏天的单衣,从中午12点一直耽搁到晚上10点(北京时间晚8时),忍受着太阳落山后零下三四度的低温和3600米海拔的高原反应,抱团取暖坚持下来。是一道道山弯上几百辆等着过境的中国重卡,给了他们无比的振奋:嘿,这就是丝绸之路经济带,如此繁忙,如此壮观!也是这一年,驰向伊朗、巴基斯坦边境时,他们听到了密集的枪声。

在拉萨被藏獒撕咬过;在陕南进入麻风病区采访过;在新疆的一个夜晚,轿车司机不小心将他遗落在海拔3000多米的冰达坂上。他冲着远去车大喊,大风瞬间将声音吞没。天已黑尽,雪山上不可能再有来车。为了驱散野物,抗御寒冷、黑暗和孤独,他在险峰上高歌壮胆。直到40分钟后,司机发现车上少了一个人，才调头回来……

这种杰克·伦敦作品里描绘过的奇险经历，磨砺了肖云儒的意志和韧劲，也给来自南方的他补了"强力钙"，输了"狼血"。肖云儒觉得自己完全变了，变的不只是饮食起居习惯，更有大视野、大格局的思维和境界。西部和丝路的生存，带给他巨大的精神财富。

行走丝路　一路弦歌不断

1940年，肖云儒出生于江西的一个书香世家。不到17岁，他怀揣"文学梦"考入了中国人民大学新闻系。大学期间，就凭借提出散文写作要"形散神不散"的观点，成为崭露头角的一匹黑马。

大学毕业，21岁的肖云儒分配到陕西日报社工作。从此与十三朝古都西安，与广袤的西部结下不解之缘。

肖云儒个子不高，多有儒秀之气，在审美领域却一直偏爱"大美"。赏画喜欢泼墨写意，听乐偏好黄钟大吕，欣赏散文喜欢张承志、周涛这类西部风的"大散文"……"我是一个被西部重新铸造了灵魂的南方人。我在西部第二次诞生。我爱西部如爱我的母亲！"作为西部子民，他几十年中自觉去了解这块土地上人们的生存状态，评论这块土地上的文学艺术，挖掘这块土地的文化源脉与历史纵深。这让他更深地认识了西部和西部美、西部精神。西部成了他生命不可分割的一部分。他说："中国西部，那不就是陆上丝绸之路的中国段嘛！"

40岁时，肖云儒在广泛评论西部文艺作家作品的基础上，全面进入西部文化的研究；70岁时，进而成为一名丝路文明的掘金者。他在文化研究中特别重视"田野考察"，一开始研究西部，便给自己定下了目标："西北西南的所有省区，我要到；所有的省会，我要到；所有的地市，都要到；陕西省所有的县,更要一一走到。"后来他又立志要将所剩不多的余生献给丝路,抓住一切机会跑丝路各国。"要行走,不停行走,终生行走,在行走中开采千百年来老百姓创造的文化积淀。我坚定相信,埋藏在丝路历史和现实生活中的文化矿藏,永远比图书馆要丰富。现在关于丝路的那些最重要的著作,无一不是前辈学者艰难行走的结晶。玄奘、法显、斯坦因、王子云、常书鸿,无一不在行走中写作。"

说干就干,说到做到。一晃近四十个年头过去了,肖云儒跑完了陕西100多个县区,也基本把中国西部12省和陆海丝路的50多国跑到了。

20世纪80年代调到陕西文联后,他做的第一件事就是组织中国第一次西部文艺研讨会。陕西省文联发起,西北五省区文联共同举办。肖云儒在这次会议的主旨发言中对中国西部文学和文化的若干问题做了全面梳理。不到三年,学术专著《中国西部文学论》出版了。这部30余万字的书,第一次将中国西部作为一种独立的文化现象、美学现象和文学现象做了理论阐述,引发了广泛关注。一举获得第二年中国图书奖和中国当代文学研究成果奖。他在西部文化、西部文学、西部电影和西部美术方面的论文和评论迄今已近300万字,在即将出版的17卷本的"云儒文汇"中占到一半以上。

近五年来,每跑一次丝路,肖云儒都有作品奉献于社会。先后出版了文化散文集《西部向西》《丝路云履》《丝路云谭》《丝路云笺》,主编了《"一带一路"学生读本》(三卷)、《"一带一路"之丝路故事》(三卷)和《西迁故事》,其中《丝路云谭》获第八届冰心散文奖,位居榜首;《丝路云履》出了英译本;《丝路云谭》入选中宣部对外推介的图书,向多国输出版权。俄文版的丝路文字选本也正在翻译。还有多达几百次的关于丝绸的讲座、采访和专题节目。有朋友劝他不要在普及性读物和大众传媒上过多"浪费"精力,他表示给社会尤其是青少年普及丝路文化,怎能吝惜生命?

与大家难以相信78岁的老人还在不停歇地跑万里丝路一样,许多人也难以相信上面罗列的成果，是一位老人在古稀之后几年内的工作量。

解读丝路　弘扬中华精神

　　重走丝路，传播"一带一路"倡议，弘扬中华文化和丝路精神，架设民心相通和文化交流的桥梁，是肖云儒行走丝路的使命。每次丝路之行，他总是深情地将友谊的种子撒播在沿途各国，用生花妙笔将丝路上的见闻思考展现给世人。

　　他两次经过乌兹别克斯坦的撒马尔罕，两次在旅游商店里发现了一套很有意思的小陶俑，那是统一设计格式的骆驼、大象和貔貅三件套。当地老板告诉他，这三件陶俑自古以来就是一组，不能零卖，各种型号的销路都很好。肖云儒敏锐地意识到，这不正暗传了中亚文化、印度文化和中华文化在丝路上融合的悠远历史吗？这种融合原来自古至今一直被认同，至今仍然是一种活态的存在啊！

　　在北马其顿共和国偏僻的山区，车队停在路边泡方便面，一位叫乔瓦尼的老人热情为大家烧开水，送来自酿的葡萄酒。他告诉中国朋友："我知道'一带一路'，知道中东欧快线铁路和高速公路经过了马其顿，但没有通到我们山区呀。你们能呼吁修条支线，让山区也加快发展吗？"老人话中暗传的信息让肖云儒感到了温暖——它将北巴尔干一个小山乡的改变和"一带一路"倡议连成了一体！

　　"不走进丝路，你真的不知道古今丝路有着这样的温度，真是丝路千古情未了呀。这个情，是民心相通、文化交融的基础，'一带一路'就是要把它吹旺，让它燃烧得更热烈。"

　　重走丝路、传播中华文明和丝路精神，同时反映沿途各国各族的风情和文化。肖云儒为此先后录制了 60 余期各类电视节目，从历史文化与经济社会各方面解读丝路文化;在各国召开的20余次文化经济论坛上,热情发表专题演讲;坚持一边行走一边用手机写作,途中所写130多篇文化散文在报刊连载并结集出版;网媒转载的点击量高达几千万人次。

他在罗马大学讲《长安与罗马的16个共鸣点》;在米兰设计学院讲《中国书法的文化意义》(《中国艺术报》两整版发表后《新华文摘》全文转载);在波兰和匈牙利讲《中国社会发展的两河递进互惠结构》;在哈萨克斯坦东干族陕甘村给当地华人讲《民族迁徙与文化坚守》;在乌兹别克斯坦讲《中国西部和中亚地区向心交汇和离心交汇的文化结构》;在伊朗讲《波斯之心与波斯之力》;在印度讲《从佛教的生成和传播谈文化流动的'飞去来'轨迹》。还给伦敦、布拉格、布加勒斯特的华侨华人讲《蛋黄与蛋清:中华文化的本土生成圈和域外融汇圈》和《黄帝的共祖认同文化和融汇创新精神》。他给英国侨胞介绍了大英博物馆一幅馆藏木版画,那画画的是一位和亲西域的中国公主由丝路来到瞿萨旦那国,带出蚕桑种子、向西域传播丝绸的故事。这故事玄奘在《大唐西域记》中有过记述,探险家斯坦因在南疆丹丹乌里克遗址发现了此画,让这段历史有了物证。

肖云儒讲述中华文化与丝路文化有自己的特色,正如他的授业恩师冯其庸先生生前给他写序时说的,"他的胸襟是大的,视点是多的,一般能够宏观地、综合地把握对象,有时又有独辟蹊径的巧思。云儒喜思,善思,是思想的丰产者"。也正如贾平凹评论他的文章中所说,"他的阅读面广,批评的坐标高,自己的感觉又好,见解独到鲜活,概括归纳准确。他是智慧型的,又是才子型的"。

作为书法家,肖云儒每到一个丝路国家或地区,还会向当地赠送自己的书法作品,书作内容大都是弘扬丝路友谊和中华文化,也书写所在国的名诗和民谚。多幅作品被意大利、伊朗、吉尔吉斯、斯洛文尼亚等国国家博物馆收藏。他在罗马举办了《肖云儒中国墨艺展》,回国后又在西安举办了《地球之虹——肖云儒丝路万里行墨迹展》,多渠道向世界传达中华优秀传统文化的价值和意义。

融入丝路　沐浴地球之虹

肖云儒说,从空间上看,丝路是"地球之弧",经济上看,丝路是"地球之链",一条含金量极大的钻石链,精神文化上看,则是"地球之虹",多彩、绚丽而谐和的霓虹。这道"地球之虹"让肖云儒与不少同样致力于丝路文化交流的国内外朋友结下了深情厚谊。在万里行车队的先导下,这两年已经成立了有十几个国家参与的丝路电视联盟,并连续两届举办了我国第一个跨国的"丝路春晚",收视率进入全国前列。不少丝路上的朋友经由万里行团队的联络,先后来中国发展。何飞先生是他们在伊朗的翻译,中文说得棒,组织联络能力又强,现在已来中国上海成立了自己的工作室。他经常与肖云儒联系,又是参加"丝路春晚"出镜谈波斯,又是担任北京图书博览会主宾国伊朗的形象大使,还作为主宾国的代表到西安参加第八届西部文博会,俨然成了丝路文化交流的大明星。

罗马尼亚国家电视台记者玛丽娜到中国采访,为北京、上海、西安做了三个专题片,写了十几万字报道,肖云儒是她主要的采访对象。她说像肖这样对中、罗两国和丝路文化十分了解的人太难得了。他俩在中、罗两地多次见面,正筹划合作出书。肖云儒还和一位三十年前在北京大学留过学的意大利女教授梅毕娜一道,用长篇对话的方式,合作了《中国知己》的书稿。

"真是'六十年功名尘与土,八万里丝路云和月'呀!"肖云儒感慨地说。三年,八万里,收获多多,而最让他感到欣慰的是,"一带一路"愈来愈得到世界的认同。"2014年,第一次走丝路,'一带一路'倡议提出不到半年,我们已经感受到了'三热':丝路在国外很热乎,丝路人对中国人很热情,丝路经济开始热销。后来几次跑丝路,感受稍有变化,深感各国、各地对'一带一路'的认知有了科学的深化,正在政府、商界与民间逐渐落地生根,共建共享正在走向成熟。不妨用'三心'来概括,就是政府很上心,企业很热心,百姓很关心。"

"'一带一路'倡议提出才四年,已有80国响应,市场直接关联44亿人口,超过全球人口一半;沿路各国经济总量达29万亿美元,占全球经济总量的28%。'走出去谋发展,拉起手共发展'的丝路精神不仅铺就了一条融通国际经济文化交流的商路和文路,更重要的是,它还开辟了一条心路,让沿路各国、各民族有了心理上的亲近感和认同感。这是构建人类命运共同体的重要通道,也是新型全球化理念的重要实践平台。"

"愿我们的'地球之虹更加美丽!"肖云儒深有感触地说。

2019年11月13日,《光明日报》

一条不断伸延的曲线

——肖云儒人生掠影

古文洪

二十八年前一个炎热的夏日里,一个文弱的"江西老表"在时代大潮的鼓涌下,心甘情愿地踏上了开往大西北的列车,勇敢地将自己的命运交给了一片陌生的土地。

当时,横在他面前的,不只是一条渭河、一脉秦岭,更是一堵由气质、文化心理、历史演化的差异而造成的若有若无的墙。这堵墙,触之无形却挥之不去,像一团浓浓的雾。

青年人却显示出了蓬勃的生命力。用自己的才气和努力制成了利器,利索地划破了这团雾,然后就迫不及待地用双眼和一颗心去迎接进入视野的这块土地……

二十八年弹指间。一颗南方血质的种子逐渐在大西北的土壤里生根、开花,终而结出了丰硕的果实!

一

肖云儒17岁以前都是在江西度过的。

1940年冬,抗日烽火连天,作为一对志同道合的青年大学生的爱情结晶,他降生在瑞金附近的于都县。20世纪30年代末同在北京上大学的父母初识于"一二·九"中,后被共同的理想紧紧联结在一起了。孩子的出生,给他们带来了无尽的喜悦。然而，地下党员的父亲还未能施予新生儿更多的抚爱，就匆匆离开了人世。年轻的母亲悲痛欲绝，不久就带着不满1岁的孩子回到了娘家。

这是一个书香门第，静静地坐落在南昌的羊子巷尽头，那是一条真正的羊肠小巷。孩子的外祖父欧阳瀚存和二公公欧阳溥存都是民国后第一代赴日留学生，归国后卓有学绩，欧阳溥存是著名的《中华大字典》的主编者之一。这样一个弥漫着书卷气息的知识分子家庭，却给孩子留下了复杂的童年记忆。他是生活在欧阳家的一个姓肖的孩子，一方面承受着母亲、外婆、外公无尽的宠爱，另一方面又始终被很重规矩、礼法的大家庭当作"外姓人"看待。

逢年祭祖，是欧阳家一年里的头等大事。香火缭绕中，大人们在恭恭敬敬地行礼，孩子们也紧随父母身后，亦步亦趋。而小云儒和他的母亲却只能待在偏房里，因为"嫁出的女儿泼出去的水"，是不能进宗祠的。孤零零面对冷壁的孩子有了一种被抛弃的感觉。

缺少父亲的童年毕竟是残缺的。这种残缺就像一个时浓时淡的影子，从小到大一直侵扰着肖云儒，带给他一种难以言传的复杂的感情体验，也形成了他性格中敏感、多思的一面。

所幸随着由旧时代而新时代，由封闭的家庭而活跃的学校，冷暖色调杂陈的童年很快过去，明朗的少年时代接踵而来。

少年是一个多梦时节，文学梦则是此时最常见的一片叶子。如同所有的作文常被老师画上红圈圈的少年人一样，他也在50年代安定向上的生活中小心翼翼地保存着这样一片叶子。

1957年夏天，17岁的肖云儒就是带着这片叶子来到北京，走进中国人民大学校园的。新闻系当时坐落在铁狮子胡同一号，当年刘和珍喋血的段祺瑞执政府中。

然而，第一次坐进大学课堂，新闻系主任安岗老师就用斗大的粉笔字在黑板上写道：新闻记者——党的政治工作者！

许多双亮晶晶的眼睛一下愣住了——那个硕大的惊叹号，粉碎了他们的文学梦。而随后而来的一系列声势浩大的政治运动，更使人再无暇做新的梦了。

大跃进，人民公社，下乡下厂办报，一群年轻人在熊熊燃烧的热情中度过了大学头两年。然而不久，"三年困难时期"来到，整个社会和人们的心态随即进入一种了无生气的沉寂之中。由沸点降到冰点竟是如此之快，在忍受着肉体饥饿的同时，肖云儒精神上也感到了极大的迷惘。横冲直撞的血液开始慢慢冷却。冷却中，他才感到了燃烧时的苍白。"该读点书了！"——从小喜欢读书的习惯，经过一段时间的抑制之后，又顽强地抬起了头。于是，他将自己整个儿埋进了图书馆。

校园依然处在政治运动的浪潮中。为了躲开常来巡视阅览室以发现"不关心政治"同学的班干部们，他结交了一个老管理员，偷偷溜进了供研究生和教师专用的阅览室。每天做贼似的进去，做贼似的出来，却乐此不倦。尽管此时，他的胃口在饭堂里依然得不到满足，常常为加不加四分之一个窝头（半两）在窗口前徘徊，却在另一个精神的饭堂里得到了极大的补偿。在那里，他寻回了理智，找到了平静。

大学三年级，他写了一篇美术评论《谈华君武解放战争时期的政治讽刺画》，寄往《美术》杂志。很快，杂志主编王朝闻就亲自打电话约他到王府井面谈。一见之下，王朝闻吃了一惊：还是个十几岁的孩子嘛！可是作者的年纪轻，作品的分量却不轻——这篇文章被杂志以黑体字排在头条登出。

这可以说是肖云儒的第一篇评论作品。由此篇打头，引出了他日后时断时续而又独具特色的评论生涯。

紧接着他又以一篇短文参加了《人民日报》"笔谈散文"专栏的讨论。文章名为《形散神不散》，主要针对"散文忌散"的意见，提出了散文要形神兼备、形散神不散的观点。文章一发表,这个观点很快流布开来,被评论界认可,许多大、中学教材引用,逐渐成为当代散文创作领域里最有影响的观点之一。刚刚20岁的肖云儒写的这篇仅500字的短文,也引起了评论界长达二十多年的争论,甚至波及海外。人们见仁见智,扬者有之,抑者有之,至今仍余音不断。

作者的年龄和作品的影响力一而再形成了反差!这种反差,使人们看到了才气,也使年轻的肖云儒对自我价值进行了最初的审视。

"文学梦!"——他又想起了它。在发表的文章里,他强烈地感受到了这个梦的渗入、参与。看来,梦的影子是不会随着时间流逝而减弱、消失的。"那为什么要抑制它呢?为什么不能在梦和现实间找到一个契合点呢?"他猛然兴奋起来,仿佛找到了一条新的前行之路。

1961年大学毕业,正遇上国家困难时期,大学生分配难上加难。而因为实习成绩突出,肖云儒却被实习单位陕西日报社点名要去。在同学们的送别声中,这位年龄最小的同学踏上了开往西安的列车。

陕西——一块陌生的土地,但他心里踏实而安定。因为,他已经有了一条完全属于自己的路。

二

1979年,随着下放干部回归的人流,肖云儒经过九年的辗转流徙,又回到了古城西安。

重新站在雄浑、古朴的明城墙下,一种沧桑感油然而生。望着那一块块由沉重的历史凝结成的青灰色城砖,他仿佛看到了自己一个个脚印……

来到陕西日报后,他满腔热情地投入到报纸副刊工作中。边干边学、兢兢业业,不久就成为一名合格的文艺记者和编辑。业余时间里,他则拼命阅读文学理论书籍。一本一本书垒成的台阶，引导他一步步向文学殿堂的深处走去。他开始在副刊上发表一系列文学评论。这些文章，形式灵活，内容驳杂而精当，深得报刊评论的精蕴。同时旺盛的精力又使他那双写新闻、评论的手，拿出了不少散文和报告文学作品。

正当他像一艘扬帆壮游的航船，在自己的航路上劈波斩浪的时候，这只船却搁浅在历史车轮的倒转声中。一夜之间，人们把握自己命运的权利被无情夺走。成千上万人离开了原来的位置，被称为"幸运儿"的他也未能幸免。

简单的行李，青灰色的天空。同行的人无言，身后的城墙也无言。无形中的力量究竟要把他们抛向何方？

九年！整整用了九年时间，他自己找到了答案——大巴山区、铁路工地、竹棚通铺、国防工厂；踩着冰碴子割水稻，组织百辆架子车徒步二百里为铁路工地运水泥，借画忠字画，偷偷地学习油画、水粉，在通红的锻锤前当工人……命运之波就是这样随意地把他抛向一个个陌生的角落。

仿佛是一场梦，一场整个民族都在做的噩梦！然而噩梦醒来，早晨已逝。去时而立，归时已届不惑——最有生命活力的年龄都交给无谓的颠簸流徙了。尽管他在这颠簸中变得坚强，刚一进西安的城门，他的心头还是悄然升起一丝悲凉感。

其实这九年中，他又何曾放弃过对命运的抗争呢？手中的笔一直没有停过，通讯、报告文学、短篇小说，甚至平生唯一的一部长篇小说习作，都是这个期间诞生的。尽管这些作品都打有一个非正常时代的鲜明烙印，但他们不啻显示了在不正常环境下的一种不屈、一种力量。只有后来下放到陕西关中一个国防工厂，上班打杂，下班背着背篓到郊外去拾烧火用的麦根的时候，他才开始心灰意冷——"算了，一辈子当个小职员算了！"——于是，他的笔完全搁下了。然而很快，他就从这种状态中解脱出来。1978年科学大会后，报上介绍了一位科技工作者的经历。这位同志也是60年代初从北京毕业的大学生，毕业时他们曾一道去人民大会堂听陈毅副总理讲话。他尽管于"十年浩劫"中身陷囹圄，却忍辱负重在狱中写出了几十万字的专著。在昏暗的灯光下读完这篇报道，肖云儒受到了很大的震动。以人为镜，他自感是个弱者，经不住生活的考验，折倒了。如今，环境已由乱而治，自己还能再甘于疏懒吗？

灰色的情绪一扫而空。对哲学日渐浓厚的兴趣，使他很快写出了两篇论及矛盾同一性和斗争性的文章，在《光明日报》哲学专刊以大半版篇幅发表，后被收进《1979—1981年哲学论争集》。

西安的文友故交见到这两篇文章后，惊诧莫名："这是那个肖云儒吗？怎么，他搞起哲学来了？"

就在这片惊讶声中，肖云儒又回到了西安，重新成为报纸的副刊编辑和文艺记者。以两篇哲学文章开道，他又拿起了笔，继续用心于新闻业务和心爱的文艺评论。

"士别三日，当刮目相看。"在生活的最底层折腾了一个大圈子之后，重新走进评论领域的肖云儒已经有了新的境界、新的笔墨。他的风格日渐鲜明成熟了。

以长期的新闻工作介入文学评论——这是一条独特的道路。因此他的评论虽都是以文艺引发，却大都穿透着社会，总是"发散着一个社会的、宣导的、艺术的场"（台湾大学教授叶四维评肖文语）。厚实的生活积累及由此熏陶出来的较强的感悟能力，又使他的文章比纯学院式的评论，少了点迂拘，少了点板滞，而增加了浓重的社会感和人生感。内容如此，形式亦然。他一直主张，评论家最重要的任务就是把作品介绍给社会，因此社会最大多数人能接受的形式，就是最好的形式。"要用最白的语言去说深刻的思想，而不要把深刻的思想硬装上晦涩的包装。"因而，他的文章既神思飞扬、溢彩流光，又通俗可亲、娓娓道来，叶四维赠以"有见解、有感受、有文采"的九字，可说一语中的。

也许是从小就敏感的性格使然，也许是因为在生活和艺术领域多年的摔打锤炼，他还常常能从流动不居、变化万千的生活和文艺现象中，捕捉新的趋势，提出新的观点。

1980年，感觉敏锐的他写出了《文艺创作反映当代生活中的封建主义潜流问题》一文，深刻地探讨了封建主义思想意识在社会生活和文化心理中的沉淀，以及文艺作品对其的反映，是全国较早论及这个问题的文章。《上海文学》破例将这篇长文排为头条，放在作品前面发表。国内多家报刊及《北美华侨日报》和一些日本报纸都纷纷予以摘载。

发表于《文学评论》的《时代风云和命运纠葛》一文，则及时抓住了当时文学创作从以反映社会政治生活为本位到以人物命运为核心这个新的动势加以论述，读后令人耳目一新。

《时代的聚光镜——中篇小说的新人塑造》，是他参加全国第一届中篇小说初评工作时的心得，此文第一次提出了用多种光源照视新人形象的立论，其中关于在逆光中塑造新人形象的新论，被评论界认为是新时期小说理论的一个收获。该文因此而获得了省社科优秀成果奖。

袁牧谈及为文时曾说过："人悦西施，而不悦西施之影。"说尽了文章最忌百家衣的道理。肖云儒的评论从内容到形式，都极力追求着个性和差异性。在刘再复与陈涌关于文学主体性的争论中，他立足于反映论，又吸收了许多新学科的研究成果，在《红旗》杂志上撰写了《艺术家主体、生活客体和审美反映》一文，提出了自己独到的看法，被评论界认为是这场争论中具有代表性的第三种意见。既坚持了马克思主义反映论的基本观点，指出了主体一元论的唯心主义实质，又用许多新的科学成就丰富了这个课题。

尽管有些许风雨，尽管长期只有58.5元的工资支撑着一个三口之家（其时妻子正在读大学，儿子正在上小学），尽管经常忙碌到以办公室为家，以办公桌为床，他还是非常留恋这段日子的。社会存在、社会心理纷繁变化、气象万千，给他的笔提供了广阔的用武之地。这是他事业上的一个"黄金地段"——从1979年到1986年，在省以上报刊发表了文艺理论和评论文章100多篇，80万字（其中在全国性报刊发表的约三分之一；头条有30余篇；被各种专集、资料、文摘收集、转载的也有30多篇）。1986年到1988年，又出了评论集《撩开人生的帷幕》和专著《中国当代文坛百人》（后者向海外发行），共60万字。

不仅如此，这段时间他还出色地坚守了记者的岗位。他负责编辑的《陕西日报》"文艺评论"专版，被《中国新闻年鉴》专文介绍，并认为是"全国出现较早的有特色的专栏"。他写的文艺新闻则因为风格独特而多次获奖、多次蒙报界前辈撰文评论，并有多篇被选入《全国短新闻选》《新时期新闻精粹》等专集。连续几次被评为报社先进工作者……

1984年，肖云儒卸掉了记者这顶"无冕之王"的桂冠，受命投入省文联的组建工作。打了二十几年的迂回战，才在文艺界上了"户口"，心里说不清是喜还是悲。然而，"户口"的转换毕竟加强了动力，他从此可以心无旁骛地向主攻方向进击了。

不久即被任命为省文联党组成员、理论部主任，后来又担任主管业务的副秘书长。工作职责使他更加关注省内的作家、艺术家的创作了。

他喜欢陕西的这些作家们——人：朴直、豪爽、古道热肠；文：厚实、土拙、气韵悠长。几十年来，他的双眼一直紧随着他们。初踏三秦大地，他就被王汶石的短篇小说《沙滩上》深深打动，写出了一篇被老作家杜鹏程称为"确有见地"的评论。从那以后，他就和陕西的作家们结下了几十年的文缘。无论是老一辈的柯仲平、马健翎、柳青、杜鹏程、王汶石、黄俊耀、李若冰、魏钢焰，还是近年活跃于文坛的贾平凹、路遥、陈忠实、邹志安、京夫、李天芳、赵熙、王宝成等人，都被他热情、中肯的笔评论过。

陕西的评论空气原来是很稀薄的。为改变这种状况，肖云儒和其他16

位文友组建了"笔耕"文学研究组,并任副组长。这批中年评论家定期地开展学术讨论和作家作品的研究活动。经他们苦心耕耘,陕西的评论很快由各自为战形成了具有一定影响的批评群体,《红旗》《瞭望》《文艺报》做了介绍,被评论家阎纲称为"集体的别林斯基"。如今,王愚、刘建军、畅广元、陈孝英,这些笔耕组的骨干,都以自己独特的风貌走向了全国。

三

秦山数点似青黛,渭水一条如白练。在秦山渭水间整整生活、耕耘了二十多年后,肖云儒已经完全是"秦国人"了。

岁月没有打磨掉他南方人的轮廓,依然是清瘦、文秀。人到中年,又平添了一副儒雅的学者风度。但外表只勾画出了静态,一旦动起来,他身上北方人特有的直率、豪爽就会扑面而来,变得活力毕现。

作为欣赏者,他喜欢狂放无羁的草书,不喜拘谨的楷、魏;喜欢酣畅的泼墨写意,不喜精雕细刻的工笔;喜欢磅礴的交响乐、大合唱,不喜花前月下的低吟浅唱;喜欢"长河落日、大漠孤烟",不喜"杏花雨湿、小风不寒"……

北方的气魄,重新锻造了他的气质和审美神经!

每次到外省出差,总不能逾月,常常是迫不及待踏上归途。车进潼关,广播喇叭里一响起熟悉而亲切的秦腔,一种浓郁的家乡气氛就会像小鹿似的撞上心头。这并不是爱一种艺术,而是执迷于一种文化,一种生活。在他心中,家乡不仅意味着地缘、血缘的固着,更是一种人缘、情缘的牵绕。脚下的这块土地,浓浓地编织着他生命中最宝贵的岁月,刻画着人生的步步进退,成功、挫折、苦难、爱情……一切一切,共同在这里熔铸成了他沉甸甸的生命。

1984年,著名文艺理论家钟惦棐来陕首倡中国"西部电影"一说。肖云儒的神经被拨动了。他感到,自己对西部生活丰富的感受,对大西北文艺长时期的追随和思考，似乎找到了一个闪光的凝聚点。从此，他开始了在西部文化、西部文艺领域中持久而艰苦的耕耘。

从陕西往西往北，是一片苍茫广袤的大地。地球上的制高点帕米尔高原雄踞于此，东方最大的几条长河发源于此，古老悠久、色彩纷呈的文化散布、融合、沉淀于此。沙漠驼铃、城堞烽烟、古城废墟、长河旭日、丝绸之路、清真大寺……构成了这里独特的自然和历史文化景观。

肖云儒开始在这种景观里做时空的游历。他沿着丝绸之路，从长安出发，过甘肃、青海，直至新疆，一路上寻山觅水，访古问今，终于积厚而发声，从对历史、哲学、宗教、文化、美学多角度考察和展开中提出"中国西部文学"的立论。未几，有关的论文就一篇篇从他手中抛出。《美哉，西部》一文发表后，反响强烈。报刊纷纷转载，甚至国外远在澳洲、美洲的一些开发地区也有回声。不久，在肖云儒等几个人的促进下，西北五省（区）的文艺界人士在美丽的西部边城伊宁召开了首次中国西部文艺研讨会——"西部文学"现象正式跃上了台前。会上，肖云儒被公推做了主题发言。据《伊犁河》杂志的特写介绍，人们沉浸于他的精彩发言里，却忘了摆弄好那台肩负重要使命的录音机，结果磁带空转半天，竟未录下一字。为弥补遗憾，在后来的小组会上，他又将头天的发言讲了一次，依然博得了满堂喝彩。新疆的几位朋友为他的论述折服，更为这个江西人对西部的钟情所感动，不由喊出了："肖云儒，我们感谢你！"而报刊的专访、通讯，也就以这由衷的感谢为题。

"西风"渐盛，华彩初现。在新华社记者三次采访肖云儒后写出的一系列报道的影响、推动下，"西部文学"现象逐渐得到了广泛认可。而处于"风源"位置的肖云儒则不失时机地把自己的研究推向更深的层次：由局部的研究进入系统的研究；由文学的单一把握转入美学、文化的多重宏观把握。聚沙为塔。一百多日潜心思虑的结果，终于捧出了中国西部文学理论的第一本专著——《中国西部文学论》。

这本书从绪言的潮音乍起、研究特色为引子,展开论述:中国西部文学的兴起、界定、分类—中国西部自然和人文地理特色及其对文化艺术的影响—中国西部文化结构—中国西部生活精神—中国西部艺术意识—中国西部文学现实主义的深化和浪漫主义的浸润—中国西部文学的美学风貌—中国西部文学在新时期文学中的两点探索—中国和世界文艺格局中的西部文学。洋洋洒洒30余万言,不仅涉及了几年来西部文学各个研究方面,并"进而用当代意识熔铸西部历史,立足于文化社区、文化圈层的深入体察,从地域、民族和审美风范的关系中展开论述,大大扩展和充实完善了西部文学的研究领域,从而使西部文学的研究从原有的局部透视演进为整体观照,从点的突破发展为线、面推进,使西部文学第一次在人们面前呈现出了自己的理论全貌"(见李燃评论该书的文章)。

写这本书,肖云儒再次借重了自己独特的理论思维方式。他把哲学、美学、社会学、历史学、文化人类学、人文地理学、民族学、宗教学、心理学等多学科都引入视野,对研究对象做了通体透明的观照。该书编辑因而称赞全书充满了"一种纵横捭阖、雄姿英发的理论思维美感"。

因为在评论领域常能开风气之先,人们称肖云儒善于"先发制人",他则自嘲为"出头的椽子先烂"。而这次,在西部文学文化富矿区里这位领头涉足的人,却一反常态地流连忘返,不愿移步了。也许,世上最难的事莫过于一个人的事业、才能和情感能高度地和谐一致,肖云儒幸运地进入这种境界,怎么能轻易放弃呢?

除了自己潜心研究而外,他又担任了"中国西部文艺研究丛书"的主编,雄心勃勃地要搞一个涉及文学、电影、音乐、美术、建筑、文化等诸领域的"西部文艺研究系统工程"。丛书今年将出四本,明后年全部完成。尽管现在还难以评价这套丛书的内容,但有一点毫无疑问:即使书写得难尽人意,它们也承担了积累材料的有益工作,因为其中每一本的内容都是前所未有的、开拓性的……

肖云儒自称已是一位"老中年",他常用挑剔的目光,打量着作为评论家的自己:鉴赏能力还将就,理论开掘能力不足;评论思维还将就,理论思维欠缺;社会态势还算了解,理论眼界却不够宽阔……在对自己的评语中,几乎每一个正面之后都跟着一个负面。是自谦?抑或中年人特有的苛求?至少,从那毫无隐讳的一个个负面里,我们看到了一条渴望不断向上延伸的曲线。

也许是性格使然,也许是记者生涯的潜移默化,也许是尚未脱净南方海派文化的影响,他的评论路子一直很野——文学、戏剧、影视、绘画、建筑等诸多领域,无一不在视野之内。他深知兴趣广泛对常人来说是个优点,对学者则是个不小的弱点,也常为此自省、自责。然而事到临头,他依然"管不住自己",依然"凡花费生命涉猎过的领域总想留下点什么",依然"为别人的各样佳作情不自禁地叫好",依然今天编一本影视评论集,明天又把触角伸向社会学、传播学。至今,他已经发表了200多万字的文章,出版了36部著作,主编了5部书籍,14次获得各种学术奖励……

这一个个"依然"的结果,便是依然的辛苦劳累,依然以小时为单位把每天的日程安排得满满的,依然因为难忍的坐骨神经疼而跪坐在书桌前,依然早出晚归,依然伴灯熬夜,依然吃不下、睡不好……也依然满含愧疚之情,看着爱妻放下科研任务,默默地为自己抄写书稿;听着儿子因时常见不到爸爸而发出的抱怨。

生命是有终点的,路却没有尽头——父亲早逝,母亲也未能得享高寿,作为儿子的肖云儒却被反激出了强烈的生命意识。他以密集的创造性劳动不断充实着,以一次次超越不断更新着每一天的生命。他常有一种无奈的感觉:自己正被紧绑于一辆无形的战车上,欲停、欲退,都身不由己,只能在生命的惯力作用下,一直向前……这也许是整个那一代知识分子的自我感觉吧!

1988年,夏

肖云儒：向西的人生

龚仕建　孙睿楠

2014年，在乌兹别克斯坦境内的克孜勒库姆沙漠，40多摄氏度的高温下，一条耷拉着舌头喘着粗气的狗卧在牛毛毡棚下的废弃加油站，一位年逾七旬的中国老者从闷热的车里走下来，在烈日的炙烤下他似乎能感受到一丝微风，他不断告诉自己："不能倒，一定要挺过这一关。"与他同行的15辆越野车加不上油，瘫痪了20多个小时，40余人的队伍不断向各方发出求救信号，几经周折，乌兹别克国家总统府派遣的加油车从500公里外急驰而来，挽救了危局。

即便如此，这位老者仍然在接下来的两年中，坐汽车重走万里丝路，从74岁到77岁，三年间，他跑了32个国家、80多座城市、80000多华里，从希瓦古城上的一钩明月，到哈萨克草原的拂晓，即使年过古稀，依然行走在丝路上。他说："我感受到我真正活着。"

这位勇者就是著名文化学者肖云儒。贾平凹说："这一壮士之举极具古代豪侠之风，我这位77岁的老兄，真让人不由敬佩。"

行走丝路：那些怕与不怕

说起来，这位肖老先生似乎真的忘记了年龄这回事。

2013年，从中国国家主席习近平提出共同建设"丝绸之路经济带"那一刻起，这条沉睡了两千年的经济大走廊，注定要重新开始聚集大量政策、资源和企盼。

近一年后，"丝绸之路万里行"全媒体文化体验活动邀请肖云儒一路随行做文化解读，"我一听就说好啊，我求之不得"。

"当你站在与哈萨克斯坦隔河相望的霍尔果斯口岸，看到沿着山路排队等待边检的一辆辆重卡，会发现世界就在我们背后。"肖云儒说，"以前问世界在哪里，大家都望向东方，世界在海洋的那头，但是当你看到丝路是如此繁忙，就会发现，一转身就是世界，所以我一定要去看看这个'新世界'。"

家人都担心他的文弱和高龄，一致反对，情急之下，夫人李秀芳说："你多大了你知道吧？"

肖先生倔强地反驳说："我多大了？"

直到现在，肖云儒看到了好书，当下无暇深阅，便会叨念："等老了，一定要好好读这本书。"

"你还不老吗？你都70多岁了。"夫人与他玩笑。

"我一想可不是嘛，我已经老到头了，再没有老的时候了。"说到这，肖云儒哈哈大笑。

夫人明白老伴身上潜在的探索激情和创新活力："他向往热情洋溢地奔向生活的第一线，再苦再累再危险也愿意冲锋陷阵，在所不辞。"李秀芳在《我"随"云儒走丝路》一文中写道。

对于年龄和向往，肖云儒是不怕的。

肖云儒生在南方，在中国人民大学新闻系读书时就已声名斐然，他提出散文"形散神不散"的观点，影响中国文坛几十年。他对西部情有独钟，定居在西安，工作读书写评论，走过不惑之年，他将自己的研究领域定在中国西部。

而后的三十多年间，肖云儒几次穿河西走廊，沿天山向西，亦从青海的海北大草原，翻祁连山去敦煌，西部所有的省区、省会、地市和陕西省所有的县，他无一不踏过。

采访过鞋底都要消毒的麻风病院，面对过险些要扣留他的边防检查，被车队落下在大雪的新疆山区，被西藏哲蚌寺的藏獒咬伤，这些，肖云儒都说他"害怕死了"，"想起来，知识分子挺可憎也挺可爱的"。肖云儒调侃自己面对危险的时候，首先想到的不是怎么活下来，而是杰克伦敦的作品《热爱生命》中，淘金者在荒原上陷入的困境，他终于理解了那种恐惧与绝望。他还和儿子还开玩笑说："你爸爸我这辈子最后一条新闻，可能就是'评论家肖云儒因狂犬病发作，在西安钟楼见人就咬'。"

对于生命，他是怕的，或者说，敬畏。

即便如此，肖云儒没有故步自封，近四十年来，他不断向西行走，吸收了西部的"钙质"和"血性"，肖云儒说他是一个被西部重铸了灵魂的人。他说："中国西部就是丝绸之路中国段嘛。"

在首次"丝绸之路万里行"途中，团队造访了哈萨克斯坦东干族陕甘村，他们是百年前因战乱迁居中亚的中国陕甘回族，虽相隔 5000 公里的空间，却固执地保留着故乡的语言和风俗。当地的孩子们唱起陕西传统民谣"他大舅他二舅都是他舅，高桌子低板凳都是木头"时，肖云儒流着泪说："东岸子西岸子都是骨肉。"他说，世界的文明就是这样交流着、融合着，却不尽相同。

当他们的车队历尽艰险和疲劳，奔驰 16000 公里，穿越亚欧 16 国到达布达佩斯，肖云儒心中有一种感慨和感动："世界上有些路非常遥远，非常漫长，但从来没有走不到的遥远，走不完的漫长。"

记录丝路：那些变与不变

出发前，除了翻阅史料，准备稿件外，肖云儒还为自己定下了行程中一天一篇见闻的规定："第一趟行程，那时候手机不像现在这样方便，我就可怜的诶,背着几箱子文字资料,带着电脑就出发了。"对于使用电脑不熟练的肖云儒,要在汽车上打字更难应对。"后来,我就把每天的稿件用钢笔写在纸上,拍照发给后方,由他们打成电脑文件,再传给报社。"

第二次行程中,手机成了主要的写稿工具。"到了第三次,学会了语音输入,我的普通话不行,但是也还可以写个详细的提纲。"肖云儒笑着。

每天三四百公里的颠簸路程,到达住处后,基本上已过晚上10点,一番休整,肖云儒会在凌晨12点坐在酒店大厅的某个角落,根据构思好的提纲,写下一天的所见所想,伴随着凌晨2点的星星,稿件传回西安,每天会按时刊登在《西安晚报》上,阅者无数,一时间成为长安城中人们茶余饭后的话题。

"咱们搞新闻的还是有见报欲望的,看到自己的名字就很高兴。"肖云儒对记者说。所以李秀芳的任务就是每天早上把报纸拿来拍照,微信发给老伴,然后保存起来。报纸上的文章,唯有一次中断,可吓坏了李秀芳,她立马微信给肖云儒,问是否出了什么状况,后来得知因为版面安排临时中断,她才舒了一口气。"其实我很感谢她,我在路上,提心吊胆的都是她。"肖云儒言语间无不透漏出对夫人的爱敬。

"不走这几趟,你不会欣喜地发现中国文化在世界的影响力。"肖云儒向记者介绍,在吉尔吉斯斯坦首都比什凯克,竟有一条街道被命名为"邓小平大街",马路上熙熙攘攘,原来,这是二十多年前,时任比什凯克市长的吉著名经济学家西拉耶夫所提出,目的是希望吉尔吉斯斯坦以中国为榜样,走自己特色的改革开放之路。

在北欧国家爱沙尼亚首都塔林,旅者们听到了阔别已久的中国乐曲《月亮代表我的心》,发现是位老人弹着吉他在街头驻唱:"从《嘻唰唰》到《小苹果》,再到大家放声合唱《茉莉花》,一个民间歌手能这么了解中国的音乐文化,真让我们高兴。"

在拉脱维亚，肖云儒见到了与队伍联络的一位国务秘书，他是本国第一个到中国留学的学生，编写了第一本拉脱维亚语与汉语的译典，还是中国孔子学院的第一任院长，他近90岁的父亲也来到了现场，用带着儿化音的北京话演讲说："虽然在我的祖国，但是今天我要用中文演讲。"

"没有一个地方见不到中国人，没有一个地方听不到中国话，没有一个地方吃不到中国饭。"肖云儒说，"中国一直影响到了中、东欧很多国家，我们很吃惊。"

肖云儒还向记者讲了这样一个变化，早在二十年以前，到美国，看到东方面孔，别人首先会问你是不是日本人，我们都很生气，说我们不是日本人；现在变了，别人会首先问你是不是中国人。他说："世界没有变小，是中国变强大了。"

"你瞧，千年之后，中国再次为丝绸之路添上了一笔浓重的中华色彩。"肖云儒说。

传播丝路：那些同与不同

"千辛万苦跑了一趟，回来不能什么都撂了。"《丝路云笈》《丝路云履》《丝路云谭》是肖云儒丝路散文三部曲，全书60多万字。肖云儒向记者打了个比方："走了一趟丝路，所思所想就像掂了一块肉回来，要把它做成肉馅、红烧肉、皮冻，连骨头骨髓都要啃干净。"

肖云儒说他脑子里有"一锅肉"，想吃什么，马上就能"端"出来。"比如电视台跟我说，肖老师明天15分钟，我说行，就剪裁一个15分钟课程，半个小时也行，三个钟头也没问题，不用准备，就这样传播。"

为了给青少年普及"一带一路"文化，肖云儒还主编了《"一带一路"学生读本》和《"一带一路"之丝路故事》两套通俗读物，在北京、西安、广东、河南等地进行了数百场有关"一带一路"的讲座。几十年中，肖云儒已写作、主编了7部关于丝路的理论与文学著作。

也有人好意劝肖云儒，说你是学者，要好好研究和写作，不要做这些掉价的事情。

"我是新闻人出身，认为传播面越大越好，如果一个孩子小学就读了你的书，也许会影响他一辈子。"肖云儒说，孙女班里请他去讲课，他也去，也因为喜欢，他乐在其中，他认为，一个人就是一个蜡烛，而教育是一束烛光，点亮一群人。

当"丝绸之路万里行"车队行驶到萨拉热窝的拉丁桥时，肖云儒将一副落款是"和乃中华君子之风"的"和"字书法作品送给当地一位大学生。"在第一次世界大战的爆发点，传播和平显得愈发重要。"肖云儒说，临行前，他书写好了60幅"和"字作品，一路送出。

车队在经过塞尔维亚、马其顿边境地区一个村庄休息时，一位开小店的老人乔瓦尼见他们蹲在路边吃方便面，热心地给一行人烧开水，并送来自酿的葡萄酒。当老人得知这是一支来自中国的媒体队伍，便非常诚恳地希望中欧陆海快线能够修一些县乡支线，把更多像他们这样的山区带动起来。

2014年，中国国务院总理李克强与塞尔维亚、匈牙利、马其顿总理达成一致意见，将匈塞铁路向南延伸，经马其顿与希腊比雷埃夫斯港相连，共同打造中欧陆海快线。对于沿线各国乃至整个欧洲，中欧陆海快线的建设将为提振经济、推进交通便利化和促进人员往来发挥重要作用，此外它将为中国对欧洲出口和欧洲商品输华开辟一条新的便捷航线。

"这是我们插入土地深处的一个温度计，它实实在在测到了'一带一路'的温度。"肖云儒说，最重要的在于，一个最普通的山区农民，把他们山乡生活的改变和中国的"一带一路"联系在一起，"政府很上心、企业很热心、百姓很关心",这让肖云儒亲身感受到了丝绸之路的火热。

"今天的丝路还是民族团结之路、战略转型之路、展示美丽之路。"肖云儒认为,这是一条含金量非常大的"钻石链",它的经济总量达到约21万亿美元,占全球的29%;这还是一道绚丽的地球之虹,中国倡导的丝绸之路之所以得到众多国家的响应并迅速发展起来,就是因为我们尊重这彩虹上不同的色彩。

"和而不同,这就是中国。"肖云儒如此说。

江南云儒西部歌

王晓阳

为什么我的眼里常含泪水？
因为我对这土地爱得深沉……

——艾青

他祖籍四川，生于江西；学的新闻，却搞了文艺。人生七十古来稀。而他，竟然有五十年的岁月与西部文化、与陕西文艺结下了不解之缘。陕西省委宣传部常务副部长晏朝称赞他："50年风雨兼程，学术成就硕果累累；50年谦谦君子，扶持后学甘为人梯；70年坎坷人生，华彩焕然德艺双馨。"京华著名评论家雷达评价他："他不仅属于陕西，而是属于全网的。在新时期文学发展的每一个重要时期，大都能听到他的声音。他是新时期以来给文坛留下过深刻印象的评论家。"

他是谁？他曾经是著名的文艺新闻工作者，现在是著名的文艺评论家——肖云儒。

从江南出发，走向西部，文化的种子在沃土萌芽

1940年12月的一天，肖云儒出生在江西赣南的小城雩都。父亲肖远健，毕业于北京辅仁大学历史系，中共地下党员，母亲欧阳明玺，是北京女子师范学院的高才生。父母在20世纪30年代北京"一二·九"爱国学生运动中相识相爱，婚后一度想去延安，但受组织的委派，辗转重庆后又回到赣南，

从事革命工作。

不幸的是，肖云儒不到1岁，父亲就因病去世，留下了孤苦伶仃的母子。无奈的母亲带他回到外婆家。不久，随外婆坐一条乌篷船离开了出生地，在不舍昼夜的橹声中，北上南昌。在那里开始了与母亲相依为命的生活。

母亲回南昌后先后被聘为几所知名中学的校长，对他则担起了严父与严师的责任。"对我的功课近乎残酷的督查，每每使外婆暗自流泪。至今想来，仍然感觉到一种甜蜜的战栗。我甚至恨过她，又终于懂得能够从小接受大松博文式的教练，是我的造化。那远低于家庭经济水平的简朴要求使我简朴，那不完成计划不能睡觉的训令使我勤奋。铁器是在铁砧上锻打出来的，若要一位寡母为此来捶打自己的独子，心里又是怎样的滋味？"1992年1月，肖云儒在一篇名为《母亲——自序〈民族文化结构论〉》的文章中，催人泪下地描写了母子间的深情："半岁丧父，亦无兄弟姐妹，母亲终身守寡，将我拉扯大。我于她，她于我，都是唯一的，独有的。她携着我，我挽着她，脚印交织在人生路上。"这篇文章后来被选入中学语文辅导资料。

最早对于文学的敏感和热爱，却是来源于一场意外的生离死别。新中国成立前夕，母亲在江西临川女中任校长，和他们在一起的三舅，偷偷参加了国民党青年军。母亲当下急火攻心晕厥过去，醒后即刻领着校工前往新兵集训地，准备实在劝不回来时用绳索强行将其捆回来。一切努力失败后，母子抱头痛哭。三舅去了台湾，外婆的悲伤、祖父的叹息、母亲的内疚，几十年历历在心。五十多年的生离死别成为这个家庭无法弥合的伤口。肖云儒上中学后，在作文里写了这件事，文章结尾他慨然写道："拂晓时分，妈妈才从新兵集训地回来，疲惫而无助地把我揽进怀里。远方已经出现微熹，天快要亮了。"这篇作文被当作范文诵读。真挚的情感得到了应有的尊重，点燃了一个少年的文学向往，影响了他人生最初的方向，以至文化的种子在心里悄悄地萌芽。

1957年9月，高中毕业的肖云儒被提前录取到中国人民大学新闻系。他怀着对于文学和新生活的无尽梦想，第一次离开生活了十七年的江西，来到北京。那时反右派斗争正猛烈地开展着。一入校便参加了对著名学生右派林希翎的批判、对上一级同学甘粹该不该划成右派的讨论。他亲眼见证了后来被枪杀屈死的右派女生林昭和甘粹悲苦的地下爱情。那个年代，人性成了资产阶级的本性，文学成了小资情调的代名词，而新闻则完全是政治的驯服工具。在政治高压和生理饥饿中，年轻的肖云儒陷入深深的思考。

一天，肖云儒读了华君武的系列政治讽刺漫画，深有感触，写了一篇评论寄往《美术》杂志（《中国美术》前身），受到杂志主编、著名美学家王朝闻的青睐。当他看到肖云儒还不满20岁，脱口而出："还是个娃娃嘛！"王朝闻语重心长地肯定了文章，并谈了修改意见，在1960年第11期《美术》头条发出，给了年轻的作者很大的鼓舞。

而另一篇仅有500字的文章，更是奠定了肖云儒后来作为文艺评论家的地位。1961年年初《人民日报》副刊开设了"笔谈散文"专栏，冰心、徐迟、老舍、李健吾、师陀、柯灵、秦牧、菡子等著名散文家，纷纷参与讨论，就散文的文体、内容、形式、风格展开热烈的议论。肖云儒当时年不到21岁，也斗胆投了稿，发表了短文《形散神不散》，提出散文要"形散而神不散"的观点，受到广大读者和散文理论界的肯定，引起了广泛的反响。"形散神不散"作为散文的特征和要求写进许多大学、中学教材和理论著作，还成为1982年高考试题。由此派生出诸如"形散神聚""形散神收""形散神凝""形散神圆"的说法，引起评论界、散文界长达二十多年的论争和研究。

也正是从那时起，肖云儒意识到：为政只管一方，为文方可天下；为官不过一任，为文方传万代。在他内心的坐标上，文化的力量越来越强大，这令他在那个政治风云多变的时代坚强自立。

1961年上半年，肖云儒到陕西日报社实习，拉开了生命历程中西进的序幕。他没有料到，此次实习竟然会与陕西乃至西部结下不解之缘，以至将自己一生的岁月紧紧地牵系在这块土地上。

"刚到报社，看见大家都拿着大老碗蹲在食堂台阶上吃旗花面，惊喜极了。那是'三年灾害'的饥饿时期，能有这么一老碗面，尽管稀里咣当，也令人终生难忘呀。至今我都爱喝稀面片。"肖云儒回忆起当年的情形，乐呵呵地说。"后来，文艺部老师照顾我，额外给了我一碗羊肉泡馍票，吃后简直受宠若惊。很多人开玩笑说我是因为一碗羊肉泡馍留在了陕西，还真不假。我从这碗泡馍里，看到了陕西人的质朴、善良、厚重，一方水土养一方人嘛。我想，陕西人的这种秉性，大约与十三朝古都的文化积淀，与八百里秦川的阔大，有密不可分的关系吧。这方厚重的土地、这群质朴的人民，深深地吸引着我。"

肖云儒又一次拜别母亲，来到了人生地不熟的陕西，成为陕西日报社的一名记者、编辑。

从西安出发，到艰苦的山区逆境中寻找人生的精神坐标

初到《陕西日报》文艺部工作的肖云儒，凭着一股子对文艺、对新闻的热情，投入到文化新闻的实践中去。

当年秋天，连绵阴雨下个不停，全省农村开展了抗涝保收的斗争。此时，作家晓雷写了一首赞美秋雨的诗，诗写得非常好，肖云儒立即编发了稿子。报社总编辑丁济沧看到版样后，撤下了这首诗，批示说：在全省抗涝的大局下，作为党报刊发歌颂雨水的诗文，是会伤害人民群众的感情的。肖云儒如梦方醒，意识到在新闻媒体做文艺，与纯粹的文艺创作是有区别的。新闻媒体是党和人民的喉舌，刊发文艺作品就应该与党和人民群众的利益和心情相契合。

这次经历促使肖云儒在实践中反复思考新闻与文艺的关系。后来他在《新闻研究》（现在的《新闻知识》）杂志发表了《论新闻文艺学》的论文，认为，文艺创作有三个板块：一是偏重艺术审美的创作，二是偏重生命宣泄创作，三是偏重社会功能创作。三个板块相互交叠又各有区分。媒体副刊应该将审美性、生命性、功能性结合起来，在首先关注社会功能的基础上，调节好创作内部的生态平衡。

从1961年进入陕西日报社工作到1983年离开，共有长达二十二年的时间。其中"文化大革命"的十多年里，肖云儒的命运和当时所有知识分子一样，经历了下放农村、在工地和工厂锻造自己的艰苦历程。

1969年冬，肖云儒响应毛主席"广大干部，下放劳动"的号召，坐一夜火车到了阳平关，再换乘大巴，在崎岖的山路上颠簸大半天才到了汉中。然后换上了敞篷大卡车到西乡，再坐手扶拖拉机到五里坝公社。最后，由大巴山的"背老二"帮他把行李背到了最终的目的地苏家庄二队。路上整整折腾了四天。

城市的影子一点点远去，无尽的大山和无边的贫困扑面而来。被冬天的寒风刮得透心凉的肖云儒，感觉自己正在被山路引向天的尽头。"母亲已于1964年去世，52岁就倒在了江西省人大会的发言席上，此时已是孑然一身。现在离故乡江南越来越远了，离熟悉的西安越来越远了，一个无根的游子，不知哪里是个头？心里有一种被社会抛弃的恐惧。"回忆起这段经历，肖云儒这样坦陈当时的迷茫。

在贫下中农的堂屋里用竹笆隔一张床，便是家了。收稻子，交公粮，与社员同吃同劳动。不久，又随民工组建的民兵团到了阳安线铁路工地，在那里开山放炮修桥，也搞一点宣传。年仅30岁的肖云儒，从学校门到机关门的一介书生，在那里经历了苦难、饥饿、死亡，也亲历了生命的激情与创造，逐渐懂得了社会和人生。

当时工地正搞大会战，要将一道山梁炸为垭口，让"幸福路"直穿而过。中午，民工们三三两两蹲在地上吃饭。突然高音喇叭大喊："放炮了，放炮了，请大家马上退到安全线外。"民工们端着碗纷纷转移到安全线外一面土坡下。肖云儒身边一位20多岁的小伙，正笑眯眯给大家说昨晚逮住两只蛐蛐，兀地一块石片旋转着飞下来，众人四散逃窜。小伙子也向右扑倒，恰好被石片打个正着，当下将天灵盖削掉半边，脑浆溅了肖云儒一身。他紧紧地搂住小伙子，唤着他的名字。温热的身子却在怀里一点一点冷却。他被悲痛压倒了，生命转瞬即逝，是如此脆弱。与死亡相比，人生的苦难和艰辛又算得了什么呢？

对生命新的感悟，促使肖云儒以乐观、进取的心态面对一切，决心在逆境中努力实现人生的价值。一年后他调入汉中日报社，不久中国新闻社委托汉中日报完成一项去汉中疗养院采访麻风病人的对外报道任务，他主动请缨进入病区采访。麻风病传染性大且难以根治，人们无不谈"麻"色变。肖云儒当然也心存恐惧。但是，新闻工作的使命感驱使他迎险而上。汉中疗养院的医护人员，不顾个人安危献身于崇高的事业，却不敢告诉亲友自己的职业，那会被另眼看待。那些麻风病患者，更是无辜的受害者，是一群从未危害社会却被终身监禁的人。他们孤独自卑、痛苦绝望，遭到亲友的遗弃、社会的歧视。

"其中有一位教师，正在热恋而且快要入党，遽然查出了麻风病，爱情、青春、理想和前途，几乎在瞬间被生生毁灭了。他痛不欲生，多次吞玻璃碴自尽未遂，终于在血泊中建立起新生的信念，后来成为病区团支书，夜校模范老师。很多病人都经历了这样撕心裂肺的转变，在与世隔绝的围墙里重走人生之路。"肖云儒还记得，当他远远地伸出手，要与那位中学教师相握时，两个人的内心都充满了感动。这些生而不幸的人，引发了肖云儒对自身、对社会的思考。他的报道作为中国新闻社的通稿，被海外媒体广泛采用。肖云儒作为第一个进入麻风病区、亲身接触麻风病人的记者，成为新闻后学者的榜样。

回到陕报后，他又二返汉中记者站，与高万城、邰宗武组成记者组，徒步秦岭深山，在现场拍到了熊猫和朱鹮，报道在海内外转载，引起轰动。他也与当地的熊猫专家雍严格建立了三十年的友谊。

在以后的许多年里，无论是当记者还是搞田野学术考查，他都保持了这种深入一线的作风，以至经历了好几次生死考验：在西藏，他以记者的敏感，私自钻进哲蚌寺后院，去窥探喇嘛僧众神秘的世俗生活，被看门的藏獒狠狠地咬了一口，几乎命丧西藏；在云南边界，出于好奇，他进入缅甸境内采访克钦族山寨，被边防战士怀疑贩毒而盘查半天。有着新闻记者的职业敏感，又有着文化学者的深厚积累和独到思考，这令肖云儒成为陕西新闻界走出去的文化学者，最终成为西部文学和西部文化的开拓者和系统研究者。

构建中国西部文学理论，为西部文化建设育人献策

肖云儒在西部的土地上成长，他要为这块土地献上自己的思考成果。1979年结束下放生涯重回陕报文艺部，他便与刚恢复的陕西作协一道，在全国较早成立了"笔耕"文学评论组，以老一辈评论家胡采为顾问，王愚和他任正副组长，被首都评论界称为"集体的别林斯基"（俄国著名进步思想家、评论家）。同时在全国率先创办了陕报的"文艺评论"专版，积极促进文艺界的思想解放运动。这期间他在《光明日报》《文艺报》《上海文学》《延河》等全国性刊物撰写的《呼唤真正自由的文学》《文学创作中反映封建主义潜流问题》《开辟新人形象塑造的新途》《被拷问的人文精神》等长篇论文，纷纷被《新华文摘》和人大报刊资料转载，在全国产生了较大影响

1982年，老一辈电影评论家钟惦棐来西影厂看了《人生》《海滩》等几

部新片，倍加赞叹，说了一句石破天惊的话："美国有西部片，西影为什么不能拍中国的西部片？"几句话在肖云儒心里点了一把火，他立即跟踪报道，而且作为一个大课题存于心中。转年秋天，肖云儒从报社调到省文联研究部，很想对自己的学术研究进行一个宏观的策划。"都40多岁人到中年了，应该有自己的学术领域。"肖云儒决定选择西部文化作为自己的研究方向。

目标确定后，1984年，已经调到省文联工作的肖云儒，发起组织了西部省区文联，在新疆伊犁联合召开第一次中国西部文艺研讨会。刚到乌鲁木齐的晚上，承办方新疆文联通知肖云儒，大家建议他在会议开始时做一个较长的主题演讲。

"时间非常仓促紧迫。由于旅社房间还住了一位同仁，我只好一大早就躲到乌鲁木齐的红石公园，在曲径通幽处找了个小石桌，啃着干馕干开了。到了上午九、十点钟，游人渐多，急着要找僻静谈恋爱的年轻人，还有找隐背处'方便'的人不时干扰。我在那里端坐不动，很煞了他们的风景，甚至引发了两位的愤怒，扭头扔下一句'逛公园还当孔夫子，假正经！'"肖云儒笑谈当时的场景。

伊犁会议的主题发言后来整理出两篇论文，一篇是万字长文《中国西部文艺的若干问题》，发表在学术刊物《当代文艺思潮》上，一篇是5000字的《美哉，西部》，在《陕西日报》文艺版加编者按发表。两篇文章在全国较早提出了中国西部、中国西部文化、中国西部文艺等概念，初步论述了中国当代文艺对西部生活如何作审美转化的一些关键问题。后来又写了《西部电影五题议》，是把西部电影作为一种文化现象、创作现象正面展开来谈的最早的学术论文。新华社记者卜云彤就这个问题三次采访肖云儒，先后写成消息、通讯、综述三类稿件，在海内外多家媒体刊登。尤其是内参稿，引起了中央领导的关注和重视。

在大家的鼓励下，肖云儒决定将对西部文艺的种种思考发展成一部学术专著。由于此前从未有过这方面的著作和论文，可供参考的资料极少，这就迫使他不能走学院式的引经据典的研究路子，而必须走对西部人文做田野考察的路子。这是一条充满阳光、充满泥土气息、充满生命体验的路子，是一条学术研究的"绿色通道"。"在那一两年，我抓住一切机会西行，一个一个省地做社会学、民族学、文化学和民俗民艺的田野考察。我曾计划5年内让自己的脚板踏遍西部的每一个地市，可惜至今也没有完成。因此我仍不能停下西行的脚步。"

西行途中，肖云儒从暴风雪中孤独无助却巍然屹立的牧羊汉子，感受到西部人雄鹰一般的孤独和刚毅；从敦煌的壁画、库车的千佛洞追溯到更古老的印度石雕；从山南海北（祁连山南与青海湖北）种种多民族杂居的文化漩涡，体味到各种异质文化在西部的交汇……他在行走中领略和思考西部之美，在大地收获思想。

1986年夏天，陕西省文联组织改稿会，肖云儒以组织者和作者的双重身份参加。在太白山下一个僻静的招待所住了25天，写出了《中国西部文学论》的前10万字。后面的20多万字是在上班的业余时间完成的。草稿杀青后，他和老伴一个趴书桌，一个趴床沿，分开抄清。1988年《中国西部文学论》由青海人民出版社出版，获得了中国图书奖，这是青海获得的第一个全国图书奖，1989年又获得了中国当代文学优秀成果奖。日本、加拿大根据此书两度拍摄了中国西部文化专题片。中国西部电影、西北风音乐和西部文学创作热潮涌起，成为新时期重要的文化艺术现象。这是一部奠定肖云儒在西部文学论坛地位的巨著。

《中国西部文学论》赢得了台湾大学教授叶四维、著名文艺评论家王愚、郭文珍、王仲生等十几位专家的赞扬。王仲生教授评价它："西部文艺的第一部专著和多维文化学理论建构的成功尝试。填补了从全方位出发、对精神生活中的西部现象进行系统观照与深层阐释这一空白，标志着西部文艺的研究进入了一个新的阶段。这本专著虽然论的是西部文学,但意义超出了文学,它所反映出来的文艺观念和思维方式、研究方法,无疑丰富了社会主义文艺理论学科体系,也对整个西部文化精神现象的研究提供了有价值的建设性意见,为西部研究形成一门独立学科建构了雏形。"

而贾平凹评价肖云儒:在他十分年轻的时候,提出过关于散文创作的"形散神不散"的观点,20世纪80年代末,他最早研究中国西部文化和文艺的问题,撰写出版了国内第一部《中国西部文学论》专著。20世纪90年代他又集中对长安文化的内质、特色及其在中华文化格局中的定位、作用做研究。他是较早意识和尽力完成自己独立体系的理论批评家。他不善于张扬和炒作自己,但成果扎实而独姿独采,当文坛时尚之风阵阵刮过之后,他开始水落石出,价值与实力渐渐被国内文坛认知和钦佩。

在陕西乃至西部,大家除了对肖云儒的学术成就敬佩有加以外,还对他扶持后学的无私精神赞叹不已。著名作曲家、中国音乐家协会主席赵季平在大学学习时的歌曲处女作,著名作家晓雷、李天芳、王蓬最早的作品都是经他的手编辑发表出来的。到省文联工作以后,肖云儒组织参与了上百次各类文艺活动,为600余名作家、艺术家写过评论。文艺同仁开玩笑说他有先见之明,怎么早几年就为新任省书法家协会主席团几乎所有的成员都写了评论,真是慧眼识珠呀。而他参与中央电视台、凤凰卫视及各省市电视台60余次人文话题节目,向全国倾力推介西部文化和陕西形象,影响更是深广。他与张岂之、余秋雨、易中天、于丹、葛健雄、雷达、朱大可、孔庆东、徐刚等学者的高端文化对话,在社会上不胫而走,被誉为"三秦名片"。

进入新世纪,肖云儒内心又燃起了新的创造激情,"我开始不满足对西部形而上的研究,纯粹的理性观照已经不能承载对这块土地的热爱"。他事业的方向又一次调整:广泛地参与到陕西乃至西部文化建设的实践中去。十多年来,他组织和参与了全国50多次大型文化活动和省级精品创作的评审;

参与了唐城墙遗址公园、长安雅集、西安城墙旅游线、浐灞世界园艺博览会、文艺路演艺一条街、西安城市标志雕塑、白云山文化论坛、韩城旅游规划，以及各市县多个文化项目的论证、策划，为陕西文化建设出谋献策、提供智力支持。

"西部养育了我50多年，有生之年我要全力回报这块热土，"肖云儒感慨地说："作为三秦儿女，我不希望看到她有一丁点地域文化的沙文主义和保守主义。古代有'文死谏，武死战'之说，作为文化人，对家乡应该诤言直谏，所以我经常反思陕西文化的不足。"他曾直指陕西的文化局限和精神陋习，语气尖锐，希望促发陕西文化观念的突破。"我觉得这是另一种忠诚，是更深刻的爱！"

2009年12月25日，肖云儒文艺生涯五十年暨《雩山》书系四卷本出版活动在西安隆重举行。省市领导及陈忠实、贾平凹、刘文西、吴三大、许还山、赵振川、王西京、江文湛、雷珍民等500多位文艺名家到场祝贺。省委宣传部常务副部长晏朝在会上致辞，高度赞扬肖云儒："七十阳春岂等闲，几多辛苦化甘甜。肖老师用他的谦谦君子之风，为陕西的文化艺术事业驾辕助力；用他的谆谆导师之德，为诸多文艺人才和后生们铺路架桥；更用他的殷殷智者之情，为陕西赢得了诸多的骄傲。正可谓：师表才情堪敬仰，古稀不愧焕神容啊。"的确，他的《八十年代文艺论》《中国西部文学论》《民族文化结构论》等18部专著，五卷本180万字《对视》书系和四卷本150万字《雩山》书系，奠定了先生在中国西部文学、西部电影、西部文化理论体系中的开创者、建构者的地位。

2011年2月28日，《陕西日报》

我们充满信心地期待着

——西部文化研究的当代状态

席 文

中国西部文化研究,是新时期地域文化研究起步早、较活跃的一个领域。由于地域辽阔,西部文化是一个界定较模糊、包容性较大的概念。除去西部各少数民族文化的微观研究。习惯上将西域文化(大约指兰州黄河段以西的外西部)、黄土文化(大约指晋陕黄河段以西的内西部)和长安文化、延安文化都包容其中。有时还和西部宗教、文物考古研究,例如伊斯兰学、藏学、敦煌学、秦俑学等等交叉。

新时期西部文化的研究引起全国关注,最早是从文艺起步,在评论和创作的结合中,向文化理论突进的。1984年初,钟惦棐在西影提出中国也可以拍自己的西部片。接着,西北五省文联在伊犁召开了中国西部文艺研讨会(先后开了三次)。肖云儒发表了《关于西部文化艺术若干问题》的主题发言。1986年在全国新时期文学十年研讨会上,西部文学成为一个热点问题,开了专题讨论会。从1988年起,肖云儒主编的"中国西部文艺研究丛书"(八册),周政保、管卫中主编的"中国西部文化论丛"(四册)陆续出版,对西部文化、文学和主要艺术门类作了系统研究。与此同时,电影的"西部片"、音乐歌舞的"西北风"、电视的"西部集团"(西北、西南十省市联合),以及西部民俗研究纷纷崛起。各类中国西部小说、散文、诗歌丛书纷纷出版,成为一道文化风景,引起了文坛艺苑的"西部热"。20世纪90年代前后,西部文化研究向学术领域提升,并扩展到海外。林海村的《西域文明》、羽田亨的《西域文明史》等等都是有分量的成果。余秋雨等国内知名学者也几次考察西部文化。

新时期西部文化研究既重资料、考证和社情、史料的梳理提炼，更重视由表层向内质的突进。肖云儒对西部文化五圈四线多维交汇网络内在结构和两极震荡的西部精神的论证，以及关于西部文化动态生存观对中华文化的丰富和平衡，西部和现代在不同历史发展螺旋上的十几点同位应和（见肖云儒论文《西部热与现代潮》），世界文化中的"泛西部""类西部"现象等见解，余斌对西部文化原型意象的论证，都有相当的新意和深意。

西部文化的研究这几年也逐步向社会文化建设扩展，成为西部改革、振兴的一个智力库。西部各省联合编撰的《中国西部改革发展思考》和西安交大编撰的《东南挑战与西北振兴》等书中，西部文化研究中形成的西部观、西部意识、西部文化结构、西部精神等等成果，成为西部经济、社会、文化建设重要的理论坐标。《陕西日报》《西安晚报》分别以"陕西人""西安人"为题征文并结集出版。几千份群众来稿对西部文化性格和社会心理做了生动的描述，提供了大量鲜活的思维材料，一时街谈巷议，形成舆论热点，引起专家和省市决策部门的重视。专家提出的"长安文化形象定位和设计"思路，引起省市领导关注，专门约谈讨论，并纳入省政协会的提案，新华社向国内外发了通稿。陕西电影电视主管部门和制作单位，将"西部风情""黄土风情""西京现代风情""周秦汉唐风情"四个系列作为重点题材，分别成立专门的工作室，抓作者，抓剧本，抓摄制。现在已有《半边楼》《风檐》《大秦腔》《道北人》《老城墙》《老房子》等几十部、300多集出品，在全国陆续播放。

西部文化研究的弱点，主要是批判意识和反思深度还嫌不足，代表性论著未能出版问世，研究队伍缺乏聚合力。

1998 年 7 月 23 日，《文汇报》

肖云儒：西北文学给我"补钙"

颜 亮 曾 晶

肖云儒现在待得最多的，就是新书房。

肖云儒是陕西有名的书法家，章子也集了不少。

贾平凹同肖云儒私交甚好，贾每出新书都题字留念，亲自送来。

肖云儒已经基本放弃搬书房的计划了。之前，他在离家不远的小区买了一套新房，打算把它完全布置成书房，把家里原本放书的两个小房间解放出来，自己也落得清静。但搬了一半实在搬不动了，最后索性就搁浅了。

所以现在算下来，肖云儒一共四个书房。平时读得较多的是文史哲类，都存在家里的小书房里；至于书画类和整套的书，就放在新房里；一些比较珍贵的，存在西安外事学院文化产业学院的办公室里，那里有专人打理。不过由于之前筹划着搬书房，好些书都搬乱了，找起书来，可忙坏了主人。

两室一厅的房子，除了一张床、一张几案，其余都是书架。肖云儒喜欢在这里写书法，"我写行草，它自如，能够发泄，不会把自己的心性装进一个森严的框子里"。肖云儒现在最怕的是各种突如其来的拜访者，所以新书房里连沙发都没有，就两条板凳。"不能让他们待得太舒服了，不然就没完了。"他笑着说。

怀揣文学梦，走上文学评论道路

肖云儒出身书香门第。外公欧阳瀚存是与鲁迅同辈的留日学生，主修经济，后为江西中正大学的教授；二外公（外公的弟弟）欧阳溥存曾官至道台，主修文史，是1915年出版的《中华大字典》两位编纂之一。由于父亲早逝，肖云儒自小在欧阳家长大，外公书房中满桌满架的文化、经济、日文书，让他至今印象深刻。

"我记得有套商务印刷馆出的《四部丛刊》，一套就占了整层书架，非常珍贵。"但时代弄人，待到肖云儒发蒙时，已是新中国，家里这些沉甸甸的"宝贝"早被历史抛弃，少有人问津。

当时接触的全是苏联的东西。正是在那时，肖云儒读到了车尔尼雪夫斯基的《怎么办》，主人公拉赫美托夫的革命热情彻底震惊了他，"拉赫美托夫的那种激情感染了我一辈子，我一生都在效仿，可以说深入了骨髓"。而俄罗斯的"阿Q"奥普洛莫夫，冈察洛夫同名小说的主人公则是肖云儒最厌恶的人物。"杜勃罗留波夫曾对奥普洛莫夫有过透辟的评论，他从小说入手，分析了为什么俄国革命具有必然性。"杜勃罗留波夫让肖云儒第一次见识到文学评论的绚烂。

1956年，怀揣着文学梦，肖云儒考入中国人民大学新闻系。还没正式开学，在新生教育课上，肖云儒看着系主任在黑板上写下"新闻记者——党的政治工作者！"几个字，文学梦碎了一地。这时窗外的政治形势开始逐步紧张，大炼钢铁、"三面红旗"正如火如荼。

肖云儒不管这些，受过拉赫美托夫思想"历练"的他，开始严格按照西方文学史的轨迹，从古希腊的史诗开始，一路读到巴尔扎克、托尔斯泰，再到狄更斯、马克·吐温。读累了，就去北京福隆寺看复播片，那里专门放映各种西方文学名著改编的电影。

他也开始读中国作家的作品。读来读去，最喜欢的还是鲁迅，然后是曹禺。"鲁迅是深刻的，曹禺是纯文学的，一个更深刻，一个更文学，我都喜欢。"再有就是老舍，但"要到很后来才真正喜欢上"，因为他是真正在写平民的；而巴金和茅盾，因为主题先行，肖云儒说他一直不大欣赏。至于心有戚戚焉的张爱玲,则要到20世纪80年代才有缘相会。

真正把肖云儒"拽"上了文学评论这条路的是李泽厚:"从1958年开始,蔡仪、朱光潜、李泽厚等人在《新建设》开展美学大讨论,持续了三年,让我也爱上了哲学和美学。"肖云儒赞同李泽厚"主客观融合、可进可退"的美学理念。1981年《美的历程》出版,时至今日,肖云儒仍然会反复阅读,"它早已被我当作中国文化史和中国美学史的字典了"。

因为一碗羊肉泡馍留在西安

1960年,肖云儒在陕西日报实习。当时正是"三年自然灾害",口粮完全不够一天的量,经常饿得前胸贴后背。见他可怜,部门同事匀了一张羊肉泡馍券给他。这一顿把肖云儒给馋坏了。为了能吃上羊肉泡馍,最终他留在了西安。

到今天,在西安待了五十多年后,肖云儒说,除了口音没法变,肚子里早就装满了羊肉泡馍,早已是个地地道道的西北人。但在三十年前,当他计划开始系统研究西部文学时,显然对这个问题信心不足。

"很大部分的个人原因,是希望西部文学能给我'补钙'。"肖云儒说。他是个南方人,个子又小,从小在妇女多的环境下长大,整个就比较脆弱。"人家说南方人是'秀',其实是脆弱,是'缺钙'。"而西北,作为胡汉交杂地,由于草原文明和农业文明交会,比较多"钙质",所以他一直非常钦佩。"因为我为人处世很脆弱,所以我读作品喜欢读粗犷的,喜欢读杰克·伦敦,还有中国的张承志、周涛,这就是为了'补钙',文学作品能给我的精神、感情补充一些这方面的营养。"

当时,正是以陈忠实、贾平凹、路遥为代表的文学"陕军"步入全国视野之时。肖云儒很早便与他们熟识,陈忠实和贾平凹都尊称肖为"老师"。

"他们之所以能出来，真正是赶上了好时候，'文革'在他们三四十岁的黄金年龄，戛然而止，积压在他们内心的各种各样生命感悟、激情终于找到了一个突破口。"肖云儒说。

肖云儒尤其喜欢贾平凹的作品："贾平凹的作品很基本的特点就是捕捉每一个时段的社会气息，捕捉得特别好——最早捕捉的是《浮躁》；然后《废都》，是颓丧；然后《秦腔》，是悲凉；接着《古炉》，是冶炼、烧陶，在烈火中重生。他都是从情绪的角度出发。我觉得《废都》是一段非史之史，无律之律，它有规律，这个规律是一种情绪规律。《废都》在未来会有更大的价值，到现在都不好明言。"

路遥则应该是肖云儒眼中最有"钙"的作家了。肖提到一件事——路遥在延安写《平凡的世界》第一部时，肖云儒刚好路过延安。"路遥跟我说，你今晚不准睡觉。他带点匈奴血统，讲话非常强悍。结果当天我们一直聊到两三点。"肖云儒说，路遥把第二、三部的结构都说了，讲到最后肖有点瞌睡，路遥毫不客气地说："你怎么能瞌睡！我呕心沥血给你讲这些，你给我站着听！"肖云儒忍着瞌睡，硬是结结实实把路遥的构思都听完了。"路遥和贾平凹都是福将，他们的命运就诠释着他们这一代人。他们用自己的人生积累、生命积累，非常典型地诠释了这样一个时代。"肖云儒说。

2012 年 8 月 26 日，《南方都市报》

五十年人生足迹叠加五千年古都印迹

——著名学者肖云儒：爱一座城不需要理由

张　静

著名文化学者肖云儒不止一次跟人说过，原本是南方人的他，因为一碗羊肉泡馍，留在了西安。从此，在这里生活了五十七年。他的身形依然是南方人的身形，但从饮食习惯到思维习惯，已经彻底成了西安人。他以70高龄，三次行走丝路，洋溢的是对丝路起点的自豪感。他说："作为这个城市发展的参与者、见证者、记录者，可以说出一千条一万条理由爱这座城市。但若爱西安如爱你自己的生命，那又是不需要理由的。一个人五十多年的人生足迹，与这座城市五千年的印迹，叠印在一起，撕扯不开，互相成为对方的一部分，爱它还需要理由吗？"

无问西东：五十七年间他走遍了这座城市

谈及西安，肖云儒仿佛打开了"话匣子"，五十七年的生活经历已经让这座城市的血脉浸入他的骨子里。"我在西安先后搬了七八次家，始终没有离开过明城墙圈和它的延长线，没有离开过唐城墙遗址和它的延长线。年轻时，我上班每天要路过碑林博物馆，在颜筋柳骨颜鲁公和柳公权还有张旭、怀素的线条和气息去来。"

"有好几年，我上班的地方离钟楼不过一二百米，午餐时便吃遍了附近的老孙家、同盛祥和回民小吃街的各种餐馆。"

肖云儒说自己后来搬到了西边唐城墙遗址不远处，住到了大唐西市旁边。而老伴在西安交大工作一辈子，那里正好是大唐东市。他开玩笑说自己一家往来于大唐的丰庆宫和兴庆宫，往来于大唐东、西二市，那真是"无问西东"。

回顾这些年和西安的缘分，肖云儒说："我多次去过蓝田猿人遗址，看望过中华老祖母华胥，去过仰韶文化的半坡。多次去过周代丰镐二京、秦始皇兵马俑、未央宫、汉阳陵、大明宫、华清池，那感觉就是在和前人、和先祖在对视、对话，生命在时间河流中汇流。所以我后来为西安题了一联，镌刻在钟楼上面朝北方的那面——'阳春烟景八百里秦川唯此楼坐镇，大块文章五千年华夏赖斯玺钤印'。"他充满感慨地说："是呀，中华文化如没有盖上古长安和新西安这颗印章，还是珍品吗？简直不可思议！这些年，我更是看着西安这座古城一天一天亮丽起来，文化一点一点活起来，是愈来愈鲜活了。"

建言献策：为自己生存的城市出力

肖云儒至今还记得，五十多年前他初到西安时，钟楼附近的骡马市还真有骡马大店和骡马大车，现在这里是西安最早的商业步行街，现代、美丽、方便、惬意。他目睹了大唐芙蓉园如何在建筑师手中复活，也喜欢在音乐厅、美术馆等新近落成的公共文化场所内去享受音乐的盛宴。作为一名文化学者，他涉猎广泛，担任"擂响中华"全国戏曲大赛的评委，担任丝路国际艺术节评审，参与过许多旅游情景演出如《长恨歌》《秦俑情》《南门入城式》等许多演出的策划、论证，助力西安叫响全国，以古稀之年积极为西安打造"书香之城""博物馆之城"建言献策，他说："能为自己的城市出一份力，再忙我也开心。"

西安是一座举世闻名的历史古都，在西安的发展中，历史和现代的脚步一直交叠着。肖云儒说:"这座城市的历史文化向着现代文化延伸发展,现代文化又不断从历史文化中吸取能源和营养。"从文化生存方式看,有两种"西安人"。一种是城圈里传统的西安人,爱看秦腔、爱吃羊肉泡的西安人;一种是住在二环内外曲江、西咸新区的现代西安人,他们爱听交响乐,爱喝咖啡。事实上,西安现在已经逐步形成了三个生存圈:一个是城圈里的传统生存圈,那些"井"字形街坊中的四合院生存状态;一种是现代生存圈,主要是二环内外文化区、高新区、经开区;再一种是环山临水,即从秦岭到渭河的生存圈,这里是高校、智能和高科技新区,我们可以把它叫作生态的、绿色的生存圈。

"西安就这样眼看着一步步由传统走向现代,由现代走向未来。西安航天城的揽月阁公园刻着我撰文书丹的一个赋,在这个《揽月阁赋》中,我说那个揽月塔'有雁塔之气敛聚,有星箭之势蓬勃。明暗错落,虚实唱和。高风而亮节,指天而雄矗'。"

古稀之年,他三次行走丝路

近年来,随着西安的城市发展,开放包容的汉唐气度,在现实生活中重现升华。肖云儒很自豪地说:"西安作为丝路起点,在国家'一带一路'的实践中有了太多太好的历史机遇。年过古稀的我,竟然在75岁到77岁时有幸参与了三次'丝路万里行'媒体活动。坐着汽车跑中亚、南亚、中东欧三十多国、九十多城,我们亲身实地感受到了中国文化、长安文化在和世界各国文明互鉴中发挥的作用。"

他回忆说,在中亚的清真寺,当地阿訇介绍,他们清真寺的建筑和西安清真大寺的许多元素都有相似之处;在罗马听见市长在谈到长安、罗马自古至今牵手丝路时,能感受到他那种发自内心的自豪和对于长安文化的敬仰。

在印度加尔各答那烂陀寺，又感受到了印度人民对于玄奘历史功绩的肯定。

　　三次行走丝路，肖云儒对丝路的感情很深，他说："我们现在已成立了丝路城市电视联盟，成功地搞了好几次丝路春晚。我们秦腔演员的水袖和表演，已经在罗马斗兽场前飞舞。丝路国际艺术节和丝路国际电影节，还有丝路国际儿童艺术节，这些对外的文化活动传递了一个非常明确的信号，那就是西安正在由一个以历史文化为特色的国际大都会，阔步走向一个以历史文化和面向亚欧大陆桥双重特色的国际大都会。"

　　采访结束之际，肖云儒颇有感慨地说："西安同汉唐时期的长安一样，正在由祖国的腹地走向世界。我个人的人生因为有了西安，有了对西安的热爱，有了为家乡效劳的机遇，而变得分外充实和自豪。"

2018年10月14日，《西安晚报》

因书自豪，嗜书如命

成东丽

"不散居"中满目皆书

"不散居"，著名文化学者肖云儒的书房。昨日，记者如约来到桃园南路省政府小区，看到在一套四室两厅的房子里，除了一个小房间用来休息外，其他的空间全部存放着书籍。肖云儒告诉记者，"不散居"是好些年前作家方英文给取的名字。"不散"寓意自己对事业、目标的不散，也有家庭不散之意。

充满自豪的第一代书架

"我书房的几度变迁，记录了我的读书历史和半世纪人生，也反映了社会读书风气的变化。"肖云儒回忆说。

"1961年大学毕业，我分配到陕西日报社工作，两个人一个宿舍，没有书架，书就堆放在地上。于是，我用第三个月的工资和一位同事一起去竹笆市买了一个简易的木条小书架，我们俩轮流扛着书架穿过钟楼，回到当时还在东大街的陕西日报社，心里充满了自豪。作为文人，我终于有了一个放书的专用角落了。"肖云儒说这是他的第一代书架。

"文革"时期，肖云儒被下放到汉中西乡大巴山深处，农民房东为他用竹篾子搭建了临时卧室，尽管地方很小，他还是自己动手找了一些砖头和几块木板，为自己架起了一个三层的临时书架。之后，肖云儒被借调到汉中日报社当编辑，有了独立的卧室，为了存放书，赶紧买了一个捷克式的八字腿书架。讲到这里，肖云儒拿起笔给记者在纸上仔细画出他之前三代不同的书架样式。

凝聚工人师傅友谊的第四代书架

"从汉中日报调回陕报之前，我一度在三原一个国防工厂政治部当干事，在那里又分了一间小房子。之前的书架从汉中没有带过来，到这里便又没有书架了。我的邻居们多是一些从部队转业的工人师傅，他们非常纯朴。看到我的书堆在地上，便你捡一块废木料，他找一块旧木板，帮我做了一个带柜子的书架。这个书架很结实，也高级一点。它凝结了我和工人师傅们很纯朴的、难忘的友谊。"肖云儒说他在调回陕报时，这个书架也就跟着带了回来，不舍得扔一直用到前几年。

回陕报不久，他分了一套小单元房，于是又做了三个带玻璃门的书架，并排摆了一整面墙。这已是他的第五代书架了。

1983年肖云儒调到省文联后，分了三室一厅的房子，他的第六代书架产生了。因为搞文艺评论和文化研究，书籍大量增加。专业书多了，有理论书、文艺各门类的书，还有作家、名士的签名本。哲学和文化、思想史方面的书更多。于是他在原有三个书架的基础上又增加了三个书架。

房间无字画，一切空间都用来放书

"2003年，我在省政府小区分了四室两厅的房子，房子大了，其中的两间都用作书房，存放书籍，但还是不够用。"于是，肖云儒就在离家不远处一小区里，专门买了一套两室两厅的房子用来存放他的书。直到2016年，他的邻居赵季平搬走后，他买下现在的这套四室两厅的房子，全面改造装修为他的专用书房。这是他的第七代书架了。

记者看到在"不散居"里，四间房、十几面墙全是从地板打到天花板的书架，那真正是书墙，书的森林。为了取用方便，书架全是开放式的，所有的书都归类整齐地摆放着。房里没有电视机，没有挂一幅画、一副字，也没有博古柜，没场任何装饰。肖云儒表示，一切空间都必须用来放书。就这现在已经不够用了，又开始堆在地上了。他苦笑着，苦笑中分明有点自得。

肖云儒谈着他的八代书房、十面墙的书，非常开心。那是一个文化人与书相依为命的漫长历史。他说："文化人羞于也不屑显摆他生活的奢华和舒适。文化人是重脑力劳动者，书是他创造性劳动的一大资源和动力，他们视书为生命，书是他们的骄傲和自豪。文人惜时如命，惜书如命。在终生的劳作中，总是把尽可能多的时间用于读书和写作。"

书籍是一个文化人内涵的结晶

对于肖云儒来说，书籍的确是他生命的一部分。书房里的书他大都阅读过，抚摸过。记者看到，很多书里都夹了纸条，做了眉批。肖云儒说："这些书看似是你在使用它，实际上，是它在进入和涵养你的生命。"在书房里，肖云儒感觉是和亲友、家人在一起。"相处几十年了，还不亲吗？"

他告诉记者，他每搬一次家就要给书换一次房子。书的地位和人的地位是一样的。他的房子越来越好，他的书架也就越来越好。他的生活条件改善一次，他就不惜工本要为他的书也改善一次生活条件。"我与我的书是命运共同体，荣辱与共，终生牵手！"他挺动感情地笑着说。

"一本书，除了储存知识，也储存了作者的人生、读者的人生以及读者和作者牵手交流的过程。"肖云儒认为，读过的书和没读过的书，放在书房书架上的书和放在书店的书是完全不一样的。"书到了我的书房，就是我的亲人、朋友，也就进入了我的人生场域。""有时候，在书房里什么也不做，就看着这些书都是高兴的。在书房里我感觉不到孤独。"

肖云儒视书为生命，书是他人生的一部分。每本书的后面都有一个笑容，一段温馨。书是有温度的。

读万卷书，行万里路，践万代行，思万世事，著万代文

肖云儒认为，把读万卷书和行万里路结合起来可以使知识更快捷、更鲜活的传递，读书也便有了趣味。不能"书读我"，要"我选书，我读书，我用书"。读书还要思考，要比较，要辨析，甚至与作者辩论，以激发自己的创造性思维。肖云儒表示，单个书本的存储和系统的知识组合后的存储，质量和层级都是不一样的。

另外，当然要边读书边践行，边思考或边写作。总之就是要把阅读跟人生实践、历史思考、写作锻炼结合起来，这样读书就会更有人生的、社会的、文化精神的分量。肖云儒说，要以终生的努力，力争做到"读万卷书，行万里路，践万代行，思万世事，著万代文"，做不到也不要紧，只要坚持去做，人生便有意义，才不枉过此生。

2018 年 4 月 23 日，《三秦都市报》

生命在磨刀石上迸出火花

——对话肖云儒

黎　峰

"相对于人生和社会历史的目标，我们应当永远有一种负债感。负债感提醒我们目标尚未达到，同志仍需努力。没有压力，没有动力。没有还债的动力，人生就容易放松。债务徐徐而来、压力绵绵不断，永远在人生的债务中奋斗，这就是人生。"

一、我母亲真够伟大的

黎峰：您的姓有时也写作"萧"，"肖"是"萧"的简体字？

肖云儒："萧"和"肖"本不是一个字的繁简两体，压根儿是两个字。20世纪50年代中期第一次文字改革时，"萧"字改为"肖"字。当时档案、户口和报刊出版物都改"肖"了。第二批文字改革方案之后，对一些改过了头、社会难以认可的字做了纠正，其中似乎就有关涉到我的一条：在姓氏中，繁体"萧"字可留用。于是许多人又改回来，譬如萧劲光、萧华、萧三、萧军等，都先后恢复了本来面目。他们改起来可能不太费事，轮到我可麻烦死人了。要改档案、户口，要一级一级地去报。想想那个麻烦劲，也就放弃了。我便这样将"肖"姓保留下来了。不过中国书法是很严谨的，所以只要一进入书法领域，我一律用"萧"，这样在"百度"上一搜，作为学者和书法家我就成了完全不同的两个人。这也好，反映了我和时代的复杂性。

其实我本名应该叫"萧雩孺"。这是外祖父取的名，缘由是姓萧，孺字辈，在江西雩都县，即现在简写为"于都"的长征第一县出生。大约还有希望"孺子可教"的意思。姓名笔画多到近50画。后来新中国成立了，上学了，外地来的老师就把"雩孺"叫成"云儒"。然后文字改革时，我又被姓"肖"了，笔画减少了一半。

黎峰：您祖籍在四川广安，出生在江西。家族有着怎样的历史？

肖云儒：我的父亲是四川广安人。我的祖父是做酒作坊的，做酒卖酒，还有点土地，不能算贫下中农，祖父算什么我还不知道，因为他没有走到新中国成立就去世了，也没有划成分。祖父有三个儿子，我父亲排行老三，叫萧远健。我大伯年轻的时候就出去了，因为家里从小就给他订婚，找了个女孩子，后来得了天花，成了麻子，他就不愿意，但是已经订婚了，没有办法，那就结了婚，结婚两三天就跑了。跑到国民党那边去了，上了国民党的中央陆军大学，后来又成为我们党的地下工作者。他一走就和家里不联系了，始终没有回来。到了"文化大革命"的时候，有人来调查，才知道他成了解放军的将领，成了走资派。这是我大伯。很多革命者最先去革命并不是因为理想，而是有很具体的个人原因。

我二伯呢，是三兄弟中最老实，也是最为冤枉的。因为老大走了，我爸老三最后也走了，就把他留在了家里。祖父的全部家业，包括田地，本来应该分给三个兄弟的，结果全留给了二伯。新中国成立后，他被划为地主。我后来去看望过他，有一种说不出来的歉疚。

我父亲书读得好。因为家里做酒也还有点钱，就一直供他上学，后来考到了北京辅仁大学，就是现在的北师大，那大约是1932年吧。父亲和母亲在北京的"一二·九"运动中认识的。母亲当时在北京女子师范大学读书，也很激进。"一二·九"运动开始后，两个人认识了恋爱了，算是革命加爱情模式。父亲那时已经参加了地下党。他们的同学中，还有原政治局候补委员、中宣部部长陆定一的妻子。陆定一的儿女后来在回忆录中提到，他们母亲的入党介绍人是萧远健。在母亲冥辰90岁的时候，我还整理了一组她拍的"一二·九"运动的照片，在《中国艺术报》登了半个版，陕西有家报纸也登了，起了一个很娱乐的题目：《我爸我妈在"一二·九"运动中相爱》。起了这么个题目，我实在很无奈。报纸要时效性、大众性，没办法。

黎峰：您母亲是出身名门？

肖云儒：母亲算是书香门第吧，知识分子家庭。我的外祖父跟他的哥哥，是鲁迅那一代到日本的留学生。外公学经济，他的哥哥，我叫作二公公的，学文史。日本留学回来以后，外公回到江西，二公公留在北京。清末的时候，二公公还当过甘肃省的一个道台。辛亥革命爆发后，他就回去搞他的文史学，后来主编了《中华大字典》。我们家现在都保存着，上面现在还写着欧阳溥存主编。在南昌中正大学当教授的外公信佛教，他九十年前翻译的一部日本学者木村泰贤的《原始佛教思想论》，前两年还入选"'十二五'国家重点图书出版规划项目"，作为"现代世界佛学文库"中的一本，又再度出版了。

我父母都跟陕西有缘，因为辅仁大学、北京女子师范大学在抗战初期，组建成西北联大，到了汉中的城固县。我妈我爸都在那里读书，但那时候还没有结婚。我觉得这就是冥冥之中的命运，后来"文革"中我被下放到了汉中，专门去了城固县凭吊。父母后来回到江西赣南，因为父亲是地下党，那时候陈毅的游击队还在赣南，赣南还是根据地。毛主席走了，陈毅还在。父亲在部队里不是战斗人员，他是留守部队师范学校的校长，母亲也在那教书。外祖父家为了躲日本鬼子，也由南昌迁到了赣南。不久日本人把南昌占领了，南昌的好多家族就整个搬到赣中和赣南。我爸我妈在于都县生了我。这就是我为什么在江西出生的原因。

黎峰： 我看到你曾在一篇文章中写道："半岁丧父，亦无兄弟姐妹，母亲终身守寡，将我拉扯大。"介意给我们谈谈吗？

肖云儒： 我是1940年的12月7号出生的。出生刚七个月，父亲就去世了。父亲得了肺结核，那个时候肺结核是没得治的病，就像现在的癌症一样。当时治肺结核的药叫雷米封，红军根据地没有，只有国外有，现在雷米封都过时了，打青霉素。父亲染上这个病就没办法治了。我还没出生他就得了这个病。他去世后，母亲把我带回了娘家欧阳家。其实我整个是在外公外婆的欧阳家长大的，欧阳家的表弟表妹都叫我大哥哥。外婆家里人都觉得我可怜，从小没有父亲。

抗战胜利，我们随外婆一家坐一条乌篷船，在不舍昼夜的橹声中，北上南昌，在那里开始了母子相依为命的生活。新中国成立前夕，母亲在美国教会办的葆灵女中任教。蒋经国暗恋的章亚若就是这所学校的校花。新中国成立后，母亲代表新政权从美国人密斯孔手中接办了这所教会学校，改名南昌女中，母亲当校长。她整整搞了半辈子教育，后来担任了江西省图书馆馆长、省妇联副主席。

小时候，印象最深的是母亲常常晚上一个人听留声机，留声机不像现在音质那么好，嘎吱嘎吱的。妈妈常常晚上提上一些鸭脚、鸭翅膀，让我吃，我那个时候不爱吃，她一个人吃着，听着音乐，写着她的东西。当时自己也不懂，后来才知道，那是母亲在排遣孤独呀。所以，我总悔恨自己不是女儿，生前不太会跟她谈心，听她倾诉。母亲27岁守寡，我算了下，直到她52岁，9000多天呀，近万个个日日夜夜呀，处在极度的孤独中。有个儿子，儿子却不管用，说不了心里话。后来我后悔地说，要是能早一点明白，我会给我妈介绍对象。我妈守寡，一个原因是碍于她自己知识分子的身份，加上外祖父稍微有点封建的家教，一直再没有成家。

好几次想起我妈来，感到她真是很伟大的，特别是在对我的人生选择上。

一个是考北京的大学。高中毕业我口出狂言，一定要考出去，哪怕是在北京扫大街也不在南昌待。我一看我妈脸色不对，好像很伤心我不顾及她。好像对她也好，对这块土地也好，没有一点眷恋。我感觉到了，我后悔了，马上收回。但是我妈转而支持我考北京。考上中国人民大学新闻系后，她把我送到北京，她好多当年的同学在北京。一个月后我在北京车站把我妈送走的时候，她拍着我说，你现在是大小伙子了，一个人要独立奋斗。

然后，就是大学毕业到陕西。1961 年毕业分配，正值国家困难时期。当时全国只有人大和复旦两个新闻系，人大没有长江以南的分配指标，我回不了江西。但像我们这种孤儿寡母情况，可以申请回江西或者是工作以后再调回江西。母亲给江西省委说过，人家也答应了。但是她很快又给我说，说她反复想过，还是到西安为好。她是学历史的，说西安的历史积淀非常厚，她说你爱文学，在那边可能有些作为，"不要考虑我，我再干几年就退休了，然后我可以来到西安"。就这样，她为我做了好大的牺牲。

但她没等到来西安团聚的那一天。1964 年初，母亲在省人大会上发言，高血压发作，当场去世了，才 52 岁。1964 年的春节，我在西安，陕西日报社的旧址一个人过春节，真是感到孤独。我现在真正无家可归了，外婆没有了，母亲没有了，突然就觉得我太对不起太对不起她们了。记得大年初一晚上，我出了报社在路上一个人独行，在东大街往西一直走，沿路没有人，有光线从店铺门缝里透出来，在人行道上映出一个一个格子，我就踏着那些格子走，最后在一个馄饨摊上吃馄饨，因为大年初一很多饭馆放假不营业，找不到饭吃。到现在，我一吃好的就会谈起我的老妈，我那个可怜的老妈啊，她哪里见过今天这些美味佳肴啊，那时舌尖上的中国是多么寡淡啊。

二、到西安工作是被动里的主动

黎峰：当年您是怎样考上中国人民大学的，您的大学生活是什么样的呢？

肖云儒：母亲对我的管教近乎残酷。不完成作业不能睡觉，还有远低于家庭经济水平的简朴，都是一位寡母在冷酷地捶打自己的独子。当时自己并不能理解这些，也不知道母亲的苦处。上大学离开南昌，那时候满是理想，满是要怎么样上天入地，像路遥笔下的高加林一样，要飞到太空去，很少考虑我妈。加上那时政治运动也忙，有时候学校放寒暑假也不回去。

当年我的高考情况比较特殊，那时中国人民大学是在高考之前提前考试，我提前考试后被录取了，就不能参加高考了。人民大学的高考和后来的统考不一样，题目很少，每一门课不到十个题目，重分析，重个人的理解，没有太多死记硬背的东西，这恰好跟我的特点相符。我记忆力比较差，理解能力还可以，可能就这样占了便宜吧。

那时候江西省属中南大区，我们学校在中南区考了第二，高考录取率达到百分之八十一点多，将近30多人考上了北大、清华。现在学校还拿我们第一届来造势，包括第二届、第三届，也出了两个院士。我们回母校，一说是1957年毕业的，那是大师兄，是学弟学妹的崇拜对象。我考上的是人大新闻系。原来想好好实现文学梦，好好读书，但入校不久就遭遇1957年的"反右"运动，到1958年又"大鸣大放"，一连搞了几年政治运动。让学生大鸣大放，有什么意见给学校党委提，学校古色古香的林荫大道两边搭着几百米长的篾棚子，像墙一样，让大家贴大字报。我们也贴了，比如说校园里段祺瑞执政府楼上的那个钟多少年不走等等，很孩子气的意见。后来又让我们讨论一个叫甘粹的上一级同学言论够不够划右派，结果出问题了，有同学认为不够划右派，结果被批判为敌我不分，觉悟不高。我也持这种观点，因为在班上年龄最小，没受到批判，同学中比我年龄大的、年级高的，有的受到了严重处理。

1958年上大学二年级的时候，学校让新闻系直接办报，我们到《大公报》实习办报。人大的校长是党的元老吴玉章，毛主席都称呼他为吴老，他兼任国务院文字改革委员会主任，发起创办了《汉语拼音报》，内容是宣传文字改革的，编辑部就放在新闻系。我们跟着大报的记者到河北徐水县农村采访、写报道。徐水在全国第一个放大卫星，搞假大空，说他们的小麦亩产达到了12万斤，宣布进入共产主义社会。这些内容我们也做过宣传。然后回学校后不久，学校食堂开始给学生一顿吃一百道菜、几十种主食。一百道菜相当于自助餐，窗口不卖饭了，几个长条桌上面摆满了各种菜。说是一百多道菜其实是变着花样叫，比如青辣子炒萝卜是一个道，红辣子炒萝卜又是一道。吃的真不错，管饱吃，吃饭不要钱。吃小灶的叫资产阶级法权，不让吃了。全国这么吃了半年，立竿见影，开始贫穷，闹饥荒了。这同时，还大炼钢铁，就在我们学校铁狮子胡同的院子里，把所有的铁器都拿过来往炉子里扔，最后当然都毁了，炼成铁疙瘩了。

现在看来这些都是狂热的可笑的举动，但当时从某种角度讲，作为个人生命体验还是非常难忘的。记得修十三陵水库，当时排在最前面的四所大学是北大、清华、人大和北师大，每个大学承包一段，用架子车往堤畔上运输土料。劳动完了回到学校，将我们分成两部分，一部分下去搞社会主义教育，到农村去；另一部分留下来搞大批判，写批判文章。1958年春节我没有回家，在学校的大批判小组，与其他各系20多名学生写批判修正主义文章，跟南斯拉夫的《南共纲领》辩论。我在文艺组，当时主要批判肖洛霍夫的《静静的顿河》。首都高校寒假留下了200名学生。过春节没有什么好吃的，彭珮云当时是北京市委高教部的部长，给我们这些学生争取到两个优惠：一个是同学们可以到朝阳区中阿（阿尔巴尼亚）友好人民公社菜地里拾拖拉机耕过后剩下的萝卜根；第二个是调拨几吨冰冻鱼虾，其实是冻在冰砖里的臭鱼烂虾。过年就吃这些。那两年真是饿坏了，很多同学得了浮肿病和肝炎。

黎峰：您大学毕业后来到西安，除过陕西历史文化深厚的原因，还有其他缘由吗？

肖云儒：到西安是被动选择中的主动。我们毕业分配时，班级的大教室挂了一张全国地图。那时全国只有两个新闻系，一个是复旦大学，另一个就是人大。复旦分配到长江以南，人大分配到长江以北。长江以北从哈尔滨到新疆各个省都涂成彩色，然后每个人当众表决心，听党的话到祖国最需要的地方去。发完言就拿大头针将写着自己名字的小红旗，插到要去的省市，内心感觉非常光荣。我们那时候争着去"新（疆）、西（藏）、兰（州）"，很少有人活动留到北京、天津。我就是抱着理想主义情怀，把旗子插到西安的。

为什么选西安呢，一是前面说的陕西的文化辐射力。另一方面，我实习时在陕西日报社。一看陕西人吃饭用那么大的大老碗，觉得这个地方可能能吃饱肚子。陕西日报社每天晚上的伙食不是旗花面，就是烩面片，现在也是好东西，虽然那时候汤稀一点。旗花面很好吃，一碗吃下去暖暖和和的。当时我判断西安这个地方可待，可以活下去。我在陕报农业部实习，那时候吃羊肉泡要凭票，农业部10个人，一个月只有一张票，每人轮流，一年吃一回。部主任就跟大家商量，你看小肖同志在我们这实习，到实习完也不见得能吃上我们的羊肉泡，老吕同志你能不能忍耐一下，再过一个月吃，这个月让肖云儒去吃？人家同意了。我就去西安黎明泡馍馆，在东大街的马厂子，我一直记得那家泡馍馆。大半年没见荤腥了，吃的时候感觉胃里像节日一样在欢呼，内在骚动着一种充盈感，嘴上的油啊糊了一两天。有油的感觉真好，是残酷饥饿中的一种辉煌感受。西安这地方太好了！

我在陕西日报实习，写过评论作家王汶石的文章，作家杜鹏程来陕报讲课，他不知道是我写的，就在现场听讲，说这个评论写得好。毕业时，陕报便有意留我。就这样选择了到陕西。

三、老百姓的天然乐观感动了一个脆弱的知识分子

黎峰："文革"时期，您也下放农村了，那是怎样的一种境遇？

肖云儒："文革"时期我下放在汉中西乡县，在农村工厂转了一大圈，一直到40岁才回来。"文化大革命"开始后，在西安也挨了一点批斗。那时陕报总编辑叫丁济昌，后来成为《人民日报》副总编。他也是南方人，革命到延安，他总是表扬我，让我当先进。结果"文革"一开始，丁济昌首先被揪出来了。揪他是因为"纸老虎"事件：报纸国际版的最上面登了毛主席语录"一切反动派都是纸老虎"，语录前有毛主席像，报纸背面那个版登的也是毛主席语录：工业学大庆，也有毛主席像，那个时候报纸没有现在的纸质好，纸很薄，拿起来一照，一切反动派都是纸老虎，纸老虎三个字刚好印在毛主席头像上，这就出大事了。

现在的西安电子科技大学，当时是部队编制，全部穿军服，叫"西军电"。"西军电"的年轻人就把这事当成反革命事件，学生们满腔义愤，像部队一样排成方阵，开进陕西日报社，丁济昌当下成了反革命修正主义分子，剃了阴阳头。陕西省军区派工作组在陕西日报社搜查丁济昌的修正主义体系，文艺部首当其冲，因为毛主席说"文革"开刀要从"三家村"开始，"三家村"就是邓拓、吴晗、廖沫沙，都是在报纸副刊写文章或剧本"反党"的。所以各地"文革"大都从文艺部门开始。幸亏我是写文化新闻的，要是写杂文绝对被揪出来了。但我也没逃脱，硬说我是丁济昌培养的修正主义黑苗子，也被揪出来当众展览、陪斗，从丁济昌开始所有被揪出来的人站成一排，我在最后一个。要我们自报家门，一个一个报，到我了，我不是走资派、特务、叛徒，也没有什么职务，我就说"我是修正主义黑苗子某某某"。第一次经

历这样的阵势，被羞辱得有次都想自杀，而且有了行动。几次下来，看见有学生听我自报家门，脸上掠过一丝笑容，他们也始料不及修正主义分子还能这么年轻，跟学生一样。所以你去研究中国的"文化大革命"，除了深层政治原因外，在基层常常是一场闹剧，更是一场很深刻的悲剧，表现出来又常常是一场令人哭笑不得的喜剧。

后来，为响应毛主席号召的"广阔天地大有作为"，我们这些知识分子、干部一批批被下放。胸前戴一朵大红花，敲锣打鼓把人送走。我们陕报社的人分到石泉、永寿、西乡，我和40来个同事被分到西乡县。我在大巴山深处的高川区五里坝公社，离县城还有140多里。这一路由火车换成大轿车，由大轿车换成敞篷车，一路往五里坝公社走，大巴山深处的崇山峻岭真是一辈子也忘不了。到公社吃了一顿肉，被分到苏家庄一户贫下中农家里。来了个老乡帮我背行李，我就跟着他到苏家庄贫协主席家住下了。老乡们帮我在堂屋里支了一架床、一张桌子，摆不下凳子，就坐在床边，桌子旁还有个竹子编的背篓，背篓翻过来就是我的脸盆架。我那个时候年轻，也没结婚，一个人倒也不觉得怎么样。那时已经在学书法，就把毛主席诗词写一写，把小房子布置一下，还挺浪漫。我在陕西日报社的宿舍，是两个人。在这第一次有了自己的小天地，挺高兴。但也受了不少苦，因为我身体弱，个头也不高，贫下中农照顾我，送公粮人家都背一百斤，给我背篓里放一小袋，也就二三十斤，虽然受到了老乡们的照顾，但整个过程还是很苦，很难熬。

下乡后不久，毛泽东侄子毛远新提出要把所有下放和下派干部的公职身份取消，就地落户当农民，我当时真绝望了！要在大巴山里面生活一辈子呀，体力不行，农活干不了，怎么养活自己呢？我对着大山哭了。一个叫刘成海的公社干部劝我，有什么难受的呢？我们世世代代在这大山里生活，不是也过得好好的嘛。是老百姓的天然乐观，感动了我这个脆弱的知识分子，锻打了我的坚强。

我开始考虑怎样在西乡山区扎根。我给我们村子每家每户的白墙上写了毛主席语录，在村委会墙上画了毛主席像，大家都说好，周围村子也让我去写、去画。我想，劳动养活不了自己，画像可以养活自己。我把全县的村子做了统计，要将这二三百个村子的毛主席像都画完，得五六年。那时，最早的画像又破旧了，该重画了，一辈子闲不下来了，也有饭吃了。

不久，汉中日报社听说陕西日报有一批编辑记者下放在大巴山，都是有专业本事的人，就借调我们到汉中日报社帮忙。在汉中报社印象最深的一件事是，有次我去城固县采访一个劳模，住在军属老大爷家里，起夜时仰头看天气，一不小心，掉进了茅坑里，粪水直淹到了脖子上。被救起后，生产队派了三个妇女帮我洗衣服，每人记10个分工。我躺在床上，听见广播里播一条新闻：某某记者伦敦报道，中华人民共和国主席李先念访问伦敦，英国女皇接见。那个记者是我大学同班同学。我心想这对比也太大了，你飞往伦敦，我掉进茅坑，心里有一丝苦涩。

黎峰：后来您是怎样回到西安的？介意谈谈您的婚姻吗？

肖云儒：我老伴家在三原县，她是1966年的高中毕业生，当时是民办教师。我们下放到汉中，政策上不允许回城，所以陕报的同事给我介绍她，我就同意了，一是看中了她写的一手钢笔字，字好，人也不会差到哪去吧。再者，三原离西安很近，在关中平原的"白菜心"里，怎么也比汉中的大巴山强呀。我母亲那时已经去世了，我没有了家，我愿意有个家。就是这么一个现实的想法，就结婚成家了。不久，我由汉中调到三原附近的一个国防工厂当宣传干部，家算是团圆了。

"文革"结束后，政策松动了，我们这批下放干部落实政策调回陕西日报社工作。但我爱人还是农村户口，要从农村把户口转到城里太难了，恰好那年全国恢复高考，我就给她说，唯一的出路是考大学，考进西安。我爱人也很好强，也要报考我的母校人民大学。那时我们已经有孩子了，为了照顾孩子，商量让她考西安的大学。复习考试很辛苦，她切菜做饭，我拿着复习提纲考她，答不上来，便批评、瞪眼。后来她以超过人民大学录取线的高分考上了西安交通大学，转成城市户口，总算在西安安了个家。

可孩子却还是农村户口。为这事我还求过人，生平第一次送礼。当时找了三原县公安局的人，人家说你爱人大学毕业孩子户口就自动转进城了，等几年吧。可作为一个父亲，我却一天也等不及。我去给人家送礼，先在街道用公用电话给公安局办公室打电话，人家让他接电话的时候，我就把电话挂断了，知道他在办公室不在家，便赶紧往他家里跑。扛着一个纸箱子，里面装的是汉中朋友们给的木耳、香菇，好像还有点腊肉，还有一封信，就是说孩子这事完全符合政策，希望他帮忙早办。到了他家，给他爱人说，一个汉中的朋友让我把箱子捎过来的。家人还要细问，我说，我也不知道啥，就是帮朋友送到。出来后我一路小跑，生怕碰上熟人。知识分子求人，那真是好难、好傻又好笑呀，怕当面碰见人家尴尬。

黎峰：乡下艰苦的生活让您更加坚强，但同时您有没有觉得遗憾呢，因为这耽误了您的写作与研究？

肖云儒：我没有遗憾过，因为西部和艰苦给我补了"钙"，补了人生和精神的"钙"。其实我人生的起伏也是整个民族命运的起伏。我现在倒常常觉得庆幸，在波谲云诡的几十年中，自己有坎坷，但没有被打成右派，没有成为造反派，没有家破人亡，就算很幸运了。从学术研究上来说，我也庆幸能够下乡去基层。我在农村、工地、工厂办黑板报、油印报，两天换一次，工农群众看得高兴，我也高兴。我对基层的感性认识都是那时积累的，基层让我了解了国情、社情、民情，教会了我尊重、理解百姓，知道父老乡亲的艰难。我这个人不愿求人，但现在我家保姆家里有事，给我一说，我就去求人给她帮忙呀。一个作家，一个学者，没有对现实社会、对底层生活的体验、观察，那只能悬在空中。

托尔斯泰说，没有智慧的头脑，就像没有蜡烛的灯笼一样。灯笼就是人的头脑，蜡烛就是头脑中的思想。这种思想应该包含着感性的、理性的，甚至灵性的内容。思想的准确和深刻，只有从底层、从现实中来。前些年，我的一位朋友为一个旅游景区题字的版权归属闹纠纷，长期心情不好，有朋友们就劝，你争那个题字的版权，有没有想到山顶上被题字的那块石头是谁背上去的呢？那些流汗的人在石头上留名了吗？后来他就想通了。

四、人生的选择主要取决于文化精神

黎峰：听说您很小就泡在外祖父的书房里，您的文化底子是那时打下来的吗？

肖云儒：外公书房中满桌满架的书，文化的、经济的、日文的、线装的书。我记得有套商务印刷馆出的《四部丛刊》，一套就占了好几个大书架，非常珍贵。但时代捉弄人，待到我发蒙时，已是新中国了，家里这些沉甸甸的"宝贝"早被革命尘封、抛弃，少有人问津。青少年时代我阅读的几乎都是俄苏文化的书籍，我读托尔斯泰、屠根涅夫、奥察洛夫，尤其车尔尼雪夫斯基的《怎么办》，主人公拉赫美托夫的那种理想主义激情感染了我一辈子，可以说浸入了骨髓，一生都在效仿。那时感觉文学这东西，可以把你内心想说而说不透的东西都说出来，而且还说的那么美。文学太美好了，艺术太美妙了。

有段时期我还迷上了武侠小说，每天用5分钱租一本武侠小说，三天内要看完，不然要加钱。那是红皮的广益书局出版的书，石印版，没有标点符号，文字码得密密实实，一点不通风。南方的夏天非常热，我把冬天的被子叠好摞起来，码到几米高，坐在被子堆上看武侠小说。小说用皮纸一包，跟课本放在一起，家人都以为我复习功课，准备考初中呢。那个夏天一直在棉被堆上看小说，外祖父就表扬我，因为我六舅跟我同时考中学，外祖父说，你看毛毛，那么热的天在上面学习，你看你，一天就知道玩啊。结果当然相反，我没考好，是备取生。

年轻的时候，我喜欢读雄浑沉厚的作品，比如杰克·伦敦、雨果，后来又爱中亚和西部的艾特玛托夫、张承志、周涛等等，就是为了补"钙"，因为我为人处世很荏弱，文学作品能给我的精神、感情补充一些阳刚之气。

黎峰：您的父母都是老革命，虽然他们过早仙逝，但对您有深远的影响。您要是从政的话，会不会有很好的前景？而您为什么选择了进书斋，做学术呢？

肖云儒：其实我父母不是职业革命家、不是政治家，是文人，他们是较早参加革命的知识分子。父母都是在大学学历史的，母亲书香门第出身，家庭环境、内在气质决定了我会走文人的路。从上大学到工作，我一直生活在政治气氛极浓郁的年代，但政治上觉悟很迟，到四五十岁才知道行政级别是什么。不只是我，我的那批同学和我也一样，这可能与那个时代背景有关，那时大家都想搞技术、做学问，为国家做切实的贡献。包括一些开国元勋的子女，都想考大学，学技术，做学问，考不上的就上工农速成中学，补习了再考。我的同班同学中，有好些比我年长十来岁，有赴朝鲜作战的志愿军的文工团团长、部队转业和在职的干部，他们热爱事业，热爱学习。

我在气质上、骨子里是个文人。文人要有独立的见解，但这与行政岗位是相悖的。我当过陕西省文联副主席、党组成员，但从来不习惯说"我代表文联"如何如何。有次，文联主席缺位，组织部领导找我谈话，征求我是否递补的意见，我坦率地说，文联的工作我只能半心半意地干，因为我还有半心意要写我的东西呀，我只适合做个副职，不敢耽误了文联的工作，也耽误我的事业追求。当时找我谈话的组织部长说，别人到这里来都是要官的，你少见，给官还不要。

触发我从文也有一个偶然事件。新中国成立前我妈在江西抚州当校长时，外公把上初中的三舅放到她的学校，让她照管这个弟弟。1949年春天，国民党青年军大量招收年轻学生参军，他那时16岁不到，就偷偷去参加了国民党青年军，然后从舟山群岛去了台湾。那时从军是年轻人的一种梦。我妈负不起这个责任，带着五六个人，拿着绳子、棍子连夜跑到新兵集中营想把我三舅带回来，带不回来就是绑也要绑回来。但是进了国民党的军营，怎么可能抓得回来呢？

这件事发生后不久，全国就解放了。我回到南昌，念初一时，老师出了道作文，题目是《记一件难忘的事》，我就写了三舅到台湾的这件事。结尾用了一点文学描写。本是夕阳下我妈带着人在河堤上追，我改成了拂晓前，母亲去抓三舅，国民党兵营代表黎明前的黑暗，最后另起一行：天就要亮了！暗示马上要解放了。老师就在班上念了我的文章，说写得好，"天就要亮了"，能够把个人的命运和社会的命运融在一起。这样我就觉得自己大概能当个作家吧，立志从文。

三舅到了台湾，杳无音讯，直到六十年后我们才在西安见面了。一见面他就叫我的小名"毛毛"，说每年春节他都会想起他怎么离开大陆的，那时候年轻，不知道给父母造成了那么大的伤害。他到我家里，我在电视里给他放外祖父的老照片，台湾老兵内心那个创痛啊，一下子就从沙发上扑到照片前，跪在地上说：爸啊爸啊，我不孝啊！

五、能不能少做臊子，做一碗自己的面呢

黎峰：在上大学期间，您就提出了散文写作"形散神不散"的见解，对20世纪60年代散文创作具有极强的概括性，产生了广泛的社会影响。您之后走上了文艺评论之路，是否与此有关系呢？

肖云儒：1961年1月，《人民日报》开辟了《笔谈散文》专栏，就散文的特点、作用、题材等问题开展讨论。当时，我写了一篇题为《形散神不散》的短文在《人民日报》刊登。引发了一定反响，我国许多大中学教材也采用了，但后来也有争论。文章、观点已经属于社会，这些都跟我个人没多大关系。我曾在一次接受采访时，借用俄罗斯经典作曲家莫索尔斯基的《跳蚤之歌》，表达了自己的心情，说那场关于散文的争论"实在始料未及，而且担待不起"，"跳蚤一旦被人强制穿上龙袍、带上勋章，'形散神不散'的命运开始发生变化，被人认为是散文写作的定义，也有人认为是束缚新时期散文写作的框框，这都十分必然而且合理了"。在当时，这件事对于我确实是一种激励，但并没有因此就立志搞评论。我是人大新闻系学新闻专业的，从小爱好文学，在这之前，发表了平生第一篇文章《谈华君武解放战争时期的政治讽刺画》，这篇文章让当时的《美术》杂志（即现在的《中国美术》）总编、美学大家王朝闻惊叹不已，他没想到一个十七八岁的毛头小伙能写出来这样的文章，专门约我谈话。文章后来放在了杂志头条，黑体字。所以自己就有了一点信心，也就更关注文艺评论方面。到陕报工作后又分到了文化部，成为文化记者和编辑，这才开始慢慢地走上了文艺批评的路。

黎峰：如果把您的评论生涯分成几个阶段，您会怎么分？比如说，早期主要是文学评论，然后是文艺评论，包括文学、影视、美术等，然后是文化评论。在每个阶段中，您最满意的作品有哪些？

肖云儒：你这个分法也对，但我自己是以时间来划分的。因为每个时段我评论文学、艺术、文化的各种文章都写。

"文革"前十年，我是文化记者，杂七杂八地写过一些文艺述评和评论文章。"文革"十年是空白。到20世纪80年代初期回到陕西日报社，还是在文化部做记者、编辑，我专注于自己的工作，就事论事或者是遵命作文，写短文、开专栏，算是报纸书评人、影评人、剧评人。1983年秋，从报社调到省文联研究部，也就更专心地搞理论研究。这里有个小插曲，第一届中国电影"金鸡奖"颁奖，我们去采访。候选的影星坐前排，记者坐后排，记者比影星的年龄都大，心理上接受不了这种等级，便更专注于开拓自己的评论和理论领域了。

1985年到1995年，大体上算是进入了学术论文阶段，宏观地研究作家作品、文艺现象。有不少在中央各报刊发表，《新华文摘》和人大报刊资料转载了20余篇。三十六年前，思想还很禁锢时，我就在《文艺报》发表长文《时代的聚光镜》，提出塑造正面人物，既可以有正向的光，高大上，英雄人物的"三突出"等；也应该有淡光和散光，写苦闷、惆怅、矛盾，写英雄人物主线外的其他方面；还可以有逆光，就是人物不好的一面也可以写进去。这些说法在当时还是很新颖的，也有些针对性，引起了反响。

当时已经调到文联了，文联是文学艺术各界的联合会，我得从工作的角度来考虑自己的专业爱好，这样便只能把许多想好了的散文搁下，把相当一部分文学评论缓写，去影视、戏剧、歌舞、美术各界发表言论。自小是个搞业务的坯子，当然不甘于完全说外行话，这便要花去仅有的一点业余时间来学习各门类的艺术，就这样也仍然没有成为内行。1989年出版了《中国西部文学论》，近30万字，第二、三年得了中国图书奖和中国当代文学研究成果奖。"西部文学"这个概念最初很多作家不同意，后来也接受了。西部对于中国文化、中国精神来说，起一种补钙、平衡的作用。"西部文学"是另一半中国文学。

1995年到2000年，算是专著阶段。我不再局限于关注某个具体作家，也不仅仅是陕西省内的作家，也不局限于陕西这片地域，而是关注整个西部，关注写西部的作家。应该讲，这既是一种"求异"思维，也是在建立自己的学术体系。我以前说过，评论家像是北方面食中的臊子，一勺一勺舀到别人碗里，别人都说面好吃，却没有人说臊子好吃。我们是一头牛，牛头、牛骨、牛肉都已经无怨无悔地切到人家碗里了，已经所剩无几。所以，我不能再做臊子了，要做一碗自己的面。不一味地跟在作家的后面，而要专注于自己的领域。

六、评论家是向社会大众发言的

黎峰：您的评论风格，特别是语言很吸引人。而我们一些评论家说话特别绕，西方理论怎么说，古典文论怎么说，说了半天，就是让人不清楚他要说什么。对此您怎么看？

肖云儒：有些深刻的问题，确实需要理论。而理论阐述又的确需要有抽象性与系统性。但是报刊评论就那么一两千字，研讨会发言，每个人也就十来分钟，你要长篇大论，就是让别人陪会、剥夺别人表达意见的时间。现在的手机微博、微信，是拇指文化，受众更倾向于明快简洁的表述。你理论说得再好，媒体报道不出去，受众不爱读，因为你的语言很难融进大众的语系，流传的圈子很小。

我的评论可能有点反其道而行，喜欢以白话和美文来表达自己的观点。白话文是媒体人的说话方式，十分口语化，这是经验与阅读沉淀进内心之后随口说出来的。美文呢，不是修辞辞藻，是艺术气质、浪漫气质的随机表现。我现在大概也"被""标题党"了，一些发言，记者报道的时候，常常把我说的话拿来做标题。有一回,我同易中天、于丹同期做一个历史文化的节目。他们谈天论地,引经据典,我哪说得过他们呀。我只说秦朝是彗星,从天际一划而过,而汉唐是彗星划过之后的满天星斗。后来媒体都用这个做标题了。

问题也有另一面,即传媒绑架评论。现在在某种程度上传媒已经替代评论,评论的确被边缘化了。年轻人希望两三秒钟从网络点击进去就知道一本书、一部电影的大概。新传媒对于社会舆论平台的控制,更使文艺记者替代了评论家。我甚至有一点情绪,评论家怎么能被媒体绑架而成为它们的替罪羊呢?媒体不想完整报道评论家的看法,只拣好话说,责任却由评论家负,读者骂的是评论家。而像《文艺研究》《小说评论》这类高端杂志又没有发行量,就是千把份,大多数人看不到也不看,声音传播不到民众中间去。评论的传媒化反映了生活的活跃和文化大众化走向,但是传媒评论过分的大众化和某种程度的低俗化,严重冲击了评论,绝对不利于文学生态的发展。

在看到这一面的同时,评论家还是要适应社会需求,转变说话方式,很简明地说清楚对作品的看法,不要啰唆含混,不要卖弄理论名词和历史知识,应该一针见血。我觉得这样对作者、读者才好。评论需要犀锐。评论家绝对不要过分地关注利益。

评论家不是理论家,评论家是高档的文艺品鉴、定位和传播的人士,主要向社会,向受众发言,当然也向文艺舆论、向研究者发言,但不是做学术报告。批评是对生活,对艺术,对生命和人生,用能引发群众共鸣的语言来表述自己的见解。要有自己的看法,有自己的说法。别人说过的话,你再说一遍,即便说得再精彩,又有什么意义呢?这就需要评论家投入自己的生命体悟。评论是有生命的学问。

白话、美文结合起来,会有传播效果,但有时也影响你表达的深刻性。怎么解决深刻性呢,就是回到书房,写大块头文章,专门地研究,写学术论文,写学术报告。不过现在研究生论文也成了八股文。一些大学的课题,花了专门的经费，书印出来卖不掉。博士论文动辄五六万字。前面很长一段在介绍背景，介绍前人的研究成果，都在堆资料。自己的观点反倒成为次要的，或者淹没在长篇大论的文章里，没有创新性。我参加过博士论文的评审，有时候读论文真是在受罪。

黎峰：著名学者冯其庸先生曾说您是"思想的丰产者"。您觉得评论家的思想从哪里来？

肖云儒： 冯先生是我在人民大学时的受业老师，说这话是对弟子的一种奖掖和偏爱。我感到，思想应该从大地和图书馆两个渠道来，读万卷书，行万里路。读万卷书不是只用眼睛读书，要用头脑读书；行万里路不是用脚走路，而是用心走路。

读书需要选择。惭愧，我读书是每况愈下了。早年读书喜欢读原著，后来读杂志和学报，再后来读报刊文摘。现在已经没有完整的读书时间，也没有很好的精力了，开始读微信。这也很可怕，你所读到的，别人都读过了，你还能给别人讲什么？

关于读书，我总结了"三读"。一是"即读"，即时阅读，看见好的东西，马上读。看微信，有值得读的东西，就收藏起来晚上认真读。我坐飞机，在飞机上看到报纸上有好文章，也撕下来，边走边读。二是"急读"，围绕一个思考的问题，找相关的资料，进行地毯式的搜索阅读。一个问题，你关注它两三年，便多少有了一点发言权，多少成为一定程度上的专家。三是"积读"，积累式阅读。要读历史，读通史，年年月月读下去，零存整取，积攒下来。人家现在把我当"丝绸之路"文化研究的专家，我哪是什么专家，我只是坚持在读这方面的书目，在现实与历史的打通方面，想的多了一些而已。

思维也需要锻炼，要养成思维游戏的习惯。这个我是跟柳青学的。我去长安县（现长安区）采访他，他戴着一副厚镜片的眼镜，和我说话时，他用解剖刀般的目光，在镜片后面看着我。说着说着他就进里屋去了，他是去记几笔，就是将形象的观察迅即转化为形象的表述。1960年代初期，柳青写出了《建议改变陕北的土地经营方针》，预见性地提出陕北应该尽早休耕粮食、还林还草、多种苹果。作为一个作家，不但是社会和心灵的书记员，也应该是社会和心灵的建设者啊。还有贾平凹，他有个习惯，把看到的想到的，随时转化成文字，就是随时在训练。

评论家的逻辑思维都很强，但形象思维有欠缺。书本不过是前人提炼出来的，明明外面下着雨，你还要去翻书去看天气预报，那就走入歧途了。真理不复杂，就在社会生活中鲜活地存在着，你发现了、有所感，去看书，书里还没有记载，这可能就是你的创造。我怎么训练思维呢，一个是假寐。当众孤独，把眼睛闭上，闭目养神；在家里就躺在床上，把被子一盖，思考你的问题，把想到的记下来，整理出一个思路，可能就是你的发言，你的文章。二是散步，天天在附近几条路上散步，景色已经不吸引我，我就想我的文章。思维游戏很有乐趣，会让你年轻，锻炼精神，也锻炼身体。

黎峰：这些年来，电视、网络媒体频频地请您做节目。包括许多境外的电视网络媒体。最先上电视是什么时候？您觉得从独居书斋到直接面对大众有什么不同？它们对您的评论有什么样的影响？

肖云儒：人生好多经历是一个被"绑架"的过程，生活把你带到哪儿，你就要在那儿发展自己的优势。电视刚出来时，不少人觉得电视有辱斯文，觉得文化人、学者不该参与这种浅表化的大众文化。但文化在本质实际正是一个传播的过程。陕西电视台刚成立的时候，请我去做节目，讲鲁迅。我拿着稿子去念，发现没人收看。这就迫使自己全面地改造语言和思维方式。电视逻辑和文章逻辑完全是两回事。文章是点线、虚实的系统而科学的连缀，讲究结构。电视语言不讲究传统的逻辑结构，它要切碎，是星星，是亮点，很跳跃,不需要过渡,或者用很简单的话来过渡,一两分钟就得谈出真知灼见,而且得有出彩的、能让人亮眼的话。电视的这种传播方式,对一代文风,一代思维的改变,起到了很重要的作用。现在的网络也同样是这种状况。不好之处就是影响你思考的深度。

黎峰:你说"文化是书法的生命,书法是文化的形态","文人书法是个伪命题"。谈谈你对书画的看法吧。

肖云儒:文化是书法的本质生命,书法是文化的一种形态。我是45岁以后才开始练书法的。当时老是伏案读写,想给自己设计一个可以站起来的活动。跳舞、练剑吧,我又不会,就想到了书法。一练之后,觉得对我至少有两个弥补。一是真让我站起来了,有利脊椎、腰椎,补气活血。二是原来我擅长逻辑思维,练书法锻炼了我的形象思维。笔拉着你走,把你的想象和情绪都带动起来了。

书法于我,一是养身,有利健就。二是养心。书法的句子、对联,几乎都是教你出世的,教你平和、淡泊、守心、与世无争,道家的思想居多,表现孤独和内省的居多。书法只有不卖钱,才能达到这个目的。为了卖钱,你不得不给别人写富贵满堂、平安吉祥之类的内容,它实际上与书法的本体追求有了距离。三是养灵,启悟了我的感悟性思维、创造性思维,常常写起来就放不下,在创造中其乐无穷。画家的最高境是书法。但是你看看,现在好多画家题画所写的那些字呀,简直让人看着难受。书法乐身乐心,越写越有快乐,越放不下。在这块乐土上耕耘,几乎由副业变成主业了。

中国书法是中国艺术中可以直接和世界接轨的艺术。书法由最早的象形文字,经过多级抽象之后,成为现在的书法符号,这就跟西方的绘画,跟他们的抽象性、符号性绘画形成了交汇。线条就是作者的心电图,书法的内容可能外国人不懂,但看你的书法作品,就感受到了你的情绪,你的内心世界,你的心灵气场。你看古代那些朝廷的文书和皇帝的御笔，大多数用的都是楷体，它讲求的是威严、严谨，你很少见到它们是草书。草书，大草，只有像怀素这样，弘一法师这样生命无拘无束的人才写得出来。

我为什么说文人书法是个伪命题呢，就是因为书法作品市场化以后，很多职业书法家不再是严格意义上的文人了，不懂四书五经，不会诗词歌赋，同时很多文人也不懂书法、没有一笔好字，书法和文化，被剥离了。"文人书法"从何谈起？

七、精力集中到目标上就不会觉得辛劳

黎峰： 人家看到你肖老师的是在电视上侃侃而谈，在文章中洋洋洒洒，而这些背后你的辛劳，能给我们说说吗？

肖云儒： 忙一点，忙得不亦乐乎，欲罢不能，当然其中有一种责任感，评论人家，可能对人家有好处，有鼓励也有鞭策。累是累，一个人再紧张，只要能把你的精力集中到自己的目标上，也就不会觉得辛劳。生命在磨刀石上才有火花，人生在忙碌中才有快乐。现在一天伏案写作，或跑来跑去讲课，做节目，参加研讨会议，有友谊，也有无奈，心里有着严重的漂泊感。有一回，我在北京机场碰见赵季平，当时我参加完一个会议飞回西安，他在北京开完会又转机去南方参加另一个会。我们原来住一幢楼，忙得很少坐下来聊聊，两个六七十岁的老朋友在北京机场候机才有了聊天的机会。他给我说："我真感到疲惫。"我也有同感。我们内心都想回到属于自己的那个窗口那盏灯中去，回到自己那个家中去。

重走丝绸之路是个例外，研究西部文化，研究丝绸之路三十年，总要完整走一趟，亲历一回才能圆这个梦，才能让自己燃烧起来。我不是学院派，在图书馆思考和论证，我有一半是个行动主义者，只有贴着大地行走，读、行、

思、写结合，才能有所收获。累是累，难是难，但你进到那个群体的气场里，你的生命会被激活，以前感知的许多东西就会活起来，有了新的生命。

黎峰：你说到责任感的问题，我也想请问一下，作为一个文化学者，对社会应该有什么样的担当和责任？应该怎样去参与？

肖云儒：一个文化学者，我指的是文化学者、评论家整个群体，在这个岗位上，第一应该是文化批判的斗士，第二是安妥灵魂的牧师，第三是精神构建的建筑师。斗士是最核心的，但光是斗士也不行。我们这一代人，从新中国成立后成长起来的这一代人，社会责任感、担当、敬畏的这些精神都有。没有社会责任感的很少。

我们的责任感，一个就是上面说的时代使然。二是责任使然。你生活的大地，你脚下的土地，就是你的根系所在。选择了陕西，选择了文艺批评，既是一份职业，更是一份追求，那就有一份责任。我知道作家们劳动有多艰辛，要对得起他们的劳动，对得起他们这些人，对得起我们休戚与共的这个时代。我们省的作家在外面火了，而我没有给他写过评论，我就觉得很愧疚。三，也是个人气质使然。不管写评论，还是做事情，我都是一个很认真的人。这是我的优点，也是一个缺点。原来在文联工作时，组织各种活动，下乡也好，开会也好，我都事必躬亲，以致有人笑话我是大观园里"周瑞家的"。这好像是优点，但如果用苛刻自己的方法去苛待别人就不好，不体谅人。我现在有了两个孙女，体会到送她们上学，照管她们的吃喝，多么费劲费时间。这才觉得，原来单位里的那些年轻人稍稍有点迟到早退是可以原谅的。人有多重角色，应该给他们足够的时间和空间去处理。要是我现在再去做领导，我想我就会宽容得多。

黎峰：长期以来，你关注的主要还是陕西的文化，还是陕西的文化人。

能谈谈跟他们的关系吗？

肖云儒：我开始做评论时候，正是以陈忠实、贾平凹、路遥为代表的文学"陕军"步入全国视野之时。他们所以能出来，是赶上了好时代，"文革"在他们二三十岁的黄金年龄，戛然而止，积压在他们内心的各种各样生命感悟、激情终于有了一个好时机可以喷薄出来。贾平凹的作品很基本的特点就是同步捕捉我们时代每一个阶段的社会情绪，社会气息，捕捉得特别好。最早捕捉的是《浮躁》，改革初期社会的浮躁情绪；然后《废都》，是市场经济初期知识界的颓丧情绪；然后《秦腔》，是以秦腔为符号的农耕文明衰落的悲凉情绪；接着《古炉》，是冶炼、升华和社会的浴火重生。这些都是从情绪的角度出发来提炼。我评《废都》有一篇文章的题目是《非史之史，无律之律》，说《废都》写了一段历史，但不纯是社会史而是情绪史。它有规律，这个规律也是一种情绪规律。

每一代都会产生属于每一代的作家，你不能叫曹雪芹来写"一带一路"，这是写不来的，因为他处在他那个生存状态和生活氛围之中。像贾平凹，他的作品也有不少是写城市的，他在西安住了三十年，但他写城市总是要放在城市与农村相交织的大结构中，现代文明与传统文明相冲撞的大背景中，总是要回到农村去写。那里有他的根，是他各方面意识最初形成的地方，这决定了他的一生的创作。不能要求作家写他不能写的东西，就像要求陈忠实去写延长石油，无论如何他也写不出来，硬写出来也未必能写好。他只擅长写白鹿原，但是这并不能说他狭隘，因为作家就是写自己熟悉的东西。追寻历史新阶段的新步伐，这主要不是他们的任务，那应该由新一代的西部投资者、建设者们或者他们的后代，新人群中的文学爱好者来完成，这是一个意思。

还有另一点，不能因为他们写不了"一带一路"，他们写过去生活的作品的文化价值和艺术价值就降低了，不会降，就像《诗经》的价值不会降低一样。曹雪芹写的那个封建制度推翻了多少年了，《红楼梦》怎么还有人迷恋，还那么有历史与审美的价值？因为作者不是与封建制度同流合污，而是以批判的态度描写这一段生活，所以符合历史发展方向，有永久的生命。我们现在读《诗经》"雨雪霏霏，杨柳依依"，依然被感动，那个感动是我们的人生与感情经验被诗句调动起来了，有了共鸣。曹雪芹喝粥十年写了《红楼梦》，他没有得到什么稿酬，但是他给我们这个民众带来多大的财富，而且世世代代还会带来多大财富。这一批人我很尊敬，他们不计较利益，埋头苦干。陕西的作家都是以苦干出名。孙皓辉创作《大秦帝国》时沉寂十年，最后发射了一个深水炸弹。但是在你建造深水炸弹的十年中，会非常寂寞、非常清苦，没有人关注，没有社会影响。现在如果有一个朋友突然这大半年不见了，我知道这个人肯定在搞大的东西，在抱"金娃娃"，一旦出来就不得了。

黎峰：您至今在陕西生活了多少年？能不能请您谈谈对陕西的看法和对陕西文化发展的主要看法？

肖云儒：屈指算来，我在陕西已经生活了整整五十五年，这是一个人一辈子的有效生命！我已经完全"秦化"。陕西人的性格也是我的性格，大体是一种两级震荡的结构，有好的一面，也有不好的一面。地域是影响人性格重要的原因，但不是全部。影响性格的是空间和时间，地域是空间，还有时间，就是历代形成的传统文化的影响。陕西人的性格我觉得是两极震荡。比方说陕西人气派，势大。我很早说过，那是20世纪80年代，北京人什么都敢说，上海人什么都敢穿，广东人什么都敢吃，陕西人什么都不在乎，势很大，瞧不起别的地方。这个势大其中就有优点，就是中华民族和中华国土的中心意识，是文化自信和自觉，但是不好的是，它反映了近代边沿化以后的自卑感，自大是对自卑的掩盖，是不自信的表现。所以有优点，也有缺点。

陕西人生愣蹭倔。倔就是倔强。愣，就是愣娃么。生，就是不熟，思维生生，说话生生。非常刚毅坚强，但是坚强到了极致又不懂得人情世故，执着到了执拗。执着到什么程度,柳青有部中篇小说《狠透铁》,主人公是封党支部老书记,干事执着到非常狠,狠到什么程度,狠到能把铁锨咬烂。狠透铁锨是关中话,这小伙子干活不要命了,狠透铁锨。柳青写了农村一个老支部书记怎样为了他的目标,共产主义目标,不顾一切,六亲不认。年纪大了记性越来越不行了,但是总想着自己的目标:我要把这个村子搞好。大家都叫这个老汉狠透铁,也叫咬透铁锨。执着这个性格很好吧,过分了,就是不碰南墙不回头,到了黄河也不死心,不会审时度势,随机应变。陕西人一个是势大,气派大,对什么都不在乎。这不好,我们目前到底还不是全国最发达最优秀的省份呀。一个是中心意识很强,强到自傲;一个是非常刚毅,但是又生冷蹭倔;一个是非常执着,但是又咬透铁锨。这就是两级震荡,是优点也是缺点。

我作为一个在陕西生活了一辈子的人,更关注陕西的不足。知不足方能有针对性地前进。陕西人"好为中",号称大陕西,"好称大",爱说我们是大陕西,然后有大秦岭、大西安、大关中、大延安、大陕北、大黄河、大秦腔,什么都是大的。我调侃说,当北京还没有自称"大北京"的时候,你陕西称大不脸红吗?当京剧都不叫"大京剧"的时候,你叫"大秦腔",这不是自我嘲弄吗?陕西人喜欢这样,势大,觉得天下中心就在这里,经常在一个小小的舆论环境中自我陶醉。

还有"好溯源",陕西人和人辩论,辩论不过,就问你有周秦汉唐吗?我们周秦汉唐辉煌时,你们算老几?你还叫那个东夷、西狄、南蛮吧!好溯源,因为一溯源就赢了。就像阿Q一样,"我们先前比你们阔多了"。还有"好非异",陕西人某种潜在的排异心理,是自给自足的农耕文明造成的,不但经济上,精神文化上也自给自足。"好非异"的问题,有次我在做陕西卫视《开坛》人文节目时候,跟陈忠实、张锦秋我们三个人谈一期,差点吵起来。因为陈忠实感觉不到"非异",他就是陕西人,就是关中人灞桥人,秦人都说陈老师是咱陕西人的代表，所以他感觉不到排异。我和张锦秋老师是四川、江西人，都同意有"排异"这个现象。陕西人执着，陕西的作家执着，执着导致过度自信。

八、人生要像游泳一样冲在潮头上

黎峰： 成名给您的生活带来了什么变化，能谈谈对名声与财富的看法吗？

肖云儒： 我对现在所谓的成就和名声总感到很愧疚。我不像苦吟派，能够皓首穷经。我比专家、教授投入的精力少，浪得的虚名大。我内心一直谴责自己不要成了玩家，常常由不得充满了失败感。我原本可以干得更好、更切实。发了文章，做了讲座，上了电视，别人竖大拇指，有恭维有夸奖，我就尴尬难受。听别人介绍我一长串的头衔，我浑身发热。我已经弃用名片近二十年。

我对家庭的财富状况很满足。我爱人是教授，正高，我也是个厅级干部，也是正高，都是铁饭碗。年轻的时候，我们住在陕报分的房子里，就一间房，除了三口人吃饭、睡觉、学习，在那里我还招待过王愚、邹志安、京夫他们七八个文友吃饭。后来住一室一厅，三室两厅，也没有觉得以前就不好。人在中青年的时候，财富是成就的一种衡量，是勤奋和成就的一种验证。我不是不爱钱，但随着年龄增长，金钱已经失去了意义。我已到了吃不动穿不出去的年纪，玩也玩不动了。年轻人穿个名牌，可能很炫，老年人爱名牌秀酷那就接近怪物了。现在开一半天会安排个套间，我反而不安。我和朋友开玩笑，你要请我吃大餐，得另付一笔医药费买吗丁啉，增加胃动力，不能就把胃吃坏了。我和我儿子开玩笑，说你也对得起我，没有不学无术，还算有点小出息；我也对得起你，不给你添麻烦，老了在经济上、身体上不拖累你。我们老两口给西安交大捐了100万，成立了一个奖学金。我在捐赠仪式上说，那是取之于文、用之于文，取之于教、还之于教。"质本洁来还洁去"，物尽其用呀。

黎峰：您青少年时期的理想是什么？

肖云儒：初二初三的时候爱看小说，你们可能都不知道苏联有个教育家也是一个作家，叫马卡连柯，马卡连柯是专门教育失足儿童的，等于我们的少管所老师。他写了几部小说如《教育诗》《塔上旗》我当时都看了，讲改造失足儿童。读后感到教师就是伟大，改造人的灵魂。我立志要当人民教师。那个时候是理想年代，十五六岁也是圆梦的时候，我就给另外一个同学说——那个同学叫万嘉勋，他也没有父亲，也是寡母孤儿，我们同病相怜成了好朋友，已是我终生的朋友。少年时代一件两件典型的事件把我们联系起来拴到一起，就一辈子不能分开了——我俩初中升高中本来已填报志愿，决心改志愿不考高中，考中等师范当小学老师，把一辈子献给壮丽的教育事业。我们写了很恳切的信，决心书一样的，交给南昌师范学校招办。那时好多人不想念师范，我妈是南昌女中校长，一直在动员学生们报考师范，说教育事业是灵魂的工程师，精神的烛光什么的。信送到南昌师范招生办公室后，他们一看，哎，这不是欧阳校长的儿子吗，欧阳校长知不知道呀，就给我妈打了个电话。说你儿子要考南昌师范，我们很欢迎啊。我妈大吃一惊，她想让我上高中、升大学，但自己在教育界又不好出面，就给我大舅说。恰好我的班主任是大舅的同班同学。大舅就跑到学校去，说肖云儒没有爸爸了，我就是他家长，把我们的申请撤回了来。这个理想最终没有实现。

一直到现在我都有教师情结，西安市和省上评选那个红烛奖，我每年都当评委。在校园里感觉非常好，尤其是在大学里，那种青春的气场，看着莘莘学子，心里就高兴。

黎峰：回头来看你这一生的坎坷经历，有什么感受？

肖云儒： 20世纪90年代我做讲座，有大学生也问，肖老师你一生走过这么多坎坷你幸福吗？我说幸福。为什么？因为没有哪一代人像我这七十多年这么巧，在有生之年能看到一个国家、一个民族走了一个完整的历史螺旋。这是历史的巧合，也是我的幸运，我人生的圆满。

中华人民共和国成立初期，我八九岁，看过斗地主，将土地从地主手里收归国有，然后分到农民手里耕种。不久就看到合作化，户户入社，走集体化道路。土地又从农民手里回到国家或国家指定的代理机构手中。合作化以后，中经"文革"，就到了改革开放，土地又分开了，由国家—集体又回到农民手中。现在则又正在进入市场集约化、农业公司化阶段，农民又将手中的土地折股交由公司集体经营。就这样在回旋反复中前进。

在城市也一样。1956年公私合营，资本家敲锣打鼓把自己的工厂交给国家，到了"文化革命"，这些交出私产的资本家却被斗得跟地富反坏狗崽子一样。"文化革命"以后，上交给国家的一些原私有企业，又重新组合为公司。而且因为私有化的老板有管理经验，像上海荣毅仁这些人，他当过多少年牛鬼蛇神，但是他有几代人积累的管理经验，很快成为中信公司的大老板，后来还成为国家副主席。这同时，在改革开放确立了市场经济之后，私有企业、私人老板更是雨后春笋般冒出来，总产值很快超过了国企。一个时代的浓缩版，就这样在我面前展示出一个向上的螺旋。

这真是我的幸运。历史和社会的这种大螺旋常常要几百上千年才能出现一次，作为一个研究文化的人，我能够在有生之年，在短短一个甲子中看到社会发展的这种螺旋性变迁，这不是我的幸运吗？

而且我处的时代基本上没有大战争，没有民族战争，只有抗美援朝，中印边境自卫反击战这些局部战争，这更是大幸运。这代人虽然坎坷，人就是要在坎坷中成长。我的坎坷算不上多大，所以我成长不是最快的。我们一些大学者、大作家、大政要，都有大起大落的命运，都是命运造就的大才。你像司马迁，像苏武，像林则徐，一会功臣，一会儿犯人，就这样在大起大落中成熟。

晚年以后，我愈益认识到人不可逆转时代，时代这样发展了，你只有像游泳一样在潮头顺势沉浮，不能朝大浪的反方向硬扑，那必然淹死。真正的智者不是无谓的牺牲者，而是能够审时度势的人，是能够顺着时代发展的潮头，找到自己位置的人。年纪一大很宽容，看透了，时代的坎坷，历史的变幻，这一切都是必然的、不可避免的。这正是事物发展的常态。像"文革"那样的全民大动乱，几百年都不见得能遇上，但每一个的人生绝对会有起有落，会有叫你切肤痛苦地方，感情的痛苦，人生的痛苦，也有叫你非常幸福的地方。

黎峰：你觉得是什么成就了你？

肖云儒：小时候，有次我跟我那个小舅舅打架，打架了以后全家人都说他，其实是我不对，我骄横。晚上我母亲对着我的耳朵说："毛毛（我的小名），你一定要有出息，要不然人家都会说是我把你惯坏的。为了我，你也要有出息。"这个我记得非常真切。这个励志比什么教育都好，从天性上说，就是为了亲人、家庭和师友，向社会证明你们的教育不是失败的，为了这个底线，也要努力。这始终也是我的一个动力。当然社会的历史风云方面的动力，理想主义的动力可能更重要，但人有的时候很怪，有时候亲情和友谊的动力也非常大，这是切入我们人生原初的心力。两者结合，在结合中对撞，一个导致生命和精神裂变的粒子加速器就诞生了。

黎峰：能请你给年青一代提些人生的建议或者希望吗？

肖云儒：一个是，年轻人要有危机感、失败感和耻感，放低放小做人。

要多些自责。大凡成功，多是许多人共同干出来的，或是时代创了条件和机遇，让你干出来的。要常怀敬畏之心、愧疚之心。再一个，永远在人生的债务中生活，相对于人生和社会历史的目标，我们应当永远有一种负债感。负债感提醒我们目标尚未达到，同志仍需努力。没有压力，就没有动力。没有还债的动力，人生就容易放松。债务徐徐而来、压力绵绵不断，这就这就是人生。

还有一个是不以成败论英雄。人的成就大小，并不能与智力、能力的大小直接画等号。有的人没有名人的成就，但他享受了人生的乐趣。有的人事业很成功，社会影响很大，但他一辈子青灯黄卷，牺牲了常人的生活乐趣。很多有才华的人英年早逝，而他同时期的很多人现在依然平常、平淡地生活着。你能说谁幸福谁不幸福？所以从生命的角度看，每个人人生的成就经过有得有失、有起有落的折算，最后可能是大体相等的。要发现自己生活的乐趣，增添人生的自信。有的人的确是社会的珍宝，是社会的中坚，但更多的人却只是平凡而平庸地活着。比如我，我并不后悔成为一个万金油式的杂家，只要对社会有益，对别人有用。一个人愿意成为专门家是好的，但世界更需要杂家和通才，特别需要跨界、众筹的人才。当代社会特别需要"水泥"和"万金油"，我力争成为黏合各种高级材料的"水泥"，为万丈高楼平地起出一份力。成为万金油也没有什么不好，但一定要是"虎"牌的，能治小病的，决不在虎旁添个"口"字，用以"唬"人。

选自《对话——陕西当代文化名人访谈》，陕西人民出版社 2016 年出版，有改动

驰骋文坛一书生

——记肖云儒和他的《中国西部文学论》

王盛华

三十三年前,一个稚气未褪的大学生,心情一激动,便在《人民日报》发表了一篇题为《形散神不散》的文论。就是此文,此后便影响中国散文界达三十年之久,且引起了评论界二十多年的研究和论争。

十年前,又是这个人,极目天山,俯视秦岭,信笔一挥,《美哉,西部》一文又骇世惊俗地摆在了国人面前,就连远在地球一边的澳洲、美洲也起了隐隐的回声。

六年前,还是这个人,积数年之心血,又向世人捧出了他的研究成果《中国西部文学论》。从此,中国西部文学及中国西部文艺登堂入室、开始有了它的理论形态。

这个人,就是陕西的四大评论家之一,人称"江南一子北方一笔"的集编辑、记者、作家、学者于一身的著名文艺评论家肖云儒。

一

这个人作文很得意,做人却难得洒脱。

这个人祖籍四川广安,而他却生于江西雩都,原名肖雩孺,后改名肖云儒。

童年时正值日寇铁骑,掠我中华。其父作为我党的地下工作者,既忧"国破山河在",又伤"城春草木深",奔走救亡,草檄讨贼,后竟一病不起。

以至几十年后，肖云儒夜静思亲，独对的也只有一张父亲在世时比他还年轻几许的照片。

其时，母亲也只二十有八。作为新时代的女性，她曾就读于北京女子师范大学；作为"生当为人杰"的巾帼青年，她曾振臂一呼在北京的有轨电车上散发"不做亡国奴"的传单；作为南昌葆灵女中校长，为"女权"她曾面对面和美国神父展开论辩。但是，面对失夫丧痛，弱子成孤，这位坚强的女性却不愿修补自己残缺的人生。此后西窗残照，冷月孤灯，二十个春风秋雨，八千七百个雁啼蝉鸣，她一腔母爱只守着肖家的独苗，直到52岁那年，作为江西省妇联副主任，最终因脑溢血猝然倒在了省人代会的主席台前。

生命来源于母亲。已过知天命之年的肖云儒依然难以忘记幼时，是母亲携着他，由雩都到赣南，由赣南到南昌，儿泣母悲，逃难流离，最后才满面灰尘、栖栖惶惶地客居在有着"书香门第"之称的外祖父家中。那是当地显赫的"欧阳家族"，其祖曾是明末状元，大厅里曾有御赐的"状元及第"的大匾，外祖父欧阳瀚存和其兄"二公公"欧阳溥存留学日本归来后，一个出任中正大学经济系教授，一个曾是《中华大字典》主编者之一，可谓蟾宫折桂、传之有人了。只可怜在帘卷秋月、壁嵌字画的深宅大院度日的肖家母子，犹如林黛玉走进荣国府，虽有长辈的百般疼爱，但凝聚在心头的却是寄人篱下难以拂去的悲哀。年节祭祖，外姓莫入，母亲躲到了学校，儿子趴在门缝边看人家敬香跪拜；中秋月圆、重九登高，男欢女笑，只有肖家母子人前垂首，人后相对听雁鸣东南。

也许天地生才有数，必先令其遭受心的磨难。

也许环境熏陶，成才必然。经历了两个时代新旧交替的肖云儒终于考进了中国人民大学，当时他只17岁。江西考区500余名考生，只录了3个人，他是其中之一。他所攻读的是新闻专业。从此他认识了莎士比亚、托尔斯泰、别林斯基，也认识了司马迁、王国维、郁达夫……

他成熟了，成熟了的不仅是他的人，还有他的文章。

1959年，他的第一篇美术评论文章《谈华君武解放战争时期的政治讽刺画》，寄到了《美术》杂志。时任主编的王朝闻先生约他去面谈。一见面，著名美学家先自惊得睁大了两只眼，操着四川口音说："没想到，你还是个娃娃哟。"文章后在刊物头条刊出，一时便惊动了校园，肖云儒有了"江南才子"之称。

转眼到了1961年，当时《人民日报》正在开展"笔谈散文"的讨论，初生牛犊不怕虎的肖云儒，笔头一激灵，又以一篇《形散神不散》的文论登上了国家的第一号报纸上。文章开篇明义地道：师陀同志说"散文忌'散'"很精辟。但另一方面，散文贵散，说得确切些，就是"形散神不散"。写此文时他只20岁，文章也仅500字，没想到，就这"形散神不散"，却成为当代散文创作中最有影响的观点之一，且引起了海内外诸多学者的讨论和论争，继而又被国内许多大学的《文学概论》教材所采用，1982年被列入全国高等学府招生考试语文试题，影响之大，可谓空前。

也就在这一年，这也是肖云儒在中国人民大学的最后一个学年了。毕业实习时，肖云儒等十名同学西逾黄河来到了古都的陕西日报社。也许是命中所定，这一来，他就和陕西、和西北结下了终生不解之缘。其时，《人民日报》刚连载完陕西作家王汶石的短篇小说《沙滩上》，肖云儒4000字的评论文章就在《陕西日报》见报了，这是他入陕后写的第一篇文章，当然引起了陕西文艺界的关注。

过了两天，作家杜鹏程来给实习生们作辅导。在谈到陕西文学创作时，他说："最近王汶石的《沙滩上》影响很大，陕报前天那篇评论文章写得很不错嘛。"

同学们指着肖云儒说："文章是他写的。"

"是他！"杜鹏程又一次打量着文气的肖云儒，既亲切又鼓励地讲，"后生可畏，将来会成就一番大事业的。"

"会成就一番事业的。"这是杜老说的，肖云儒记下了这句话。

自然，陕报的"伯乐"也相中了他。毕业分配时，陕报当即派了副总编陈明亲赴北京去要人。其时，肖云儒正面临三条抉择：一是留校到美学教研室当助教；另是回南方和望眼欲穿的母亲相处在一地；再是当记者、当作家，只身奔赴大西北。思来想去，但最终还是选择了后者。因而，毕业典礼，当同学们拿着小红旗面对着中国政区图，主持人讲到"你们愿意到哪里就把红旗插到哪里"时，肖云儒手中那面小红旗，就毫不犹豫地插到了大西北的版图上。

二

只是，西行的路，并没有他想的那么平坦。

机关依然是陕西日报社，职务依然是文艺部编辑。可惜好梦不长，"文化革命"一爆发，他就被作为第一批下放干部下放到了汉中的西乡县，且名曰"接受贫下中农的再教育"。

此一去就是九年，真个是出了阳关无故人。好在有了东风送暖，好在有了粉碎"四人帮"后第一届全国科学大会的召开。也许是人生转折，也许是苦尽甜来，1979年，肖云儒回到了他阔别九载的古城西安。

单位依然是陕西日报社文艺部。街还是那条街，楼还是那栋楼，只有人，由青年步入了中年。而这也没有什么可遗憾的，只要能"归队"，他已是万分地欣喜了。以至拿到从派出所办回来的户口本，他竟高吟着"种桃道士归何处，前度刘郎今又来"的唐人绝句，买了一辆崭新的自行车，绕着古城墙如飞地"疯"了一圈……

可不是，春风得意马蹄疾。先一年，他的爱人以三原县总分第二名考进了西安交通大学，孩子接着也随迁到了西安，后顾无忧，前事有望，此刻该是他向维纳斯的圣殿冲刺的时候啦。

而在这之前，他的论及矛盾同一性与斗争性的两篇哲学论文，已在《光明日报》以大半版篇幅刊出，且被收进了《1979—1981年哲学论争集》。

1980年，他的另一篇论文《文艺创作反映当代生活中的封建主义的潜流问题》，又在《上海文学》头条予以发表，香港《文汇报》、《北美华侨日报》，以及日本一些报纸也都进行了摘载……

紧接着，《时代风云和命运纠葛》长篇论文见诸《文学评论》；参加全国第一届中篇小说初评工作后所写的《时代的聚光镜——中篇小说的新人塑造》发表的同时，又获得了陕西省社科优秀成果奖；《红旗》杂志又全文刊载了他的《艺术家主体、生活客体和审美反映》……

他没黑没明地写，从社会到文艺，从人生到舞台，从历史到现实，几乎每一月都有他的数篇评论文章问世。而且这些评论除文采飞扬之外，在拨乱反正的岁月里，都能给人一种新的启示和观点，有的且成了新时期文艺复兴的呐喊。那时，家小没地方，他就把资料搬到办公室，下班后接着干，写累了就躺在桌子上过夜。当时就有人惊呼"肖云儒这小子疯了，他哪里是在写文章，而是用印刷机在印文章"。

可谓言而有据。纵观1979年到1986年，肖云儒在省级以上报刊发表的文艺理论和评论文章就达百余万字，被转载和收入专集的文章有30多篇，且出版了两部计60余万字的评论专集。成果之丰，在陕西评论界引人注目，肖云儒的名字也开始从陕西走进了全国的评论界。

这是他事业上的黄金时期。同时，作为记者他也是称职的。他的文艺新闻笔法独到，没有千人一面之感，因而屡屡在全国获奖，多次被选入《全国短新闻选》等专集；由他主持的《陕西日报》"文艺评论"专版，被《中国新闻年鉴》称为"全国最有特色的专栏之一"；甚至就连濒危珍稀动物朱鹮最早的保护,也是他第一个向外界披露的消息……

就在这期间,陕西省文联在"文革"后恢复成立,他应邀来到了筹备组,先是理论部主任,继而党组成员、副秘书长、副主席。时间为1984年,他刚刚过了人生的第四十四个年头。

至此,肖云儒才总算在文艺界入正册。然而作为文艺评论家,他仍是"业余"的。

三

在中国,有一个"西部"。

这里是地球的制高点。山则喜马拉雅山,原则帕米尔高原,驼铃千载吟唱,黄河万古悠长,楼兰废墟,地老天荒,这一切都构成了西部独特的自然景观和人文景观。

正因为如此,短短数年中,中国文坛出现了一批描绘西部生活的代表性作家,如王蒙、张承志、张贤亮、扎西达娃,如贾平凹……

这是一个独特的文艺现象。它向世人表明,当代中国西部文艺已从萌动走向了它的成熟。

就在这时候,著名电影评论家钟惦棐来到了西安电影制片厂,提出了中国应有自己的"西部电影"的口号。

仿佛是延伸,也仿佛是推进,肖云儒为西部文艺奠基的论文《美哉,西部》,又在《陕西日报》加按语得到了发表,加之多家报刊的转载,以及其后《西部电影五题议》在舆论界的展示,更把西部文化景观这个概念,推到了国人的面前。从此,"西部文艺"这个词进入了西部文坛,并由此走向了各个文艺领域。

于是,有了《中国西部文学》《西部电影》《西部美术》等西部刊物;

于是，有了《牧马人》《黄土地》《人生》《野山》等西部影片；

于是，有了"黄土高坡"刮起的西部音乐，诗坛上有了中国的西部诗潮，而西部文学更在全国大范围走俏。

作为西部文艺的开创者和理论发言人，那一段，肖云儒的足迹几乎踏遍了丝绸之路的每一个景点。当然不是游山玩水，他从历史、宗教、社会、民俗、文化、美学多角度地寻找着为西部文艺立论的观点。继而，在边城伊宁召开的首届中国西部文艺研讨会上，大家公推厚积薄发的肖云儒作《关于西部文艺若干问题》的长篇主题发言，这是一个框架，也是一篇为西部文艺揭秘的文章，深搏与会者的赞赏与共识。继而，在甘肃张掖召开的第二届研讨会和北京的"中国当代文学国际学术研讨会"上，他又以《西部热和现代潮》为题，对中国西部文艺作了全方位的探讨和阐释，从而引起了国际友人和十多位华人作家的浓厚兴趣。日本京都大学华人教授林希当即表示，中国的西部是诱人的，他要搞出一部七集电视系列片《西部天籁》，把中国西部文艺推向世界。会后，由于与会者的传播和新闻媒介的多方报道，中国西部文艺在海外也有了一定的影响。

此后便是三个月的伏案耕作，便是九十天的闭门不出，1989年5月，熬红了眼的肖云儒，终于向世人捧出了他的理论结晶——《中国西部文学论》。

这是中国第一部研究西部文学的专著，洋洋洒洒近三十万言。它以当代意识熔铸西部历史，对西部的文化结构、艺术意识、美学风貌，以及西部文学的形成格局，都进行了由表及里的论述和阐发，既扩展和充实了西部文学的研究领域，又使西部文学第一次在人们面前呈现出了自己的理论全貌。可以说此书的问世，对中国当代文学的理论贡献，分量是极重的。它理所当然地获得了1989年度中国图书奖和1991年的中国当代文学研究成果奖，并再版两次。

《中国西部文学论》无疑是作为文艺评论家肖云儒的又一个人生里程碑。

道路一旦踏出来，自然不会后继无人。随后，以《中国西部文学论》为龙头，肖云儒又担任了"中国西部文艺研究丛书"的主编，在他的组织和倡导下，《中国西部音乐论》《中国西部歌舞论》《中国部民间艺术论》《中国当代西部诗潮论》《中国西部幽默论》等八本西部文论专著，也都纷纷问世。每一本在中国当代文艺史上，都是前所未有的。

因此，有人说，肖云儒为中国西部文艺开辟了一条新的风景线，此言不假。

四

从《形散神不散》到《中国西部文学论》，肖云儒走过了三十多年求索的坎坷之路。

三十多年来，他落脚西北，手握一支犀利的文笔，写过新闻、通讯、报告文学、电视专题片，也写过散文、随笔、小说、杂文，但更多则是他的文艺评论——并且把笔锋伸到了人类社会上层建筑的各个领域，文学、戏剧、影视、美术、音乐……至今他已发表过370多万字的文章，出版了12部专著，主编了10部300余万字的文艺类书籍，先后获得省及国家级学术奖励21次。

作为文艺作品的评介者，他不仅是良师也是益友。陕西老一辈的作家柯仲平、柳青、杜鹏程、李若冰、王汶石、魏钢焰，年青一代的作家路遥、贾平凹、陈忠实、赵熙、京夫等人，哪一个没得到过他的文章中肯的评析。甚或就连一些文艺青年，他也甘愿作"梯"，为其写出了一篇篇独有见地的序言和作品介绍……

当然，不敢说他已名满天下。但，如今的他，却已是中国小说学会副会长、中国当代文学研究会和中国电影评论学会的常务理事，中国西部文艺研究会、陕西省文联、省评论家协会等五个艺术团体的会长和副主席，并被西北大学、西安交大聘为兼职教授。他的名字和成就11次被列入各类名人辞典且进入了《剑桥世界文化名人录》。

台湾有位评论家在评论他时曾写道:"其文可赠以九字,曰:有见解,有感受,有文采。见解在质朴中显现力度,感受于真切中暗藏灵性,而文气飞扬,常有溢彩流光之句攫住你的目光,让你流连忘返其中。"

但我说,攫住你目光的不仅仅是他的文章,还有他的人。肖云儒今年才五十有三,对一个评论家来说,还正是青春好年华。现在他已有了两个里程碑,那么第三个里程碑也必定在等着他,因为他已着手《中国西部审美文化论》的写作,相信那将又是他的一部代表作……

1993 年 11 月 19,西安

魂 系 西 部

——记肖云儒和他的《中国西部文学论》

秋 乡

肖云儒获奖了。他的专著《中国西部文学论》继获得被誉为全国图书最高奖的中国图书奖后，又获得中国当代文学研究成果奖。这是必然的。

上帝制作肖云儒的时候，注重了他的精神而忽视了他的肉体，所以肖云儒个头不高，没有伟男子的形象，但他却有一颗比一般人要好使得多的大脑。这表现在他的口才、文采、思维、文章等等方面。中国人民大学求学期间，他写过一篇评论华君武政治讽刺画的文章，稿件寄到《美术》杂志后，主编王朝闻打电话约他面谈。见了面，王朝闻大吃一惊，原来这个思路开阔、见地不凡的作者竟然是一个十七八岁的毛头小伙。文章很快被杂志用黑体字发在了头条位置上。肖云儒也由此而开始了文学评论的生涯。1961年，举国上下掀起讨论散文的热潮，正在做毕业实习的肖云儒忍不住拿起笔写了一篇《形散神不散》的文章寄给《人民日报》。他当时只想表达一下自己对散文的思索和追求，但绝没有想到这只有500字的小文章会流传得那么快、那么广，竟然成为当代散文创作中最有影响的观点之一，引起评论界二十多年的研究和论争，至今余音袅袅。近些年来，肖云儒又以西部文化深入独到的研究独树一帜，引起整个文坛乃至海内外学者的关注。最近一个出版社发了他第八本书稿，书名叫熟悉他的人诧异——《民族文化结构论》，这是否表明他在文化研究方面又有了新的发现和进展呢？

肖云儒今年已经53岁了，但看上去还是那么年轻潇洒，好像一个"大小伙",脸上没有皱纹,头上没有白发,日日骑着他那破旧二六车子,吱吱嘎嘎,穿大街走小巷,讲课、开会商讨各种各样的事务,奔波在所有需要他的智慧的地方。风风雨雨里,总是笑吟吟的,见人必先笑,再问你好,忙啥呢,吃饭没有,到家坐坐。其实堂堂评论家的居室非常狭小寒酸,一间半的简易楼房还是外单位的,日日吃罢晚饭,和儿子共挤在一张方桌上,听着彼此的呼吸和心跳,做着各自的学问。腰酸臂困时,从不敢做大幅度的舒展,怕晃响了桌子,打断别人的思路。有时干脆躲到邻近的西安交大学生自习室去思考写作。对这,老肖处之泰然,至多是在文章的后面缀上写于"西楼、椒园、寄斋"等清雅的名号,恬淡而满足地徜徉在自己想象中的"广厦"里。

老肖却说自己枉姓了一个肖,活得一点也不潇洒。写文章时,他可以纵横捭阖,文采激扬,充满着智慧和自豪,但在生活中,却拘谨、谦卑、善良到了怯懦。他不好意思为自己的事情去求领导,也没有勇气驳回任何人对他的请求。这种双重人格在他身上的共存,使人不得不去回溯他那精神营养失衡的童年生活。

肖云儒的父母早年都在北京上大学,相识于"一二·九"血与火的斗争中。不幸的是,小云儒刚刚出世不久,父亲就猝然长逝。年轻的寡母只好拉着他回到了娘家。平日里,小云儒和表兄妹们一起享受着学识渊博的外公和外婆的熏陶慈爱,可在大年大节祭祖时,妈妈就会拉着他悄悄躲进偏房,因为他是外姓人!母亲纤弱文秀,多愁善感,喜欢李清照、蔡文姬。后来,她领着自己小小的儿子到一所女中做了校长。那是一个女儿天地,哭笑嬉闹间,无不洋溢着女性的优柔贤淑,这种缺乏阳刚之气的生长环境,给了云儒聪颖和敏感,但面对强悍的世界时,他总是怯生生的自惭形秽,有一种弱者的自卑感。他似乎永远离不开母亲的呵护,可母亲还是早早撒他而去。他说他忘不了二十八年前那一个细雨纷纷的秋天,他从千里之外辗转赶回家中,叫着妈妈我回来了,饼干筒里有妈妈刚咬了一口的蛋糕,桌子上有妈妈给他写了一半的信，可妈妈再也听不到他的呼唤，孤独地走入那个冰冷无知的世界。20多岁的云儒流着泪掩埋了妈妈，重又默默踏上了西去的列车。

西部在等待着他，西部在呼唤着他。尽管他被时代的洪流裹挟着，去做一些自己也莫名其妙的事情，在广阔天地里，在工矿企业里改造着自己，将手和肩膀锻炼得僵硬，但中国大西北雄奇的自然风光、淳厚的民风民俗以及久远而独特的文化传统却深深吸引着、濡染着他，并一点点荡涤着他自卑怯懦的心理阴影，代之以西部人的直率和大气。他的审美趣味开始变化，喜欢悲剧感强、壮美苍凉、有大气势的东西，而不喜欢"杨柳岸，晓风残月"那样的轻吟浅唱。也许这是不自觉地在以一种恢宏的审美来弥补自己气质上的文弱。

不知不觉间，一个地道的江西老表被西部熏陶成了秦人。肖云儒爱上了这块奇诡粗犷的土地。那种爱由于经历了长长而坎坷的心路而变得纯厚深沉，刻骨铭心。当时他已回到报社当编辑，年年月月，爬在稿山中淘金凿玉，为人作嫁。新闻作品连年获奖，副刊评论版在全国受到表扬，评论也写了不老少，可哪一样属于自己，属于自己脚下的这片黄土地？他在苦苦追寻。1984年，老电影评论家钟惦棐来到陕西，响当当地提出要搞中国的西部片。它像一道电光，引爆了久久沉淀在肖云儒心底的渴望和追寻，裂变出一个光彩耀人的主题：西部文化！

久作记者的敏锐告诉肖云儒：文学提倡地域文化色彩是对的，新时期的文学更要由沉入地域文化而提升为世界格局。中国的西部，以其历史、文化传统的丰富，以及独特的人文景观，在文坛上早已形成了一方特点鲜明的现象，但至今没有人从理论上关注它、研讨它。把西部文学放到多维理论的坐标上观照，不仅会为它走进世界廓清埂阻，也可能构成一个别人没有的，只属于自己的研究领域。

机遇是偏爱有准备的头脑的。肖云儒踌躇满志去开掘自己勘踏出的"金矿"时,组织又委他以重任——参与组建陕西省文联!这无疑为他事业的开拓张起了顺风帆。二十多年的流落徘徊,走了一个长长的弯路,才有了圆文艺梦的机会,他的心中不知是喜是悲。他的脑子里,总留着背着大背篓去荒野拾烧火柴的沉重影子,但他不悔也不恨,因为那段岁月使他深沉、有分量,使他认识到了西部不仅仅有诗有画有歌,还有实实在在的生活和人生。做"无冕之王"时,他养成了敏捷勤奋、快节奏的工作习惯,进入平和甚至有些懒散的大机关,他也没学会偷闲。他仍然像一个满天飞的记者,为各种各样头绪繁多的事务忙忙碌碌,奔波不停,同事开玩笑他是"属兔子"的,他听了笑笑说"习惯了,改不掉"。其实他是有意识的,他在迅速调整自己,早早进入组织委派的角色,也早早进入已令他心驰神往的神秘西部。

这个"江西老表"确实被西部激动起来了。在完成繁忙的事务之余,他挥笔写下了关于西部文化的第一曲壮歌《美哉,西部》,独到的视点和令人耳目一新的宏论,道出了多少人共同的感受。文章在《陕西日报》加按语发表后,引起热烈反响,报刊纷纷转载,甚至遥远的澳洲、美洲西部也有了回声。意想不到的成功使肖云儒坚定起来,自信起来,他意气飞扬,大刀阔斧地向着西部挺进了。短短的时间里,他迅速地调整了自己的知识结构,从哲学、伦理学、文化学、社会学等多维文化观念上,对西部文学开始了全方位的思维和探讨。1986 年在伊宁召开的"西部文学研讨会",大家公推他作主题发言。他躲到一个小公园准备了一个发言提纲,讲了整整一个上午,工作人员沉浸在他精彩的发言中,竟忘记调整录音机。为了弥补这一遗憾,主办人恳求他再讲一遍,听者依然兴趣盎然。大家被这矮矮的江西人精到的见地和文采征服了,大家被西部的文艺美学风貌征服了。

回到古城不久,肖云儒就打点行装上了太白山,苦战一个月,写出了《中国西部文学论》的初稿。修改成书后寄到了青海,慧眼识珠的编辑立刻热情洋溢地回了信,并尽快组织了书的出版发行。原以为枯燥的纯理论没有多少人爱读，想不到很快就脱销，旋又重版。近两年，他在撰著《西部审美文化论》和与人合著的《西部电影论》的同时，主编了一套八本的"中国西部文艺研究丛书"，从文学、音乐、诗歌、乐舞、幽默、电影、民间艺术、审美文化等等方面，把中国西部文艺全方位地推上世界文化的大舞台。其中《西部文化论》日本正在组织人翻译，美国国会图书馆收藏了它，加拿大、日本、澳大利亚等国的文化人也纷纷来信，告知自己看到第一部关注中国西部艺术大著的喜悦。

肖云儒的文风文采也在这部专著中发挥得淋漓尽致。他曾说自己是个杂家，美学、哲学、评论、散文、消息、通讯，什么都写过，这种全方位、多渠道的文字锻炼使他受益匪浅。他的评论，没有学院味，不端架子，不说套话，注重情理兼容，明朗轻松，一些深奥的哲学意理常常体现在富有韵味和情趣的对自然、人生的沉思慨叹中。他不强迫读者接受自己的观点，而是将自己的感悟过程娓娓道来，引导读者一起去发现美和真理，当读者发现自己已被他说服时，那种理解和认同是极深刻亲切的。台湾大学教授叶四维在看了他的文章后，曾大书九个字赠他——有见解，有感受，有文采！

如今，陕西的文学界讨论什么重要问题时，总要邀请肖云儒到场。他却还是那么谦卑拘谨，总在惭愧自己写文章写得好苦，羡慕别人能提笔成章，甚至在别人发言时，他竟苦恼听谁说的都有道理，就是找不到自己的观点。

有人说肖云儒常常"语惊四座"，他却说"那是带着自己做思维体操，防止老化"。他想从中老年的老态中挣扎出来，保持思维和精神上的活力，就得迫使自己在每一次发言中尽量独辟蹊径，发现别人发现不了的东西，用崭新的思维去抵制暮气的侵袭。可他毕竟已届"知天命"之年。精神上的青春不能替代体力的不支，往往一天下班回到家，没有一点脑力劳动者的轻松恬静，倒像拉了一天架子车，腰酸腿疼，睡梦中常哼哼出声。他不会打牌搓麻将，不爱喝酒谝闲话，要说有什么业余爱好的话，就是睡觉。无思无欲地酣然大睡。

也许是衰老的感觉渐至，肖云儒总在反省自己，过去的浮躁心态早已消失，代之以对母亲、土地和历史的回归。这回归使他清醒，也使他现实，他对自己要求不高，就是实实在在做一个切实的人，在历史的发展过程中找准自己的位置。"岂能尽如人意，但求无愧我心"，他压在自己玻璃板下的警句，正是他目前生活心态的写照。

人一旦出了名，社会化的特性就尤为明显突出，精神天地里属于个人的成分却越来越少，更多的也是无可奈何地服务于一个时代的一个阶层。肖云儒向往宁静、向往所有的时间能够自由支配，他就可以心无旁骛地去做学问，去那大漠落日、茫茫草原、古道秋风、黄天厚土中驰骋情怀，筛淘他心中美的金矿。然而他的智慧和才能又使任何人不能小觑他，漠视他。这也注定了他不可能只做一个纯粹意义上的文人。从踏入文联大门那天起，他先理论部主任，而党组成员，而主管业务的副主席，仕路一帆风顺，社会活动更是多得应接不暇。肖云儒做群众时，是最好的群众，听话、能干，哪个领导都喜欢。肖云儒做了领导，也是一个好领导，吃苦勤劳，体恤下情，只要自己能解决的事情，绝不去调遣别人。这可就苦了他自己。任何时候去他家，他都忙得一塌糊涂。常常一个题目没搞清楚，第二、第三、第四就已排着队在等候。其中还要穿插着为什么专题片写解说词，为某领导写发言稿、写报告、写总结……相比之下，学术研究倒好像成了业余的。肖云儒苦恼而又无奈，只好无情的"压榨"自己的精力体力。

好在他有了一个温馨的家、贤惠的妻。他的妻子李秀芳女士绝不是一个弱者和平庸之人。她凭着顽强的自学考入交大社科系并以优异成绩留校任教。她有自己的爱好和事业，但为了肖云儒和儿子，她甘愿做了月亮，默默地任劳任怨地承担起了一切。肖云儒不管啥时回家，饭菜总是热腾腾的，肖云儒不管何时出门，衣服总是整洁清爽。每每一部书稿到了冲刺阶段，她就放下自己手头的事情，去替丈夫抄写、复印。可贵的是她悄然做了这一切后，还有毅力在自己的领域里攀登钻研。那年，她的一篇《领袖走下神坛》在陕西省影评大赛中一举夺魁，令多少人对她刮目相看。对那些赞誉，她只淡淡一笑，仍然一如既往，娴静温厚得如一道光，温暖着这个家，也照亮着这个家。

肖云儒是一个幸运者，他的才华得到充分的发挥并被时代承认。肖云儒也被名人的苦恼困扰着，但他只能顺应。他打算55岁以后，开始学着玩，学着放松，但只怕自己搁不下，西部在他的人生中烙印太深，投入太多，潜意识中的爱恋和奋斗的惯性也会驱动他在这片黄土地上不歇止地进取探索。

肖云儒，这个江西人的名字，已经与西部紧紧连在一起。

1993年春，西安

燃烧的火炬

——文艺评论家肖云儒扫描

吴树民

从 2014 年起,他三次跑完长安至罗马的"丝路万里行·追寻张骞"之旅、长安至加尔各答的"丝路万里行·追寻玄奘"之旅,以及长安至东欧各国的"丝路万里行·北欧中东欧之旅",漫漫长途,共 30 余国、百余城,行程 80000 余里,每次在汽车上颠簸整整两个月,这对一个渐近耄耋之年的老人,绝非易事。每至一国,还笔歌墨舞,奉赠手书中国书法作品予当地政要友朋及有关国家博物馆收藏,书作颂扬和平友谊、彰显丝路合作精神,颇受丝路各国人士青睐。三次西行途中,笔走龙蛇,写散文随笔 150 余篇,回国后已结集《西部向西》《丝路云履》《丝路云谭》《丝路云笺》并相继出版,向媒体和社会各界做丝路文化讲座数百场。其中《丝路云谭》荣获第八届冰心散文奖,位居榜首,《丝路云履》出了英译本。

这位精神矍铄的老人,就是风度儒雅、戴着玳瑁边儿眼镜的文化学者肖云儒。按他自解:"云儒,就是云游四方的儒者。"回首逝去的岁月,他没有虚度年华。在各种报刊上发表的浩如烟海的文字,流起来,是一道泻玉溅珠的瀑布;燃起来,是一束明亮壮丽的火炬!

1940 年 12 月 7 日,祖籍四川广安的肖云儒出生在毗邻江西瑞金的雩都县一个革命家庭。父亲给他起名雩孺,不少人将雩错认错写为繁体"雲",他只得将错就错,沿用至今。

1941 年,父亲英年病逝时,他还不到 1 岁,悲痛欲绝的母亲带着他回到坐落于南昌羊子巷的娘家。艰难的童年生活，养成了他对世态万象的多思。好在有母亲相依为命，还不至于"茕茕孑立，形影相吊"。唯一让他风光了一回的是：母亲任教的中学排演《红楼梦》，蒋经国的情人、校花章亚若饰薛宝钗，五岁的他饰刘姥姥的小孙子板儿，没有一句台词，被刘姥姥拉着在台上走了一圈。从此，他对文艺有了一丝追慕和憧憬。

1957年秋，17岁的肖云儒带着绚丽的文学梦考入中国人民大学新闻系，来到北京。新闻系当时在城内张自忠路（原铁狮子胡同）一号，系主任安岗在第一堂课上用斗大的粉笔字书写的"新闻记者——党的政治工作者！"一下就粉碎了他的文学梦。接踵而来的一场又一场滚滚的政治洪涛，卷得他们那一代人在"运动"中上下翻腾，无暇他顾。"三年困难时期"又将整个社会从沸点抛向冰点，他从狂热和迷惘中醒来，重新开始了在图书的天地中遨游的习惯。

1959年初，他写了一篇评著名作家周立波《山乡巨变》的文论，2000多字，投寄《北京日报》，幸遇伯乐于文涛，得以发表。这篇处女作，开创了他日后的评论生涯。大学三年级，他写评论《谈华君武解放战争时期的政治讽刺画》，投寄全国美协机关刊物《美术》杂志，杂志主编是美学大家王朝闻，读罢文章，觉得立论新颖，逻辑严密，论据有力，挺有分量，电话约他到位于王府井北大街中国文联大楼的编辑部面谈。一见面，王朝闻大吃一惊："还是个娃娃嘛！""自古英雄出少年"，他这篇文章，被以黑体字在杂志头条位置刊出。肖云儒作为一颗文论新星，引起了首都评论界的关注。

1961年，杨朔、秦牧等散文大家迭出，可谓文学"散文年"。为了推动散文研究，《人民日报》副刊开设《笔谈散文》专栏，肖云儒写了一篇500字的短文《形散神不散》，提出散文"形散神不散""形神兼备""形散神聚"方是佳作。此文在1961年5月12日《人民日报》发表后，广获赞同，被认为是散文特性和内涵的精简概括而得到广泛认可。刚20岁的肖云儒写的这篇短文，被收入中学、大学阅读参考教材，成为1982年高考试题，还引起评论界长达二十余年的争论，甚至波及海外，见仁见智，至今余波不断。

以"形散神不散"为代表的早期文论，是肖云儒文论史上第一颗闪烁华采的亮星。

1961年7月大学毕业，陕西日报求贤若渴，将肖云儒从首都要到西安。他开始在报社农业部实习，却写了评王汶石小说《沙滩上》近5000字的文论发表在《陕西日报》副刊上，独到精辟，令人刮目！

在淀积着周秦遗韵、汉唐雄风的三秦沃土上，肖云儒写新闻、写评论，很快成为一位名记者、名编辑，同时在业余时间，以秀灵的才气和旺盛的精力，写出不少神采飘逸的散文和报告文学，名噪一时。

不久"文革"爆发，任何"幸运儿"都远离了幸运。肖云儒随陕西日报社180名编辑记者被下放到山区的几处穷乡僻壤，陕南西乡县有60人，他就是其中之一。在大巴山的群峦险峰里，他踩着冰碴子割过水稻，组织百辆架子车奔波200余里为铁路工地送过水泥，借画"忠字画"偷偷学过油画、水粉画……个人奋斗的努力终究不抵政治狂飙的刚烈。一天，县上传达风云人物毛远新的"辽宁经验"：下放干部工资全取消，户口转农村。下放干部们你看我，我看你，一脸悲戚。深夜，肖云儒心中江海翻涛，别人在农村有家有舍，可以投亲靠友，而自己孤苦伶仃，该去何处栖身？身薄力怯的自己，挑不起，背不动，何以糊口？望着四周黑压压的连绵群山，西天雾蒙蒙的一钩残月，悲从心来，不由流下泪水……

好在苍天有眼，不久，他和叶浓等7名下放干部被借调到汉中日报社，算是有了一个栖身之处。一天，他奉命到城固县边远农村采访，半夜出门小解，怕下雨影响明日行程，边走边仰头观看天象，"扑通"一声，掉进了陕南的水茅厕，粪坑的污秽一下拥到脖子。在呼叫中好不容易被人捞出。生产队专门派几名劳力将他的衣物洗了一遍又一遍，仍觉臭气熏人，直到第二天吃完派饭，他摸出洗净晾干的钱给主人交饭费时，依然嗫嗫嚅嚅羞赧地说："这钱还有臭味，臭钱，可是能用。对不起了！"

1973年冬，为了结束长期的牛郎织女生活，他调到妻子家乡三原县北边沟道里的红原航空锻铸厂。他和"一头沉"的单身汉们住在低矮潮湿的干打垒房中，房前搭半间抬头就碰着屋顶的小灶房。下班后常常提着笼到树下捡枯叶，去田野拾麦根，以生火做饭。他不谙厨炊之道，只会夹"老鸹膪"。那年月，肉类凭票供应，他是集体户口，没票，有次馋得花五块钱在黑市上买了十来斤一块猪腿，当然是死猪，否则哪能如此便宜？用盐一抹，挂在灶房梁上，馋时削几片扔进饭锅，就算改善伙食了。常常饭未做熟，他却被烟呛得一把鼻涕一把泪，手背额头几道黑……

艰难的日月，困顿的生活，压得他那几年几乎搁笔断文，不知文学与文章为何物。直至1978年，全国科技大会送来了春风，激励他从梦魇般的疏懒中猛醒过去。在昏暗的灯光下，他挥起尘封已久的笔，写了两篇哲学论文，其中《论矛盾同一性在事物发展中的作用》一文，《光明日报》哲学专刊以大半版的篇幅发表，并被收进《1979—1981年哲学论争集》，弄得北京、西安的文友故交大感不解："肖云儒怎么搞起哲学来了？"

在人们的惊诧声中，1979年，肖云儒落实政策，又回到阔别九年的《陕西日报》副刊部，以崭新的境界、纯熟的文笔，追挽逝去的黄金岁月，进入文艺评论的一个丰收期。

1980年，感觉敏锐的他写出了《文艺创作反映当代生活中的封建主义潜流问题》一文，《上海文学》破例将这篇近两万字的长文作为头条发表，《新华文摘》、香港《文汇报》和《北美华侨日报》等海内外报刊纷纷予以转载。

20世纪80年代初，他在大型文学期刊《绿原》上发表了近30000字的文论《呼唤真正自由的文学》，笔锋犀利，观点鲜明，真话实说。文艺界不少人看后称赞："真是大视野，大格局，大手笔！"

肖云儒这一时期的文论，既神思飞扬、流光溢彩，又浑厚凝重、力透纸背。正如他在人民大学的授业恩师冯其庸先生生前给他写序时说的："他的胸襟是大的，视点是多的，能够宏观地综合地把握对象，有时又有独辟蹊径的巧思。云儒喜思，善思，是思想的丰产者。"也正如老友贾平凹评论他时所说："他的阅读面广，批评的坐标高，自己的感觉又好，见解独到鲜活，概括归纳准确。他是智慧型的，又是才子型的。"台湾大学教授叶四维在评论肖云儒的文论时说"有见解、有感受、有文采"，可谓一语中的。

作为中国思想解放运动中的一簇响箭，这几篇力作是肖云儒文论史上第二组闪烁华采的星光。

1984年，肖云儒投入陕西省文联"文革"后的重新组建，不久被任命为党组成员兼理论部主任，后又当选为文联副主席。从此，他可以心无旁骛地在文论原野上纵横驰骋了。

他以"时代聚光镜"似的目光，既评介老作家丁玲、艾青、杜鹏程、茹志鹃……又评介当代作家张洁、刘心武、邓友梅、张笑天……他不仅关注外省的蒋子龙、邓岗、铁凝……同时将大量笔触伸向我省的路遥、陈忠实、贾平凹……全国369位作家及作品，都被他热情、中肯的笔评论过。八年时间，他在省以上报刊发表文论100多篇，80万字；又出版评论集《撩开人生的帷幕》和向海内外同时发行的60万字的专著《中国当代文坛百人》。

1984年的一天，他和我省另一位文艺评论家陈孝英切磋文论，陈建议："我们都已中年，要赶快建立自己的学术领域，我给自己定的领域是幽默研究。你要赶快定下自己的领域，别可惜你的才气了！"朋友的忠告使他为之一震。恰逢著名文艺理论家钟惦棐来陕首倡中国"西部电影"，肖云儒眼前突然一亮，西部文化至今仍是一片无人开垦的处女地，自己置身西部，熟悉西部，为什么不耕耘这块热土，去做一个西部文化的拓荒者、探索者呢？这位"活动在北方的江南才子"，终于找到了自己的学术定位：立足西部，研究中国西部的文化和文艺。他的神思开始在西部文化、西部文艺的壮美天地里穿越，从丝绸之路的起点长安出发，西出阳关，纵跨戈壁，横越大漠，直奔雪山。冷冷城堞，滚滚烽烟，滔滔长河，悠悠驼铃，寂寂寺庙，漠漠废墟……如同西部的狂飙，从他的心海卷过。他从政治、经济、文化、历史、哲学、宗教、美学等各个角度多维地展开研究。一篇篇西部文论，雪片儿似的从他手中飞出。《美哉，西部》一文发表后，国内报刊纷纷转载，甚至远在澳洲、美洲的一些新大陆开发地区也引起回声。

1985年8月，陕西省文联和西影厂作为发起单位，在西北边陲伊犁召开有十多个省市参加的中国西部文艺研讨会。肖云儒被公推作了《关于西部文学若干问题》的主题发言，引起强烈反响。在新华社记者几次采访肖云儒后写出一系列报道的推动下，"西部文学"观念逐渐得到了广泛认同。

作为开创者之一的肖云儒，一面为"西部文学""四处奔波，八方呐喊"（著名评论家王愚语），一面不失时机地推进研究层次，扩大探索范围，系统梳理学术成果。经过无数个日日夜夜的拼搏，1989年他向社会捧出了洋洋30万言的《中国西部文学论》。这部书第一次将中国西部作为一种独立的文化现象、美学现象和文学现象来做理论阐述，引发了广泛关注，一举获得第二年中国图书奖和中国当代文学研究成果奖。他在西部文化、西部文学、西部电影和西部美术方面的论文和评论迄今已有300多万字。

作为填补西部文化和西部文艺研究空白的《中国西部文学论》，是肖云儒文论史上的第三组闪烁华彩的星光。

"六十功名尘与土，八万里路云和月。"回顾肖云儒的创作历程，这位文化老人无愧于伟大的时代和自己的人生。他先后在《中国社会科学》《文学评论》《人民日报》《光明日报》等国家和省级报刊上，发表几百篇论文，出版专著和作品集《对视》五卷本、《雪山》四卷本、《独泊》、《守昧》和《民族文化结构论》等30余部。主编了"中国西部文艺研究丛书"8部、

"秦岭四库全书"4部，曾任《长青的五月》《追日》《黄河不息》等十多部电视文化片的总撰稿。还在央视、凤凰卫视、丝路四国和全国各地电视台单独或者与张岂之、易中天、于丹、王鲁湘、朱大可、杨锦麟、朱学勤、葛健雄等学者联袂做过60多次人文和艺术讲座。

肖云儒先后荣获中宣部"五个一工程奖"、中国图书奖、广电部"星光奖"、中国当代文学研究成果奖、陕西社会科学院研究成果奖等20多个奖项，被评为国家级有突出贡献专家，受聘中国人民大学、西安交通大学、陕西师范大学、西北大学兼职教授、博士生导师。书法成就斐然的他，成为中央电视台8集专题片《千年书法》主讲人之一，已出专著和光盘，热销市场。书法作品多次在国内外展出获奖，被多个国家艺术馆收藏。2013年年底，肖云儒荣获"大昆仑文化研究杰出成果奖"，并应邀在会上作《西部文化精神是打造丝路文化圈的内在动力》的学术报告，获得各地学者高度好评。这篇讲话亦可视为他将自己的学术视野拓展到整个丝绸之路文化研究的一个声明。

近五年来，肖云儒在丝路穿梭、出版4部专著的同时，还主编了《"一带一路"学生读本》（三卷）、《"一带一路"之丝路故事》（三卷）和《西迁故事》，以及多达几百次的关于丝路的讲座、采访和专题节目。有朋友劝他不要在普及性读物和大众传媒上过多"浪费"精力，他表示给社会尤其是青少年普及丝路文化，岂能吝惜生命？

像大家难以相信78岁的老人还在不停歇地跑丝路一样，许多人也难以相信上面罗列的竟是一位渐近耄耋之年老人的工作量。

肖云儒在丝路行走中，特别善于从细小的生活中发现闪光的哲理。他两次经过乌兹别克斯坦的撒马尔罕，两次在旅游商店里发现了一套很有意思的小陶俑，那是统一设计的骆驼、大象和貔貅三件套。老板告诉他，这三件陶俑自古以来就是一组，不能零卖，各种型号的销路都很好。肖云儒敏锐地意识到，这不正暗传了中亚文化、印度文化和中华文化在丝路上融合的历史吗？

这种融合原来自古至今一直被认同，至今仍然是一种活态的存在！

在北马其顿共和国偏僻的山区，车队停在路边泡方便面，一位叫乔瓦尼的老人热情为大家烧开水，送来自酿的葡萄酒。他告诉中国朋友："我知道'一带一路'，知道中东欧快线铁路和高速公路经过了马其顿，但没有通到我们山区呀。你们能呼吁修条支线，让山区也加快发展吗？"老人话中暗传的信息，让肖云儒感到了大地的温暖——他将北巴尔干一个小山乡的改变和"一带一路"倡议联成一体！

肖云儒归国后，感慨万千："不走进丝路，你真的不知道古今丝路有着这样的温度，丝路千古情未了呀！这个情，是民心相通、文化交融的基础，'一带一路'就是要把它吹旺，让它燃烧得更热烈。"

著名评论家雷达生前说得精辟："综观云儒近30年的文论，突出感到，他思路活跃，涉猎面很广，举凡文学、哲学、戏剧、书法、散文创作，社会评论、民俗研究，直至文化人类学，都有论列。"肖云儒和他30部像长城上砖石一样厚重的等身著作，如同燃烧的红烛，照亮和温暖了文坛和文友，不仅使个儿不高，却似大雁塔一样有名的肖云儒步入辉煌，也使陕西文论史翻开了崭新一页！

2019年1月11日，《陕西日报》

话说肖云儒

吕海涛

一

对于作品的关注固然重要,然创作这种作品的作家命运则尤其精彩。因一部报告文学结识了肖云儒,读文读人相逢相处,方知追寻一个评论家的生活轨迹原也是在解谈自己。

二

初识的那天,在省文联他的人来人往的办公室还没有说上几句话,我们就在钟楼一家小食店吃了顿热腾腾的牛肉拉面。当时我暗想:这人没架子。

后来他约我去西影看《黄河谣》。时值初春,刚荡过一场绵绵春雨的古城西安,空气十分清新。我先骑车到达就乱转悠着在西影的门前等候,心里总以为他要坐车子来(这是一个刚走出校园的年轻人对一个评论家灿烂的想象)。正茫然四顾,乱攘攘的人流里就涌出了他,一辆烂兮兮的车子,他满身的尘埃。

看着他匆匆进车棚掏钱存车,眨眼间已扬起手满面春风地走上前来招呼我。我正为一个评论家伤心。对于自己痴心选择的文学事业,我顿时有一股说不尽的沮丧。

三

一个多雨的秋季早晨,我在西北大学新时期文学课的讲坛上第一次看到了肖云儒:不高的个子,温和的容颜;一件已旧却式样别致的风衣,一把曲柄的老式雨伞;不是以一种昂首阔步的姿态(一如他飘逸的文字),而是以一种谦逊的文质彬彬,出现在我的眼前。其后不知他为引证自己的哪个观点,他讲了一部只有十分钟的苏联艺术片《天鹅之死》。于是,那阳光明媚的俄罗斯大森林,那美丽的林中湖畔,那洁白的天鹅,那如凉凉流水的钢琴声,还有那西伯利亚猎人特有的生满丛毛的大手,手掌里那枚锃亮夺目的子弹和那一声巨响撕裂的殷红画面让我们的灵魂得到了净化和升华。"曲终收拨当心画,四弦一声如裂帛。东船西舫悄无声,唯见江心秋月白。"

我们深深地为美的毁灭而心悸战栗,更为他那富于激情和感染力的叙述而陶醉不已。就在返回强烈的印象之后的校园日子里,我找着读了他不少的评论文字。从没有想过,今天我们相处得这么亲切而无拘无束。

四

西安和平门外安东街陕西日报家属院是他的家。初去的那天,心里很兴奋。进入家门,一间半的房子空空荡荡。特别是那墙壁空白得让我想上面应该挂点什么装饰画。脱漆斑驳的桌椅上是一沓沓的书稿,他只穿一背心伏案写作,挥汗如雨。正为这眼前的家什呆立,他已把我拉到床边落了座,初来时的兴奋立时转换成一种惶惑。"这就是你文后所署的斋名——岚楼?"他轻轻一笑,说只不过是附庸风雅,那口气很淡,时年他已届知命之年。

五

"生长于江西，求学于京城，工作于西安"是肖云儒对自己人生经历的简洁叙述。用这么一个三排比的句式共十五字叙述自己的一生，让人觉得他生活得那么潇洒自如流畅无羁。可究其每一个阶段的生命历程，也许那才能昭示更多真正的立体人生。常找他诉说自己初涉社会的不顺，却听到了他人生的大貌。原来他也是个不很幸运的人。童年并不是金色的，他失去了父爱；大学并不是灿烂的，他正赶上了新中国"三年困难时期"；风华正茂的青春年华里，九年的下放劳动几乎荒废了他所有的梦想。漫漫的岁月里，寂寞和孤独便是心灵的全部拥有。从汉水流域的一个小山村背起一只背篓到翻过秦岭来到关中腹地的国防工厂，文弱的肖云儒白日里用它捡麦根烧火，晚上还倒扣着坐上面盘起双腿秉烛夜读。当他骑着那辆破旧的加重车子疲惫地颠簸在妻儿与己各据一点的等边三角形土路上时，他也曾消沉过甚至是绝望。虽历经沧桑却初衷难改，趴在热炕头上，他写出了生平从没有发表过的一部小说。为的是显示一种对命运的不屈和奋争。每每和他对坐，作为晚辈的我就想：命运对他这个才思横溢的人的乖张该是多么令人惋惜和痛心。

六

他有个习惯性的伏案姿势。他常惊叹自己夜里惊醒后两臂竟还是在胸前做伏案状。这不失为他鞠躬勤奋的最好注释。然在他过往的文字里真正属于自己潜心创作的文字并不多。被人纠缠着而写序和评论文字则是他评论生涯中的一条主线。写这种常让他左右犯难的文字不能不说是一种精力的损失。他儿子说父亲像《白毛女》里的杨白劳，一生有着还不完的债。他也曾慨叹这种被动写作的难言苦衷。常去他家，他总是急着要出门，说是要躲到爱人的办公室去写给某某许诺到期的小文章。家中书桌上方那幅独有色彩的挂历上，大部分的日子都被蓝色的钢笔圈了起来，显得很热闹。

一日下午和他对坐，回首自己的文学生涯，他说他仅留下五个字。那就是在1961年《人民日报》副刊《笔谈散文》专栏里，他写的那篇仅500字的文章关于散文"形散神不散"的著名论断。"那时我才是一个20岁的青年人。"他谈得很诚恳很动感情，几乎是一种自言自语。沉默了许久，他最后说："我应该是有所作为的。"那种检视人生的口气让我感到他自觉老了。

七

"每个人的形象是由自己的命运决定的。"他说。除过命运，性格对一个人的铸造则往往不可逾越。从小失去父爱生活在一个多女性的环境里，敏感多思又懦弱的性格便导致了肖云儒后来过分的循规蹈矩、谨慎小心。生命力的种种爆发也因此受到了永远的抑制。生活里的他，不会跳舞、不会打球、不会下棋、不会吹牛、不会喝酒、不会打麻将……日子过得的确有些单调呆板。也许他早已有心想改变，只是自身难以做到其中的任何一项。

处文联的领导岗位，他常因自己的柔弱和不善争辩被别人搞得瞠目结舌，常因自己懦弱的诚实被别人怀疑责难。只有当他处在理论思维的天地里，他才是汪洋恣肆、大气磅礴的。"独这时候，我才是真正的男子汉。"

云儒这个名字不愧独钟于他。

八

他很忙，忙得叫一个曾自艾自怨而又强说愁苦的年轻人羡慕；他很勤奋，勤奋得让一个肤浅而又自命不凡的年轻人惭愧。

有谁会去喜欢一个缺乏热情又灰不拉叽的青年人呢？每每和他相遇，我总是带着些许的激动和兴奋而离去的。这就是评论家肖云儒对我无声的启示。

下雪了。1991年冬的大雪分外妖娆美丽带给热爱生活和生命的西安人无尽的乐趣。雪飞舞着飞舞着，整个古长安大地一片银白。这天吃过午饭，当他又拿起书稿辞别妻儿走出门时，邻居一家嚷着要出去拍雪景的欢乐情景让他这位评论家心里充满万般柔情。

"拍雪景？"他忽然迟疑着自言自语。

怅若有失地走下楼梯，望望自家的窗户，他还是去了。

九

一个夏日的中午，我请他读我写的一篇描写童年生活的短篇小说《拾麦人》。多会儿的不安里，我热切地期待着他能给我指出些什么。不料，他读后良久才抬起头来说，他很想把自己的一生以散文的形式好好地写写，并说他已拟了好多个小题目，准备写200多篇。他说得很兴奋。知命之年，求真归真已是他的生命本色。他更喜欢读史。在不断的频频回首和看清自己的处境后，他更有一颗平常心，那就是切切实实地活着、学着、写着。这便是处在北方而常思念着南国故土的肖云儒所追求的境界。

十

以几乎30岁的人生差，我写肖云儒未免有些自不量力。在理解和被理解之间，我的阅历和沧桑毕竟是幼稚的。但我所说的都是自己对一个抚慰和帮助我的老师的心里话。既是心里话也就安然坦然。

1992年，夏

肖云儒：文人都不聪明

素 人

引 文

看到肖老师就想起"老知识分子"这个词。在陕西"公共知识分子"的行列里，他以智慧、平和与学养知名。他说话时缓慢而认真，到兴奋处眼睛如孩子一般闪亮。

但是，没想到这么智慧的先生也是矛盾的。

没想到这么理性的先生也是浪漫的。

没想到这么文气的先生也经历过那样的孤苦伶仃和血淋淋。

一个炎炎夏日，一位花甲先生，把自己真实的童年和壮年、骄傲与痛感、心向往之与不敢面对，都娓娓讲给你听的时候，除了感动，好像再也找不出什么准确的词来了。

一

肖老师的知名度是肯定的，他的智慧渗透在我们身边很多文化细节上；但是在听说他的大名后，很多人的反应都是"知道知道！他到底是干吗的"？

于是我们让他自己来回答这个问题。采访从一道选择题开始："肖云儒是谁？"

选项有10个：1.读书人；2.文人；3.一个普通的聪明老头；4.书法家；5.老

媒体人 / 老记者；6. 学者；7. 老顾问；8. 老老师；9. 策划人；10. 其他。最先被选的是"文人"，其次是"书法家""老媒体人 / 记者""老顾问"；唯一被修改的选项是"一个普通的聪明老头"。他在聪明前面加了个"不"，然后才选。我们的问题从此开始。

记：为什么要加个"不"字？

肖："聪明老头"我就不能选，"不聪明"就可以选。文人都不聪明。

记：为什么文人都不聪明？

肖：当然这个"聪明"有种特殊的解释。在中国历史上凡是文人气质比较浓的，的确都不聪明。在社会上比较智慧的是政治家和商人。文人认死理，认真理，他认为一切事情都要"水至清则无鱼"，因此他常常容易较真，眼里揉不得沙子，水里容不得杂质。太认真。

对自己太认真，把自己累死了；对别人太认真，把别人都赶走了，所以文人都是不聪明的。

但文人是善良的，是真诚而不聪明的。（笑）

记：讲讲您太认真、认死理的事吧？

肖：多。

文人腰包里钱不多，但脊梁骨特别硬。比如我自己的人生道路、我们家所有的人的人生道路，我从来没有想到可以拉拉关系。不是说我很高傲，就是根本没有想到过。

但是有朋友求我。比如孩子上学差几分，人家求我，我马上回说那怎么能行呢？因为我不知道那的确是能行的。人家就认为你不帮忙。文人做这些事不是说他不知道，而是知道了做不到。

唯一有一回，我为我的孩子求过一回人。那是刚刚改革开放，我夫人考上交大，我从三原调回陕西。我们俩户口回了西安，但孩子户口还在三原。当时我是刚当爸爸的心态，等不得；为了把孩子的户口迁到身边，去求人。

第一次去找人家，我就写好了一张条子；希望他不在，或者只要里面不答应，我就敷衍地敲个门，把条子一塞，就完了。后来人家果真不在。我去他家里送礼物，无非就是陕南的木耳什么的。一般人希望他在家里，我是希望他不在家里。我走过那个狭窄的巷子，好像走过火力网的开阔地带一样，无地自容。他夫人一开门，我就说"这是陕南一位朋友托我给局长带来的"，门一关，我马上就跑走了，那种恐惧和尴尬呀。

记：是不是有您洁身自好的因素？

肖：好像也没有。就是一种惯性。由不得要这样，改不过来的惯性。

我从机关退下来，反省我的缺点也就在这里：你自己很认真，可以，比如我对时间抓得很紧；但你作为一个单位的小领导，你就不能以同样的节奏去要求别人，因为每个人性格是不一样的。你永远希望别人跟你一样，这怎么可能呢？66岁我从文联退休，总结我的工作，搞得好的时候还是大多数，因为大家久而久之都知道我是一个好人，在工作岗位上从来没有占私利、整人、蒙人；搞不好的，不是因为别的，而是你对人对己都太苛刻。

这也是文人的可爱处，也是文人的可憎之处。

记：这和您的成长经历有关系吗？

肖：有。我是祖传的文化家庭。我的父亲在我1岁时就去世了，我妈妈带着我在她们欧阳家长大，一辈子没有再嫁。我外祖父是鲁迅那一代的留日学生，编撰过《中华大字典》；我妈妈是民主党派，也不从政；欧阳家的风气就是靠知识、文化吃饭。洁身自好不是一种意识，而是一种惯性。

我很满足我身上保留着祖先那种纯文人的气质。

记：您认真而别人不认真，您在意而别人不在意，失落吗？

肖：会有失落。我总是把这个事情放大，还是源于我们那个年代的庄严感和责任感。这是这代人的缺陷，认死理儿。我会不同意他们的观点，但马上，两三秒，我会谴责自己：你还认真什么？但两三秒后你又认真了。

二

肖老师很"通"。

多次在媒体的策划会上见到肖老师。他不是语言最犀利最动听的,但说出的话一定很中肯;他不会像有些专家那样云里雾里绕理论,但一定会有很多"干货";他不会当头棒喝否定掉你之前全部的设想,但一定会从媒体操作角度提出很多"点子",甚至会精细到一个节目的结构方式、每一环节的嘉宾人选。

最关键的是,往往不同领域的问题,在他这里就被融会贯通了。时间长了,就有了那个称呼:"文化学者"。

有肖老师在的策划会,很安心。

记:肖老师是怎么炼成的?

肖:(笑)肖老师是生活炼成的,阅历炼成的,这是第一。阅历使我知道了生活的复杂性;因为有了生活的复杂性,才有了思维的复杂性。第二,是智慧杂交和知识组合炼成的。

记:知识和智慧的聚集很容易,但杂交组合很难。

肖:这就还是回到人生。人生和艺术是相通的。肖老师是各种生活智慧杂交组合后,又融入自己的生活阅历炼成的。暗合了当年我在陕西电视台《开坛》节目里的一句话:"感谢开坛把肖云儒打造成'万金油'。"

记:被叫作"万金油"时,心里真实的感觉是什么?

肖:原来不高兴,现在无所谓。万金油不是专家,客观上我判断自己的确是"万金油"。

记:不会有"万金油"不能深入的遗憾吗?

肖:文学史上所有崭新的文艺理念都是一线的作家、评论家提出来的,所以不要遗憾。万金油为什么久销不衰?万金油的销量绝对比球蛋白要高

（笑），治表也是一种需要啊，社会需要，你又是一种诚实劳动，你本身又有创造性——打通也是一种创造；为什么要抑制自己呢？什么叫创造？创造就是把别人联系不到一起的现象联系到一起去。比如爱迪生把光与电连接到了一起。

我内心对学院派多少有点保留看法：他们传播和梳理多，而发现、创造的东西少。特别是像技术型的学科，比如新闻学。好教授和好的媒体人，各有各自傲人的资本，所以谁都不要骄傲。

所以现在我慢慢高兴当"万金油"了。

三

记：中国文人中您最欣赏的是谁？自觉和您比较像的又是谁？

肖：一个人是矛盾的。我内心最佩服的是鲁迅，他那种过人的见地，对社会、对人事清醒的认识；但我做不到鲁迅，也不见得愿意做鲁迅。

记：为什么不愿意？

肖：我不是那种大性格的人，我还是有南方那种小男人（笑）的性格。我这辈子刚好生活在"二战"之后的和平时期，最大的变乱就是"文革"；我对社会的了解和人生经历对我性格的锻造，没有经过鲁迅的那种非常深刻的过程。

我也景仰郭沫若。因为我人性中是一个艺术气质的人，不是一个理论家气质的人。我们那一代人，党安排什么干什么，在文艺副刊，就去搞文艺评论；但内心对于生命的"风流倜傥"也是有向往的。我有好几个文艺观点挨过批判。改革开放之初写过《呼唤真正自由的文学》，还有好几次，包括这几年的《陕西十大精神陋习》，还有《国学的核心价值与现代化南辕北辙问题》……都是我真实的观点，但社会不见得认同。所以我也有豪放的一面，希望人的生命得到解放，活着最好，自如地活着更好，哪怕你没有成就；千万不要约束自己。但是我无法做到，也是因为我的经历、我的时代。所以我也向往郭沫若的境界，他也是在一个很不利的环境下还把人性的自由的一面发挥到了那样的程度。

比较起来，我不是最景仰朱自清，但是我只能当一个具有朱自清气质的人。他虽然也有"不食嗟来之食"的一面，但实际上是一个纯文人，格调是纯文人格调，跟社会生活的审美是隔离的。

我还爱激动，看到岳飞《满江红》那样的壮怀激烈的东西我也会激动，但实际上我知道我激动三分钟就干不成了。所以我是一个很矛盾很复杂的人。甚至我还有着自我欣赏的气质，也有自我说服的时候。

记：您的生命中，四川、江西、陕西，对您的影响？

肖：四川是我"遥远的背影"，我的祖籍，我的父亲带着我的基因就出来了；如果说人生是一幅画，四川就是我那个画纸的颜色，先天的。

江西构成我心灵的底色。虽然江西我只待了17年，但真正怀念、作为家乡的是江西，是我心灵中的乡音。

记：您现在还会说江西话？

肖：说得很流利。陕西话连贯不了。我自己觉得说陕西话有点作秀，希望陕西认可我、拜倒在陕西门下的感觉；江西话是我心中的声音。

我写过一篇文章，叫《无根》。里面写到，到北京上学以后，乡音始终是我内心的一种声音，好像我跟那块土地唯一的联系就是语音了，特别是在母亲去世之后。

离开江西十年时，虽然我说的话是"醋熘普通话"，但是我很庆幸我思考的语言是江西话；后来又过了十年，我突然发现我思考的语言也变了，变成了"醋熘普通话"，我说完了，我和那块土地越来越远了，"无根"了，但是我又发现，我梦中的语言，特别梦见我妈的时候，是江西话。

我和我妈的关系是很特殊的：孤儿寡母。我一想到我妈就很愧疚，觉得她没有花过我一分钱，我想回报她都没有办法：我大学毕业后两三年，24岁，她就去世了。所以我和我妈还能在梦中用家乡话交流，母土母语，仿佛跟母亲还有脐带一样，很高兴。

但是最后有一天，大概到了50岁，半夜我醒来了。是一个梦，我梦见我妈跟我说："我怎么听不懂你的话？"醒来的时候月亮从窗子外照进来，我想，完了，梦里也说起醋熘普通话了，好像我跟母亲、母语、母土真正的联系断了，我成了一个真正的"无根"的人了。

记：后来您从人大新闻系毕业，为什么来到陕西？

肖：我从小没有父亲，父亲在我1岁时就去世了，我是在外婆和妈妈的呵护下长大的，常常有孩子似的需要庇护的一面，你们可能都不太知道（笑）。

我为什么到西部？我曾经回答过这个问题。我是觉得我的生命中缺"钙"，我研究西部文学、西部电影，因为西部是有"钙"的。但我是写不出来的。

我的书法也是那样，现在还在练，想弄得很朴拙，老气横秋的，因为我真景仰的是这种风格；但是我写出来永远是秀丽的。从这儿我就知道永远无法改变自己这种气质。

记：您来到陕西的时候是什么情境？

肖：我来到这块土地的时候没有一个同学、朋友，也没有兄弟姐妹，三年后母亲一去世，孑然一身。所以我有时候很满足，我并不是雄心很大的人；我常常想，就是这么一个人，孤苦伶仃在这片土地上，凭自己的勤恳、努力、耕耘，能够有这么一点收获，我就觉得很可以了。

记：说"孤苦伶仃"的时候，您的感觉？

肖：还是很苍凉的，但是现在已经没有痛感了。年轻的时候有，现在已经习惯了。

记：痛感在什么时候结束？

肖：痛感永远不会结束，痛感只能埋藏。现在越来越埋得深了。从这一点我很感谢陕西，我来到这里的时候是举目无亲，举目无友，这块土地能够接纳我，不管怎么样，它认可着我。

四

有一个书法节目的记者采访他时问道：您写书法之余还有什么业余爱好？

肖曰：写评论。

记：您不是评论家吗？评论之余的业余爱好呢？

肖：写书法啊。写写字，真好，可以忘我。

这个号称没有其他业余爱好的肖老师确实闲不得，采访他的这几周他正治疗椎间盘突出症，医生让他没事就躺着，他的反应是：到了我这个年龄，要是都躺着还活什么？他说，这是他的时代带给他的，改不了。

记：做事的人的最大逻辑是把事做好，但有时候我们身边的逻辑并不是这样。

肖：对。什么才叫活着？对我来说，就是必须写一点东西、有一点思考或灵感，这才叫活着。你锻炼了，休闲了，笑过了，难道不叫活着了？但这些我好像都不是有很大的乐趣，这是很悲哀的。

我有一个观点，很悲哀但是也很乐观，我父母去世时的年龄加起来才79岁，我现在很想托我爸妈的福，但愿他们把寿数折给了我，让我能活到80岁，超过他们一年就行了。要求不高。在财富问题上、知名度问题上，我很知足，已经没有任何要求。

记：一个幼年丧父、青年丧母的人一定有他坚韧的一面吧。

肖：我不敢这么说自己。这一点我倒感谢那个时代的教育，那个时代就是一个理想主义的时代，约束了我没有走邪路，不原地踏步而前行着。

我对父亲没有什么印象，但是我是经常要跟我妈对话的，我的一个信仰是不能让她丢人。这是一种敬畏、一种坐标。这是很重要的动力，很真实。

我对自己坚强的判断是人生阅历的积累，我经历过一些困难的事情，就知道没有什么可怕的。比如从小没有父亲，我就知道没有父亲也不可怕；很年轻，大学毕业母亲去世后，又只身来到陕西，天地之间孑然一身，发现感情上的孤独也是可以克服的。后来从陕西日报下放到大巴山海拔1800米的地方当农民，当时传说要学毛远新在辽宁的经验，把我们的户口永远变成农民，我甚至因此绝望得哭过一次，后来就发现真那样，那个苦我也受得了。现在事情过去，一切都变成了财富。

记：您下放哪里？

肖：西乡县五里坝公社，苏家庄大队。我爱画爱写也就是那个时候开始的，我想我个子又不高，干活不行，就学画画，可以靠画毛主席像养活自己。油画四年就褪色，我还算了西乡县有多少个镇多少个乡，我还没有全部画完，前面画的就已经褪色了，又需要重画了，我这样能养活自己。

当时在工地上，修阳安铁路，我和一个民工面对面正在吃饭，突然一个石片就突破了警戒线，在崖底下向我们飞来，在我们躲避石片的时候那块石片直接削向我对面的民工的脑袋，他躲避的轨迹正好是石片飞来的轨迹；于是他以足球守门员的精确度迎接了死亡，脑浆都溅出来了，我抱着他跑了一百多米，他的身子软绵绵的。这一切都经过了，血淋淋的，艰难、死亡。后来我到了三原一四八厂，中国社会最基础的两个元素，乡村和工厂，我都待过。

所以如果说孤独使我坚强，意志使我坚强，也是时代使我坚强，还有坎坷和曲折使我坚强。美学理论里说，一切的今天翻过去都是昨天，一切的历史翻过去就是美学。当历史不是现实，它要成为一种记忆的时候，它绝对是幸福。

我就是这么一个弱者，在这块土地上，也活过来了，有时候觉得这辈子给自己打分，还及格。（笑）

记：您的精神支柱是什么？

肖：最困难的时候，是求生本能，活着就好。稍微好一点，最坚挚的动力，是我要思考，要创造。

1975年到1979年，我在一四八厂，当时也结婚了，觉得在三原待一辈子也挺好；1978年全国科学大会召开，那天晚上我就没睡着觉，心里如死灰复燃，一下子活了，马上就开始看书了。1979年，我在《光明日报》就发了两篇哲学文章，其中一篇是《对矛盾同一性的再认识》，正好符合"实践是检验真理的唯一标准"的观点，整版刊载，中央人民广播电台连续广播。一年以后我回到陕西日报已经39岁了，唯一的"功利"是要赶时间，26岁中断了最黄金的岁月，39岁才重新拿起。陕西日报社最早的全国短新闻奖是我拿的，年底评选的时候，我编稿、发稿有30多万字，比第二名超出了15万字。

那个时候，创造力出现了喷发。工作就是快乐的，劳动就是快乐的，思考就是快乐的。

但是越工作越文人气。不知道社会已经开始变化。等我55岁以后知道这个社会开始变了以后，自己只能当看客和说客而无法实践了。我们那个年代很纯真。我还是喜欢那样活着，很少设计自己。

记：对比您年轻一些的知识分子们呢？

肖：我们这一代也许缺乏现代知识分子的批判精神。我们那一代都是那样。我跟雷锋同年，你一想这个，对我主要的价值观就一切都明白了。我到现在还时时有点带创造性的奇思妙想，就已经很不容易了。反右那年我刚好是高考，要不然绝对是"右派"。（笑）所以我们这一代有的时候有点"中庸"，不作秀，不会把事情说到极致，因为我看到事物都是有两面性的，但是我也真心佩服年轻人的犀利。这个社会，需要他们那样犀利的人，也需要温和的人。

记：您如何保持那一点奇思妙想呢？

肖：本身气质是浪漫的，再一个我崇尚创造力。作为一个文化人，活着的意义就是这个：给自己和周围的人提供闪光性的思考。

记：您的内心对与您不同的人、事的态度怎样？

肖：以前讨厌，但现在宽容。你可以不赞赏他的成功，不去走那条路，但你不可以非议他，歧视人家，那样你的葡萄就酸了。

五

"如果说我是一头牛，四十五年的工作里我把里脊肉都下到社会主义汤锅里去了，现在剩了一条尾巴，那么我希望给自己熬牛尾汤。"

现在的肖老师，不拒绝参加社会活动。于是在很多地方你都能见到他，大学的讲座、媒体和机构的策划会、电视台的节目，甚至一些比赛的现场。不同的是活动的主题，相同的是他恒定的认真，这一点被有些人"看不惯"。

这是个有点尖锐的问题，我正考虑着怎么问出口的时候，他自己提起来了。

肖：参与意识对文人来说不是个好事；我是学新闻的，新闻又告诉我们要成为社会活动家，要参与社会；所以我的参与，第一，参与时要有说法；第二，参与后要"忏悔"（笑），自己是矛盾的。

解决矛盾的办法，文人很"可憎"的，就是道理上解决，非要找到一个很正统的理由。比如前几天去给一个比赛做评委，我就告诉自己这也是积累见识（笑），也许会用得上这次参与的体验。

记：您的参与意识是记者生涯带来的？

肖：1961年到1983年，我在《陕西日报》干了二十二年的记者，然后到文联，一直到 2006 年退休。所以我的职业特征不是学院的。不论是文联还是媒体，都是在参与社会。

记：当初为什么学新闻？

肖：我想搞创作。我考新闻系就是为了当作家，高考报名第一志愿是北大中文系，结果被人大新闻系提前录取了。到了人大，我们系主任安岗第一次给我们上课，在黑板上写了大大的一行字："新闻记者——党的政治工作者！"我晕了，一头雾水。（笑）

记：如果抛开职业的、社会化的要求，您会不会更向往朱自清的方向？

肖：我一直心向往之。我内心一直很敬慕身边一些朋友，他们很清高，不参与这些事情，我甚至在他们面前觉得自己有点肮脏、矮化自己，但是有时候是没有办法拒绝的，我担任文联的公职，这是职责和准职责。后来我又找到一个说法（笑），一个人只要活着，生命只要存在，什么是是非？底线是不损害别人，在这个底线之上，快乐是唯一的指标。

记：什么是快乐？

肖：你感觉快乐就是快乐。不要用理念来强迫自己，随性所至。特别是我退休以后，我想我在这个世界上的日子不多了，生活又给你提供这些机会，你又能得到内心的快乐，那你就去，不要考虑这些，起码要活得很潇洒。

现在如果我继续做文艺评论，在陕西，每年可供评论的全国一流作品又有几部？所以我不能叫职业绑架我。评论家现在是老百姓读不懂你，作家歧视你、利用你，社会冷落你，当局把你当成危险分子，我为什么要把自己剩余不多的生命绑架到这样一个两难处境中呢？我的生命力、我的创造力、我的兴趣远远超出了这个外壳。

我还做过一个比喻：策划、编辑、评论，实际都是幕后工作者。就如同吃面，面好不好，关键是臊子，幕后工作者就是"臊子"，但吃完了大家都只说面好，没有说臊子好的。我不能改变这个不公正，那我就要在生命日落西山时赶紧"打捞"自己,我有很多创造性的,哪怕是荒唐的想法,我为什么不直接说出来?这样我就慢慢离开了文艺评论。

记:有没有"分水岭"?

肖:就是最近十年吧,慢慢地我也认可人家叫我"学者",不是我自己叫的。我想脱掉评论家的外衣也挺好,现在的评论家没有办法来叙述自己的观点。自从我自己认可"学者"的那一天起,我就开始不当"臊子",我开始当"面"了。(笑)

还有一个心态就是年纪。这一辈子我这么评价自己:社会主义对得起我,这块土地养育了我;我也基本上对得起社会主义,还是很勤恳地为这块土地工作的。在这种情况下,如果说我是一头牛,四十五年的工作里我把里脊肉都下到社会主义汤锅里去了,现在剩了一条尾巴,那么我希望给自己熬牛尾汤。(笑)

其实,一开头的选择题里,他还选了一项"其他"。在"其他"后面的空白处,他认认真真地写着"非常想当爷爷的老头"。

1993 年,冬

近访"杞人"

——肖云儒印象记

凌 军 谭 慧

见到肖云儒时,是在他那间几平方米的"谷斋",他正伏身案前为一篇约稿收尾,取稿件的人正守候在客厅……

从"专业追星族"到"杞人族"

我们的话题不知不觉扯到了当前社会上普遍的"追星热",肖云儒说:"这种现象并不奇怪,我曾经还是一个'专业追星族'呢。"

肖云儒曾经在《陕西日报》文艺副刊当过二十多年的记者和编辑。这期间,他采访过王丹凤、张瑞芳、王心刚、中野良子、栗原小卷等一大批当时的热门人物,费尽了千辛万苦,有时还不惜忍饥挨冻。

"如今,我已是杞人族一员了",肖云儒从回忆转到现实说道。"杞人族"这一新名词的诞生,还得从他的记性说起。

肖云儒的记性差在文艺界是有了名的,丢三落四的事儿,简直是家常便饭。冬天的手套、夏天的纸扇、雨天的雨伞、随身的钥匙,甚至眼镜、自行车……自他带出家门的那刻起便可能一去不复返了。

几个月前,省文艺电台请他参加一个关于"蓝色文艺"的直播节目,事先他草拟了一份对话提纲。可在话筒前一落座,暗叫不妙,原来那份提纲落在家里了!

于是他硬着头皮即兴发挥一番,话兴越侃越浓,不知何时口中已蹦出"杞人族"三字——自云对消闲文艺无节制泛滥的忧虑也。从此,肖云儒便托籍于"杞人族"之中。

不久,又产生了《杞人谈热线》《杞人谈热点》《杞人谈热度》三个"杞人"系列。

写作治好了肺疾

作家陈忠实、路遥说写作是一件辛苦事,贾平凹说写作是一件轻松事。肖云儒的感受是二者兼而有之,写作自有其"苦趣"。

"当创作达到最高峰时,人的大脑思维也调动到极致,创造性往往得到最大程度发挥,生命力也是最旺盛的时候。"肖云儒说。每到此时,他的脑海会不断涌出几个至几十个"闪光点"和"兴奋灶"。一边写着手里的文章,一边要适时记下这些"闪光点",老肖忙得不亦乐乎。他写长篇小说《居娣》时,是在大巴山下一小村庄。洋洋洒洒30万言大作完成后,他去医院看感冒,医生吓了一跳,要他做透视,结果表明他已经得了肺结核,但令人不可思议的是两个结核点已经钙化痊愈。医生忙问他用了什么灵丹妙药治好了病,肖云儒答曰"写作"。

行也匆匆　笔也匆匆

挂历上、玻璃板下,密密麻麻排满了几天后甚至几个月后的日程,这位已出版了10本书、发表过320万字,可仍自称是"一生从事业余写作"的评论家,现在比过去更忙了。

除省文联副主席之职外,他还担任了中国西部文艺研究会会长等十几种职务，同时也还是西北大学、西安交大、陕西师范大学等三所高校的兼职教授。

最近，在完成了"名家改名作"丛书的长篇小说《死魂灵》的改写工作之后（此书已在大陆、台湾同时出版），又和13位中年评论家联手编撰了一部《邓小平文艺思想研究》（30万字）。

今年已53岁的肖云儒很想拥有一点自己的时间，他打算在55岁退出来找一片僻静的乐土，闲暇时写一写自己钟情的散文。

1994年12月19日，西安

肖云儒的那根香肠

秦 俑

肖云儒,名字很诗意很风雅,想象这云样飘逸潇洒的一代儒雅之士,一定活得悠然自得。

春日一天,偶遇老肖,话题一扯,且"情投意合",便谈了许多。

云儒原本生根南国,后入中国人民大学,潜在的智商和独创的颖悟,早早喷泻成势。其一短文《形散神不散》,论道散文形神效应,其观点之精辟,成为散文创作恒久的坐标。时至今日仍为散文之灵魂。后移植大西北之腹脏,在长安古城供记者编辑之职,亦常有骇俗之论令人耳目常新,尤为文化圈所触目。而命运多舛,曾入大巴山,在"战地黄花分外香"的年代里,抡锤钻山,食野菜做杂工,过了一段蹉跎岁月。生活的艰辛和环境的沉闷,压抑了他的情感、压抑了他的天性,使他在中年差点患上忧郁症。

但云儒仍在不屈的心驱使下默默前行。后又到省文联,这位异乡异地的江南才子,试图用一个外来者的眼光,用手中的笔作杠杆、用一颗至诚的心作支点,撬开神秘的大西北文化板块。他踏着古丝绸之道,访敦煌,问古驿站,读戈壁,吟古风,觅依然闪烁如谜的星辰,聆听一声声唢呐撕裂着的西北风和如梦的驼铃。一阵阵鼓角震颤着苍穹,他忘情地在西部觅寻、在西部"淘金"。在寂寞的西部,在苍凉悲壮的西部,一种摄人心魄的力量由远方而来,这就是他醉心的"西部文化"。他提出的西部文化的雏形在国内外掀起轩然大波,又成为他学术上、生命史上一大课题。

而云儒完成的许多研究几乎皆在深夜。他政务束身,俗务羁身,因了他人诚心阔,朋友很多,常被弄文者簇拥卷走,有为浪得名声的,有求写评索序的，有取经的，他一一就范。常常披灯夜读，读了便写，写得真真切切，于是寻他的人、找他的人也愈膨胀。

众人皆知云儒有一破单车，刮风下雨，伴君独行。社会活动他应接不暇，常有这赛那赛等他，一个请柬令他成评委，召之即来，比谁都准时都认真，对"评委"这一桂冠很是珍惜。为了公道，他常又演又说有理有据，一说就激动，一激动很是精彩。常常有心者，悄悄打开录音机，录了存了整理成文，便是一篇美文华章了。

他告诉我，他自己像一节意大利香肠，被人一节节切去，现在所剩无几了，将来只剩下一截绳子头了，并称他时常很孤独⋯⋯

是的，云儒原来是个很浪漫的人，感情亦很丰富，现实使他失去固有的本真。白天他得应付各种眼光，在社会的"雷达"下做一个地道的社会人。只有在晚上，在孤独的深处，调节思绪，进入一种自我状态。他说，为了达到一种自我释然状，他亦操练书法。他称书道通禅道，可以入忘我之境，尽情尽兴张弛纵横，使他忘却人世间的俗事纷扰，进入一种全新状态，再搞他的理论研究。他还说他既然有自己的追求，管他此行人生归宿是在天上还是在人间呢！这种大彻大悟，不正是庄子所说"孰知死生存亡之一体者，吾与之为友矣"的诗化注释。也应了老尼采的"孤独就是对事物作远景的透视"才能达到道家所认为心与物游，万物合一，生命永恒的境界，也终能成为自己命运的主人，获得生命的终极关怀，创出诗意的辉煌，透悟出生命的潇洒。

是的，生活原来就是这样，人类原本也该这样，人和自然的矛盾、人和社会的矛盾、人和人的矛盾，而自己和自己的矛盾是最难调解的矛盾。尽管老肖的"意大利香肠"被别人食享，那也是一种快感，也是一种幸福，也说明老肖这根"香肠"具有挡不住的诱惑。

1995 年 1 月 29 日

一个喧闹而无声的文化时代

——肖云儒访谈

2010年,肖云儒150余万字的《雩山》书系出版发行,这套书辑录了他近十年来的文化论文、人文谈话、文艺评论和散文随笔,而肖云儒也步入了70岁高龄。

身在书阁,却时时体察着身外世界;作为文艺评论家,他一直保持着旺盛的创作力和思考力。肖云儒认为,评论家要走出书斋和会场,要改变将书本和圈内研讨作为主要思考资源采集地的状态,真正地投身到时代生活中去。

他认为,解读生活,解读各种最新的社会现象,解读各种最新的人群,收集与各种最新的社会、文化、心理相关的生活信息,是评论家最重要的任务。这才是最丰厚的思考资源。

记者:作为著名的文艺评论家,您认为在当前的社会环境下,作家应该具有什么样的心态才能创作出好的作品?

肖云儒:近一时期,为什么没有"伟大"的作品出现?为什么创作上不去?这跟当前的时代环境与传统创作心态存在差距有关。像剧本、小说的创作,需要安静,需要磨,需要慢,需要从细处着眼入手,慢慢品味、琢磨、开掘,精益求精地去表现,需要丰盈的自身经历和个人化的心理感受。这才是创作最好的境界。

这种好的心态有时和当下常见的氛围不一致。当下强调动感、宏大、一掠而过。作家安宁不下来,容易像追求 GDP 一样追究数量。很多作家一年一部长篇,几天不见报就急了,觉得自己被社会抛弃了。

我写过一篇长文分析当下的文化心理,认为"这是一个喧闹而无声的文化时代"。社会实践可以喧闹，但社会心理，尤其是创作心理需要安宁，这是时代成熟的标志，也是作家成熟的标志。

陈忠实写《白鹿原》是离开城里，离开机关，躲到乡下用了六年写出来的。他要是成天当主席、坐机关，恐怕写不出来，写出来也不会有现在这么沉甸甸的分量。在市场经济条件下，一些人投入劳动少但回报大，而作家辛苦耕耘、孤独求胜，回报却很少。虽然回报多少影响不了甘为文学献身的大作家，但绝对会影响一般作家的文学态度。有的作家改行下海，用更直接的方式赚钱，有的作家给各行业写吹捧报告文学，分一小杯羹，这样怎么能出好作品？作家这个群体，质与量越来越萎缩，底座越来越小，如何能众中选好，好中拔优？

从领导部门来说，应该理解创作这种精神劳动的特殊性、个人性和美学规律，给作家提供条件与环境，让他们能够孤独和安宁，静心创作。不能急功近利，一年统计一次收成，追求"文艺GDP"。现在一些省市的文艺发展都要订计划，下任务，定目标，要得多少奖，上多少次"央一黄"（指在央视一套黄金时段播出），以此作为主管部门的政绩，这并不符合创作规律。为官一任只有五年、十年，而老作家柳青说"文学六十年一个单元"，极言创作不能急功近利。

记者：您认为我们现在所处的文化环境，对创作出优秀的作品有什么样的影响？

肖云儒：我们处在一个"文化膜"（尤其是"传媒文化膜"）遍在性覆盖的时代，在这种覆盖中，几乎所有的人都很难走出传媒的诱导和误导。由于人人都生存在"文化膜"的不间歇反馈中，极不利于当代人培养独立思考的能力。文学原创力和时代原创力一样，处在同步衰减中。现在文艺界抄袭、剽窃的现象越来越多，有一些是道德问题，有一些则是"文化膜"覆盖中的信息重复传递和交叠造成的。

在"文化膜"时代,作家、艺术家内心的个别性、私密性、亲历性经验和记忆越来越少,都是"膜生存"中他者经验和类像经验的叠加。在这种情况下,作家亲历性的创作资源枯竭,创新和突破成为无源之水。当然不只是创作,现代所有生命几乎都面临这样的难题。

我们这个时代正在倡导由"中国制造"变成"中国创造",这种倡导对精神产品尤其有意义。我一直反对文艺创作搞所谓的"大制作",什么时候起,作品由创作变成了制作呢?独创是文艺创作的生命,怎么能制作?制作把创作变成了一种技术性行为。

记者:作为评论家,您常常能够从更广阔的视野,用更深邃的洞察力来透视文学现象和文学创作。请您谈一谈文艺界当前的弊病主要是什么?

肖云儒:文学艺术界为什么出不了大家?原因很多,一个重要的原因就是评论界的小话语语境、鸡零狗碎的东西太多了。评论家首先应该是思想家,是从社会思想与文化审美大坐标介入文学的一个群体。评论家不能只谈技巧、技术,尤其是脱离内容、脱离读者、脱离民族文化,奢谈西方各种时尚观念,而对议论、探究、思考时代生活却缺乏热情,形不成浓烈的氛围。现在的评论家大都关在大学、研究所的围墙里,实际上是脱离时代的,他们对时代生活不能说有透辟的感受和理解,故而只能避而不谈或言不及义。评论家、作家视野里只有小东西、小痛痒怎么行?

我想要说的是,评论家不要过多地给作家谈方法、技巧,而要更多地谈时代生活新走向、谈文化心理新趋势、谈人性人情的新变迁。这才是评论的主要职责,才能与作家思考的角度区别开来,对创作起到一种深层的参照作用。评论家与作家,文化关注不能完全重叠,你只给作家谈文艺思潮、文艺流派、技巧方法,只局限在艺术圈子里,长久下去,文艺界便陷入了小格局、小胸襟。

目前,评论界少有人、更少有群体,鲜明地追求以探索时代为己任。在这个时代，人的性格、品质是什么？人的命运与情结发生了什么样的变化？新生人群、底层人群内心的呼号是什么？中国形象又到底是什么？整个文艺界都缺乏真切而深刻的探究。理解时代、打开时代、思考时代和议论时代的风气远未形成。那些不去思考、开掘时代生活的文艺家，他们所能做的只是技巧的重复，而很难是艺术的创造。

记者：根据当前的环境和存在的问题，您认为我们应该怎样去发现、引导和培养能写出反映当前时代精神的作品和作家？

肖云儒：一个作家实力的形成和显示，需要一个较长的积累过程。所以现在已经知名的作家，大都属于上一代人。文学要反映当前时代，但现时代第一线的人群中却又暂时还没有产生大作家。这是一个悖论。作家的培养和时代的发展不同步，上一代作家写当下生活又难于写好，创作主体和生活客体永远有距离上的错位。这就像王蒙、王安忆、陈忠实很难写好，也不能要求他们去写高速公路，而能写高速公路的人当前还正在高速路上埋头工作一样。

要花大力气去发现不同生活群体，尤其是新生活群体中的新作家，农民工中间的、灾变事件中的、金融资本家中的、网络媒体中的新作家。真正能写好新生活的作家，最有可能在新生活的实践者中出现，在对新生活有切身体验的人群中出现，要热心于发现和组织他们中的文学队伍。

此外，还要在网络写手中引导、培养和选拔一批青年作家，不能歧视这些作家。人人都有起根发苗的阶段，要平等、善意地培养他们。现在网络作家参加作协或得奖都会成为新闻，这实际上反映了心理上的歧视。要发现和时代生活同步的文艺家。比如，街舞有很多很好的动作，舞蹈家可以去采风、去学习，作家当然也可以这样。

一个时代有一个时代的作家，一代人有一代人的文学代言人。作家总是属于一定的文化时代，跨时代写作当然可以，但真的很艰难。

记者：在市场经济环境下，大力发展文化产业的呼声日渐高涨，我们如何做到既能把握艺术创作规律又能遵循市场经济规律？

肖云儒：过去的文化传播链条有三个节点——作者、传者和授者。现在不一样了，经纪人、策划人从创作开始就介入，贯穿全过程。他们的坐标是从市场出发，这种坐标极有可能"绑架"作者。比如，一些电影都完成了，往往还会发生投资的老板要求电影改名、加戏，以增加卖点的情况。因此，一定要处理好创作与产业的关系。

在当下的文化传播链中，策划人、经纪人、作者、传者和授者，五大因素互相制约。在这种情况下，作者需要更大的自主权，需要坚守艺术创作规律。有些艺术门类可能好一些，但影视和戏剧被市场绑架的现象比比皆是，影、视、剧的编剧严重边缘化，甚至很难算进主创人员。导演、演员如雷贯耳，不知编剧何许人也。

艺术创作有规律，市场也有规律，他们最佳的状态就是和而不同、执两用中，不能让市场规律吃掉艺术规律。作家最害怕在某种强制下写作，这让他们没有激情。

最好的作品开始都是孤独的，由小众慢慢走向大众。《红楼梦》就是这样。不能单纯以当下的收视率、发行量来衡量作品，宽容的市场既要容纳大发行量的作品，也要容纳小发行量的作品。作者的报酬不能只以发行量衡量，还要按质量确定。

现在有一种文学规律被影视剧规律强迫的趋势，不能以可否改编成为电视剧来衡量作品的质量。最好的作品往往很难改编为好的电视剧，像鲁迅、张炜、史铁生的小说和马尔克斯的《百年孤独》。要重视那些不能改编为电视剧的好作品。这些问题都属于文化市场、文化产业对文学的强制性影响，要重视文学作者的自由空间和自主意识。

记者：陕西文学的发展一直在全国占有重要的地位。您对陕西文学艺的发展现状怎么看?

肖云儒：可以说，陕西文学是中国文学的重要方面军，许多作品是中国文学宝库中的"硬通货""不动产"。文学陕军在中国文坛具有独特的地位。黄土地为作家提供了丰富厚重的创作土壤，对这样一块土地，陕西作家需要更好更深地梳理开掘，并且用一种非常文学的方法来传播它。

从柳青、杜鹏程开始，到路遥，再到陈忠实、贾平凹，陕西作家有一个共同点，就是像秦川牛一样从事创作劳动。最典型的就是柳青，他的创作水平根源于他个人的思想艺术修养，也根植于他以县委副书记的身份到基层体验生活。他不是生活的旁观者，而是生活的当事人。他在作品中剖析了一个村庄，自己也和村干部、村民融为一体。他通过参与最普通的农村劳动和日常生活，去感受整个时代的发展、社会的变迁。尽管那一段历史有待更科学的评价，他的文学精神永远值得我们尊敬。

陕西文学艺术的发展有一些特点，比如个体创作力比较旺盛，但转化为群体艺术生产力的能力和群体影响力的能力比较差；陕西宣传作家个人多，怎么把他们的影响变成陕西文学的同群效应和组合资源，稍显不够。这是陕西创作群体文化力发展不够的主要原因。与上海、湖南、东北相比，显出了差距。

记者：以一个文艺评论家的眼光来看，当前中国的文艺评论怎么样?

肖云儒：当前文艺评论有边缘化的趋势。评论家的优劣竟然常常要由作家说了算，竟然是由作家的喜好来定位评论家的价值。评论家反倒要由作家"提携"，他的水平、知名度取决于和作家的关系。作家一般知名度大，作家看重你，你才能出名。甚至出现了大腕作家豢养评论家的可悲现象。这样下去怎么能行?

造成这一怪现象的原因，一是有些评论家奉行犬儒主义，他们看作家的脸色而生存；二是被利益边缘化，评论家都拿了红包，吃了饭，谈什么批评?

三是受某些负面价值观影响，如处理人际关系一味"和为贵"。这些都使得文艺评论丧失战斗力，变得庸俗化了。

现在社会稳定、经济繁荣，应该给评论家更大的精神自由。我觉得一个社会的发展、进步和思想解放，应该是思想家、评论家走在前面开路探路。新路就是另辟新径，就是思路和方法与老路不同。文艺评论界没有不同的声音是不正常的，不利于发展。

同时要允许大家说不同的、尖锐的意见，哪怕是错误的但是善意的意见。领导应该这样，社会也应该这样。但现在的媒体动辄大惊小怪，把正常批评当成异常的事端，渲染、作秀。

文艺评论被边缘化，社会环境要负更大的责任。中国传统文化中有"文死谏、武死战"之说，但现在中国只接纳后者了。其实前者才是最大最深刻的忠诚，要能够听取不同的意见。

记者：您前面提到当前的文艺评论被边缘化了，那么怎样才能改变这一现状？

肖云儒：最关键的是要重建批评家的人格力量。批评家拿红包，说捧场话，当然会被作家们看不起。现在缺乏真正的大批评家。真正的评论家应该站在一定的历史高度，来审视整个社会文化和创作全局作家队伍的现状，提出自己的真知灼见，引领、打动有责任的作家的心灵，给他以启示。

而当前，恕我说直白一点，评论家不过是文艺晚会上的一个伴舞女郎。

同时，批评队伍也应该形成不同的风格和流派。不同的风格和流派应该展开争论，现在学术争鸣太少。争论才可能深入社会和文学的最深层次，争论越激烈，往往越有深度，人们也越关注，对作家评论家双方都有益。

另外，批评文章稿费太低，酬劳严重不符，使得评论家和作家在经济上不平等，也影响评论家队伍的稳定。评论给作品增加了大量附加值，理应该得到相应的高报酬，从利益机制上应该大幅度调整。

记者：您曾担任陕西省文联的领导职务，请问文艺群团如何才能在繁荣一方文化中充分发挥作用？

肖云儒：要真正发挥文艺群团的作用、作协和文联的作用，就要涉及体制问题。现在的主要问题是党、政、群不分，作协和文联需要具备更有"群"字特点的、更独立的功能。

首先，文联和作协在文艺界要真正行使组织、联络、服务职能，能够对艺术家有切实的帮助，为艺术家争取权利利益，否则就可能变成衙门。其次，在这个领域要有更大的宽容，探讨、争鸣、试验、创新都还需要有更大的空间。最后，要有评奖机制等等，树立专业威望。总之，要真正发挥文艺群团的作用就需要改革，从体制上理顺关系。

记者：怎样理顺文艺群团的关系，能具体谈谈您的建议吗？

肖云儒：关于理顺关系，首先，党、政、群功能应该明确界定，什么该管、什么不该管要分清楚。其次，要给予与责任相匹配的权力，如要抓创作，要评奖，要扶持大作品，就应该把相应的权力，例如创作基金的审批管理等等放权给文联。此外，还应该具备在法律、舆论、道德多个层面的权益保障机制。

文联可以做很多事，可以联络、协调所有的艺术门类。只有体制上关系理顺了，政府的文化行政部门才能集中精力做好大事情，如社会文化、文化市场的管理。党委宣传部门也就可能集中力量思考大政方针问题。不要都抢着抓钱抓项目，抓那些有利益背景的事。这些事从来不愁没人管，现在我们缺少的恰恰是战略性的思考和策划。

记者：陈忠实先生是当代最优秀的作家之一，也是一位您所熟悉的陕西作家。作为评论家，您对他的创作思想也有过深入的研究，能为我们概略评述一下吗？

肖云儒：陈忠实作为当代作家的优秀代表，已经形成了独立的创作思想体系。我想将他的创作思想大致分五个方面来表述：

一，文学功能层面，他的创作是从更看重历史与现实的感知，渐渐转化为更看重生命体验和艺术体验。他用艺术实践宣告，文学要反映生活，更要传达生命。

二，在作家人格层面，他主张在急剧变化的时代生活面前，作家要保持与时代发展相适应的活力以及人格上的独立性。陈忠实具有"捍卫自己明白了的东西"的可贵勇气。

三，在艺术创新层面，陈忠实永远在不停地探索、突破，终于自成一家，完成了有别于所有人的、自己的艺术体系。

四，在文学形式层面，他赋予意识到的历史以现实内容，并选准最恰当的表现形式，即他所说的"寻找到属于自己的句子"。

五，在人物塑造层面，他把辛勤生存在这块土地上的乡亲，转化为多姿多彩的个体心理，以人格群像铸造在这块土地上。

陈忠实文学创作的思路、观念以及实践都凝聚在"文学依然神圣"这一具有碑载意义的文学口号之下。

根据新华网 2011 年夏访谈整理

不知疲倦的灵魂，火焰一般起舞

——访文化学者、书法家肖云儒

雁 翎

肖云儒个子不高，他说这是他的隐痛。正如和他一般高的贾平凹所说，他俩都是不愿站着照相的人。难怪，在电视里见肖先生多次，一直感觉到的是他的儒雅英俊，"原来你在镜头前是坐着的呀！"肖云儒笑了。这个人，多可爱呀！

我想，如果可以把一个人的学问和修养垫在脚下，把一个人对社会对历史的贡献垫在脚下，他们的身高又该如何计算呢！

请看这么一份关于肖云儒艺术学术成果的不完全统计：

已出版文化论著第一书系《对视》，5部250万字：《对视文化西部》《对视20年文艺》《对视269（上）》《对视269（下）》《对视风景》。

文化论著第二书系《雩山》，4部150万字：《青灯说辞》《微雨行过》《握住从容》《无酒对酌》。还出版其他著作10部260万字。

已出版书法艺术集：人民美术出版社《中国美术家作品集·肖云儒》，中国文联出版社《中国近现代书法名家·肖云儒》，上海人民美术出版社《当代书法家名人辞典·肖云儒》，《中国水墨名家》杂志《中国水墨名家·肖云儒》，人民美术出版社《中华美术报·肖云儒专版》（全四版），河北美术出版社《百年中国书法·当代书家卷》。

在央视、凤凰卫视的《探索与发现》《精彩中国》《世纪大讲堂》《文化大观园》栏目和各省电视，做人文讲演或人文话题达60余次，在北京、上海、台北，以及日本、意大利、南非举办个展7次……

要不，连贾平凹在写肖先生的文章中也生出"既生瑜而何生亮"的感慨来："在我的感觉中，北方理论批评家的文章犹如下象棋，南方理论批评家的文章又像是下围棋，各有肥瘦短长，曾感叹，谁若能南北风范集于一身，谁就能成就大的气象。肖先生可以说就有这番面貌，他应该归于国内理论批评的一流，他不善于张扬和炒作自己，但成果扎实而独姿独采，当文坛时尚之风阵阵刮过之后，他开始水落石出，价值与实力渐渐被国内文坛认知和钦佩。他阅读面广，了解国内文坛乃至世界文坛状况，批评的坐标高，自己的感觉又好，见解独到鲜活，概括归纳准确。他是智慧型的，又是才子型的。""遂生出一点闷气，干嘛呀，既生瑜而何生亮？！"

中国小说学会会长、书名评论家雷达说："云儒是我在评论界非常敬重的同行。我欣赏他以南方人的温雅俊秀却能多少年来一直守在西部，并在西部成就了一番事业；我欣赏他一碰触文化和文学问题就来感觉，那与众不同的尖锐眼光和宽广不羁的思路；我欣赏他超强的捕捉能力和归纳能力；还欣赏他的长于辞令，机敏权变，言谈时有警句闪烁，令人目醒神清。显然，他对中华文化的精神母题是做过一番深入钻研的。这是我们一般弄文学的朋友所不可及的。"

"肖云儒不仅属于陕西，而是属于全国的。在新时期文学发展的每一个重要时刻，大都能听到他的声音。他是新时期以来给文坛留下过深刻印象的批评家之一。他一步步地蜕变和转型，由文学而文艺，由文艺而文化，直到大文化，逐渐走向开阔，走向大气。"

而陈忠实的赞誉则更为直接，他在肖先生70岁寿宴上说："云儒是我的老师，这话不是客气之言，是真诚的事实。四十五六年前，我作为一个文学爱好者，从乡村赶到西安去听文学讲座。印象很深的一次，就是云儒讲的'散文散谈'，那是他提出散文写作要'形散神不散'之后不久。"

和肖云儒聊天是一件美丽的事情，因为他口吐莲花，行云流水，出口便是华彩乐章，一泻千里，令你恨不能记下他所说的每一个字。偷懒的记者都知道，只要有肖云儒在场，报道就好写了，他说的，就是亮点，就是文章。

20岁，在念大学的肖云儒就已经提出了"形散神不散"的观点，至今还深深影响着中国散文的创作；22岁，站在文学讲坛上给上千人讲文学创作，听众中包括日后成为文坛巨匠，从灞桥走了一夜路慕名赶来的陈忠实。少年得志，我想，他骨子里该是何等的傲慢！可是，恰恰相反，肖云儒谦和之极，他甚至说自己一直都有一种弱者心态，这种弱者心态是他倾注满腔心血研究西部文化、西部文学的深层原因。他的生命似乎缺"钙"，西部就是他生命里的"钙"。

长相和语音都极其南方的肖云儒，却在黄土地上了生活了五十年。1岁丧父，24岁丧母，没有兄弟姐妹，21岁大学毕业来到陕西，孑然一身立于西部荒原之上，那种孤独和无助何等刻骨铭心！面对强势的西部文化和陕西人，肖云儒说："那时候我的内心里充满了自卑和失败感。没有母亲，没有母语，没有母土，没有母校，造成了我的弱者心态，而从我踏上陕西这片热土的一刹那，我就知道，给我补钙的那个富矿就在这里！"

早在1985年，肖云儒就已经提出西部文化和西部文学的概念，并作为独立的文化和艺术现象来研究，比西部大开发的提法早了十多年，他作为这个领域的第一人，已经被载入中国文学史。时至今日，五卷本的《对视》书系和四卷本的《雩山》书系，已经被公认为开宗立派的学术成果。西部是融入他血液里的一个字眼，他为之东奔西走，四处呐喊。陕西的一呼一吸也和他水乳交融。就是这样的一个小个子南方人，竟然成为西部文化、西部文学、西部电影的理论代言人！

肖云儒的书法，更是在全国不胫而走，求字的人和求文的人一样，越来越多。中国书法家协会副主席、书法家、书法理论家、西安交大教授钟明善撰文称："他的字是学者字，秀美、潇洒、有书卷味，看得出对一些基本美学原则的自如的运用，还有综合的智力结构和笔情墨趣的把握。他的字比他的人显得更年轻些，这表明他内在的生命力还很旺盛。文化研究只能发挥他的智性，却难以宣泄他的灵性，故而便又在文章之外为自己的生命体验和艺术体验寻找新的传达渠道了。"

陕西书协名誉主席、西安美院茹桂教授赠诗曰："云间有儒思翩然，笑将闲情付砚田。文墨相兼灵气足，笔底青山任攀援。"全国书协理事、陕西书协主席雷珍民亦唱和："气象高旷不染尘，谈吐儒雅理念新。何以落笔龙蛇舞，满腹经纶道行深。"

而肖云儒自己却很低调，认为书法对自己只是文余之事。他在书法袋上赫然印着："一个迷醉书法而无意当书法家的人，一个不想为艺术而活却想活得艺术的人，一个以书养生养心养灵的人。"对朋友们将他归入"文人书法"一类，他表示：如果文人书法是指书作的人生感、书卷气，指文化含量甚至精神境界——道，愿书界中人都能从匠气和艺术中破门而出，进入"文人书法"堂奥；如果"文人书法"只是进入书坛的一张廉价的门票，则盼文界诸友，首先是我自己，敬谢不敏了也罢。

他便是这样一位既有精神底线，又时常会迸发出智慧火花和艺术光彩的人。旺盛而灵动的生命力在火焰一般起舞，那感觉有如神助，让你意识不到这已经是位73岁的老人了。又想起了贾平凹先生对他的感叹："从他的成就，可以看出此人释放的能量有多大，思维是多么活跃和丰实，劳动是何等繁重而艰辛。我是畏惧这样的人，更是尊重这样的人。"

肖云儒说，在物质生活中，我是一个不需要名车名表、豪宅盛宴养活的人，我对那些东西没有感觉。几万元的衣服真的就比几百元的衣服穿着更舒服更体面吗？但是在精神领域，我却很有点奢华，需要高档的文艺结晶来滋补涵养。我爱读经典文学，听经典交响乐，爱看高水准的舞台剧，爱欣赏绘画书法艺术精品，没有这些我是活不下去的。吃杂粮有利于一个人的身体健康，但如果精神上也尽吃杂粮，怕是很难成为大材的。

2012 年 11 月 28 日，西安雁影苑

绿色道德就是对天地的良心

——访"中国绅士"肖云儒先生

尹孟雪

近日,由《时代人物》杂志评选的"中国十大绅士"颁奖典礼及2012年(第三届)"文化复兴与道德重建"主题年会在大唐西市酒店金色大厅举行,诺贝尔文学奖获得者莫言、央视节目主持人崔永元、文化学者肖云儒等人榜上有名。在获奖感言中肖云儒提出了一个新的观点:生态文化复兴与绿色道德重建。何为"绿色道德"?什么人才能称之为中国绅士?为此,记者登门拜访了肖云儒先生。

午休后的肖云儒显得精神十足,微笑着把记者迎进门。趁着他沏茶的时候记者随意打量了他家的客厅,沙发后面的书桌和书架上摆满了文物和书籍,两侧的墙壁上挂着他自己书写的书法作品,屋里充满了书香。沏好茶后肖云儒在另一侧的沙发上落座,深色衬衫、黑色西裤整个人显得庄重而亲切,记者先是恭喜他获得"中国十大绅士"称号,他笑着道谢后我们的谈话便从"绅士"的含义开始。

对于绅士的含义每个人心里都有一杆秤,比如一个人彬彬有礼、谦和淡雅、宽厚刚毅、有学问、有素养、有爱心,无疑他可以称得上是一位绅士,但肖云儒却从另一角度解释了绅士的含义。他说:"今天我们重新激活绅士这个称谓,其实反映的是改革开放以来中国人社会心理的发展轨迹,我们的社会追求正在由富而贵,由贵而雅。那些暴发户、万元户很让人羡慕,但这些都是物质层面的,你再有钱指甲是黑的、满嘴粗话,这能说明你是一位绅士吗？不能，这就是富跟贵的差别。"他继续解释说，当一个人的财富累积到一定程度的时候，就对名分、声誉、地位有了需求，需要证明身份，得到社会的认可，进入社会等级序列。比如想成为政协委员，想当文化学者，没有人愿意总被别人说成是暴发户的，这就到了贵的层次。在谈到"雅"时肖云儒还开了个玩笑："就拿一个暴发户和这次也评上中国绅士的崔永元相比，也许崔永元没有他钱多，也不是人大代表，但是在外人看来崔永元就是比他高雅，虽然他既富又贵，但是不雅。雅是什么？雅就是气质，是修为。"

当记者说对他在获奖感言中提到的"绿色道德"一词不是很理解时，他笑着说，这个话题本来是一个半小时的讲话，但当天只给了他8分钟，没法儿展开说。"当天我是第一个讲话的，在别的方面做不到绅士，在不拖延时间、不侵占别的发言者的时间上，我得绅士呀。"

肖云儒接着对绿色道德做了详尽的解释：绿色是一种比喻，一切在环保范围之内的话题都可统称绿色，生态与环保自觉其实是一种道德自觉。你们只能吃四个菜，却非要点十多个，铺张浪费其实是一个道德问题。说这番话的时候，肖云儒明显严肃起来。"我们不能光建设现在，不想未来。我们要为子孙后代着想。"肖云儒继续说，"我们这一代把新鲜空气都吸完了，后代怎么活？我们把新鲜黄瓜都吃了，给他们剩的都是有毒的黄瓜，那后代还不得骂祖宗啊！"随着肖云儒说完这番话，采访气氛变得有点凝重。

肖云儒又举了另外一个例子来证明这个社会还没有那么糟。在陕西省神木县，就组织当地的煤老板自愿捐助当地的老人养老费、儿童教育费和社会闲散人员的医疗费用。县上期待的目标是五六亿元，但现场捐助下来竟然筹得38个亿！惊得现场主持都不敢相信，连数了两遍资金数额。当时，肖云儒作为嘉宾上台说了这样一番话："我来之前认为神木县只是一个煤炭暴发户县，想不到神木县的人也同时是精神暴发户，因为神木县的老板不仅不透支后代，而且还投资后代。"

到底什么是绿色道德呢？肖云儒进一步说："绿色道德就是对天地的良心。"如今我们谈道德，似乎都是指人与人之间的道德关系，像有礼貌、讲诚信、重担当、倡文明等就是一个有道德的人，这当然无可非议。而肖云儒却上升到了一个新的高度，他说："绿色道德，实际上就是要认识到，人处在整个生物圈至尊的地位，享用了至多的资源，就理应对这个生物圈负有至大的责任，人对天、地和一切生物的爱和责任，这就是绿色道德。"

随后，肖云儒又从天文、地文、生文文化三方面谈起了绿色道德。这里的天文、地文、生文文化并不是天文学、地质学和生物学，而是指人类应该对天、地、生物负有什么样的道德责任。为什么人对天、地、生命负有责任？肖云儒笑着说："如果人类不断向天上排放废气毒气，那跟放原子弹有什么区别？不断砍伐森林导致沙漠化，沙化日益南侵，人能活得安宁吗？"

说到这儿，肖云儒举了一个自己的例子。在北京上大学那会儿北京城墙还没拆呢。麻雀那时被列为四害之一，同学们组织好一起去城墙上打麻雀、除四害。因为年轻，爱国热情高涨，"我们把城墙排满了，每个人手里拿着盆子不停地敲，让麻雀根本没地方落脚，你看到它飞呀飞呀飞呀然后'啪'就掉在地上摔死了，是累死的呀"。对当年那段年少轻狂的岁月，他遗憾地说："后来证明麻雀并不是害虫，每种生物都处在一条生物链中，你把其中的一个环节毁灭了，一定会遭到报复。"

肖云儒强调说："绿色道德应该在社会道德之上，是更高层次的道德。对天地的道德责任应该要比对人的道德责任更根本、更大。因为人对天地的责任，其实是人对人类千秋万代的责任，人对整个宇宙的责任。天地生物养育了人，人要对天地有良心，对生物生态有良心。我们享用了空气就要再生产新鲜空气，享用了水源就要涵养水源，只有这样才能可持续发展、循环发展，这就是绿色道德。"

对一些学者提出的当下社会道德滑坡的说法，肖云儒认为："我们社会的人际道德还没有达到危险的程度，社会风气还是在改善之中，社会道德虽然有滑坡但是重建的效果也很明显，在这一点上，说危险有些过了。"但对于绿色道德，肖云儒则完全没有这么乐观："绿色道德不是危险不危险的问题，而是根本还没有形成整个社会自觉的问题。"面对这样的状况我们应该怎么做呢？肖云儒干脆地说："从小事做起，从当下做起，从自己做起。"道德主要不是一种理论，而是一种行为，是全社会的、普遍的、自觉的行为。当每个人都能持之以恒地从细节做起，无数人、无数的细节凝聚起来，渐渐就形成了全民的道德习惯和道德风气。

采访结束，记者离开肖云儒家时已经是夕阳西下，虽然肖云儒说自己和"中国绅士"的称谓望尘莫及，但在整个采访过程中他表现出的彬彬有礼、深厚学养、社会责任与人格魅力，让记者钦佩、感动。

"中国绅士"于他，实至名归。

2013 年

撩开人生帷幕

——肖云儒的书法情结

李 凯

"青灯黄卷处，暮鼓晨钟路。诵经成塔时，菩提本无树。"人生如禅，自心作茧，千万里路后，蓦然回首，才发现生命的辉煌与失落，只是一个过程，最后目的地不过一个"空"字而已。但既生在凡尘，理凡间事，触凡间人，又怎能脱开悲喜忧愤？想清静无为，怕只有诵经成塔时的境界了。

读肖先生这首素朴虚静、隽永淡定的书作，诗的"机心"与书法的"堂奥"相互牵绕，使人悟觉到纷繁燠热中的几绺清凉，生命的真乐趣从苦闷浮躁中被唤醒了，"菩提本无树"，有的是我们心灵中的一片绿。人性本真的奥秘，透过机锋文字和优美线条的点化，向人们诉说长久不衰的生命之悟。

肖先生的这幅作品，中锋运笔，取势隽劲，字与字之间牵丝连线，方圆互见，疏密回应，气韵贯通，充满浓浓的学者味、书卷气。他的书作，暗合了中国文字指示、象形、形声、假借、转注以及会意的基本要求，在尚学、尚法、尚意的书法时段中，以理论家、研究者独有的身份，对书法审美与实践表现出自己新颖的视觉。

肖先生自觉或不自觉地在人文精神及历史时空中汲取书法精髓，这种极其个性化的文化路径，造成了他卓尔不群的境界，形成了他心手统一的理性选择，使他的书作呈现出一种古拙隽劲、圆润雍容、清正静美的书风。他的书作雅逸而浪漫，有一种落拓散宕之气发于其间，有春之绚烂、夏之热烈、秋之静美、冬之凛然融于其中，在给人以至极的视觉冲击的同时，也给人以至美的心灵陶冶。

肖先生的书法，受阴阳观念的支配，充满了"中和为美"的审美情趣。他参透"知黑守白"的中国美学理念，又将自创的散文要"形散神不散"的理论观点用于书法创作，并借鉴音乐的起伏节奏、回旋间隔，电影的视觉冲击和形式美感的艺术张力等多种艺术思维和手段，来强调书法的对称与和谐。

他更醉心于二王、米芾、董其昌等大师的碑帖，虽无法投入大量时间习帖，却常常手不释卷地读帖，经常与自己心仪的艺术家进行心灵对话。他还大量涉猎了古典的、前卫的、浪漫的、狷介的才子大家的作品，在多方面的研究体悟中将静止到运动、抽象到具象、原形到延伸、平面到立体、明确到朦胧种种审美规律，活学活用，融会贯通，从而使自己的书作浑然天成、和谐自然。

肖先生是从文学评论、艺术评论、文化研究进入书法创作的，多面的、丰沛的文化素养、理性自觉和美学情趣成为他罕有的优势。作为文化学者，他的视野与襟怀都远远超出了专攻某一具体艺术门类的艺术家，而具有了大涵盖和大渗透的气势。肖先生对西部有自己独特的文化感知，在历史文化、人文精神等各方面都有自己的研究心得，并将自己独特的理论，建树成《中国西部文学论》《民族文化结构论》这样一部部的艺术丰碑。而他对人生的感悟，也自有文人的敏感与学者的睿智，从本文一开始所举他的那首诗和《自韵百句》等其他许多自况诗中，我们看出了他对人生不经意的写照。这种审视自然和人性的美学思想，正是他数十年来对西部文化反思的结果。

肖先生在与西部文化的对视中，觉悟出生命这一大文化课题的发展与失落，衍变与延伸，从而他自觉或不自觉地，从书法的形式、内容、意蕴着手，把书法与文化探索紧密相合。他从李白的欹侧浪漫、洒脱飘逸，杜牧的二王风范、魏晋韵致，从王维的诗书入画到苏东坡无意于佳而佳的书风，广采博取，使他深谙书法艺术宣泄生命与承担使命两种功能的关系，也深谙书法家在创作中完美体现这种关系的各种方法与技巧。并从点线面的结合到章法的流动、布白的气息上,开辟了自己唯美的风格。

肖先生对视文化,回应时代,对视心灵,回应时空,开创新时代书法语言。他把禅静的美和时代流畅的韵律融入自己的书法创作中,不似有的书家迷于名而不能出新,迷于欲而不能自拔。他独撑一叶扁舟,领军着西部文化思潮,从陕西文化圈杀出,一路苦行,逐步超越。在陕西的文化人中,也许可以说,他的书法少了一点贾平凹的拙朴浑厚,却多了几分雍容飘逸;少了一点陈忠实的散漫瘦挺,却多了几分空灵柔美。他的字势跌宕起伏,妙曼轻盈,节奏韵律感极强,其书之美,宛舞者之魂,独凌波上。

肖先生是一位融大道而大话人生的评论家,在他的书作中,你能体会出扰扰红尘正如书法艺术中那纠葛不清而又中规中矩的线条;体会出生命最初的感悟,在火花闪现中,时而自毁,时而涅槃,水与火在黑色浮沉中交相辉映;体会出恍然有人性之光如何在怅然若失时启开心灵的帷幕,而使你与天地万物相融。

人如字,字显心,在当代快节奏下,他能谦谦然询询然,没有一丝时代的浮躁,在许多场合与之对面,总是平易恭敬,礼貌谦和,总是略显悒郁,却充满睿智,透出雍容。不由玩味他的《客居暮秋》:"破帽遮颜喜,贵裘显市忧,云昏日已斜,忽忽将暮秋。"想生命长河,到一定时段,已是身不由己的江湖客了,如何再去撩开人生帷幕,揭开生命的面纱,对人性再做一次探索,那已是身后千秋事了,而今自慰平生的只有"笔驰诗心一寸丹,案伏皓首千茎雪"了。

2001 年,春

台湾归来访恩师

林 娇

一、半世债，两代缘

在结束为期一周的"2010年台湾陕西周"行程之后，我的授业恩师、人文学院院长肖云儒教授于次日来校上班，并接受了记者的采访。采访中记者了解到，肖教授此次随由省长任团长的陕西代表团去台湾参加"陕西周"活动，不仅作为"陕西文化名人团"的成员，代表陕西进行了两岸文化交流，实践了外事学院"多元集纳"的办校理念，他自己也了却了一笔尘封一个甲子的"心债"。

肖教授说，他三舅上中学时很调皮，外公便将其交给在外地当中学校长的大姐，即肖老师的母亲来管教、照看。但1948年新中国成立前夕，三舅随蒋经国的青年军去了台湾，一走就是六十年，始终没有和日夜思念的老父老母、兄弟姐妹团聚而饮恨终身。母亲认为弟弟是从自己手里跑了的，一直很愧疚，觉得对不住父母亲人，生前多次叮咛儿子，她如果不能去台湾找回弟弟，肖老师一定要完成她的夙愿，了却这笔心债。

四年前，三舅曾来大陆探亲，并专程到西安看望肖老师。肖老师拿出了珍藏两代的老照片，当看到照片上六十年前老父老母的遗容，三舅扑倒在地，长跪不起，哭诉自己对不起父母、对不起老家。遗憾的是，三舅回台湾不到两年便病逝了。

此行间，肖老师除了参加文化名人团的集体活动，还专门安排两天去高雄拜亲访友。他带着在大陆写好的挽联，用青铜做的周鼎装了一杯黄帝陵前的家乡黄土，隆重祭奠了三舅父；并与舅妈、表弟竟夕交谈，倾诉半个多世纪的隔海思念之情。

说着这些，肖教授眼睛红了，感慨道：台湾于大陆，是一衣带水，于我，那真的是血浓于水啊。

二、百家鸣，牵两岸

"2010年台湾陕西周"是为了促进两岸交流，推动陕台合作迈向新的层次，以造福两岸人民。肖教授告诉记者，在此次文化交流会上，他见识到了台湾文化大家的学识与风范。比如台湾著名作家陈若曦、张晓风，张大千传人欧之光，台湾博物馆馆长张誉腾，以及台湾大学、淡江大学文学院、艺术院的院长和教授，还有林青霞等许多演艺界的名人。

在两岸黄帝文化研讨会和陕台文化交流联谊会上，肖教授先后作了两次主旨发言。一次谈两岸共同承袭光大了中华炎黄文化，题目是《中华文化的精神母题和人格模型》；一次谈陕西近三十年文艺发展状况，题目是《蓦然回首，灯火璀灿》。他从分析中华文化的两大板块，即内陆文化板块和海洋文化板块同源异向发展的内在关系入手，反复强调："海峡两岸同根同祖，同文同源。台湾是中国的一部分，台湾文化是中华文化的一部分。"

肖教授还在两岸书画展上展示了自己多幅书法作品，在接下来的"石墨真宝——西安碑林博物馆碑拓特展"上，陕西省首次捐赠了1370幅碑林书法石刻拓片给台湾中台禅寺，对方则以万人法会和千人素宴表达难以言表的谢意。双方希望以此为契机进一步加强交流。

肖老师给记者描述了陕西演艺集团歌舞剧院原创乐舞诗《大唐赋》在台北国际会议中心大会堂上成功上演的盛况。《大唐赋》以独到的视角为台湾同胞全景式展现唐朝三百余年的盛世风景，在帮助他们了解祖国历史的同时，也为陕西文化打开了一扇门窗。

三、乡党好，相当好

"霁月光风明两岸，苍松翠柏本一家。"这是在台湾陕西村看到的一幅触动人心的对联。肖教授告诉记者："我们去陕西村那天，阳光真好，人人心里洋溢着欢乐和喜悦，村民们早早在路边和广场迎接大陆亲人。欢迎的横幅挂到了村口，招待的饭菜摆在了桌上。"

在一场陕味十足的乡党联谊会上，陕北民歌、秦腔演唱、仿唐舞蹈、二胡表演等独具陕西风味的节目，将一个直观的"陕西"带到了台湾。吃饭时，有位八旬台湾老人从袋子里掏出一块热乎乎的锅盔，硬要肖院长吃。老人说，在台湾要吃到地道的陕西馍不容易，这锅盔是他自己专门烙的，但这还不是他老家陕西乾县的锅盔，那是要烙成荷叶边的。言语间，思乡之情油然而生。

肖老师说，陕西村乡情和亲情真是太浓了。正如台湾陕西村的老乡说的，那是"老乡见老乡，心里喜洋洋"。在活动快结束时，省长还带领海峡两岸的陕西人，用吼秦腔的大嗓门齐声大吼"乡党好！乡党好！"太来劲了。

2008 年，冬

名士肖云儒

史飞翔

肖云儒先生是我国著名的文艺理论家、文化学者、书法家。祖籍四川，1940年生于江西，毕业于中国人民大学新闻系，后长期生活在陕西西安。肖云儒是散文理论的先行者，西部文学的拓荒者，丝路文化的推广者。

肖云儒成名很早。1961年1月，《人民日报》开辟专栏《笔谈散文》，就散文的特点、散文的作用、散文的题材等问题开展大讨论。时在中国人民大学新闻系读书的肖云儒写了一篇题为《形散神不散》的短文，发表在《人民日报》上并被写进我国的大中小学教材，一举成为散文文体的经典理论，从而影响中国文坛几十年，至今依然如此。当时他才20岁，可谓少年成名。

作为文艺理论家，肖云儒一直保持着旺盛的创造力和思考力。几十年来，他发表了500余万字的作品，除文学评论外，其主要研究成果集中在中国西部文化，被公认是西部文化理论体系的开创者，影响深远。早在20世纪80年代他就出版了我国第一部《中国西部文学论》专著，90年代又出版了《对视文化西部》，是国内最早也是最多研究西部文化的学者。距离最近的一部著作是2016年1月出版的《西部向西》。这部集子包括散文、文学评论和小说三种文体，以丝路、西部和长安为主题。第一篇讲述古老丝绸之路沿途的历史故事、社会风俗、历史变迁，第二篇是关于西部文化的文学评论，第三篇是小说《沙·墙·海》。从书中收录的这些文章可以看出近30年来肖云儒先生对中国西部和丝路文化的前瞻性思考和独特的个人感受，可以厘清几十年国内对丝路、西部研究的历史脉络。

肖云儒的评论有两个突出特点：其一是思想的原创性，善于不断地提出新观点、新概念、新名词，如"文艺GDP""文化膜""向心交汇和离心交汇的文化地图""空间疏离的西部原野和心灵疏离的现代都市"等等；其二是表达的诗性，其语言文字是绿色的、生命的、诗意浪漫的。肖云儒认为，评论家首先应该是思想家，是从社会思想与文化审美的大坐标介入文学的一个群体，评论家不能只谈技巧、技术。评论家要以探索时代为己任。肖云儒的授业老师、学者冯其庸感慨地说："云儒的思考不限于文艺问题，举凡社会、历史、文化诸多方面，都能发人之所未见，时有独辟蹊径的巧思。云儒是思想的丰产者。"评论家雷达说："综观云儒几十年的文论，突出感到，他思路活跃，涉猎面很广，举凡文学、哲学、戏剧、书法、散文创作，社会评论、民俗研究，直至文化人类学，都有论列。"

作为文化学者，肖云儒始终主张读书人要走出书斋、课堂和会场，真正地投身到时代和生活中去。基于此，他近年来一直在行走中不遗余力地研究、推广西部文化、丝路文化，成为公认的西部文化和丝路文化的文化大使和形象代表。2014年7月至2017年9月，他以74至77岁高龄，不顾家人反对，毅然决然地参加了"丝绸之路万里行"活动，每次两月。他一边行走，一边写作，途经亚欧32个国家，行程40000多公里，最终抵达罗马、印度那烂陀寺和巴尔干半岛。他把自己对丝绸之路的感受与思考写成150多篇文化散记，这就是《丝路云履》《丝路云谭》《丝路云笺》，获得了多种奖励，引发了很大的反响。肖云儒先生以自己的身体力行真正实现了古人说的"读万卷书，行万里路"，将"纸上的学问"变成了"生命的学问"。

治学之余，肖云儒还坚持书法创作。肖云儒的书法属于典型的文人书法，线条灵动，墨趣盎然，个性鲜明，有深厚的文化感和极强的生命力。很多专业书法家都表示，肖云儒能够把书法功力和反映时代内容结合，书法传统和现代结合，内容和形式结合，对当下书法有很大启发。

古人言："学问深时意气平，精神到处文章老。"经过近八十年的人生历练，如今的肖云儒已步入"人书俱老"的境界，其文章早已是"庾信文章老更成"。更重要的是他已将学问与生命融为一体，整个人举手投足之间都表现出一种诗意、儒雅。唯大英雄能本色，是真名士自风流也。

2018 年 11 月，翠华山居

肖云儒素描

高海松

大半生利用业余时间研究写作的肖云儒,最近出版了他的第八部书稿《民族文化结构论》,并获得了第二个全国奖——中国当代文学研究成果奖。

我读肖云儒的文艺评论,深为其广博的知识、深邃的见解、明晰的思辨和飞扬的文采所折服。我想,这定是在远离市井的幽庭深院中写成的。而篇末每每出现的"于西安岚楼""于西安椒园",似乎也在证实着我的猜想。

当我在城隅外一幢普通家属楼的一间半居室中见到他时,不免有些诧异。主人解释道,此楼位于城南,又遥对终南山,南方人口音中"南""岚"不分,故附庸风雅,谓之"岚楼"。至于"椒园",则是交大校园的谐音,他常常躲在交大的阅览室或自习室,混迹于陌生的学子中读书写作。他感到青年人求知的专注与刻苦,对自己是一种策励。

居室不大,却集卧室、餐室、书房、客厅于一体。陈设也极普通,没有沙发,靠墙一排书架,每格都里外摆着两排书,给人以不堪重负的感觉。环顾四周又令我惊异,这位以文学和艺术研究为生的人,居室却看不到古玩、盆景、工艺品,也没有一轴字画,唯一显眼的是墙上的一幅挂历。挂历很特别,画面小而月历大,每一日都空着很大的格子,每格都密密麻麻填着许多小字,凑近一看,原来是主人的工作日程表。不唯有上午、下午、晚上"三晌"之分,有时甚至标明几时到几时。人说肖云儒时间计量单位比别人小,很会精打细算,看来言之有据。

我们的谈话便从这挂历开始——"我是劳碌命,一辈子行色匆匆。时间被各种各样的工作、写作瓜分,生命像意大利香肠,一刀一刀被切走……"

肖云儒现任省文联党组成员、副秘书长，兼任省电影家协会副主席、理论委员会主任，省影视评论学会会长，省作家协会理事、理论委员会主任，省现代文学学会副会长，并且是全国作家协会和电影家协会会员、两所大学的兼职教授。我知道，这些头衔不只是光环绶带，它意味着许许多多的会议、组织工作和研究写作。他对工作任务总是积极承担，凡人有托有求之必应。这样，自己的课题便只好利用大块时间中的缝隙，锲而不舍地去搞了。

这一页页排得满满的日程表，如同一挑挑沉重的担子，使肖云儒不堪重负，疲于奔命，常常得同时忙几种工作。眼下正在进行的就有：主编一套丛书，筹拍一部大型电视专题片，参与筹备三项文艺活动的组织工作，撰写一部新著，阅评8部40多集电影、电视剧脚本，还背着十几篇"文债"。他说他真想设计一个环形的写字台，中间放一把转椅，以便同时来做这多种工作。而现在，这些不同工作的资料，是一堆堆放在书架、床下甚至厨房里的。小小的房子里竟开辟了好几个"战场"。

多年来，肖云儒几乎没有"八小时之外"。1984年以前职业是记者、编辑，业余写文艺评论；那以后，正业是行政和文艺组织工作，还是业余写文章。他研究的领域涉及哲学、文化学、传播学和文学艺术中的好几个门类，可谓五光十色、丰富多彩，而他的生活却单调到近乎唯有读和写。下棋打牌、养花喂鸟、郊游逛公园等等和他岂但久违，几乎是无缘。岚楼中最常见的身姿，便是这位已届知命之年的人，埋首书案、熬灯伴夜。

很多人感到肖云儒人勤手快、才思敏捷，也许如此。其实他也写得很苦。他希望能够不重复别人，也不重复自己，这谈何容易。于是便付出超过别人几倍的劳动。事业的责任心催逼他完成工作任务和那还不完的"文债"，对自己的设计又促使他不遗余力地去探索新的课题。一面给别人当"人梯"，一面自己还要登梯攀高，真难为了他。有时连续工作多日，他会因不堪疲惫而烦恼、焦躁，甚至撕了稿件，发誓不再干下去，不读、不思、不写。不到两天，又会为"罢工"造成的损失而懊悔。

苦与乐是一对孪生姐妹。脑力劳动固然辛劳，但思考者是充盈的，思考者是美丽的。每当静坐灯前，进入凝神静思的境界，各种见解在闪烁，各种思路在延展。情思牵引着论辩，说理融解于激情。笔跟不上思考，只好跳着记下要点。各种想法不期而至、纷至沓来，便同时写几篇文章。每成一稿，他总有一种温爱油生心头，几十年不减。有时会像第一次投稿者那样，连夜送到编辑部去，或急着找人来听他念一遍……生命在这时候是那么美好，轻公侯而傲富豪，忘乎今夕是何年。

这苦与乐的交响，结出沉甸甸的果实。肖云儒已有250万字的文章问世，其中有17篇刊载在《人民日报》《求是》《文学评论》《文艺报》等中央报刊上，有40篇被《新华文摘》和各类报刊资料转摘，24部论文集收了他的文章。近八年来，他完成了9部著作，出版了8部，主编或合作主编了12本书，先后七次在全国和省上获奖。《华人文化名人》《中国文学家辞典》《中国当代文艺家名人录》《中外文学评论家辞典》等七八部辞书有专条、专文介绍他。1991年，他被评为陕西省有突出贡献专家，享受国家津贴。

肖云儒的理论文字得到了海内外专家的首肯。台湾大学教师叶四维在评他的文章中赠以九字，曰："有见解、有感受、有文采。"不久前，中国艺术研究院副院长、著名文艺理论家冯其庸教授在审阅他的书稿后说：你常常从文艺边沿的各个角度研究作品，发挥知识杂交优势，视角新，也能切入深，努力下去会出大成果。

也许有感于以往为文过于驳杂，1985年以来，肖云儒更多地着力于西部文化和艺术的研究。他被公认为西部文艺研究的发轫者和倡导者之一。他的《中国西部文学论》是关于这个课题的第一部专著，以其纵横捭阖、雄姿英发的理论思维美感而连获两个全国奖——中国图书奖和中国当代文学研究成果奖。他还主编了包括西部音乐、美术、电影、诗歌、舞蹈、民间艺术和审美文化各方面内容的"中国西部文艺研究丛书"八册,并在两所大学开设了《中国西部文化》的选修课,将西部文化艺术的研究扩展到文化和教育领域。这位出生在红土地上的江西老表,深深地热恋着养育了他的黄土地,立志倾注后半生的心血来浇灌大西北的文学艺术。

告别主人时,我再次环顾"岚楼"。忽然领悟到,这没有艺术摆设的朴素书屋,这在重负下挺立的书架,不正是肖云儒的形象吗?质朴无华,去粉饰而留真谛,不正是斯人、斯文、斯楼的风格吗?

1997 年,夏

肖云儒访谈录

张世民　何　平

张：肖老师，您好！您从文艺评论走向文化阐释，思域日益宽广，涉猎的话题也逐步拓展，尤其是您致力于西部文学、文化的理论研究与探索，所撰著的《对视》系列、《雩山》系列著作，引起了社会各界的热切关注，请您介绍一下您在这些学术领域的心路历程。

肖：我是半路出家的学人，我是学新闻的，前二十年主要当报纸编辑、记者，在《陕西日报》文艺副刊。编余写点文艺评论，评具体作品。我跟雷锋同年，我们那个年代主要是螺丝钉精神的年代，所以给我安排到文艺版编辑，就认真地干本职工作。我影、剧、书评都写，看戏当时是我的工作，但不满足于看完戏回去写一个两百多字的短消息，便将一些感慨、想法，写成一些小文章。这样大概过了五六年时间，编辑加评论。然后是"文化大革命"，对我个人的冲击较大，受了些苦，下放到陕南大巴山区，整整十多年，把我的黄金年龄，从27岁到40岁，全部消耗了。但它另一方面对我很有好处，我也是一个"三门"干部——家门、校门、机关门，虽然当了五六年记者，也还是一个学生记者，对社会基本不了解。这一段接触了中国社会底层的实际。社会运动第一次强制性地把我抛到生活里去了。那时下去很多人对你另眼看待，下放干部不知道犯了什么错误。但老百姓、民众不另眼看待你，他们把你当成自己的一员，同吃同住同劳动。这十多年，在农村住过，在铁路上干过，修阳安铁路，搞宣传。后来到基层，到汉中日报社工作，后来结了婚，为了跟老伴调到一起，到了三线工厂。你看，到过农村，到过工地，到过基层单位，到过工厂，所以我对中国社会的了解是从这时候开始的。这十年，我个人的命运是坎坷的，但对我的精神和文化是一种丰富和提升。当过农民，当过工人，了解了中国社会，锻炼了生存本领，铸造了文化人格。所以，当我落实政策再回到报社已经大不一样了，已经由一个学生成了一个有人生阅历和生存经验的人，已经初步建树了自己的文化人格，脊梁骨比较硬了，人生再有什么遭遇都不怕了。我很感谢这十年，它使我逐步走向成熟。

我的业务生涯的第一阶段，刚开始五六年，就被"文革"隔断了这么长一段时间。重新回到报社，又接着干了五年编辑，很珍惜又有了业务岗位，很认真地工作，连续几年的先进工作者，入了党。这一段时间的踏实工作，的确受到了基层生活特别是农民、工人踏实劳动的影响，老老实实在岗位上坚持。这是第一阶段，前面五年是编辑评论阶段，中间有十年是间隔的，实际是二十年。

张：肖老师，20世纪八九十年代之后，您的文艺评论非常多且影响很大，您对陕西重要作家、作品的系统研究，也是对陕西文化省情的一种深入解剖和披露，请您谈谈这个时期的一些主要活动。

肖：从1982年到1992年，有十年时间我基本进入大型评论和文艺理论研究阶段，算第二阶段。开始搞作家研究，不是那种具体作品评论了，是研究包括陕西作家在内的新时期的作家，与我同代的、上一代的，都写过评论。年前我70岁寿辰的时候，省委宣传部常务副部长晏朝受省委常委、宣传部长胡悦委托讲话，说我一生为600多位文学艺术家写了评论。我比较认真研究了两代作家，从丁玲、周立波到柳青、杜鹏程、王汶石、李若冰，也包括评论家胡采这一代人，到陈忠实、路遥、贾平凹、邹志安、高建群、京夫、赵熙这一代，以下的就研究不够了。跟我同一代、比我早一代的基本上都写了很长的文章，不是一两千字的文章，都是上万字的作家评论。

比如我写《路遥的意识世界》，最近出版的路遥研究资料里面谈到，路遥研究中最有分量的文章中有这一篇，这篇30000字的文章主要不是分析具体作品，而是研究作家的内心世界、内在矛盾。我说了两个矛盾，第一个是路遥的生命理想永远在于走出土地，比如他的主人公高加林等都是这种理想，走出土地，走出农业文明，走向现代。他的悲剧在于他永远走不出土地，《人生》的处理就是高加林最后回到土地上，受到道德的谴责向黄土地下跪，这是他内心道德和历史两个坐标矛盾的体现。路遥和贾平凹都有浓重的恋土恋乡情结，也都对现代文明有强烈的向往。不一样的是路遥是一种强悍者的畏惧，是那种以陕北人的强悍姿态，带着征服的甚至仇视的眼光看城里。这意味着什么呢？表明他的历史倾向是都市，但道德倾向是乡村。高加林像作者一样是进攻性的，这反映了路遥内心脆弱的一面。这是一个矛盾，历史的评价和道德的评价相矛盾。路遥理智上永远倾向于历史评价，走出土地，但他感情上永远走不出土地，是一个悲剧性的人物。

第二个内心悲剧，也就是路遥的生存理想中，本有着强烈介入政治改造社会的愿望，他的第一人生目标并不是当一个作家，但是种种特定的历史环境，总是阻碍着他参与政治。他是一个被政治赶到文学里来的作家。他原来当造反派，16岁当县革委会主任，非常愿意用自己的行为在大地上写"小说"，所以他的人物都是参与性很强的。他是一个有着广泛的政治联系、社会联系，而且在这方面有着雄心的作家，他是一个崇尚用铁腕来改造社会的人，却不能在现实社会实现他的抱负，只能退而求其次，在文学虚拟层面来实现。他的很多人物都是参与性的，非常强悍，是他人生理想的寄托。这也是他的悲剧。真正的有水平的评论家应该通过作品这个放大镜来评析整个社会历史发展进程和它的内在规律。这是我第二个阶段，作家作品的研究阶段。

张：陕西属于西部，但是从陕西的黄土地放眼西部，从而提出了一个文化领域的"西部话题"，这是您当时引领一个时期文化思潮的亮点。您可否谈谈这个话题？

肖：这就要说到我文字生涯的第三阶段，也就是从文艺评论向文化研究过渡的阶段，我的中国西部文艺和文化研究。其间，我出版了《中国西部文学论》这部专著。最近《陕西日报》为庆祝成立70周年采访我，说我1986年提出了中国西部文化现象，中央在十多年后正式提出西部开发的战略。其实最早的不是我，是老电影评论家钟惦棐先生，他提出西影要拍"西部片"，当时我作为记者报道了，破例在一版报道的。

这时我人生到了四十七八岁了，同龄人在一起谈，一个人不能没有自己的领域，不能永远都跟着别人的作品跑，人家写一本书你评论一下，哪里出个作家你评论一下。一定要有自己的领域。我们选择的大都是当时的理论盲点。盲点常常是新领域。当时没有人对西部文化研究过，钟惦棐先生把西部电影和美国西部片拉到一起，这启发了我，但他只有那一段话，没有展开，我说我想将这个展开来研究，他认真地给我写了一封信，鼓励支持我。后来我把这封信作为《中国西部文学论》的代序。那前后我调到了文联，文联有个任务就是要组织研究评论，组织文艺活动，我便从西部文艺研究入手，扩展到西部文化研究，我个人觉得我的西部文化研究远比以前"形散神不散"的论述要深刻系统得多。

最近我有一篇关于西部电影三十年的学术报告，事后在《西安交通大学学报》发表，人民大学报刊资料全文转载。文章并没有炫示多少理论，但因是这个问题的亲历者，原生情况多，梳理得清楚，便有了一点权威性。应该说整个文化界承认我算是西部文艺和文化研究领域的一个开创者和构建者，这是很多评论文章都谈到的。我们省的、外面的，谈到我国西部文化研究，都指出这方面第一部书是我的《中国西部文学论》。此前还没有一个人把西部的文艺现象作为一个独立的生命体拿出来做学术性观照。西部画家罗中立的《父亲》，这幅油画成为那个时代的中国形象：苦难。后来成为中国形象的是一幅摄影，也跟西部有关，是引发希望工程的那个大眼睛小姑娘，那时的中国形象是"渴望"，渴望上学，进而它扩展为渴望知识、渴望现代、渴望世界、渴望未来，也就是渴望走出闭塞的、苦难的中国。再以后中国形象就是章子怡，上了美国《时代周刊》，中国已经时尚了。改革开放前后，中国形象的三个阶段，两个阶段的形象代表在西部。从横的来说，文学、美术、音乐西北风（那几年田震的黄土高坡、陕北摇滚那是风行全国）、西部电影、西部音乐、西部美术，还有西部文学，西部诗群昌耀、周涛、杨牧和艾青（艾青是被贬到西部的）。这种不约而同的西部现象，里面必然隐含着一种规律，这个规律需要研究，这个规律不仅是文艺规律，它是一种文化规律、历史文化规律、生命规律，也是西北要跟世界呼应的自身内心的震颤。应该说，我虽然写的还是西部文学论，由于大量谈了西部精神的各个方面，其实已经是西部文化论了。后来凤凰卫视的世纪大讲堂，叫我专门去讲了《西部热与现代潮》，已经不是谈文学了，是把西部作为一个独立的生命体和文化体来研究，研究它内在的生命循环。我是在1986年出版的书，实际1984、1985年就开始了研究。1999年，咱们党中央明确提出西部大开发。这就是我学术生涯的第三阶段，由文学评论进入文艺美学和文化研究。

张：您是南方人，但在北方生活近五十年，可说是南材北用。贾平凹先生曾评价过："我的感觉中，北方的理论批评家的文章犹如下象棋，南方的理论批家的文章又像是下围棋，各有肥瘦短长，曾感叹，谁若能南北风范集于一人，谁就能成就大的气象。肖先生可以说就有这番面貌，他应该归于国内理论批评的一流。"请问您是怎样认识自己的治学风格和取向的？

肖：我先说完我的学术生涯的第四段。这算不算一个阶段可以探讨。说句老实话，我并不是一个苦吟派的学者，我不是那种头悬梁锥刺股的人，虽然我很敬重这种人。我自己觉得生命本身比一切都重要。上苍给你生命，首先你要活好，活得自若、美好。搞学问，尤其是文艺研究，不一定要那么苦自己，难为自己，而要作为你内心自由的追求去搞，作为一种自愿选择的生命状态去搞，才能在辛苦中感到释放，感到满足。这是最好的状态。另外，我是一个非学院派的人，我喜欢简明鲜活的研究和表述风格，文章要有创见，还要个人化、生命化的创见。在很自然、很从容的状态下，才能放开自己的思考。不能把自己的思想绑在张三、李四、王二麻子的理论中，看几页就要找注释，全是没消化的别人的话，或艰涩至极的文字。我很烦这样。文气、文脉全断了，文脉、文气断了表明你的思路、思脉也就断了，你就不可能在一个自由王国里翱翔。还有，我也烦现在专著的注水现象，一篇论文，用例证、引文吹成专著的泡沫。这些原因使我近年来不想写大部头专著。真正有见解时我写，前人没写的我写，我不愿选个别人搞过的题目，说别人说过的话。说不出新话，就没有激情。写评论、搞理论也需要激情，没有激情怎么从事创造性劳动？那只能是重复劳动，是浪费生命，不如到大自然中去体味真实的生命。

我学术生涯的第四个阶段基本上就是这样了。年龄也大了，中间又耽误了十年，觉得这辈子不可能再构建一个比西部文化更深刻、更有新意，而且能构成体系的理论了。而且我觉得人一辈子，能给社会贡献一两个真正的创造成果，就很可以了，精神劳动嘛。曹禺也就是《雷雨》《日出》，巴金也就是《家》《春》《秋》，不可能贡献太多。若强自己所难，最后弄得是重复自己，重复别人。这样我就决定再一次转型，经由文化研究进入艺术领域，一是以书法养生、养心、养灵，一是进入电视，当说话人，做人文话题。这一做，就在央视、凤凰、东方、陕西各电视台做了50多次话题，像《千年书法》《大秦岭》《法门寺》《望长安》《中华大祭祖》《奥运会火炬在延安、西安》《连战、宋楚喻访西安》等等，算是小有影响吧。也给省上和各市做过文化代言人，与余秋雨、易中天、于丹、孔庆东、朱学勤等学者对话。与此相应的是到各地各单位各大学做学术报告，如《在大地收割思想》《中华文化九个主题词》《大文化时代走向》。但央视《百家讲坛》让我去讲，我不敢去，是真的，不是谦虚，我不是一个记忆型的人，倾向于思考型。我不能够把一个历史话题或人物记得那样细，尤其是把故事和细节生动地讲述出来，那是一种功夫。我倾向于思考，提出问题、思考问题。有时哪怕不能解答，发问也很有趣。我喜欢简洁，用三五分钟把问题说出来。我本是学新闻出身，能适应媒体这个平台。进入媒体，便不能只关注文学艺术。文学艺术这个载体有时不能承载所有的社会问题，不能承载你对社会问题的思考。

我的追求是，基本上不要说别人说过而你自己又没有兴趣的话题，力争不要重复别人，也不要过多重复自己。四十年前我写过《论新闻文艺学》，二十年前写过《质疑传媒评论》，近十年中又对人文精神讨论中的局限、秦地文化人格中的一些缺失和过度的国学热等，提出过质疑。这些都算是比较新或比较早提出的问题，文章也都在《新华文摘》转载过，有一定影响。

比如，我提出陕西人的十大不良嗜好，引发了很大的社会反响和争议，网上点击达几十万次。记得就这个问题我在华商网与网民对了一次话。我说意见再不同，其实我们是一党，都是乡党，都爱陕西，对不？我们是从不同的侧面去爱。中国古代的精忠报国有两种，武死战、文死谏，我们常常只注意到武死战是忠诚，卫青、岳飞、霍去病是英雄，那你没有看到王鼎抬着棺材、冒着杀头危险向皇帝保荐林则徐，也是一种忠诚和爱吗？这是另一种爱，而且是更深刻的爱，所以说歌颂是一种爱，反思也是一种爱。鲁迅不爱我们的国家吗？但他到处说的是中华民族的弊病。我希望年轻人也要有两种爱，一个是正面的肯定的爱，一个是反思的爱。随着阅历、知识和年龄的增长，第二种爱会逐渐成为我们内心的主宰。李泽厚先生说过中华民族是一个缺乏悲剧感的民族，我们没有自己严格意义上的宗教，没有自己严格意义上的悲剧，也少有敬畏和感恩。中华民族需要赵本山，也需要鲁迅，但是更需要赵本山还是更需要鲁迅呢？讲得全场鼓掌。

关于国学热，我也有保留意见。到了现代，国学对修身、齐家依然是有作用的，但用来治国、平天下，作用如何？就是于丹谈讲论语，也是把论语这部治天下的书，转化为修身、齐家的心灵鸡汤。但孔子原意是为了克己复礼，为了给治理社会找一种方略。于丹只有将治国的内容转化为修身的心灵鸡汤，才可能在现代人中产生大影响。如果不转化，于丹还是在治国层面大讲克己复礼，很可能跟我们现代化进程、科学发展观矛盾。

总之，我希望我愉快地搞学问，创造性地搞学问，不用语不惊人死不休要求自己，我没有那个水平。我说过一句调侃的话，在同仁中流传：既然知道自己明明成不了鲁迅，还是力争活得比鲁迅长一些吧。有点快乐生存的味道，对不起。

张：您长期致力于文艺批评的理论研究，您对于陕西文化尤其是陕西当代文学、文艺思潮有过基本评估或判断吗？与全国其他地域相比，您觉得陕西的对外宣传应该注意哪些什么问题？

肖：对陕西的文化建设和宣传，我力所能及地参与了一些。比如，奥运会火炬在西安传递，市委推荐我去央视当直播嘉宾，宣传陕西嘛，我当然去。陕西是我的母土，我要说它的好话，这个好话没有什么创见，就是人所熟知的十三朝古都什么的。有人说，一个学者怎么说这些知识性的话？我不怕笑话，因为在央视那个平台讲，对陕西大有好处。另外就是参与策划，城市的各种项目的论证，我现在是西安市雕塑委员会委员。还有各种策划，比如大唐芙蓉园、复兴皇城的策划，文艺路改造我也是顾问，其实跟我的文学很远了，可以说是不务正业了。没办法，我是性情中人，我快乐我就做。我是一个万金油，我不是虫草，我没有那么金贵，虫草大补治大病，但万金油治小病治百病。万金油有两种，一种是"唬"牌万金油，那是吹牛的，另一种是"虎"牌万金油，真货。当好这种万金油也不容易，你要让人感到清凉，感到振奋。社会需要这种人，特别是在媒体时代，当大家都不屑于干小事，都想成大名当大牌的时候，当"虎"牌万金油需要一种精神。

秦地历史太深厚，秦人更容易关注怎么当好子孙，怎么把周秦汉唐继承下来，我们的先人多么好，我们现在成啥了。当好子孙是对的，但不能装孙子，你爷说啥就是啥。秦人更要关注的是怎样当好祖先，当好爷，你创造什么给子孙留下？把爷爷的爷爷的东西过个手留给子孙，这不是长安气派。既能继承又有原创，既当好子孙又当好祖先，把自己创造的东西传下去，才是关中好汉。总之，说到底我不是一个掉书袋的读书人，我向往人多少有点创造。

张：您有没有注意过地方志著述？您觉得地方志工作者在研究和探索区域文化、文学思潮方面，应当如何把握其研究重点或认知视角？您对陕西地方志工作者有何建议或意见？

肖：地方志、史志类的资料收集、整理和出版的重要性，年龄越长越能认识到。不是说"少不读三国，老不读红楼"吗，读三国就是读历史。我也这样，原来当编辑、记者，是热蒸现卖的职业。报纸管一天，明天就过时，志书是要管一千年、一万年。我年轻时更喜欢当下的东西，是到中年以后才了解了地方史志的重要性。这是非得有比较深厚的人生阅历和文化素养，才能了解的。"文革"的社会动荡，各地史志遭到破坏，重新修志的时候，才知道这些最原始的、最真实的东西多重要，那是我们一代一代生命的积累。为什么《史记》重要，因为在《史记》以前没有系统的文字把我们老祖先的生存经验，包括感情经验、社会经验记录下来。马克思说，没有文字的历史叫史前时代，史前史就很难保存、积淀为人类当下的财富，早已灰飞烟灭了。

我现在保存的书籍主要是史志类作品，小说只有有价值的才保存，书房有限，主要是保存史志资料，这是最重要的。小说是作者咀嚼这些社会资料和他的内心资料之后的产品，叫二级产品。史志资料才是可能产生原创的东西。为什么一定要读原著，要追述注解，甚至要实地考察，就是要把手直接伸到最原始最原生的那个地方去。现代社会所以创造性一度式微，就是文化膜使他者经验、群体经验甚至是伪经验大量传播，大部分人的文化精神生活都是在使用共有的经验。说来说去都是短信、电视、电脑、书本、课堂里的话，简直由不得你。当下时代如果不注意史志，极容易掉进伪经验和他者经验中，扼杀我们的创造性。

史志就是历史，是文本的历史。所以史志工作者要非常忠实于原貌，这是最基本的。如果我们的个人偏见、道德价值偏见、群体认识偏见，一不小心像尘埃一样掉到里面，五百年后人家一看，这个史官是不公正的。从空间上来说，民众的眼睛是雪亮的，从时间上来说，历史的眼睛也是雪亮的。我们要经得起民众眼光和历史眼光的双重检验。一个人进入读史这个年龄段，表明这个人开始成熟，一个时代进入重视史志的时代，也表明时代正在成熟。一个毁灭史志的时代，比如"文革"，是我们民族被幼稚和偏激绑架的愤青时代。

地方志委员会作为一个机构，地处边缘，绝对不是炙手可热的部门，但历史将会证明，地方志部门的产品是最具权威的产品。汉武帝能阉割司马迁，但司马迁给你在史书里留上一笔，百代传颂的却是司马迁对汉武帝的评价，对吧？最后胜利的是司马迁。我说过，为官一任（最多两任十年），为文却百代，《道德经》《史记》到现在还影响着我们，但是汉武帝却已经完全不影响我们了，这是不能比的。还有，为官一方，为文天下。虽说你们整理的只是陕西的史志，其他省份地区也用，这是共有的财富。社会应该敬畏你们，敬的意思都知道，尊敬你们的劳动；畏呢，畏惧你们秉笔直书。毛主席那么自信、伟大的一个人，也要在历史的放大镜、显微镜下返归真实的面貌。一个把史官边缘化的社会，表明还不够成熟。要亦敬亦畏。史官比纪检组长厉害多了，纪检组长处理你于当下，史官处理可是世世代代，孔子的后代，代代延续其光荣，秦桧的后代谁都不愿也不敢承认自己的身份，让你臭名远扬呀。真正高明的作家收集的也是史志，贾平凹极爱收集地方史志，吃什么、玩什么、唱什么、兴什么等民风、民艺最原始的资料是他的最爱。他的《高老庄》让我写点评本，书中西夏记录的碑石，全是《安康碑板钩沉》史料中的，我点出了每块碑的出处。

张：请您谈谈对《陕西地方志》刊物的意见或建议？我们考虑将非物质文化遗产作为刊物介绍省情的重点之一，您对此有何看法？

肖：最主要的建议，就是打开大门面向社会。你们做了很多工作，但总觉得是默默无闻地在面对过去和未来做工作，这当然是最主要的，但同时也可以向当下打开大门，让你们的成果现在就能用上。你们办的这个刊物很好，有个刊物，就可以更好地与现实社会循环。刊物除了登一些史志类的东西，可以让民众参与进来，可以搞话题，可以争论，可以做非物质遗产专辑，甚至可以搞些活动，可以向社会征集一些独特的、珍贵的或者有争论的史料。开门办志能办得很热门。刊物一热，大门就开开了，地方史志的资源就会在现实社会增值，边缘化的局面也会改观。这是双赢。

非物质文化遗产这几年宣传力度很大，而且跟现实生活挂钩，跟当代民众文化生活挂钩，非常不错。但是有两个问题，一个是大家都谈论的非物质遗产被市场绑架的问题，现在的申请，醉翁之意不在遗产，而在钱包。大家说得很多了，我甚至于持很悲观的态度：对此怕是没有办法的。这也是对非物质文化遗产保护的政府拨款少、支持力度不大的逆反。哪一个搞遗产的、搞地方志的人愿意为五斗米折腰？都不愿意，那为什么折腰，逼得没办法！第二个问题，我们现在将文化遗产分为物质遗产和非物质遗产，但非物质遗产概念非常大，还可以细分为两类，一个叫形态非物质文化遗产，就是民间艺术、民间风俗、民间古迹等等，现在比较热乎。还有无形的，我把它叫神态的非物质文化遗产，就是像你们地方志给国家留下的精神资源，现在不受重视，因为它很难转化为商品，是卖不出去的货，但它是好货。这方面我们应该考虑。我曾在《西安晚报》的一篇文章中提出，我参与很多城市建设规划、旅游规划的论证，重视的都是形态与物态文化，我们有个什么庙、什么墓、什么歌舞等等，很少总结我们这里有什么精神。拿汉中来说，为我们中华民族留下了面向世界的张骞精神，重视科技的蔡伦精神，韬晦自强的刘邦精神，还有功成身退的张良精神，等等。中国地图上一个弹丸之地，能够给我们民族留下这么多精神，这是一笔什么资源，这个资源现在看来卖不出什么钱来，但实际上是最有价值的。其实汉唐没有留下什么物质形态的遗产，不如宋明清以后，但他留下了精神，开拓开放的气魄和盛世精神，这无形的汉风唐音扬播于世界，这才是最大的财富。

  你这个杂志也可以开辟县级专栏或专辑，给各县提供宣传平台，他们能不高兴？搞某县专号时，可以现场办刊，组织专家团、记者团去县上，宣传他们，他们能不支持？

2009 年，冬

形散神不散

——访谈著名文化学者肖云儒

李玉和

他文质彬彬，儒雅谦和，却在言谈中彰显出一股不可抗拒的力量。他学识渊博，积学至深，对待知识学问十分严谨，不容一点马虎。他提出"形散神不散"的文学理论观点，被写进我国大中小学教材，对散文的写作与研究产生了深远的影响。他就是文艺评论家肖云儒先生。

今天我怀着无比激动的心情去访谈他。出乎意料的是，我的心情随着对他的访谈而变得起伏不定，由开始的激动变为结束的紧张。因为我面对这位大家、这位学者，感觉自己如此渺小，所拥有的知识更是如此匮乏。故此，不敢有随言之说，更不敢有妄言之论，以免自己班门弄斧。

以下是我们的访谈内容（我以下称"玉和书苑"，肖云儒以下称"肖老师"）

玉和书苑：您提出"形散神不散"的理论观点，对散文的写作与研究产生了深远的影响，请问您是在何种状态下将此观点酝酿并得以形成？

肖老师：1961 年《人民日报》副刊开辟了《笔谈散文》专栏，就散文的特点、作用、题材等问题开展了大讨论。我写了一篇题为《形散神不散》的短文，那时我 20 岁，尚在中国人民大学新闻系读书。观点的出现，引起了长达数十年的争论。我认为这是反映了 20 世纪 60 年代特征的一个观点，也是突破时代发展的一个观点。现在，我不想提及此事，因为我 70 岁了，人们还问我 20 岁时所做的事情，只能说明近些年我没有做什么。

玉和书苑：我们知道您对书法颇有造诣，我想您对文学艺术中提出的"形散神不散"的观点，对于书法，乃至绘画、音乐等艺术门类皆可适用，因为所有的艺术都倡导神韵，而书法艺术更是如此。结合这一观点，请您谈谈对于书法艺术的理解。

肖老师：形神不仅是文化思想的范畴，也是艺术审美的范畴，更是做人的问题。形神关系是中国文化喜欢论说的境界，它注重外松内紧。中国书画是写意，而西方绘画是写实。尤其是中国书法，是最具有抽象的线条造型艺术。从甲骨文到篆书，再到隶书、行书、草书、楷书等，是由象形到符号、由繁到简的过程，其演变也是从趋近于"形"，而走向离形得似的"神"，走向符号化。我的书法，自知没有童子功，根基不能谓深。但在创作时很注重字的关系和神韵，及其整篇章法的布局，追求整体审美效果。在重视作品神韵的同时，也努力做到"重神不轻形"。

玉和书苑：俄国文学家托尔斯泰讲到"艺术的任务就是建立人类之间兄弟般的团结"。您如何看待？

肖老师：艺术是传达人类对人生、人性、人情及生命层次需求的途径。人类的爱、理想，甚至死亡，都是通过各类艺术形式来关注与表现。这方面，文学艺术最具表现力。艺术建立在人类交流与理解之中，而交流是理解、相知和建立感情的平台，这正是人类团结最深刻的基础。

玉和书苑：有经济学家称，"现在的中国是五千年来最好的时代"。您是如何审视的呢？

肖老师：这是个伪问题，因为它离开历史发展的具体背景提问，是将不同历史时代做不可比较的比较。如针对我国现在的生产总值而言，可能是最好时期。但社会的协调发展，不能单看经济指标，还要看文化、生态、商业、科技、社会服务、道德精神等各方面的因素，还要看所有这些因素之间是否组合成了科学的、和谐的、协调的关系。马克思说："物质生产与精神生产的发展是不平衡的。"生产力低下的春秋战国时期，可以出现百家争鸣的文化繁荣。现在我们经济的高速发展当然好，但也容易引发社会综合发展种种不平衡。当前生态环境的污染、商品产业的泡沫、道德信仰的缺失，都说明发展有可能产生失衡。就文化来说，与经济、财富常常不能构成正比例关系。不是经济好文化就好，更不是有钱就代表有文化，有时恰恰是文化憎命达，贫困潦倒和命运坎坷反而出好作品。

玉和书苑：社会的进步发展，使文化艺术的审美也有了更高层次的要求，在生活中应该如何引导大众的审美活动呢？

肖老师：拓展文化视野，提升人文思想，促进时代的和谐发展，努力将这些成果转化运用到大众审美活动中去。

玉和书苑：通过媒体得知，您对老陕、对乡党有一种恨铁不成钢的心情，为什么？

肖老师：因为我热爱陕西，希望陕西发展得更好！所以我告诫我们陕西人对自己一些"精神陋习"必须要有清醒的认识。

玉和书苑：您能否以秦文化为基点，谈谈在构建和谐社会时，如何发展我国的文化建设呢？

肖老师：这个问题太大，我不能回答，也不该我回答。我想说的一句话只是：在构建和谐社会，在这个多元文化并存的大时代，我们不要一味地追求文化的统一，也不要一味地倡导地域文化。秦文化是否是我国文化建设的基点？似可质疑。

按：江河日月绘自然，翰墨丹青写春秋。当我们面对历史，面对先贤雅士，能将自己的一笔留于人类，作为时代的见证，我想实属不易，非志士不可为。因为，才不胜今人，不足以为才。学不胜古人，不足以为学。

今天，我们依然在学习肖云儒先生六十年前所提的"形散神不散"的理论观点，可见他独到的见解和睿智的才华，能顺应时代之规，崇尚真善之美。他用一支笔，行走于文学和书法之中，极尽变化，浑然天成。他以其独特的审美品格和艺术观念，使自己的脚步不断延伸。在此笔者以为，从灵魂中蜕变的文字，才会有力量穿透人间存在的真理。

2012 年 1 月 26 日

智者肖云儒

叶二凹　姬可周　李艳婷

5月8日，五一长假后上班的第一天。早上8点30分，接到朋友的电话：11点采访肖云儒。有点呆，虽然采访肖云儒老师是我早已有的一个梦想，但没想到幸福来得这么快。于是马上整理素材，向西安编辑部的石主任汇报后与同事出发。11点我们如约准时来到省文联肖老师的办公室。恭敬地送上我们的期刊《东西南北大学生》，肖老师非常和蔼，与我们一一亲切握手，也一下打消了我们的紧张心理。肖老师非常认真地浏览了我们的期刊。他肯定了《东西南北大学生》的质量，并称赞我们的期刊办得有激情，张扬着青春的生命力，还说看到我们的杂志一下子让他也回到了大学时代。

采访就从肖老师的大学生活开始。

大一暑假的浪漫许诺

肖老师出生在四川，在江西的红土地上度过了童年，17岁那年他考入了中国人民大学新闻系，从南方来到北方。四年大学生活，让他体验了不同的经历，也留给他不同的感悟。故事从一个浪漫的许诺开始。"大学一年级时，我把俄国著名作家、评论家车尔尼雪夫斯基的代表作《怎么办》中的主人公拉赫美脱夫当作英雄看待，非常崇拜他，拉赫美脱夫为了锻炼意志，睡在钉子床上，满身血迹而志存高远。"大一暑假离别时同学们相互许诺要带给大家最特别的家乡礼物，肖老师当时许了一个浪漫的承诺："开学时我会把南方的阳光带回来。"于是整个大一暑假每天上午的11点到12点，肖老师都穿着泳裤站在阳台上晒肚子、晒脊背，引得大家围观并啧啧称奇。"只有我心里明白，这不是作秀，而是拉赫美脱夫式的性格锻炼，锻炼了坚韧和一诺千金的执着。"秋天回到北京，同学们见了个个一声惊叫："小肖，都成黑人了。"我不无得意地说："不是答应给你们捎回南方的阳光吗？"

肖老师谈吐风趣幽默，故事中蕴涵着相当的执着和信念，我想这正是我们大学生应该学习的珍贵品质。

我所知道的林昭

"关于我的大学生活，不得不提起林昭，她是我的校友，比我高一级。"林昭是1954年以江苏省高考最高分考入北大的。北大新闻系1955年并到人大。她到人大时已经戴上右派帽子，加之有病，并不上课，在系资料室帮忙。但其才华横溢，思想敏锐，经常反思社会主义运动。肖老师告诉我们："林昭在当时是一个很神秘的人物，很少和周围人来往，在当时学生的眼里她是一个异类。她虽然被打成右派，但拒不认罪，后来又公开为彭德怀喊冤，书面建议中央学习南斯拉夫，在当时的大学校园里产生了非常大的波动。"此后不久，林昭就被以"反革命罪"判刑二十余年。在苏州狱中，她惨遭折磨，但仍坚守自己的信念和观点，后被秘密处决。父母因此亦先后自戕。二十多年后，北大为林昭平反。又一个二十年后，一位叫胡杰的青年制片人用了五年的时间，自费跑了上万里路，先后采访了80多位知情人，林昭坚贞不屈的悲惨遭遇逐渐被发掘传播开来。

"林昭在北大时参与编选了一套叫《批判资产阶级新闻观点》的内部资料书，这在当时是绝对禁止外传的资料，仅供校新闻系学生反帝反修用的反面教材。林昭戴着右派的帽子来到学校，就属于另类，她没资格和我们一起住宽敞明亮的学生宿舍，只能住在楼梯下面转不开身的斜坡小暗室。但她特殊的身份给她带来一份特殊的爱情,那就是她与同样是右派的甘粹的爱情,这份爱情是建立在共同的兴趣之上的,然而却很快灰飞烟灭了,因为林昭入狱了。"

"不到京津沪,要去'新西兰'"

20世纪50年代的大学生,真正的天之骄子,大学生毕业由国家统一分配,当时大家都更愿意到艰苦的地方去。回想起当年毕业时的情况,肖老师情绪激昂,仿佛又回到那个时代。

"我们那个年代的大学生都是国家分配的。雷锋是和我同年出生的,雷锋精神对我们那一代人影响深远,面对大学分配大家都愿意到西部去,而要求留在京津沪的同学都会感到羞愧。记得当时一个年龄稍大,已经结婚的同学,因为爱人在北京,非常想留在北京,却不好意思说出口,最后在很难为情的情况下表达了自己的想法:我妈让我留下的,她急着抱孙子。"

在肖老师他们的毕业分配会上,每位同学手里都拿着一面小红旗,面前有一幅中国地图,想去哪儿工作,就把写着自己名字的小红旗插在哪儿。当时有一个规定:人民大学的毕业生要到长江以北工作,复旦大学的要到长江以南工作。"班里的同学都争着到新疆(新)、西藏(西)、兰州(兰)这些偏远地区,不去这些艰苦的地方似乎就代表着思想觉悟不高、品德不好。"当我们问起肖老师为什么选择来西安,并从此和西部结缘,而将自己毕生的精力贡献给西部。肖老师给了这样的答案:"我选择了西安,一方面是西安当时也算偏远地区,再就是我大四时在陕西日报农业部实习期间,当时陕西著名作家王汶石同志写了一篇名为《沙滩上》的短篇小说,我为这篇小说写了个评论,题目叫《耳目一新》,在《陕西日报》副刊发表。不久,王汶石、杜鹏程等到西安做报告,提到这篇评论,给予了不错的评价,知道是我写的文章后，向陕报社推荐我：'这个年轻人很好，不要放走。'"

就这样，肖老师带着为国为民献身的精神来到西安，并扎根于西安。如今大学生就业形势严峻，尤其在大城市出现粥少僧多的情况，面对这种情况，我们是否也应该像肖老师他们那一辈一样，到贫困的地方去，到祖国需要的地方去，而不仅仅是眼光盯着大城市抱怨工作难找。

同窗好友赵全章

访谈中，肖老师提起了自己的同班同学赵全章，说他毕业分配到新华社新疆分社做了一名新闻记者，天南地北地跑，可以深入对敌斗争的枪林弹雨中，也可以深入大沙漠、大森林，作为记者大家都非常羡慕他。而让大家惊叹的还是他最早对彭加木失踪的报道。"赵全章是当年全国报道前上海科学院副院长、著名考古学家彭加木失踪的第一人，当时他一篇短短700字的通讯，一夜之间，使全国各地甚至世界都震惊了，在当时引起了很大的反响。" 20世纪80年代中期，赵全章调到西安晚报工作，后又调到西北大学任教，参与该校新闻专业的创建，退休后在西安一所民办大学主持新闻系。"我和全章是很好的朋友，我们有着不一样的经历，却在当年都满怀理想。几十年过去了，我们依然是朋友，谈到过去依然充满激情。一次，全章请我和老伴到杂粮府吃饭，谈到过去，我们都非常激动。为年轻时的勇敢、热情而感动。我们开怀大笑，不料引起了周围人的注意，也引起了服务员的不满，几个年近古稀的老头老太太吃得不多，光说光笑，还坐着不走，这一顿饭时间确实很长，富有戏剧性的是这顿饭花了150元，抽奖却又赚回来了100元。这顿饭便宜了全章，却也换来我美好的回忆。"

肖老师还讲到他们之间的趣事，毕业不久，赵全章给肖老师寄来一篇文章，在《陕西日报》上发表，但校对人员不慎将"全"错校成"金"。肖老师调侃赵全章,"对不起了,全章,在报上我给你又加了一副眼镜"。现实生活中,赵全章确实也戴着眼镜。

从肖老师深情的回忆中,我们能看出两位老人的感情,及其对过去大学生活是多么怀念;也能想象得到,当年他们是何等的意气风发,激情满怀;也从他们身上能够体察到校园友情,特别是大学校园友情在各自心灵深处的印记。

"冶院"情怀

肖老师工作后在陕西日报社当文艺记者,当时陕报社与西安冶金学院(即现在的西安建筑科技大学)相邻,肖老师经常去冶院。在那里蹭澡、蹭图书馆,接着又蹭篮球,甚至蹭了一块林荫大道和女朋友约会。虽然不是肖老师的母校,却给他带来了母校的感觉。肖老师重点给我们谈了这样一件事。

那是"文化大革命"前夕,毛泽东主席在一份批示中严厉指责文艺界某些单位某些人已经滑到了修正主义边缘,和匈牙利那个"变修了"的文化俱乐部"裴多菲俱乐部"一样了。毛泽东的批示经过极左思潮逐级放大,使许多人,尤其是年轻人,都在用孙悟空的"火眼金睛"警惕地审视身边的社会生活,特别是文化生活。当时报社收到西安冶院团委张翠英同志的来稿,她提出当时正在热播传唱的电影《冰山上的来客》的插曲《花儿为什么这样红》情调不对。大意是在敌我交锋的时刻,穿插古兰丹姆的爱情,反复唱这样缠绵情歌,冲淡了对敌斗争的严峻性。

"来稿本来写得很平和,是那种讨论和商榷的口气,但在那个特殊的时刻,引起了编辑部的特别关注,要求我将稿子编成反对修正主义文艺路线的重磅炸弹。拔高了调子的文章最终以读者来信的方式,在文艺版头条围框发表,并加编者按大加肯定,号召读者展开讨论。这次讨论影响很大,这片文章还受到了中央的表扬。"

"但那以后直至今天,我再也没见过张翠英同志,也不了解她在'文革'以及后来几十年的情况。我曾多次设想,以'文化大革命'的反复起落,她很可能遭到'翻烧饼'的厄运:开始也许会因为这次'革命言行'而受表扬受器重,这种表扬和器重极有可能将她推倒造反派的泥淖中,以后,这些恐怕会成为她极左的罪证,而备受审查和打击,乃至影响她一生的道路。她经受过这些吗?经得住这些吗?历尽坎坷人生的颠簸之后,她是不是还在学校?身体还好吗?心情也还好吗?……果真是这样,那真是不幸。责任固然在极左的时代,我这个幕后的操刀手也是不能辞其咎的。"说起这件事,肖老师神情激动,能看得出他对张翠英同志的深切愧疚。这是一个文化名人对故友的愧疚,更是一个学者对当时历史的反思。

几十年过去了,肖老师多次来到冶院讲学,曾经的回忆让肖老师对这里有了一份特殊的感情,对这里的大学生们也有了特殊的眷顾。一次肖老师去建大讲学刚进入微醺之境,突然停电了。黑暗中,几百人的报告厅如无人之境。不久,讲台上点起蜡烛,在点点烛光中肖老师动情地说了一席话:"同学们,青春是多么美好,青春太美了。青春之美,生命之美,你们身处其中,那体会也许并不很深切,对老年人来说就不一样了。我是一个过来的人,一个历世很长、很深的人,一个正在由历世者向阅世者转换角色的人,一个生命的存折里余额已经不多的人。在我的眼里,你们每一个都那么美丽。烛光下,我能看到你们脸上的绒毛,那是藏不住的春光正由心里溢出来。你们的眼睛好亮,充满了好奇,充满了疑问,充满了执着,这是要去占领未知,占领世界的预警信号。包括你们的偏激,包括你们的小资,包括你们'为赋新诗强说愁'小小的作秀,还有你们初恋中哀伤的泪水,都是青春的搏动,都是生命鲜活的注解,对我都那么美丽美好!"

"我早就想说,我们这个报告厅,我们的校园,其实是一个氧吧。我来这里讲课,能不能称为'传道授业解惑'还很难确定,要由你们评价,能够确定的是,我在这里吸氧、补钙,振作衰老的生命。师道固有尊严,师生却从来是教学相长,从来是互补互赢的。而学生又是天然要超越老师的,谢谢你们!"

我的传媒观点

这几年,学者余秋雨在媒体上的高调亮相,引来许多人的异议,认为文人上电视是一种随庸的行为,不够高雅,不够严肃。对这个观点,肖老师表达了自己的看法。

"我是一名脑力劳动者,写了几十年的文章,写了500多万字,60岁以后写作就有了疲劳感,不像年轻时那么有热情,我便有意识把对文化的传播转移到电视上,以电视讲话的形式传播自己的知识。有些人认为这种文人上电视是一种随庸的行为,我不认为是这样的。我上电视是有意识的,一方面是要破除中国传统文人的清高,我们应该提倡学者多上电视,让主流文化在电视上是盛行开来。如果主流文化能很好地利用现代传媒,那非主流的文化自然就没有立足之地。例如中央十套推出的《百家讲坛》现在就很受欢迎,且影响越来越大。现代传媒对知识的传播是最快的,有着渊博知识的学者们不利用这个媒体传播自己的知识,其实是对知识的不公平。你有满腹经纶却不愿到传播最快的传媒上传播你的知识,那你是自私的,就像一个人拥有一件旷世奇宝却窝在家里,不给任何人欣赏,没人欣赏的东西,其存在的意义是零。"

"另一方面,精英文化进入媒体,可以更新激活文化。在电视上我可以广泛传播我的知识,在网上我可以了解许多信息,更接近年轻人,了解年轻人,从他们身上吸收活力,充实自己。比如去年网上炒的芙蓉姐姐,她是有些自恋，但她敢于走自己的路不怕别人议论的勇气却很让人佩服，每个人都有权利展示自己，活出自我。参加超级女声的年轻人在面对失败时的义无返顾，良好的心态，敢于秀出自己的勇气都是值得肯定的。中国的老一辈人往往经不起失败，把失败看得太重，这样往往不易挣脱失败的阴影，而造成永远的卑微。所以作为老年人应多跟大学生交往，吸收生命活力，转变价值结构、思维方式。"

关于创作的一点看法

"读万卷书重要，但行万里路也同样重要，只有亲自走了路，才能更深刻地理解书，才能更真切地去评论一篇作品，作品是一个活体，决不应被肢解，要用生命去感悟这些作品。我的文艺评论通常是没有注解的，我不习惯用哪个学者的理论去分解作品，我喜欢用自己的见解进行评论，也许有些见解不深，不像理论家那么深辟，但我的理解是以生命为中介，向读者传达感悟。作品就代表一个生命，生命与生命的交流必然是最真实的。如果用一个一个的理论去分析作品，就像是在肢解一个人的身体，分出哪个是胳膊，哪个是腿，却把活人给糟蹋成了尸体，生命成了无影灯下的行尸走肉，毫无意义。"

"我不愿一辈子待在书斋中，我更愿意用生命体验生活。把生命与事业相结合，而不是献身事业，即为事业放弃生命。近年来越来越多的朋友、学者等人要我的字和文章。我们的关系就像是杨白劳与黄世仁的关系，找我的时候，他们是杨白劳，我就是黄世仁，我可以拒绝他们的要求，但一旦我答应了他们的要求，我就成了杨白劳，他们会三番五次催我交稿、交字。我的创作在他们的威逼下变成了负担，像杨白劳一样担心大年三十的到来。当然也会有另一种情况，就是在我愿意去创作时，若有人问我要字，我一定多写几张，甚至免费给他，因为这样的创作让我快乐，我需要给求字的人付快乐费。而当我不想创作却被人要求创作时,我一定会收费用的,因为他们给我带来痛苦,我要收取痛苦费。"

"艺术创作是生命的一种很自由的发挥,我不想让创作变成我的负担,所以我乐意付快乐费,而不愿收痛苦费。艺术家的创作就是生命的自足自适,应完全是自由的。"

"乖",不是好学生!

当代大学生是新时代的代表人物,有活力,追求个性,勇于创新,但同时也有很多不足之处,就此问题肖老师说了自己对大学生的看法,并提出了非常有价值的意见。

"当代大学生是追求生命感与艺术情调的一代,代表着明天,代表着未来。青年人身上的活力和朝气是暮年人应汲取的氧气与钙质。社会应该给大学生更好的平台和机会,让他们发挥自己的才能,这样社会才会从他们身上得到学习的动力,甚至生命的动力。"

"当代大学生在宽松的生活环境中自由生活,更容易使自身生命得到更新,使真正的自我得到复活,每个人都有选择自我,争取第一的权利,这是时代赋予我们的权利,大学生应该顺时地转变自己的价值坐标,转变自己的知识结构,转变自己的思维方式,做与时俱进的青年,做使自己生命得到不断更新的新青年。传统意义上的'乖',如今已不再绝对是褒义词了,'乖'是顺从,这种顺从只能因循守旧,而无创造性。而'不乖'却往往可以跳出原来的思维定式创造出新的东西。"

"青年人有时偏激,会过分追求时尚,会跟风、趋时,这些都是缺点,但每个人的生命旅途不可能直接跨过这个青年时期,即不成熟时期。年轻人就是作秀的时期,只要你不伤大雅,不违反法律道德,就是可以接受的,这就是所谓'为赋新词强说愁'式的成长时期。这段时期是不成熟的，但我们不能要求青年人跨越年轻时代，我们只能给予他们一些指引。青年人应尽量学习知识，丰富经历，努力缩短生命的不成熟阶段，这是为了社会，更是为了自己。缩短了不成熟时期，可利用的生命时间就会加长，生命的含金量就会更大，使生命文化时段延长。"

"青年人不可娱乐过度，应放远眼光，不要被物质化的东西腐蚀青春，年轻时的消闲，只会使你在未来失去更多。在你建功立业之后，在学有所成之时，才有资格休闲。年轻人要有目标，玩一玩可以，但不可过分。唯一可以过分的是追求社会责任。你要娱乐、要休闲，那就娱乐出一些成就，休闲出一些成绩。我们已经进入了娱乐化、享乐化的时代，物质主义成为时代的新宠。在这种物欲横流的时代，外界对年轻人的诱惑太多，这时年轻人应懂得把持自己。因为自己还未建功立业，享乐的东西是父母给的，花的是别人的钱，从这一点上看，年轻人享乐应比父母少，应该在学习上、生活上表现出一种质朴与踏实。"

"青年人应把握两个自我，形而上的自我和形而下的自我，形而上的自我就是把握自己的精神追求。形而下的自我就是用思想和理性判断自己的行为，到底是对是错，是美是丑。去蹦迪，不仅仅是身体上的冒险，在思想上就应努力思索，蹦迪给我带来了什么，我有怎样的感觉，用心灵去把持，对自己的行为要有心灵的把持。把生活当作人生体验，在做任何事时，都应假设有一双眼睛在看着你，或父母的，或朋友的，或同事的，或领导的……让这些目光督促你，引导你走上正确的人生道路。"

采访结束，我们记住的不仅是肖老师告诉我们的每一个故事、每一句话，还有肖老师亲切的笑容、随和的态度，更从他身上感受到一种学者的魅力、长者的慈爱、文人的睿智、大家的风范。

2010 年 1 月，《档案研究》

肖云儒和他的文艺评论

李健彪

在陕西文坛上，肖云儒以自己扎实的理论功底、开拓性的研究成果和敏锐而独到的批评眼光独领风骚，成为我国文艺评论界的一名卓有成就的骁将。回顾他已走过的人生历程，我们不难窥见在他那勤奋的身影和动人的文采背后，是一颗对文艺评论事业执着探求的心。

肖云儒祖籍四川广安，1940年11月出生于江西雩都。在南昌高中毕业后，考入中国人民大学新闻系。这时的他以自己对文艺深刻的领悟和聪慧的理解而引起文坛的极大关注。还在大学求学时，他就写过一篇评论华君武政治讽刺画的文章，稿件寄到《美术》杂志后，主编王朝闻打电话约他面谈。见了面，王朝闻大吃一惊，原来这个思路开阔、见地不凡的作者竟然是一个十七八岁的毛头小伙。文章很快被杂志用黑体发在了头条位置上，肖云儒也由此而开始了文艺评论的生涯。1961年，举国上下掀起了讨论散文的热潮，正在做毕业实习的肖云儒忍不住拿起笔来写了一篇《形散神不散》的文章。后来发表在《人民日报》的《笔谈散文》的专栏里，这篇仅500字的短文——关于散文"形散神不散"的著名论断，很快流布开来，被评论界认可，许多大中学教材引用，逐渐成为当代散文创作领域里最有影响的观点之一，引起评论界长达二十多年的争论，至今仍余音不断。1982年又被作为全国高考试题。

肖云儒的年龄和作品的影响力所形成的反差，使许多人倍感惊奇和赞叹。1961年大学毕业后，肖云儒即以突出的成绩被实习单位陕西日报点名要去。在全班人的一片羡慕声中，这位年龄最小的同学踏上了开往西安的列车。

从此，肖云儒满腔热情地投入工作，开始了长达三十年的编辑、记者生涯。业余时间里，他又拼命阅读文学理论书籍，一步步走向更加辉煌的文学殿堂。正当他像一艘扬帆远行的航船，在自己的航路上劈波斩浪的时候，"文革"开始了，他被下放农村、工厂达十三年之久。但他手中的笔一刻也没有停过。作为记者的肖云儒出色地坚守了自己的岗位。他以长期的新闻工作介入文学评论，以文艺出发，透视着社会。厚实的生活积累以及由此熏陶出来的很强的感悟能力，使他的文章很少学院气，注重社会感和人生感。他主张，评论家最重要的任务就是把作品介绍给社会，主张用最白的语言去说深刻的思想，而不要把深刻的思想硬装上深刻的包装。因此，他的一系列有见解、有感受、有文采的文章，深得文艺界的好评。这位清瘦、文秀的江西老表，硬是以自己执着的钻透力和拼搏精神，在三秦大地上竖起了别样的旗帜。

1980年，他感觉敏锐地写出了《文艺创作反映当代生活中的封建主义潜流问题》一文，深刻地探讨了封建主义思想意识在社会生活和文化心理中的沉淀，以及文艺作品对其的反映，是全国较早论及这个问题的文章。《上海文学》破例将这篇长文排在头条发表，国内外多家报刊纷纷予以转载。《时代的聚光镜》是他参加全国第一届中短篇小说初评工作时的心得，此文第一次提出了用多种光源照视人物的立论，其中关于在逆光中塑造新人形象的新论，被评论界认为是新时期小说理论的一个收获，该文因此获得省社科优秀成果奖。在刘再复和陈涌关于文学主体性的争论中，他立足反映论，在《红旗》杂志上撰写了《艺术家主体、生活实体和审美反映》一文，提出了自己独到的看法，被评论界认可为这场争论中具有代表性的第三种意见……才华横溢的肖云儒在20世纪80年代初再次以才思的敏捷而享誉文坛。台湾的叶四维先生这样评价肖云儒："有见解、有感受、有文采。见解在质朴中显现力度，感受于真切中暗藏灵性，而文气飞扬，常有溢彩流光之句攫住你的目光，流连忘返其中。"

1984年，肖云儒卸掉了记者这项"无冕之王"的桂冠，受命投入省文联的组建工作，不久被任命为省文联党组成员、理论部主任、副秘书长，后又主管业务。这一年，著名文艺理论家钟惦棐来到陕西，响当当地提出要搞中国的西部片。它像一道电光，引爆了久久沉淀在肖云儒心底的渴望和追寻，裂变出一个光彩耀人的主题：西部文化！

久做记者的敏锐告诉肖云儒：文学提倡地方色彩，提倡作家沉入社区文化是对的，但20世纪80年代文学更要由沉入社区文化转变为社区文化走向世界。中国的西部，以其历史、文化传统的丰富以及独特的人文景观，在文坛上早已形成一种特点鲜明的现象，但至今没有人从理论上去关注它而且研讨它。把西部文学放到多维理论的坐标上观照，不仅会为它走进世界廓清梗阻，也可能构成一个别人没有的，只属于自己的研究领域。

肖云儒被西部打动了，他挥笔写下了第一曲壮歌《美哉，西部》，其独特的视点和令人耳目一新的宏论，道出了多少人共同的感受。文章在《陕西日报》加按语发表后引起强烈反响，报刊纷纷转载，甚至遥远的澳洲、美洲也起了隐隐的回声。意想不到的成功使肖云儒坚定起来，自信起来，他意气飞扬，大刀阔斧地向着西部挺进了。短短的时间里，他迅速地调整了自己的知识结构，从哲学、伦理学、文化学、社会学等多维文化观念，对西部文学开始了全方位的思考和探讨……

他的代表作《中国西部文学论》获第四届中国图书奖。评委会认为，此书"研究了我国当代文学一个新领域，是国内外第一部这方面的著作，具有开创性"。"此书为西部文学奠定了坚实的理论构架，为作家指出了独特的文化意识。此书的出版标志着西部文学已经以一个理论和实践结合的实体鲜明地站立在世人面前。"（北师大杨聚臣）"此书通过批评实践构架了一个自成体系的多维文化批评模式。其特点是：用多型文化理论观照研究对象，以多向思维开拓理论空间，在多学科交叉中解析评论作品。"（西安联大郭文珍）

从事文艺、文化研究和文艺评论已多年的肖云儒，至今已有了较强的角色转换意识，有了较宽的美感共鸣箱和较多的思考出击点。他笃信处处留心皆学问，但凡耕耘必有所获，因而长期乐此不疲，同时注意各种知能、艺能之间的综合、融合，在杂色中调出自己的特点来。

工夫不负有心人，梅花香自苦寒来。肖云儒至今已公开发表文艺评论、理论研究和散文350余万字，在全国性和海外报刊发表论文157篇，正式出版由个人独立撰著的专著、评论集共8部，其中《中国西部文学论》《民族文化结构论》《八十年代文艺论》等学术著作先后获得中国图书奖、中宣部"五个一工程奖"、中国当代文学研究成果奖等5项国家奖和12项省级奖。对中国西部文化、西部文学的研究在全国处于领先地位，海内外广有影响，评介到英、美、日等8个国家。由他任总撰稿的电视作品有《长青的五月》《金瓯赋》等5部21集，有的被广电部评为"星光奖"。由他任主编、副主编并撰写的著作17部，其中《邓小平文艺思想研究》获中宣部"五个一工程奖"。总共撰写、编写书籍32本，共900多万字。

现在，肖云儒担任着省文联副主席、陕西省文艺评论家协会主席、中国西部文艺研究会会长、中国小说学会副会长、陕西影视评论家协会会长、陕西当代文学研究会副会长等十多项社会兼职。先后被北京师范大学、中国人民大学、西北大学、西安交通大学、陕西师范大学等十多所高校正式聘为兼职教授，并开设了四门研究生和本科生课程。其个人小传和学术成就被英国剑桥《世界文化名人传记》《世界华人文化名人传记》《中外文艺评论家辞典》《中国文艺名人辞典》等11种辞书介绍。1994年，肖云儒又被评为国家级中青年突出贡献专家。

路漫漫其修远，吾将上下而求索。在文艺评论的王国里，作为成功者的肖云儒仍在默默地耕耘……

2002年，春

心仪这方安宁康泰的绿地

屈善施　梁真鹏

安康五月枇杷香，各条街巷遍地黄。在惠风和畅的初夏时节，学者、文艺评论家、省文联原副主席肖云儒先生又一次踏上了安康这片绿地，完成他的寻梦之旅，了却他在有生之年，踏遍陕西107个县区山山水水的愿望。这次经安康、岚皋最后到达镇坪，就是他陕西之旅的第107个驿站，是圆满夙愿之行，也让我们有幸近距离地接触这位学术大家，领略他的风范。

"形散神不散"的当初、当年和现在

熟悉肖云儒先生的人都知道，五十年前的1961年5月，他还是个大学生，就在《人民日报》发表了散文写作要"形散神不散"的观点。作者自谦，"在名家林立、百鸟啁啾的散文界，这几句话连'灰姑娘'和'丑小鸭'也够不上，不过就是一只'跳蚤'而已"，不想却渐渐在文坛、课堂和社会上流布开来。

他说"形散神不散"的本意，主要是想提醒作者，写散文形"散"可以，形式多样，不拘一格是好事，但"神"不能散。散了神，就不成文章了。那篇小文的重点其实并不是主张散文要写得集中，恰恰相反，开宗明义提出的是散文"贵散"。关于"神不散"，只用了"不赘述"三个字一笔带过，后面便以鲁迅的文章为例，大谈形要散，又如何散法。这个观点入选大中学教材和高考试题，传播至今。

到了当下市场经济时代，物质主义、消费主义对人文精神的冲击，散文的消闲化、娱乐化和某些领域的功能化、趋利化（如广告散文）导致了传统的"形散神不散"写法的变异。但采用上种写法的散文仍然经久不衰，那个年代的作家作品仍有大量读者，在散文发展史上也依然有着他们的地位。

20世纪80年代末，肖云儒关于中国西部文化结构及审美特征的研究，中外广有影响，被誉为中国西部文学、西部电影最初的理论阐述人，荣任中国西部文艺研究会会长。他与余秋雨、张岂之、易中天、于丹、朱大可等学者关于大文化的几十次对话，不但在央视、凤凰卫视、东方卫视和陕西卫视广为播出，整理为《雪山》书系中50万字的《青灯说辞》一书后，又热销市场，重版两次，为近年来理论著作之翘楚。他不遗余力传播地域文化，参与省内各项大型文化工程的策划与论证，被誉为陕西形象的推介大使，荣任陕西策划协会主席。

在岚皋体验"安宁康泰的诗意栖息"

尽管多次来安康，对安康的山山水水和淳朴民风一往情深，但此次重游安康，肖云儒先生赞不绝口的依然是"绿色安康"和"诗意安康"给他留下的美好印象。

登临岚皋县城西坡，远处是雾岚缭绕的高山峻岭，近处清澈碧透的岚河温存地环抱着小城。被雨水冲洗一净的街道上，行人从容而闲适地走过，让在大都市快节奏生活追逼下的人们钦羡无比。他说，忙碌的现代人像永不停歇的陀螺，像上紧了的发条，内心积压了许多莫名的紧张和焦虑，可以名之为"快节奏综合征"。但巴山深处的小城感觉不到这些现代都市病。这里没有受到过度发展的工业污染，看到的是以大巴山为屏风隔开来的一份安闲舒适和洁净惬意。

他比喻说，也许正是"岚皋"——高山雾岚涵养的优质生态环境，造就了"安康"——安宁康泰。

当县上电视台记者希望他说说岚皋时,他微微一笑,建议记者掉转镜头去采访县里的百姓,让他们说说民生,说说自己的小日子,说说可以罐装出售的高负离子空气,说说自己为涵养岚河做过的努力,好好拍出一部叫作《小山城·小百姓·小日子》的纪录片。不要当下纪录片那种用滥了的宏大叙事和理性访谈,而是用百姓故事、百姓感觉、百姓话语,拍出小城安宁恬静的情调,拍出人的幸福感来。百姓的口碑,才是对县上工作最好的肯定和褒扬。

5月21日,肖云儒先生冒着大雨登南宫山,在雨幕岚纱中领略大巴山另一种的美。他笑着说,如果我写南宫山,第一句恐怕应该是:"吾对南宫久心仪,南宫待我何矜持。"为什么呢?十七年前来岚皋,就奔的是南宫山,孰料公路正修,只好惆怅而别。这次好不容易来到她的石榴裙下,却又雨浇雾锁,让人几乎没有勇气靠近。但十七年的心仪,使这位膝有小恙的七旬老者,一步步拾级而上,一层层揭开纱幕,深入南宫山堂奥。青翠欲滴、空山鸟语之中,他看到了云霓之上的神圣:肉身僧人的历练,古栎树的伟岸;更看到了灵山秀水的温馨:雨中有年轻人蓬勃欢笑,有恋人迷醉相拥。他和老伴几次说到,淋了这场雨,放以往肯定会感冒的,这回却没一点事。"因为空气好呀。"岚皋这几年以生态旅游为龙头整合各项工作,提出"林业围绕旅游出产品,文化围绕旅游出亮点"等"十个围绕",让他们有了深刻印象。

把"中华鸡心"打造成"中华机芯"

翌日,肖云儒先生来到陕西最南端的镇坪县城。第一次到镇坪,他感到自己一下子跌进了绿窝窝。在化龙山的清新空气中,他大口大口呼吸,说是要好好清洁自己的肺。出乎他意料的是,县城窄窄的一条街道,劈开迷蒙的雾和厚厚的绿,曲曲折折引出种种迷离之美。科学的规划,经济到寸土必用的城市布设,有序而别具一格。雨过天晴的早晨,县政府前广场上,打太极拳的，跳健身舞的，爷爷奶奶替孙子背着书包一道去上学的，一切是那么舒缓有致，庸常的日子中透出一股甘甜。对此，他边走边赞不绝口。老两口在临街商店十分平民化地给两个小孙女买了六一节的礼物，也纪念自己跑完了全省107个县区。

来到"一脚跨三省"的鸡心岭，他惊异这个信息富集的景点竟然"养在闺中人未识"，建议拓展地理标志的文化内涵，从辐射中华的角度，将地理上的"中华鸡心"打造成文化上的"中华机芯"。

肖先生说，岚皋和镇坪的美，安康和大巴山的美，美在绿色生态，美在自然纯真。生活在这里的人，应该体味诗意栖居的幸福和从容，像涵养汉江一样涵养内心的洁净。他开玩笑地说，岚皋、镇坪和其他县区旅游人次不嫌其多，也不怕其少。少一点也许是好事，一定阶段甚至可以限量进入。西安正宗羊肉泡，每天只卖几百碗，安康有的店只卖两锅汤就不卖了，用以保持自己原汁原味的高端品位，保持品牌的质地和威望。只要我们做得好，费用可以适当提高，空气纯净补偿费和绿色减排补偿费，生态文明、陶冶心灵补偿费不应加上吗？值么！

有人说这是市场学里说的"饥渴营销法"，他连连点头，对，市场有适度的饥渴才能扩大品牌效应，而消费者有适度的"支付痛感"，并将其转化为"消费快感"，才能提升品牌价值。大家都笑了！

安康将在"南水北调"中亮相全国

5月23日，由镇坪经平利回安康，沿途看到一栋栋飞檐翘角的徽派建筑点缀在青山绿水间，白墙青瓦马头墙独具一格，一簇簇桑茶将整个山腰笼罩在绿茵中，勾起了肖先生对江南家乡的记忆。有人告诉他，精心打造"陕西最美丽的乡村"的"平利模式"，已引起中央党校建设社会主义新农村调研组的高度关注，成为全国社会主义新农村建设示范地之一。他连连称赞说，安康在自然生态的保护和人居条件改善方面，已经由实践层面进入了美的探索，这对安康在"南水北调"中以全新的形象在全国亮相，是未雨绸缪，极有远见。

他进而说，"南水北调"选中汉江中游的水，是对这一地区长期以来"安宁康泰"的生活追求、对安康市各县多年来生态文明建设的高度肯定，当然也是一次国家级的严格检验。当汉江的一江清水流进华北大平原，流进京、津、冀的千家万户，安康、巴山作为生态品牌，也作为一种文化样态，必将随着江水流进1亿多人的心中，并且在13亿人心中产生影响力。安康很快将在"南水北调"的实施中亮相全国。这真是千载难逢的机遇，也是"南水北调"对我们最重要的回报。为了亮相成功，像戏曲亮相那样获个满堂彩，还有大量的工作要做，比如，科学涵养水源的系统工程，绿色生存理念深入人心的全民教育，安宁康泰品牌的进一步提升，以及其他软实力的打造。

安康准备好了吗？他相信安康的回答一定是信心百倍的。

肖云儒先生曾在发表于《人民日报》的《汉江醉饮》一文中写道："也许因了和巴山汉水多年的缘分，我醉倒在一种浓浓的喜悦、自得之中。那是只有巴山人才会有的醉意。我的乡土情结在那一刻已经被激活。巴山汉水和我的江南故地，怕是都泡在一碗富硒绿茶中了。"

金州在文化上有突破性大动作

作为学者，肖云儒具有探究社会文明的个人思考方式。对现代文化课题，他喜欢提出各种扣问，以诠释人类物质文明和精神文明在冲撞和关联中所引发的一系列社会变化。他的谈论常常涵盖大自然和大社会的生存问题；他把自己的见解与历史论据联系起来，启动你的思索，拓展你的视野。

此次来安康正值"5·23"纪念毛主席《在延安文艺座谈会上的讲话》发表69周年之时，有幸遇上了市委市政府开大会研究振兴汉剧，用《讲话》精神将全市文化工作推上一个新平台。参加会议的有市委书记和10个县区的书记，全市文化界精英济济一堂。晚上还看了新排汉剧《杨门女将》首演。肖先生惊叹，市县两级"一把手"主抓文化，将文化建设提到这么高的地位，实属罕见。刘建明书记振兴汉剧的讲话，不但振奋人心，而且具有极强的操作性和实施性，真乃内行之言。

他说，这个会不只是纪念《讲话》和倡导振兴一个剧种，还反映了安康抓文化工作的特色思路，这便是以振兴汉剧为抓手、为突破口，提升全市文化建设的整体水平。汉剧是陕西第二大剧种，又是国剧京剧的源流，辐射中部数省。抓汉剧既可引领安康文化，又可辐射全国。

几年前，肖云儒对安康文艺界的认识是："因了秦岭巴山的挟持和远天云雾的遮蔽，安康曾被人视为'圈外'，总是带着这样那样的一点神秘。是叶脉似的汉江水系和"十"字形的电气化铁路在地域上将她和整个国家连成一体。当我们感谢绵长的汉江时，也便不能不感谢同样绵长的安康文化艺术，同样绵长的安康文学了。"这样的缘故，早在二十多年前，肖先生以省文联党组成员、驻会副主席的身份，便和市上一道，积极发起、组织了有汉江沿岸两省多市参与的"汉水文化讨论会"，做主题学术发言，市上还出版了论文集。其意图便是通过汉水文化流脉，冲出"圈外"，与中原"联网"。

对安康的文化建设，肖云儒先生如数家珍。这几年，安康的以"一山一湖一城"为中心的生态旅游建设，以挖掘汉调二黄和紫阳民歌等国家级非物质文化遗产为主打的地域文化建设，以"中国汉江龙舟节"、"茶文化节"和"油菜花节"等节庆活动地持续开展，以"一县一品"的文化战略以及"文化名人看安康"等活动，有力推进了地方文化的建设、交流和传播，提高了安康的知名度和美誉度。从20世纪50年代的民歌《我来了》，到今天的"文化安康"和"诗意安康",安康显示出自己强烈的文化担当。

肖先生在安康文化界广有朋友,他希望新老朋友们继续秉持崇高的使命感,在绿色安康营造出一茬茬文化新绿,让世界最吉祥的地方焕发出熠熠的光彩。

2011年5月28日,《安康日报》

肖云儒和汉中

徐永锡

趁省文联在汉中召开"黄建新电影作品讨论会"的机会，记者采访了这次讨论会的主持者、省文联副主席肖云儒。

肖云儒以他在新闻界、文艺界、评论界的声望和影响，早已为大家所熟知，但他和汉中长达三十多年的缘分，恐怕知者就不多了。20世纪60年代初，汉中歌剧团创作演出的大型歌剧《红梅岭》，在我省产生了很大影响，当时才20多岁的肖云儒，作为《陕西日报》文艺部的记者便专程来汉中采访歌剧团，在随团下乡的一个多月中，认真总结了汉歌坚持民族民间的艺术道路，采访了张予、王玉芬、裴斐等主要创作演出人员，撰写了长篇通讯，在《陕西日报》头条发表，得到了当时省委第一书记张德生亲笔批示和赞扬；随后，老一代著名评论家胡采为肖文专门撰写了评论，和长篇通讯一起在《延河》杂志和北京《文艺报》发表，扩大了《红梅岭》和汉中歌剧团的影响。当汉歌被调赴京演出时，肖云儒又在《陕西日报》著文评论。可以说，《红梅岭》唱遍四方，汉歌红火兴旺，肖云儒是有很大一份功劳的。

"文革"开始后，肖云儒和陕西日报社几十名同志下放到我区西乡县五里坝公社苏家庄，和当地农民同吃同住同劳动。整整一年时间里，他住在一位老贫农的堂屋里，用竹笆子围了一个小格子，一张床，一条木桌，背篓倒扣着便是凳子，白天忙着挣工分，晚上在这简陋的条件下，依然勤于笔耕。床头放的是《赤脚医生手册》和《简易针灸疗法》——他在劳动之余学习针灸和简单的医道，好为贫下中农服务。阳安铁路工程开始，他作为西乡高川民兵团政治处的干部，来到自龙口铁路工地，编工地小报，随民兵团运水泥的百辆架子车队,徒步远征南郑梁山水泥厂。

之后,陕西日报社的几名下放干部离开了农村,被调汉中日报工作,肖云儒成了汉报文艺副刊的编辑。这期间,他编发过王莲同志的散文,编发过农二哥诗社的专版,培养辅导了一大批业余文艺爱好者,还利用业余时间写了不少散文和一部长篇小说《居姊》。并去宁强采访过当时还在那里工作的笔者,他清楚地记得当年和笔者在大安旅社竟夜之谈的情景。1974年,肖云儒同志调回陕西日报社工作,人虽东归,但和汉中的缘分不解。1983年,他和现任副专员的高万成同志一起来汉中担任陕西日报汉中记者站记者,共同采写了大量宣传汉中经济社会发展的报道、通讯;还一道去佛坪大熊猫保护区采访,现场目击了大熊猫的生活,在《陕西日报》发了专栏,先后被港、澳和海外报刊多次转载。他们联合采写的消息,被评为省新闻优秀作品一等奖。

记者问到肖云儒同志调省文联工作之后的业务成果,他谦谦而笑,一再表示近十年因为主要忙于文联的行政事务和业务组织工作,只是在业余时间搞搞评论研究和写作,很多想法力不从心,难以完成。但据记者的侧面了解,他的笔耕收获是颇丰的。近十年里,他写了300余万字的理论文章,先后出版集子和学术专著11部。他的《中国西部文学论》获中国图书奖,《民族文化结构》获得全国文艺理论优秀作品奖;担任主编的《邓小平文艺思想研究》获得1994年中宣部"五个一工程奖",这是西北地区"一本好书"第一次获"五个一工程奖"。此外,他撰写了4部近30集电视文化专题片,其中《长青的五月》获广电部"星光奖"。由于他的成就卓著,被母校中国人民大学及西安交大、西北大学等六所高等院校聘为教授,被评为有突出贡献专家,同时享受国务院特殊津贴;他还担任中国小说学会副会长、中国西部文艺研究会会长、陕西评论家协会主席等许多社会学术职务。英国《剑桥世界文化名人传记》、《华人文化名人传记》和《中外评论家辞典》等许多典著对他作了专文或专条介绍。

记者问及他这次来汉主持"黄建新电影作品讨论会"的情况，请他谈谈对黄建新电影艺术的看法，他以清晰的思路和新颖的见解侃侃而谈。他说，黄建新是一位在不断的探求中逐步形成了自己风格的电影艺术家，他在自己的影片中能以小人物的生活透露大文化气息，又以大文化坐标关怀小人物的命运；他能以犀利的目光穿透温和的生活，又能以温和的心态和生活画面来融化犀利的目光；他总是从民族文化的大背景下来透视当下生活，又从当下生活中挖掘传统文化的信息；他喜欢将生活哲理化、寓言化，也总是将寓言、哲理生活化；他的影片都带有喜剧风格，但喜剧的深处常常是悲剧，是文化错位中的悲哀。

肖云儒希望，黄建新今后不要使自己风格固定化，要扩大视野，不断有新的追求。

久别之晤，记者似乎要侃的话题还有很多，云儒同志也是情钟汉中，谈兴正浓，可讨论会已开始了——那里催着要他去，并且明晨即要返程西安——文联要召开事先排定的会议，他不能一了旧地重游的夙愿了，只好依依不舍地结束了这次专访。

在我们握别时，肖云儒说，这一两年内，无论如何也要挤点时间重游汉中，一方面找到当年那些农民工人、文朋诗友叙叙旧，一方面把笔采风，写写今日新汉中。他还一再嘱咐我，一定借本报一点篇幅，向汉中的朋友们问候，祝愿三十年来他所热爱并为之工作过的汉中这块土地繁荣发展。

1997年10月，汉中

随大儒而后行

陈泽顺

雪后放晴，冬日暖阳，冰融雪化，西安大雁塔下的古建筑群历历在目。雁塔东侧偌大一座园林，楼台亭阁、华堂精舍不可胜数。在一片黄瓦覆顶，青砖红柱，飞檐翘角，水榭长廊，颇具皇家气魄的唐华宾馆中肖云儒的工作室，我终于又与老友谋面了。这是2013年的春节前夕。

在我七十多年的人生经历中，曾有过与同乡、同学、同事、同侪们一起走过的岁月，但唯一让我受教得益最深的则是一位大儒——著名的文化大师肖云儒先生。

二十年前，肖云儒为我出版《秦彭笔耕路》一书写序，我至今念念不忘。二十年后，我来到古都西安皇城下，又以仰视的目光拜见好朋老友肖云儒先生。

肖云儒是国内有名望的文艺评论家、书法家，有400多万字的著作，尤以西部文化的研究著称。文坛陕军是一支文学劲旅，是他首先扛起了"西部文艺"这杆大旗。

今天又有很多人来谈论他的书法，求字的人和求文的人一样，越来越多，在陪我落座不到两个小时的时间，相谈甚欢时，居然有三批来访者"插队"求他的书法。5点多钟了，电话依然不绝于耳，肖云儒一再含笑向我解释："老友慢待了，不好意思。"可见肖的谦和待人与广泛影响。

孔子曾经说陕西"地虽僻，行正中"，很有点不敢小瞧的意思。的确，西安不能小瞧，而且已经不可小瞧。大秦岭、大长安、八百里秦川，就是一本厚重的"天书"，蕴藏着我们民族深沉博大的文化。古往今来，这里出了多少名人志士……肖云儒在西安一待就是五十余年，他以梅兰松竹的品性，打造出了属于自己的一片世界，其凝聚性、示范性、引领性可谓首屈一指。看风流人物，还在今朝！

而今，又成了陕西作家、艺术家群中领军人物。

老友相见，我送给他的不过是新出的一本书，回来时儒兄却回赠我一提包书，沉甸甸得提不起，从唐华宾馆到市委招待所不足一里之遥，三个人轮换着提，像是拎不起的"一座山"。好学者说"书山有路勤为径，学海无涯苦作舟"，"人生要读两本书，一本是书店图书馆里有形的书；另一本是写在大地上无形的书……"阅读、行走、思考，三位一体是肖先生的读书方式，喜思、善思，在他笔下曾经评论了400多位文学、文艺界的领先人物，数十部大作，数百万字，著作等身。他是一位思想家、评论家、书法家，是一座"知识的大山"。这座"知识的大山"，我怎能提得动、背得起呢？

今天，我写肖云儒用了一个题目《随大儒而后行》，是他教我做人作文，扶我成才，助我成长；行文路上，他是我佩服的师长，是他给我指点迷津，助推我进入业务角色；人生路上，他是我钦佩的师长，是我效法的楷模，大儒的风范，让我常常凝望高远的蓝天。

大树底下好乘凉，他就是我心中的大树，西北的大儒。

那是1973年的一个秋天，我跟随肖云儒乘班车一路到城固。他临窗而坐，看着窗外金灿灿的稻谷，红彤彤的柿子，以及汉江两岸金黄的山川秋色，浓墨重彩，染得山川一片金黄。他从口袋里掏出一个小本子，信笔疾书自己的感受，我坐在一旁看得发愣。

"肖兄，你在写啥？"我问。"随想录。""保密吗？""这是随笔记下'思想一闪念'，这种'闪念'就像电光石火，稍纵即逝。要想捕捉住它，就要随时随地记录下来，这可是写作的重要素材啊！"肖云儒文思泉涌，大作频频在《人民日报》等国家级报刊问世，原来秘诀是处处留心，是心与手的勤谨互动。他拿给我看，我被这富有哲理性的语言和飘飘洒洒的一笔好书法深深打动了。从此，我也做起了"随想录"，无论读书看报，看电视电影，还是听别人言谈，只要对我思想有触动有启发的，我都把这"一闪念"随时记在本子上。几十年来，已积累几十本，让我受益匪浅。

回首四十年我走过的路，我看到两个清晰的脚印：一篇是肖兄带我写的《李二花养猪》；一篇是《伏枥宁无万里心》，都是在汉中工作期间写的。前一篇屈应超在《汉中日报》发表评述文章，大加赞赏，又被地区妇联印成小册子，成为学习的榜样。正是受肖兄影响，继而我写出《伏枥宁无万里心》长篇通讯，地委发出通知，号召向模范校长耿伯安学习。这真是我写作生涯中的第一次飞跃。

这真是我一生的荣耀。

那时我还年轻，年轻人往往不知天高地厚，自不量力，好高骛远，梦想着从记者之路迈向作家之路。当我到西安去看望好友肖云儒的时候，把心中的想法倾诉出来，肖云儒两眼炯炯有神地瞪着我："有多少作家成功了、成名了？有多少演员成名了，当明星了？在这条路上，我是吃尽了苦头，经常通宵达旦地赶写文章，居然晕倒在卫生间里，不省人事！若不是我爱人发现得及时，老弟，咱再也见不上面了。"听了真让人害怕，我陷入沉思，这条路不是光凭热情、爱好、理想就能走通的！当我执迷不悟时，是肖兄给我拨正了航向，让我在记者路上，坚定不移地走了下去。

我相信，一个人的眼界，决定了他的高度。而眼界可以借由阅读、旅行、待人接物等不同的方式而来；凡交高手者的眼界越高，自己往上跃升，与之同行的欲望便油然而生，生命层次因而提升，不至于沦为鼠目寸光之辈。因此，我坚信，在有限的生命中，一定要与高手同行。因为，看着高手如何战胜自己，如何战胜重重困难，这本身就是一大享受。

说到肖云儒先生的家世，可以用"艰难"二字概括。古人说："艰难困苦，玉汝于成。"抗日战争爆发后，肖云儒父母随着由辅仁大学、北京女子师范大学组成的西北联大迁到汉中城固。原来这次到城固,我并不知道肖云儒是在寻访父母走过的脚印……

肖云儒在一篇名为《母亲——自序〈民族文化结构论〉》的文章中,催人泪下地描写了母子间的深情:"半岁丧父,亦无兄弟姐妹,母亲终身守寡,将我拉扯大。我于她,她于我,都是唯一的,独有的。她携着我,我搀着她,脚印交织在人生路上。"这与我少年时代跟随讨饭的爷爷住寒窑,苦度童年,一样感同身受。

肖云儒在我那本《秦彭笔耕路》序言中,这样写道:"那时,他的女儿还小,十分可爱。大家交谈着互相的过去,有一段至今难忘。'文化革命'大串联那年,他抱着襁褓中的女儿回徐州老家,由于红卫兵太多太乱,上火车时被挤倒了,在如林的着黄军裤的腿脚之中,他只有一个想法:千万不能伤了女儿。便俯身躬起身子,支起一个父亲肉体做就的帐篷,将甜睡的女儿放在一个小小的安全岛上。无数的脚从他身上踏过去,跳过去,他咬着牙,看定女儿花骨朵般的脸,大汗淋漓……那实在是很有点诗意的画面。后来我知道了他流离失所,跟爷爷在西安要饭的童年,才懂得在这幅热爱生命的画幅中,其实叠印着多少生命的苦难。唯有和苦难叠印在一起的爱,才会分外的深挚,分外的撼人心魄吧!"

水有源,树有根,造就肖云儒这样大师一级的人物,从他的身世说起,才知文脉源远流长。

肖云儒出身书香门第,外祖父欧阳瀚存是与鲁迅同辈的留日学生,主修经济,后为江西中正大学的教授。由于父亲早逝,肖云儒从小在外祖父的书房中长大。

在那动荡的年代,母子相依为命。母亲要同时以父之严、母之慈,承担起教育儿子的责任,对他的功课近乎残酷的督查,"你不能没有出息"是她的口头禅。

1957年，怀揣着文学梦，肖云儒考入中国人民大学新闻系。还没正式开学，在新生教育课上，肖云儒看着系主任在黑板上写下"新闻记者——党的政治工作者！"几个字，文学梦碎了一地。

1961年，《人民日报》开设《笔谈散文》栏目，即将于中国人民大学新闻系毕业的肖云儒以500字短文《形散神不散》投稿并发表后，年仅20岁的他顿时名动京华。

很多人都知道肖云儒是著名的文艺评论家，其实，他的散文、随笔写的也是出类拔萃的，他写的是真话、真情、真文章，没有时文的造作和华绮。

还是肖云儒正在接待我的那一刻，看到求字者络绎不绝，心中暗想"老兄何时成了书圣"？当我把他送的沉甸甸的比秦砖还要厚实得多、大得多的《历代书法百家·现代卷》展开时，嚯！排在前列的竟然是肖云儒题写的数幅墨宝。我看得目瞪口呆，感到愕然！

肖云儒的书法作品功力深厚、个性独特、极具生命感和文化个性，被专家誉为"萧散敏秀的生命倾诉"。他的书法作品多次在国内外展出，并被授予中国当代书画艺术杰出成就奖。多年来，他撰写书法理论和评论文章30余万字。

肖云儒是一个富于想象力的天才，思如泉涌，笔如行云流水，是一个思想深邃、精力充沛的学者，也是一个观察家与文艺评论家，还是名重史册的书法家。

真正的艺术鉴赏家是社会与人民大众，人民群众对于真善美的建构者从来就不吝掌声和拥戴。请看，罩在肖云儒头上的顶顶光环：

——国家级有突出贡献专家、享受国务院特殊津贴，陕西省德艺双馨文艺工作者、研究员。

——先后获得中国图书奖一次、国家"五个一工程奖"三次、广电部"星光奖"两次和中国当代文学研究成果奖等国家奖7次、省级奖12次。

——现任中国文联委员、陕西文联副主席、陕西文史馆馆员、陕西书法家协会顾问、中国西部文艺研究会会长、中国小说学会副会长、陕西策划协会会长、陕西高级专家协会副会长等职。

——被聘为中国人民大学、西安美术学院、西安交通大学、西北大学等7所大学的教授,并任中国艺术研究院和陕西师大研究生导师。开设过文化学、美学、文艺学、传播学类研究生和本科课程。系国家级高级专家评委和省艺术高级职称评委。

去年,《时代人物》又给肖云儒送来一顶桂冠,宣布他被评为2012年度十大"中国绅士"。

子曰,三人行必有我师。在与肖云儒先生时断时续的同行中,我实实在在地感受到一位大儒的风采。他的一言一行,一笑一蹙,都有人文的闪光,都让我有天风浩荡之感。

……回到徐州,我还在一直翻阅着肖云儒送给我的诗、书、画等大作,文如其人,字如其人,他本人就是一本厚重的、让人百读不厌的书啊!

2013年2月22日,雪霁时分

肖云儒的夜

俞敏杰

岚楼，那七平方米的狭小空间，那辟不出挂一幅字画的逼仄空间，那两支香烟便可将烟雾盈满各个角落的囹圄般空间，记录了肖云儒三四千个工作的夜晚。那占了二分之一空间的小桌旁叠码着半人高的大牛皮纸信封，这是他欠张三、李四、王五、麻六们的"文债"。小桌前方墙上有称之为"近期作业"的纸片，那是最先要偿还的十几笔"文债"的题目。面对这些频频变更内容的"近期作业"，他一次又一次地朝时间的墙壁上砸模子，他用烟草熏炙自己，用咖啡刺激自己，他割肉抽血，折磨自己，消耗自己，虐待自己……禅宗五家之一的云门这样吟唱，"春有百花秋有月，夏有凉风冬有雪，若无闲事挂心头，便是人间好时节"。但肖云儒没有这份潇洒，也活不出如此的境界，只要还有一笔文债尚未偿清，他就无法松弛，不会潇洒。有时，当誊清一篇文稿，探眼窗外一片碎银似的斑斑月光，他也有按捺不住的喜悦——一种苦役暂告结束的愉悦，他会乘兴骑上自行车将文稿送至报社或"债主"之手，浴着月光，沐着清风，他会突生去舞厅的欲念，也会后悔这苦涩之人生。然而一觉醒来，他又会忘尽昨晚的激情，重新投入无涯的苦海。前三十年环境不允许他潇洒，现在环境宽松了，但生活的责任又不容许他潇洒，52岁的肖云儒，你生命的存折中还有多少可以支付的款项？

创作并非自来水管，何时拧开何时水来。才情横溢的肖云儒也常常碰到令人无法产生半点儿激情和难以投入的稿约，每遇这类异化劳动的夜晚，岚楼那七平方米的写作间便鼓荡起苦痛、抗争、叛逆、罢工、暴动的情绪，憋闷使他急切地欲撕碎稿纸，折断笔杆；狂躁使他体味出英国工人阶级当年捣毁机器的心境和情态。然而，情绪化过后，他依然逃脱不掉理智的追捕，大脑荧屏上打着"明天交稿"的字幕，是情绪冲洗不掉的现实。此时的肖云儒无奈得如一根意大利肠，只能听凭别人割下几片，就着啤酒沫吞入胃中。啊，苦而难耐的夜晚！

难得有不被文债和书稿困扰的夜晚，这是一种轻松愉悦的夜晚，他早早上床，靠着枕头阅读、欣赏自己熟稔的或生疏的人的作品至下半夜。一个哲思会让他大悟不止，捉笔批注；一句幽默会使他忍俊不禁，折个书角。随着页码的翻叠，那平面的美在延伸，整个的阅读过程全成一种泻泄和享受。他忘不掉那个难得的深秋之夜，作为陕西省电视剧专家评审组的五人成员之一，他接到厚厚5册电视连续剧《半边楼》的打印本。他不知那《半边楼》里装着什么故事，他只想享受一下那纸页之中的平面美。于是他打开了那墨尚香的剧本，结果他被《半边楼》里的喜怒哀乐所包围、所吞没。夜半12点他读完了第一册，阅读欲催迫着他悄悄蹑进孩子的卧房，从书架上再抽出一本，第二册读完是凌晨1点30分，好看！他忍不住再去悄悄抽出一本，就这样等他看完第五本，东方已经破晓，但他却没有丝毫疲惫困乏的感觉，只有一阵阵的激动，一股股的欣喜，一层层的回味，这时他突然想：不要拥有，只去欣赏，欣赏即是一种拥有——一种没有患得患失、没有疲惫劳顿紧张的拥有。这多好。

偶尔，他也能迎来几个彩色的夜晚，与爱人，与侄女，与亲朋好友在舞厅不太显眼的地方跳一支温文尔雅的华尔兹，扭一曲热烈奔放的迪斯科。在没有职务、脸面所困扰的小范围中，在真人情绪主宰一切的氛围中，他也会手持麦克风，很投入地唱一首《军港之夜》，并且亦很投入地听别人唱《只要你过得比我好》。他喜欢跳舞，20世纪50年代末在中国人民大学充当莘莘学子的角色时，他就是一名业余单簧管演奏员，及至现在，跳舞也是唯一能让他连续运动达一小时以上的活动项目。舞场在他眼里是集音美、舞美、雕塑美、人体美的立体的美的世界。他的舞跳得并不好，但别人得体的旋转腾挪给他美的欣赏，自己适意的进退摆动给他美的感受。在与爱人默契配合共创美韵之时，他的生命得到了肯定，从那一进一退之中，他看到自己如何从一个不懂事的稚儿成长为挑起一个家庭的男子。虽然物质上没有商界大款那么富裕，但却活得充实、过得温馨。在与侄女相伴舞蹈之时，他会产生长者的慈爱和对生命的眷恋，让那年轻的生命旋风荡起长者慈爱湖面上的阵阵涟漪。在这美的世界里，说话因了音乐飞翔起来，走路因了舞蹈飞翔起来，生命因了艺术飞翔起来，于是他忍不住在心里亲亲地呼一声：做一个人是多么美好啊！

　　正因为舞场那扑面而来的立体美遮掩了哄闹，才使骨子里喜欢恬静的肖云儒能够乐此不疲，其实他心驰神往的是一种更有意境更加清凉的夜生活。他向往着，在甜风微拂的春夜，在暑热难耐的夏夜，在满地泛银的秋夜，在拥炉暖茶的冬夜，三两个知己坐到一起，海阔天空地神聊，无边无垠地漫谈。他向往着，在星斗满天的夜晚，独独地仰卧于城墙之上，听风声，听虫鸣，听大自然的窃窃私语，听冥冥之中的天籁之音。他向往着自由适意、精神清凉的夜生活，他向往着夜夜是好夜的夜生活……

1998 年，夏

感怀史诗《大明宫》

师安鹏

史诗纪录片《大明宫》之所以取得成功，在陕西省文联原副主席、著名文化学者肖云儒先生看来，是因为很好地利用了文学理论的"空筐"原理。文艺作品本是一个"空筐"，除了装载既有的可见的内容，还有巨大的空间，可以装载各种潜在的、发散性的内容，如在欣赏阅读的艺术信息接收活动中，读者的想象、思考、回味与感怀，社会和心理状态的各种对应性联想，都被装进了作品的"空筐"之中。

他对记者这样评价《大明宫》："电视片很好地运用了'空筐'原理，抓住中国历史抛物线的顶点和拐点，大进入，大打开，大辐射。中国历史鼎盛期是唐代，盛唐的许多人物和故事发生在大明宫，大明宫见证了古代中国走向历史顶点的关键几步。唐的由盛转衰、古代中国的由盛转衰，即中唐安史之乱这个历史的拐点，也有许多人物和故事发生在大明宫。电视片抓住大明宫来打开、辐射，就能营构一个历史的、文化的、艺术的大'空筐'，在历史的顶点和拐点上，向我们传达密集的信息量，引发对历史、文化、人性多方面的联想，电视片也就有了超乎大明宫这一座宫殿之外的更阔大的意义。"

"文化空筐"之大明宫

"今天的大明宫，不只是一片遗址，它承载了太多的东西。"作为文化学者，肖老的感触总是那么耐人回味。他对记者讲，你想想，从纵向看，中国历史上最著名的皇帝中的两个，即李世民、李隆基，最有名的女人中的两个，即武则天、杨玉环，一千多年前，他们就在这里叱咤风云、号令天下，演绎着自己的人生故事和社稷兴衰，与历史发生着这样那样的关系，留下了许多可歌、可赞、可叹、可感、可思的故事，真是让人无法不浮想联翩。

当然还远远不止这些，不止这一段历史。从纵向上看，大明宫可以说是整个中国历史顶点、极盛时代的一个标志，也是整个中国历史的拐点、由盛而衰的转折之地。漫步大明宫，徜徉在那些千年遗址中，想着那些人、那些事，感受着中国主流历史的兴衰变迁和人生的离散枯荣，一种沧桑感、生命悲剧感便会弥漫于心头。历史是这样的变化无常啊，它可以鼎盛到那种程度，但是衰败起来又是那么快。此后的宋元明清，文化上虽屡有亮色，但总体国力是每况愈下了。

从横向来看，一座大明宫，其实辐射了整个大唐，从一座宫殿到一座城市再到一个朝代。从深度上看，我们会感受到一种流贯于其中的精神，这就是大唐精神——开放创造的精神，海纳百川的胸襟。

来到这里，你便站到了中国人精神的一个穴位上，你能感觉到中国历史的脉跳，这就是唐意、唐韵、唐的情愫。

三维信仰之大明宫

之前读过肖老的一篇散文《楼观道风》，写的是他携台湾友人畅游楼观台，边走边看边谈，颇有见解。借着采访的机会，记者提及此节，肖老说，儒释道是中国人精神的三维坐标，这一点在长安、大明宫都曾留下清晰的脚印。

他说，在理性上，有人说大唐是奉道的；但我觉得在社会实践中，大唐是循着儒家的价值体系在运行着，大明宫里演绎的一系列政治风云就是最有力的说明。唐是崇尚建功立业、追求理想人格的儒家入世精神的。儒是中国人精神的动力系统。另一方面，唐也重视道、释的发展。李唐家族曾追认老子为祖宗，大兴道庭，大明宫里也建了一座道观——三清殿。而唐代许多皇帝又礼佛成风，曾引发社会的反弹——韩愈就因反对过度礼佛而被贬至荒蛮的潮州。

这说明那个时代是一个崇儒、尚道、礼佛的时代。除了重善，追求理想人格，以儒来构建中国人精神的动力系统；还重真，追求理想生命，以道来构建中国人精神的控制系统；重美，追求理想生命，以释来构建中国人精神的检视系统。矗立的大雁塔不正是高悬于尘世之上佛的彼岸目光，对此岸的芸芸众生世界，在进行检视，促我们自省吗？

肖老赞叹，儒释道，在大明宫、在长安乃至大唐，就这样有机地结合着啊。说到这儿，记者不由得想起哲学家雨果一句名言："信仰，是人们所必需的，什么也不信的人不会有幸福。"封建社会自然有其落后性、消极性，但在这一点，在大明宫，我们又怎能有所怀疑？

艺术开放之大明宫

李隆基是著名的音乐家、戏剧家，梨园的一位创始人，至今仍是民间戏班子上台演出前要祭拜的偶像。唐代的大明宫里有个皇家大剧院，李隆基经常到那观看演出，心血来潮时还参与创作、表演，对歌舞、戏剧以及音乐的发展，尤其是对引进和推广异域特别是西域音乐歌舞，起到了积极的推动作用。《胡旋舞》《胡腾舞》和西域音乐许多都是那时传入的。艺术文化的外向性交汇、融汇，所以能构成唐代文化的重要特质，不能不说他有很大的功劳。像他这样集"天子"与"优伶"于一身的皇帝，中外历史上恐不多见。

当然，大明宫里的艺术也有不够开放的一面。肖老认为，那时候的大明宫里多为宫庭廊庙艺术，多少带着一点御用色彩。诗仙李太白被召进大明宫皇家大剧院为宫廷歌舞写歌词的那段时间，也正是他创作较低迷、个性受到一点制约的时期。离开大明宫，重返社会，重返民间，重返生命个体之后，李白的诗和生命才重新光彩焕发，恣肆地展现出狂放、自由的风格。

当采访完毕起身告别时，我突然意识到，肖老的话中怕是还有一句潜台词尚未点明，那就是，当我们老百姓可以自由出入大明宫遗址公园的今天，我们所享受到的艺术，正在变得越来越开放吧。

2009 年，春

记书法名家著名学者肖云儒先生

赵 刚

"一百里间春似海，孤城掩映万花中。"2012年的晚春到初夏，伴随着古罗马大教堂的悠远钟声、合唱声，这里吹进了一股来自东方文化的圣洁之风。凭借着现代科技交通的发展，酷爱艺术的罗马民众陶醉在全世界绝无仅有的中华文明——书法之中。肖云儒先生在罗马举办书法展览和讲座。一时之间，风靡全城，就连外地市民也闻讯赶来，当地居民感慨地称之为"肖旋风"。艺术的内涵是相通的，人类对美好事物的欣赏是无碍的、一致的。当金发隆鼻深目的异国人士立在一幅幅国粹面前时，他们的脸上流露出不尽的仰慕和神追思往，都被肖先生精妙绝伦的艺术魅力所吸引。由于大受欢迎，肖先生的书法展从4月3日到5月3日举办了整整一个月，这是在罗马文化交流史上从来没有的事情。意大利国家电视台与多家主要报纸竞相报道。意大利国家博物馆和著名银行家克劳地奥各收藏肖先生作品两幅。肖先生为罗马民众举办讲座时做现场示范，他从汉字的结构组成进而论及中华文明的源远流长、博大精深，汉字是在二维平面里遵循其特有的顺序四面展开，体现了天地乾坤静中涵动、向前发展、永不停歇、追求美好、团结和谐、臻于完善的天人合一观念。听众无不被这些不可思议的铁勾银划线条腾挪而倾倒。艺术没有国度，"村园门巷多相似，处处春风枳壳花"。肖先生的作品再次证明了"越是民族的，就越是世界的"这一论断。

肖云儒先生1940年出生于江西雩都。1岁丧父，由寡母抚育成人。他的母亲欧阳明玺女士出自书香书第，其父欧阳瀚存留学日本研习经济，归国后当教授。欧阳瀚存的二哥欧阳溥存官至甘肃武威道台，后弃官留学日本攻研文史，是《中华大字典》的两位主编之一。这是民国年间的一桩文化盛举，其权威性至今未被超越。欧阳明玺先后任临川女中、葆灵女中、南昌女中校长、南昌市图书馆长，系江西省人民代表、省妇联副主席，一生桃李天下。肖云儒在慈母的教诲下，幼读诗书，临池不辍。母亲虽非著名书法家，但字写得相当不错。她督促肖云儒从颜体、柳体入手，打下了扎实的基础。不幸这位伟大的母亲在肖云儒24岁时病逝，给肖云儒留下了终生的伤痛。

肖云儒后考入中国人民大学新闻系。20岁提出散文写作应当"形散神不散"。这一经典概括引领散文写作直到今天。实际上，这句话的精神内涵亦可用于书法，他先后出版重要的学术著作22部600余万字；获国家级奖7次，省级奖12次，被授予国家级有突出贡献专家，享受国务院特殊津贴；历任陕西文联副主席、中国文联委员、中国书协会员、陕西省书协顾问、西安美术学院教授、陕西书画创作院院长；中央电视台8集专题片《千年书法》主持人，书法作品多次在国内外展出、获奖，被多所国家艺术馆收藏；在央视、凤凰卫视和全国各地电视台做过50多次艺术讲座；被聘为西安交大、陕西师大、西北大学教授，研究生导师。

数十年来，肖云儒先生研习篆书《大盂鼎》，隶书《石门颂》《石门铭》，魏碑《张猛龙碑》，行书《大唐三藏圣教序》，孙过庭所著《书谱》及当代郭沫若书法艺术，其书体有郭氏遗风。他为我国最早的私人藏书楼宁波天一阁题词："苦藏一阁书香，清守万世斯文。"深沉雄劲形神潇洒的笔道仿佛有摄人魂魄的引力。站在这幅字前，你会领悟到儒家追求内心修养，看淡名利争斗，以文化服务天下苍生之情跃然纸上。他的另一幅读道德经文："涵关巍巍，华夏泱泱。先哲真言，灿若星光。利而不害，为而有方。大德乃道，天道顺苍。奉道秉德，自有其常。如乐之和，中华宁康。"中国文人的骨子里都藏有道家精神，他们追求简朴自然；同时儒家的旷达、佛家的空灵也深深地印在他们的心灵中。而这三者在本质上都是相通的，万变不离仁爱二字。

我们纵观肖先生此幅作品，柳筋颜骨，其中又有王散之与王文治之风，笔画顿挫之间，隐见郭老神韵。纵横捭阖，大气磅礴。尤难可贵的是，他并不是亦步亦趋地单纯模仿，而是追求先贤的内在精神，汪洋恣肆中又透出秀美笔法，显现出学古而不泥古、较为鲜明的个性风格。古有"书骨、乐韵、诗魂"之说。肖先生是把书法写到了骨髓中，于此中可见老庄大象无形，孔子利国济民、佛教顿悟的精神内涵。董其昌的签名在其与昌之间有一条潇洒的连笔，肖先生的签名中也有类似一笔，这亦成了检验他作品真伪的一项标准。一位老者曾购得他的一幅作品，后因心疑不真，长途跋涉辗转找到肖先生。他看后果然是赝品，望着老人充满失望的脸，肖先生当即书写了一幅赠予老人。

写此文时，肖先生与刘大为、莫言等十人入榜《时代人物》周刊2012年度"中国绅士"；又与刘文西等人为武警工程学院客座教授指导书法创作。书法辉煌、学识渊博、贵而又雅，和而不矜，待人待物、有沐春风，这便是一代名家肖云儒先生的写照。

2012 年

观肖云儒写字

王 蓬

在我认识的朋友中，有不少是书法家，比如陈竹朋、徐毓泉、胡树群、茹桂等，皆是自幼爱好，几十年如一日笔耕不辍，在大家眼中是当然的书法家。还有一些朋友在人们心目是官员，是作家，比如白云腾、张保庆、陈忠实、贾平凹等，他们也都写字，而且名气比书法家还大，所谓名人书法是也。

这其中便有肖云儒。肖云儒是以文学评论家名世的。据陈忠实回忆，20世纪60年代初，他刚喜欢上文学，听说西安城里有文学讲座，就从老家灞桥骑了几十里路自行车赶去听讲，他原以为是柳青、杜鹏程这样的大家，或是霍松林、史念海这样的教授；没想到坐在台上的却是位看去比自己还年轻的白面书生。他失望之余，暗想先坐下歇会再说，没想到那白面书生却深入浅出、由表及里，随口举出国内外名篇为例，大段背诵经典评论佐证，一口气谈了几个小时，讲述散文创作的著名观点：形散神不散。台下一片肃静。陈忠实由此牢牢记下这白面书生的名字：肖云儒。

惭愧得很，我直到20世纪70年代初期才知道肖云儒，那会正是"文化大革命"时期，文化自然是一片萧条。我正在乡村务农，唯一能看到的是《汉中日报》，农民下田歇气时由毛泽东思想宣传员念报纸，不管念啥，农民只关心"天气"。一次，我偶然在报上读到一篇《李二花养猪》，居然能看下去，写得很有意思，文字也并不完全革命化。那会不兴署名，不知道谁写的，但记住了《李二花养猪》。后来我开始写作，与《汉中日报》几位编辑李耕书、叶浓等老师打起交道，他们送我《通讯资料》，上面有肖云儒的体会文章《如何采写〈李二花养猪〉》。我由此知道肖云儒并打起交道。现收在《王蓬文集》

卷四中的《哨棚之夜》，算是我发表的最早的散文，时间是1973年8月19日。之前，我的名字是王芃，"芃"为古字，意与"蓬"同。清初诗人王渔洋来汉中作长诗《七盘岭》，其中有"桔柚郁成林，秧苗亦芃芃"，意即蓬勃旺盛之状。为方便排字工人与读者，肖云儒查了字典，改"芃"为"蓬"沿用至今。

新时期文学打开序幕，肖云儒已调回陕西日报，以新闻记者的敏锐，加文学评论家的修养，名篇迭出，崭露头角，倡导成立笔耕评论社于前，就任陕西省文联副主席于后，对陕西文学的发展奋进切实尽到了责任，他也以著名文学评论家饮誉古城。

转眼工夫，我们都已步入老境，今年四月陕西文联组织文艺家来汉中采风慰问，或演出，或写字绘画，在西乡掀起高潮。原本肖云儒有事，并未打算参加此次采风，但西乡曾是他"文革"时下放锻炼之地，还结识有乡亲，一直保持着联系，再是四月天气，茶乡一派新绿，茶香浓郁诱人，且有故人相邀，挥毫泼墨，一展才情，何乐不为。他由西安特地赶来西乡，参加书画笔会。

当晚大厅灯火通明，笔墨纸砚飘香，几十张台案一字儿摆开，省书协主席雷珍民，山水大师赵振川，再是大腕胡树群、郭利杰，还有几位女将李艳秋、石瑞芳，自然还有肖云儒，称得上老少咸集，群贤毕至。一时间或描山川，或绘花卉，或笔走龙蛇，或正楷行书，观者如云，喝彩四起，群情激昂、进入高潮。

那晚，我独观肖云儒写字。多年朋友，相见说易也难，有得话说，至于索取墨迹，我的态度是书画作品更应是朋友之间蓄蕴友情的结晶，否则拿来放置也属多余。

云儒的书法虽为行书，但有楷意，不是龙飞凤舞不着边际随意挥洒的那种。其实，名人书法大都为"我字体"。举凡名人，无论从政、经商、成事、为文，主业尚忙得不可开交，哪有工夫凭池临帖十年去磨一剑，待到主业功成名就渐入老境之时，无须再靠泼墨博得功名，很大程度上倒与心境心态关联，我曾问及多位朋友，皆曰提起笔来，宠辱皆忘，唯见白纸黑字，竖撇横捺，心中自是一片宁静。人生不如意者常八九，穷有穷的窘迫，大有大的难处，写字画画沉浸黑白世界，忘却平日烦恼，有此愉悦心态的载体，何乐而不为之。

那晚，一边书写，一边交谈，最终融入笔端，肖云儒为我写下书法作品：心存古往今来事，人在长河大海中。

2012 年

文人情趣的书法文本

樊 奎

我们从肖云儒大量的自作诗词、楹联、信札中，撷取九幅题词。题词范围广泛，对象各异，肖云儒通过这一常见的礼仪类应用文体，融书法和文人情趣于一体。

所以，本期《水墨中国》不是一般的书法展示，而是纯粹的文人书法，是具有文人情趣的书法文本，别开生面。

肖云儒是"一个迷醉书法而无意当书法家的人，一个不为艺术而活却想活得艺术的人，一个以书养生以书养心以书养灵的人"。书法是他生命的后花园，是心灵散步的地方。

他秉持中国艺术的"解脱"观，以书法安顿生命，融合心宗流派，达到万法归一。

肖云儒从"大文化""大美学"格局入手，写了不少有关书法艺术的文字，发前人所未发，具有深度而不失公允。他也大量评论了当代书画家个体，不以技法解析为目的，立足文化和生命坐标，以宏观视野，关注当下创作，体现了作为文艺理论家责无旁贷的专业精神。

他曾为许多单位和活动题词，全系即兴创作。文化底蕴爆发的智慧闪光，将社会文化深层挖掘，常常成为许多单位的团队理想和文化口号。

肖云儒在书法之外，喜欢西方音乐，痴迷建筑艺术，兼涉绘画，在他身上，多重文化高度融合。这是一个从多渠道进入中国文化的人。

肖云儒是中国文化的研究者和继承者，更是"输出者"。文化"输出"，在当代文化人群体，尚未形成一种整体性自觉。肖云儒多年来致力文化传播，这是作为文化名流存在的根本意义所在。

  文化的力量就是精神的力量。在当代中国书法整体框架中，肖云儒有着自己的立场和位置。在他身上，书法不仅仅是一门艺术，也是一种文化现象和他自身的生命行为。

2011 年 3 月 5 日，《西安晚报》

肖云儒先生从文五十周年暨七十华诞贺词

晏 朝

尊敬的肖云儒先生，尊敬的各位领导、各位嘉宾，同志们、朋友们：大家晚上好！

带着省委常委、宣传部长胡悦同志的问候，带着省委宣传部同志们的祝福，也带着我个人对肖云儒先生的深深敬意，在云儒先生从文五十周年暨七十华诞这个特别的日子里，我怀着仰慕、感恩和喜悦的心情，真诚地向尊敬的肖老师道一声祝福，祝您文若春秋不老，寿如松柏常青！

此时此刻，室外是寒冷的冬季，室内却洋溢着春天的气息，看着老而弥坚、不坠青云之志的肖老师，我们的心被温暖着和感动着。回首往事，触景生情，我从心底涌出这样三句话：

五十年，风雨兼程，硕果累累，我们为肖老师骄傲！

从文五十年来，肖老师勤勉敬业，学术成就斐然。1959年开始发表作品。20岁时就提出了关于散文创作"形散神不散"的观点，至今影响巨大。20世纪80年代，开始研究中国西部文化和文艺问题，撰写出版了国内第一部《中国西部文学论》专著。20世纪90年代又集中对长安文化的内质、特色及其在中华文化格局中的定位、作用做研究。发表各类作品600余万字，独立撰著的五卷本200万字学术著作《对视》书系在海内外产生广泛影响。古稀之年又出版了四卷本的《雩山》书系。先生为学之勤奋，治学之严谨，令人钦佩。

五十年，谦谦君子，甘为人梯，我们为肖老师自豪！

君子成人之美。五十年来，他甘当绿叶，先后为600多位作家艺术家的作品评论推介。从影视、文学，到书画、民俗，从专业团队到群众文化，为陕西文化艺术的对外宣传及理论提升做出了巨大贡献。他甘为人梯，担任中国艺术研究院研究生院硕士导师，中国人民大学、西北大学、西安交通大学、陕西师范大学等校特聘教授，出任西安外事学院文化产业学院院长，开设美学、文化学、文艺学、传播学等课程，培养了一批又一批文化艺术人才，影响了一代又一代青年学子。为人之谦恭，授业之无私，令人敬仰。

七十年华彩人生，德艺双馨，我们向肖老师致敬！

在陕西文人圈里，云儒先生是个令人敬重的人，其涉猎面之广且能游刃有余令人叹服。行政公务与专业研究既互不影响又能巧妙结合，退休之前每天不但要忙活文联的日常事务，还要应付来自四面八方的邀请和会议，间或不定期地帮电视台当"替补"救火。让人感叹的是，他在台上总能坦然应对、挥洒自如，谈古论今、知识广博，见解深远、思辨明晰，妙语连珠、文采飞扬。就连他的书法作品，也极具生命感和文化个性，将文化素养融入笔墨。正如学者冯其庸之赞叹：云儒的思考不限于文艺问题，举凡社会、历史、文化诸多方面，都能发人之所未见，时有独辟蹊径的巧思，是思想的丰产者。国务院授予的"突出贡献专家"，省委、省政府授予的"首批艺术成就奖"，则集中体现了党和人民对这位享誉文坛的贤者、学者、智者的敬意和褒奖。

七十阳春岂等闲，几多辛苦化甘甜。肖老师用他的谦谦君子之风，为陕西的文化艺术事业驾辕助力；用他的谆谆导师之德，为诸多文艺人才和后生们铺路架桥；更用他的殷殷智者之情，为陕西赢得了诸多的骄傲。正可谓：师表才情堪敬仰，古稀不愧焕神容啊。

最后，衷心祝愿肖老师泰山不老年年茂，福海无穷岁岁坚！愿耳顺之年，事事大顺！

真诚祝福在座的各位领导，各位同仁，各位朋友新年新运，心怡安康，心想事成！

2009年12月18日

在肖云儒先生七十寿辰上的贺词

刘 斌

春秋迭易，岁月荏苒。时在己丑岁末，喜闻我省著名文化学者、文艺评论家肖云儒先生七十寿诞，我代表省委宣传部、省文联向肖云儒先生送上最诚挚、最亲切的祝福！

肖云儒先生祖籍四川，生于江西，躬耕于陕西。1961年毕业于中国人民大学新闻系，之后一直执守西部，专事文艺评论和研究，集南北风范于一身。

先生经纶满腹，年少成名，20岁就在《人民日报》提出了散文写作要"形散神不散"论点，影响中国文坛几十年，至今为人所称道。

先生眼光敏锐、思想深邃、才情横溢，学术精深，在新时期文学发展的每一个重要时期，都能听到他的声音。其五卷本《对视》书系、《八十年代文艺论》、《中国西部文艺论》、《民族文化结构论》等18部专著，奠定了先生中国西部文学、西部电影、西部文化理论体系的开创者、建构者的文坛地位。最近，欣闻先生新作《雩山》书系四卷结集出版，是先生为自己七十寿辰的贺礼，双喜临门，可喜可贺。

先生涉猎广泛、强闻博记，举凡文化、社会、历史、哲学、书法、散文创作、民俗研究等诸多方面，都能发人之所未见，时有独辟蹊径的巧思。

先生厚德树人、为人师表。先生不单是属于陕西的，也是属于全国的。虽在古稀之年，依然著书立说、笔耕不辍，老骥伏枥，壮心不已，为我省乃至于全国文学事业繁荣发展做出了积极贡献。

先生今日七十寿辰，是陕西文艺界的喜事、幸事。最后，我再次衷心祝愿肖云儒先生健康长寿、阖家幸福！

2009年2月18日

赠云公诗词

——贺肖云儒老师七十华诞、从文五十年

寄 云 儒
言恭达

腕下波澜唱大风,

神飞翰逸两心通。

长安问我春游日,

散尽浮华识此翁。

寄 云 儒
王晓璇

云开雾霁乾坤朗,

儒者赤县第一香。

长待玉霖三千露,

寿如华阴不老岗。

贺肖老师七十寿辰

马奇昌

萧萧天马越长空,
云飞云飘七十秋。
儒雅且狂真名士,
卖文换酒自风流。
高第落笔响惊雷,
不散居中话自稠。
曲江吟罢月华浓,
六百万字人间留。

赠肖云儒

常朴子

云携文心论形神
儒雅书海壮才胸

赠肖云儒
马治权

海南余秋雨

北国肖云儒

赠肖云儒
陶　冶

文坛上最亮丽的是那朵潇洒的云彩

师友中最感念的是那掬儒雅的笑容

赠肖云儒
王大平

云白淡然后

儒老真缔时

贺云儒先生七十五寿诞

桂维民

乐不羡仙

肖翁翰墨着先鞭,云海逍遥不羡仙。

儒学于胸霞蔚起,正观论剑华山巅。

丝路大使

文苑耕耘五十年,星辉丝路遍山川。

云松仙鹤同延寿,儒学新添锦绣篇。

贺肖云儒先生地球之虹雅集

徐熙彦　撰　马西平　书

一

说汉说唐千秋国梦千重

履欧履亚一路春风一带

二

云影天光神不散

儒风雅度草长春

寻 找 父 亲

李秀芳

一

寻找父亲，是我们多年挥之不去的心结。

思念父亲母亲，几十年来我们魂牵梦萦，缱绻缠绵。父亲萧远健在我们心中亲切而遥远，敬重而陌生。真正认识和了解父亲，实际上是近十几年的事。

在我们年轻的时候，只知道父亲从川东广安考入北平师范大学，是北平民族解放先锋队成员、中共地下党员。"一二·九"运动前后与在北平女子师范大学（其间该校并入北平师范大学）读书的母亲欧阳明玺相识相爱。毕业后由重庆到赣南一所学校任教。1940年底云儒在江西雩都出生。1941年夏秋之交父亲病逝于江西泰和，年仅28岁。同样刚到28岁的妈妈，将不满一岁的幼子交给外婆抚养，自己在外以紧张的工作来冲淡心中的伤痛。她做过抚州临川女中、南昌葆灵女中校长、南昌市图书馆馆长，曾任江西省人大代表、江西省妇联副主席。1964年因脑溢血病逝，时年也仅51岁。

母亲单身一人住在单位，忙自己的工作，云儒则在外婆身边长大。14岁考入高中，开始住校；17岁考入中国人民大学，更是远走北京；毕业后又到陕西工作。也许是因为云儒待在母亲身边的日子不多，也许是母亲觉得稚子少不更事，还没有到要他承受人生大悲痛的年龄，而自己也不愿意轻易去触碰心头那年轻丧夫的伤痛，母亲给年幼的儿子谈父亲并不多。她本想退休后到西安和儿子一起生活，那时会有漫长的相处可以细数父亲的一切。不料没等到退休，母亲在江西省人民代表大会开会时猝然倒下，带着永远的遗憾，离开了我们。

关于父亲和她自己，母亲该有多少话要对儿子说，但留给我们的只有父亲年轻、俊朗的一张发黄的照片。正值盛年的她去追随她至爱的丈夫去了。自此，孑然一身的云儒在这个世界独自行走！

1984年，在陕西日报接收云儒入党的支部大会上，入党介绍人郑重地谈到，他父亲萧远健是20世纪30年代的中共地下党员，系革命烈士。这更增加了我们对父亲的敬仰和思念。

1970年，我和云儒组成了家庭，两年后有了儿子肖星。渐渐地，我们也由青年到中年再入花甲，事业的繁忙与家务的羁绊逐步减轻，思念母亲、寻找父亲的心情越来越迫切。

二

2005年，我们收到了一位老友专门寄来的书《家族档案》（江苏文艺出版社2004年4月版）。作者署名荒坪，本名赖章益，系老一辈革命家陆定一与烈士唐义贞夫妇的外孙，时为南方冶金学院文法学院院长、教授、作家。这本书是陆定一的外甥刘亚宁（我们父母生前的同窗好友刘天民、唐义慧夫妇之子、荒坪的姨表舅）从北京寄来的。1957年云儒去京上大学，和他们见过面。书中附有一信，兹摘相关内容于下：

云儒兄（他还沿用原来的"雲"）：您好！

外甥所著《家族档案》一书奉上。其中部分故事发生在您的故乡雩都；第257页有令尊大人萧远健烈士的部分活动。

1959年令堂与您来我家时所赠景德镇瓷寿星及瓷马各一套，"文革"中抄家被毁。书中谈到的名画《胜利与和平》也被抄走，至今下落不明。

　　家母唐义慧去年仙逝。家父刘天民95岁，过着稀里糊涂的幸福日子（老年痴呆）。

　　您来北京时找我。我请您听乌克兰明星唱的纯正的前苏联歌曲。

　　我的电话是……

　　春安

刘亚宁
2005年03月22日

　　翻开《家族档案》第257页，父母亲所处的那个时代和那个时代的人物便在眼前活了起来——

　　"北平沦陷后，北平大学、北平师范大学和天津北洋工学院等等学校在西安成立西北联大。唐义慧这时入住的就是西北联大……'民先'在西北联大成立了平津区队，她分工负责宣传，以歌咏、戏剧、传单等形式宣传抗日救亡。他们组织公开演出，筹得款项支援杨秀峰领导的太行山平津学生游击队。"

　　"1938年，唐义慧大学毕业。她回到江津，一时找不到工作，就在家陪伴母亲，过了年把时光。"

　　"1939年，她终于在重庆求精中学觅得教员一职，但因为经常在学生中做进步宣传被反动校长认为'左倾'，只干了一个学期便不再续聘了。她再次失业在家。"

　　"1940年2月，一位同学介绍她进兵工署材料处任见习化验员，分析兵工材料。她觉得可以以自己所学专业知识直接为抗战效力，就去了。进去不到三个月，她发现了一个问题：兵工署以军事保密为名，强行指令材料处全体成员集体加入国民党。这引起了她的警惕。她没去领党证，也不缴党费，并很快找到'民先'的领导人，谈自己的反感和苦恼。她找的'民先'领导人是郑代玓、郑登材和萧远健。她当时不知道的是，这三人其实都是共产党员。他们听了她的诉说后，对她说：集体加入国民党只不过是反动派实行的一种政策。你个人不必为此苦恼气愤。况且你又没有想过领党证，没缴党费。但是你还是设法离开重庆为好。"

这些描述让我们深深体会到了抗日救国大背景下政治形势的错综复杂和父亲那一代共产党人肩上的千钧重担。

三

这以后的几年里，我俩沿着父母的足迹开始了寻找。我们几次盘桓在赣南的红土地上。我们到了赣州，徜徉在章、贡两水相交之处，想象着父母当年的芳华岁月。我们到了云儒的出生地雩都（现为于都），穿梭于县城街巷，体味着父母怀抱爱婴的甜蜜和幸福。我们也手捧鲜花敬献在雩都英烈墓前。在"红军长征第一渡"追忆中国工农红军的绝地奋击。我们多次奔赴井冈山，感受革命根据地创建的艰难和成果的丰硕。我们到过临川城抚河岸边，感慨父亲故去后母亲任教的临川女中旧址的破败落寞，心痛于其时母亲的孤灯残卷。

我们也从南昌的舅舅家中星星点点打听到了父亲母亲相识与结合的大致情况，其中略有几许温馨、几许浪漫：

一个书香门第出身的欧阳大小姐，由南昌去北平读书。她原来是北平女子师范大学历史系学生，后来并入北平师大历史系。北平女子师范大学就是鲁迅先生在《纪念刘和珍君》一文中女学生刘和珍的母校。几年后，母亲特意在3月18日这天于校园留影，并着意在照片上用钢笔标出"1935.3.18"的日期，表现出她怀念刘和珍、支持进步学生运动的鲜明态度。父亲萧远健当时在北平师范大学历史系就读，大学一年级起便在刊物发表历史论文，才华初露。母亲爱上了来自四川广安华蓥山区的这位萧姓的穷学生。在古朴的校园和新思想闪光的教室里，在如火如荼的"一二·九"运动游行的队列中，他们的爱情很快升温、发酵。但外祖父欧阳瀚存老先生很不放心远在京城的大女儿的选择。这位 20 世纪初期留学日本的老学者、时任国立中正大学经济学教授的欧阳老先生，一定要"面试"一下未来的女婿。当女儿带着斯文的小帅哥回家，呈上他求学时期发表的几篇论文，老先生读后颔首称是，笑着赞道："很有思想啊！文采也挺不错的呢！"

我们从西安到安康，再到四川达县、广安，踏上这块养育了父亲的故土，找到了父亲的老家广安县东岳乡。一说起萧家早年外出的兄弟俩，老一代乡亲们记忆犹存，仍然难掩羡钦之情。

广安县（现为广安市）东岳乡萧氏家族，是三百多年前"湖广填四川"时由湖南衡阳迁居到湖北黄陂再到川北广安的一个大家族。历经数代的辛勤劳作，到我们爷爷那一辈时已能自给自足，并略有余粮游资。据族人忆及，20 世纪 30 年代在广安中学读书时，父亲萧远健、大伯萧远徇与同学谭生平、刘田夫（新中国成立后曾任广东省省长、省委书记、中顾委委员）等人在邓小平、杨尚昆等革命先驱带动下，追随中国共产党，开始从事革命宣传活动。

中学毕业后，为了理想，这些热血青年各走一方。大伯萧远徇随刘田夫先到上海，又辗转去了延安抗日军政大学，而后奔赴华北抗日前线。父亲萧远健考入北平师范大学历史系，后随学校西迁西安临时大学而后到西北联合大学，再后由陕入川，又东行赣南，最终落脚在井冈山下的江西省泰和县。在那里他以教师的身份从事党的地下工作。兄弟俩分别之后，听说曾在西安见过一面。大伯是从西安奔赴延安的，父亲则从西安到了汉中、城固。"此地一为别，孤蓬万里征"，兄弟俩从此各走天涯，断了联系。

赣南，父亲病逝之地，我们始终牵挂着、眷念着，情思绵绵……

关于大伯萧远徇，我也从《刘田夫回忆录》（中共党史出版社 1995 年 6

月北京第1版）中略知一二：

从1921年起，大伯萧远循与刘田夫等同乡、同龄好友先后就读于广安东岳乡小学、广安中学、南充嘉陵中学，而后去上海复课备考。1931年他俩同时考入南京中央政治学校。其间与同乡邓仲齐（邓小平之弟）交往甚好，共同追求进步。邓仲齐曾带邓小平等人在他们几个四川同学所住的嘉陵中学宿舍开会（邓仲齐认为这几个四川同乡同学思想可靠）。1932年"一·二八"事变发生，全国军民反日情绪高涨。继之日军炮轰南京。形势危急之际，南京中央政治学校决定暂时停课。大伯萧远循请假和刘田夫等同学回到四川广安一段时间。不久刘田夫弃学重返上海，大伯则从南京中央政治学校毕业，分配到浙江省教育局工作。因与当局思想不合，无法工作，便去上海面见刘田夫商量出路。

1935年在中共《八一宣言》感召下，年轻人愈益坚定了跟共产党革命的信念。1937年全面抗战开始，随即上海沦陷。大伯萧远循即从上海奔赴延安。邓仲齐在延安见过他，并知道以后他到内蒙古大青山打游击。以后，再没有见过他了。大概在抗日战争中牺牲了。

我们家为革命奉献了两位亲人。感慨着两位长辈的年轻有为、探索奋斗，激励着我们牢记使命，继往开来！

四

2016年夏，云儒由西部再向西，第二次随"丝路万里行"车队经中亚去玄奘西天取经的印度那烂陀寺。江西教育出版社时任总编周建森和张延、刘孟淳三位同仁，驱车伴行2000公里。在南疆边城喀什分手时，郑重邀约云儒在家乡出版社出版丝路纪行的书，这就是继第一本《丝路云履》之后出版的《丝路云谭》和《丝路云笺》。

2017年春，借给《丝路云谭》定稿的机会，我们再次回到红土地。

在南昌完成定稿工作后，善解人意的责任编辑、出版社重大选题编辑室主任张延先生亲自陪同我们再次走访赣中南的于都、吉安、泰和等县市，先后拜访了当地史志办、文物局、党史办、教育局、文化局多位领导和研究者。承蒙大家调动多年来的资料积存和研究成果，集思广益，聚焦抗战时期的泰和文化发展，再聚焦到父母当时所在的国立幼稚师范学校。我们终于有机会来到了学校所在地——泰和县澄江镇新池村。

村党支部严超凡书记热情地接待了我们。他活力充沛，极具老区乡亲的淳朴厚道之风。新池村在大芫岭山坡与平川的交接处，我们沿着蜿蜒的村道边走边看。严书记指点着一处处当年国立幼稚师范学校的建筑遗址告诉我们：

这是省政府教育局，幼师就建在教育局旁边。这是幼师的大礼堂。你看这面墙还挺好的呢。这是幼师的操场，一幢幢的教学小楼、图书馆、活动室当时都在操场后边。再往前看，那面红土坡上，便是那几年在学校去世的师生墓地……

心遽然被触痛了！热血冲头，热泪盈眶，父亲啊，您原来在这里！近80年的思念，近80年的寻找，我们终于找到了您，贴近了您！

南国的阳光炫亮得有些晃眼，父亲在迷蒙的光斑中出现了。春日的微风拂过，是您伸手在抚摸我们。我和云儒一躬到地，在红土地上长跪不起。我们匍匐在香烛和纸钱的旋转飞扬中。云儒轻声念念叨叨地诉说，哽咽地告白他近80年的念想："我有了家，有了儿孙，我们一家人都健康、人生都圆满。唯有您和妈妈，为什么不在我身边，为什么不让我们尽尽孝心，为什么你们无福消受这一切？……"

在场的人无不为之动容。

五

经过几次寻访,我们大致厘清了父母亲从重庆到赣南泰和的经过。

抗战爆发后,随着江西省政府机构由南昌迁至泰和,一批文化人如竺可桢、马一浮,还有一些企业家如钟士元等来到这里。一批知名学府如浙江大学、中正大学、心远中学也纷纷迁来此地。原来地处一隅的这座赣中小城很快成为抗战时期江西的政治、经济、文化中心。时任江西省长熊式晖倾心向学,力邀著名学者、儿童教育家陈鹤琴来泰和筹建国立幼稚师范学校,面向全国招聘教师,培养学生。陈鹤琴先生慨然应允,当即奔赴重庆面见教育家陶行知,探讨教学模式、招聘优秀人才,商议江西办学事宜。正在重庆从事党的地下工作的父亲与母亲一起,受时任中共重庆办事处领导人董必武的派遣,随陈鹤琴先生东赴泰和,开始了这对年轻人一个新的人生阶段。

我们曾听现已92岁依然头脑清晰的舅妈转述过上辈人给她讲的一些情况:

父母亲回江西从事教育事业,除了两个年轻人的热切愿望外,中共地下党组织的意图则是:江西欧阳家族乃系书香世家,我们的公公(外公)和他的二哥欧阳溥存,我们叫"二公公"的,两位外公均是与鲁迅同代的留日学生。回国后,欧阳溥存主编过《中华大字典》,欧阳瀚存除撰著经济学专著外,还翻译过日文的《原始佛教思想论》《合作金融论》等学术名著,后多次重版。他们的学术建树、社会名望以及广泛的各界联系,会有利于掩护父亲开展党的工作。

六

那是一个多么艰苦的年代!战事频仍,时局动荡。陈鹤琴校长带领师生一边建校，一边教学，筚路蓝缕而意气风发。我曾看到建校初期的一张照片，上百名师生簇拥着老校长排队站在空旷的红土地上，穿的是黑白土布长袍，面容清癯而神采奕奕。我还看到一位老校友根据回忆画的一张校园平面图，原是一片荒坡的大荒岭山已经郁郁葱葱，教学楼、师生宿舍、图书室、音乐厅、篮球场、活动室、大礼堂错落其间，虽显简陋但活力充盈。画面的左上角是一只红色的小狮子，取自于当年学校大门口的木牌。陈鹤琴校长非常喜欢这个标志。他曾风趣地说，我们幼师就如同一只正在觉醒的小狮子，我自己就是老狮子。我们要手脑并用，文武合一，建设我们的新国家，教导我们的小天使。

陈鹤琴先生是知名的儿童教育家、儿童心理学家，是我国现代儿童教育之父。他提出要根据儿童的心理特点和学习特点进行教育的"活教育"思想，要培养学生"做人、做中国人、做现代中国人"。父亲非常支持老校长工作。在幼师1941年1月1日的《活教育》杂志创刊号上，父亲即发表两篇文章，分别是《我们怎样训导的》《我们怎样研究时事》，以饱满的热情、积极的工作来宣传、践行老校长提倡的"活教育"之路。

当年师生对我们的父亲、母亲有这样评价：萧远健老师思想先进且文采斐然，教学善于启发学生的思考与表达；欧阳明玺老师教学上严格要求，生活上关爱学生，就像对待自己的弟妹一样无微不至。

泰和县研究这一段历史的陈小民老师和叶骏主任，还给我们披露了一个他们正在考证的材料：

1941年3月，新四军代理军长陈毅冒险化装到泰和，专门来找江西省督导粮食生产委员会主任，要求为新四军供粮解危。这以后，我们的父母便利用课余时间，昼伏夜出，几次进入新四军余部赣南驻地，送去粮食、盐巴、衣物、药品，慰问伤病员，做心理疏导工作，很受驻地官兵和伤病员欢迎和称赞。

真该为父母亲点赞!

七

殊不知此时阴云已从天边四面合围而来，一场始料未及的狂飙暴雨正蓄势待发。就在1940年前后的几年里，泰和县疟疾横行，浙江大学、中正大学、幼稚师范学校师生及政府机构许多人染上了这一恶性传染病。当地缺医少药，医疗条件太差，许多人因得不到及时救治而去世。其中就有浙大校长竺可桢的妻子张侠魂和幼子竺衡。一时形势相当严峻。

父亲一面潜心钻研教学教务，一面热心投入建校劳动，还有他精心从事、矢志不渝的党的工作，体力严重透支，终于在这场疫情中倒下了!

他一会儿脸色苍白，全身发冷，打抖不止；一会儿面色潮红，高烧持续，烦躁不安；一会儿又大汗淋漓，稍感舒服但困倦至极，陷入酣睡状态。病情反反复复，痛苦不堪!

小云儒早已被送到雩都的外婆家。妈妈整日守护在父亲身边，心在流血，掩面啜泣。

陈鹤琴校长得知父亲和一些学生重病不起，急赴省府求援，无奈当时医疗条件有限，医疗水平低下，所得药物也只是杯水车薪！父亲在1941年夏秋之交不治身亡。临别之际，他无力地拉着妈妈瘦弱的手，心想着还在襁褓中的儿子和自己未竟的事业，看着围拢过来朝夕相处的老师和同学们，两行清泪滚落下来……渐渐停止了呼吸。母亲紧紧地搂住他，痛哭失声……父亲和其他病亡者被安葬于校园所在的新池村大芫岭红土坡上。

一场在今天完全可以治愈的疟疾，竟然就这样无情地夺走了我们亲爱的父亲！时间只有短短的两个月！青蒿素，青蒿素，你在哪里？你提前几十年推广使用该有多好！

苍天不公，妒我英年！父亲啊，您年轻的生命怎能就这样戛然而止？对您来说，一切正在开始，人生的图卷正在展开，怎能撒手而去？天不假年啊——壮志未酬身先去，一腔热血化乌有！

我们从此没有了父亲！当时还嗷嗷待哺的可怜的小小云儒，从此中断了关于父亲的记忆！

这是我们永生的痛！我仰天长叹，泪如雨下！

父亲去世后，孤儿寡母相依为命。其间，地下党通过父母的同学，曾经表示可以联系母亲去延安。思忖再三，为了这个年幼丧父的孩子，她痛苦地选择了留下。不久，母亲带云儒回到了外婆家。直到十七年后她送云儒去京上学，见了当年老同学，提及去延安一事还唏嘘不已。

八

1933年，大伯远徇送父亲远健离开川东广安。哥弟俩英气勃发，踌躇满志，一个将赴上海投身革命，一个要到北平求学。一路上，两个人憧憬着美好的未来，分别时相互叮嘱，是那般依依不舍。

父亲的录取信息刊登在当年9月3日的《申报》上，是"历史系科目主科正取的四名学生"之一。进入大学的父亲一头扎入知识的海洋，他奋发努力，博览群书又勤于思考。大一时即写出长篇论文《张献忠屠川考略》，发表于《师大月刊》1935年第5卷第18期；稍后又有论文《子长游历之研究》《希腊化世界及其经济的发展》，分别发表于《蜀铎》（北平师范大学四川同学会主办）1935年第1卷第1期、1936年第2卷第2期；《中国史学团体应加入国际历史学会》，发表于《历史教育》1937年第1期；《万吉野专志明史之由来》，发表于《大公报》史地周刊1937年第134期……《张献忠屠川考略》一文，以大量史料为依据再现了明末清初四川遭受大屠杀的历史史实和接踵而来的人相食、虎为患、天府之国变为无人荒漠的惨烈现状，表现出一个青年学子严谨的治学思路和关注家乡社稷的历史情怀。

《希腊化世界及其经济的发展》这篇长文，分上、下两期刊完。文章以历史唯物主义观点和方法分析文明、文化与社会管理、经济发展的复杂关系，以翔实的史料论证了公元前200年中希腊化时代对地中海东部地区的深刻影响，阐明了先进文明对社会发展的推动作用。

我从《中学历史教学》杂志刊登的《民国期刊〈历史教育〉再考述》（陈德运，西华师范大学历史文化学院）中读到，当年的《历史教育》杂志编审工作由北平师范大学史学会主持。编审委员会中除五名教师委员外，父亲和另外一位同学作为史学会执委进入了编审委员会。

在西北联大相关的案卷中，我没能找到父亲的各科的具体成绩，但从他求学期间的发表文章和参与活动中，我看到了一个历史学系学生蓬勃的生命、宽广的视野、深邃的思考和优美的文笔。这真让我这个终生学史、讲史、研史的儿媳汗颜！

而身为中共党员、民先队员的他，课余还有更广阔的天地，夜以继日地活跃在抗日救国的前沿。在"一二·九"运动的宣传车上，有他和同学们高举"打倒日本帝国主义！"横幅标语慷慨激昂的身影，有他和母亲拍摄下来的各界群众游行的浩荡长队。这期间，他们遭遇了多少风险，付出了多少炽烈的青春激情和殚精竭虑的才智劳顿！那一代青年学生心头，蕴涵着多么深切的民族大义、历史悲愤、家国担当。

1937年卢沟桥事变爆发，紧接着北平、天津沦陷。中华民族处于生死存亡的危急关头。为保存中华民族文化根脉，国民政府教育部下令决定平津各大学内迁："……以北平大学、北平师范大学和北平研究院等院校为基干，设立西安临时大学。"

1938年4月，教育部再颁方案，令国立西安临时大学改名为西北联合大学,迁址陕南。校本部和文理学院、教育学院、法商学院设在城固县城。

1938年7月、1939年8月,学校两次分立,国立西北联合大学陆续分立为西北工学院、西北农学院、西北大学、西北师范学院、西北医学院等几个独立院校。

九

西安临时大学师生再次踏上旅程。由西安到宝鸡,继而翻越秦岭,徒步前往陕南城固。

千余师生在徐诵明校长带领下编队前行。他们坐闷罐车(货车)从西安沿陇海线到宝鸡,然后徒步沿秦蜀古道中的陈仓道朝南进发。一路上攀高峻秦岭,越千仞深谷,遇大雨滂沱,遭土匪抢劫,宿泥房破庙,缺炊具米粮,啃锅盔咸菜,只在早、晚才勉强能吃上一顿热乎的干饭,或者稀米粥加汤菜。虽疲累困乏,困难重重,但大家始终以前线将士流血牺牲的精神激励自己,相互帮助、团结友爱,最后胜利到达计划中的落脚点,完成了"在学界破天荒的大举动"(校常委、教授李书田语)。

我们的父亲母亲和同学、老师们一道,走完了这段艰辛的西迁、南下路途。

就在这次长途跋涉的三四年前的1935年,和西北联大文人学子南下汉中这支队伍相平行,靠西一两百公里的川西北和陇东南,另一支中华儿女的铁血武装中国工农红军,刚刚冲出国民党反动派的包围去了陕北,这就是举世闻名的红军北上抗日的万里长征的壮举。一支北上抗击日寇的红军队伍,一支南下执着文脉的师生队伍,几乎在同一个时空,为了同一个目标,在中国西部进行了伟大的长征。他们在中国现代史上擦肩而过!

十

《陕西革命历史文件汇集1941—1942》第140页：

一九三七年十一月到一九三八年三月，在西安的时期，由于国内政治的突然转变，西安地区的特殊，"临大"所有的一切活动都归我党所领导，学校抗敌支会负责人几全为民先，主要的如杨龙兴（平大）、肖远健（师大）、鹿崇文（平大）、罗大章（平大）、郑代巩（平大）、陈璧华（平大）、王前（平大）等，它下面所领导的团体有临大剧团、临大歌咏队、漫画队、民众夜校、力社、政治系班会等，救亡活动如下乡宣传、街头演剧、街头壁报、座谈会、名人演讲、纪念会等，一切呈现紧张状态，同学们卷入这洪涛中的不少。

从这份资料中可以看出，这个党领导的抗敌支会负责人中，大都来自北平大学，父亲是唯一一个来自北平师大的民先队组织的代表。

《中国共产党陕西省西安市组织史资料1925.10—1987.10》第146页：

中共国立西安临时大学分支部（支部）（1937.11—1938.5）

书记　刘长松（1937.11—1937.12）

　　　郑代巩（1937.12—1938.3）

　　　肖远健（1938.3—1938.5）

这是父亲在西安临时大学时从事党的工作确凿的文字记载。

十一

1938年5月到1939年底，是我们的父母在陕南城固西北联合大学的一年半时间。在寻找相关资料的同时，我们沿着西北联大的履印进行了实地踏访。

云儒在20世纪70年代初，曾有一段随陕西日报社干部由西安下放到汉中西乡县的大巴山区的经历，后又被借调到汉中日报社工作过几年。但在十年浩劫中，哪有可能去追访父母当年的踪迹？直到这两年，我们才多次专门去汉中、城固。我们参加了公祭汉博望侯张骞大典，观摩黎锦熙教授书丹的"西北联大增修博望侯张公墓道碑记"。在当地知情人的介绍中，回味父母亲和历史系师生勘察张骞墓、挖掘出"博望侯铭"封泥时的兴奋和喜悦。我们去过汉中石门，又赶回市内的汉中博物馆，寻找已经迁到馆内的"石门十三品"。我们还去了秦岭山中的老川陕公路和残存的陈仓古栈道，以感受上一代徒步南迁的艰苦。

我们专程去了地处汉中的陕西理工大学，怀着一种虔诚之情走进该校"西北联大纪念馆"。馆长陈海儒教授热情地给我们提供了极具价值的信息资料。

在城固县委常委、宣传部部长孟乔凌，县文联主席张丽萍，县文化和旅游局局长冯树伟，城固县世界历史文化遗产保护管理办公室副主任、张骞第67代孙张利军（他曾与云儒一道跑过万里丝路由长安到罗马）等各位朋友的周到安排和热心陪同下，我们跑遍了西北联大在该县的几处旧址：考院、文庙、城固一中、古路坝天主教堂。

这一切都为的是追寻先辈的身影，感应父母的足迹和心迹！要知道，作为晚辈的我们，现在也已经是"七老八十"的了。云儒明年就"进八"，已是杖朝之年，我也七十有一。但在寻亲的路上我们却很少顾及自己的疲惫，总是唯恐时间不够，来不及完成全家人的心愿。老两口越是气喘吁吁，便越是步履匆匆。我们的寻找已经起步太迟，岁月不等人呀。有生之年，一定要、一定要找到父亲，一定要给母亲、给后代、给自己的心灵一个交代。

十二

是的，要让后代尽可能具体地了解他们早逝的爷爷奶奶！在城固西北联大第二次寻访时，儿子、儿媳带着两个小孙女菲尔和一诺，也从西安专程赶了过去。全家三代六口一道瞻仰老爷爷、老奶奶生活战斗过的地方。

我们一家先到了设在考院（地名）的城固师范学校——当年西北联大文理学院和校本部所在地。学生正在上课，校园里安安静静。我们只好悄然退出，留待下次再来。

我们参观了城固一中，这是当年西北联大法商学院所在地。那座砖木结构的"回"字形二层小楼，黄墙灰瓦，圆拱方窗，有暗红色木质栅栏。教室、会议室、宿舍依然历历在目。小楼外围的墙壁和宣传栏中，醒目地陈列着西北联大的办学思想、校训和著名教授、领导的照片和简介。在一中校长孙建忠和杨启明老师细致的介绍中，我们睹物伤情，思绪一下子回到了那个战火纷飞的年代，对上一代人的文化坚守肃然起敬！这座小院修葺保存得十分完好，已被列为省级重点文物保护单位。

我们在楼前留影，将儿孙们的思念寄往遥远的天国。老爷爷、老奶奶，你们脸上该有一丝笑容，心头该有一点温暖了。

古路坝天主教堂当年是西北联大工学院所在地。这里群山环抱、风景秀丽。汽车拐过山道，想不到在蓝天绿海的掩映中，一座么完整的西式天主教建筑群耸立在山坡上。这个建筑群包括礼拜堂、小花园、神父院、修女院（已部分倒塌）。此处曾是天主教西北总教主所在地，现在仍有神父驻守，仍有礼拜仪式。

我和云儒先来过一次。这次不巧，恰逢神父外出，由守门人带我们进大院内。一个有剧场那么大的四合院，中西合璧风格。四周廊道环绕，院中立有汉白玉圣母雕像。清风习习，花木葱茏。驻足院内，感悟着宗教和文化的双重神圣，也再一次感念父母那一代先驱者战胜艰难险阻，奋发学习、立志报国的赤子情怀。

后院草坪正中，西北工业大学竖立了一尊由师昌绪教授撰书的汉白玉"国立西北工学院旧址"纪念碑。为了铭记爷爷奶奶的生命轨迹，儿子、儿媳从各个角度拍下了纪念碑及周边环境。只有两个不谙世事的孩子，好奇地这儿那儿看着，一会儿又跑到院外的草地上欢呼雀跃。快乐的孩子啊！此刻你们可能不会想到百年来中华民族的苦难史和一代代中华儿女的奋争史吧。爷爷奶奶们就是为了你们能有幸福的今天，奉献了自己的青春。你们快乐，他们也会快乐的啊！

一家人聚集到汉白玉遗址碑前，三代六口再次郑重合影。西北联大的这个纪念碑，是那个时代的一尊玉石 Logo，它将会在一代一代人心中闪光、显影。

我们还在《西北大学史稿·上卷（1902—1949）》（李永森、姚远主编，西北大学出版社 2002 年 9 月第 1 版）中看到一张照片，与母亲留下的老照片本上的一张完全一样。那是南迁城固后，联大"自励社"部分成员的留影。"自励社"成立于 1939 年春，是在联大地下党直接领导下的一个读书会组织。云儒明确能认出母亲欧阳明玺。估计父亲也会在照片上，但他不能确认。

十三

我读过汉中市民族宗教局副局长、作家清扬的小说《此情可待》。书中主人公、西北联大学生喜雨悲怆的命运、执着的进取、坚贞的爱情和对未来美好的向往，多少次感动过我。我总是不由得想，喜雨经历的这一切，不正是父亲母亲曾经经历过的吗？

岁月是一道绵延无尽的河床，历史是一条无数代人走出来的路。

我们的脚步就这样叠印着父母的脚步，我们的脉动就这样感应着父母的脉动，我们的思绪就这样跨越时空与父母的思绪对接、融合。

记得云儒说过，母亲曾经告诉他，他们西北联大文史类专业主要设在城固考院（现在的城固师范学校）。大学生们集中在此上课，零散地住在附近，课余便三五成群到就近的茶馆喝茶、看书、聊天。

这个情况后来我在陈海儒教授的文章中得到了印证：

学校图书馆的里里外外，每天都挤得水泄不通，于是每个人都得准备一个矮小的凳子，花前树下，随时都可以坐下来阅读。遇到空袭警报时，正好提着凳子往城外跑。

校舍紧张，图书馆座位有限。有些学生课余时间就到茶馆去看书学习。因为有大量的学生客源，西北联大的每一个校区附近都有几家茶馆，就连偏僻的古路坝也有好几家。茶馆有桌椅，有灯光，有茶水，花上一份茶钱可以坐上大半天，或看书，或写作业，或讨论问题，学生喜欢的就是这种自由自在。有学生多年以后回忆起在城固的茶馆生活仍然意犹未尽，同学们泡上一碗茶，可以在那里待上几个钟头。一个人在那里可以看小说、读书报，三四个人在那里可以海阔天空、天南地北、古今中外聊大天。

十四

从西北联大毕业后，我们父亲母亲去了哪里？刊登在西北联大校刊第7期上的文章《本校二十六年度毕业同学就业调查（续）》中，明确写到了他们毕业后最初的去向："萧远健，历史系学生，男，职别为四川青神县立乡村师范教员，通信地址为四川省青神县该校。欧阳明玺，历史系学生，女，职别为四川省青神县立乡村师范教员，通信地址为四川省青神县该校。"这也应该是父亲母亲1933年考入北平师大，1937年随校内迁到西安临时大学再到西北联合大学的最准确的说明了。

现任西北大学西北联大研究会会长姚远教授告诉我，他们1937届学生的毕业证，是1938年7月到了西北联大后才发的。

云儒曾有这样的记忆，母亲告诉他，他们毕业之后，没有去青神县，而是双双去了重庆。父亲在重庆从事党的地下工作，母亲给一位富人当家庭教师，以这个身份掩护丈夫。

母亲曾给云儒说过父母的一件趣事。他们在重庆期间，还一道回过一百多公里外的广安老家。这是大学毕业的儿媳妇第一次回婆家，村里好多人拥到家里来看新媳妇。母亲笑着给云儒讲，按照当地风俗，奶奶还当众给了她半斤棉花作为零花钱——她希望儿媳像其他女人一样留在村里，靠纺织这棉花去挣自己的零花钱。

20世纪30年代，从北平、西安、汉中、城固，再到重庆，到泰和，是父母一腔热血张扬奋发的青春年代。共同的理想和追求把两颗年轻的心连在一起。其间有同窗苦读，有风餐露宿，有忧国忧民的社会宣传和组织工作，还有不为人知的中共地下革命活动。他们相依相携走过这一段岁月。这是他们激情燃烧的岁月，肯定有着一份深藏心底的带着苦涩味的温馨和幸福的回忆。这一切，我们后辈是永远不得而知了。但这份珍贵和温馨的回忆，会在冥冥中永远滋养我们的人生！

联想到云儒二十多年后从中国人民大学毕业，只身分配到西安工作，江西省委组织部、统战部曾提出，由于他们孤儿寡母的实际情况，云儒可以调回江西，回到母亲身边。母亲却婉谢了组织的美意，说西安古城历史文化底蕴深厚，在那更利于儿子的发展。我恍然感觉到，决定让自己的独子留在陕西，是否和她年轻时在这块土地上发生过的学习、爱情、革命的种种故事有关？她和父亲的青春经历，滋生出她对三秦大地终其一生也无法切断的眷恋和深情。

十五

2018年9月初，我和云儒去拜访西北联大研究专家、西北大学姚远教授。多年来姚先生以严谨的科学精神致力于西北联大校史、办学思想、历史意义和相关人物的研究，退休后又受聘于陕西省档案馆，继续在这个领域深掘、笔耕不辍。姚先生亲为我们查阅、打印了一些父亲的相关资料，鼓励、指导我一步步朝自己的目标前进。他还以西北联大研究会会长的名义盛邀我们参加2018年11月召开的"西北联大与中国高等教育"年会。

在西北工业大学长安校区南山苑国际会议中心召开的"第七届西北联大与中国高等教育发展论坛"上，座无虚席，过道、场外都挤满了人。大家从不同角度展开对西北联大的历史阐述，研究西北联大对中国现代化进程和中国西部文化教育、经济和社会发展的促进和长远影响，也有对一些重要人物的办学思想、学术见解的缜密分析。我从每位研究者的发言中捕捉信息，受益匪浅。更欣慰的是，在会上重逢和结识了许多旧朋新友。北京师范大学档案馆馆长杨桂明教授和陕西学前教育学院博士张强老师会后都给我发来重要的参考信息。

十六

2016年清明节，我们带着儿孙回到了父亲的老家四川广安东岳乡，参加萧氏宗亲大会。

真是感慨万端！七八十年后，总算是认祖归宗了。欢笑、流泪、拥抱、聚餐、忆往追昔、祭奠先祖，每个人沉浸在从未领略过的家族亲情之中。同去的小孙女一诺那年才6岁，也喜滋滋地说，这里有这么多姓萧的人呀！

乡亲们、族中人认识多了，那以后便常有了电话、微信往来。有人提议重修萧氏宗祠，众人立即响应、捐资襄助。我们也很快捐资以表心意。议事时，家族的长者萧远汉叔叔提出给父亲单独立纪念碑。他的想法是：父亲少小离家投身革命，最终献身国家，应给烈士立碑纪念以教育后人。宗亲会来电征求我们的意见。我们深表感谢，但婉拒了乡亲们的好意。我们觉得，父亲生于斯长于斯，那块土地和文化滋养了他，父老乡亲养育了他，最终能够回归那块母土，已经足矣！我们只希望父母与他们的宗亲祖辈一样，在家族祠堂里有自己的一个牌位，就可以告慰亡灵了。这个愿望在今年清明节时已得以实现。

十七

今年清明时分，我们又去了一趟江西泰和。那里的朋友和研究者仍在继续做着关于泰和临时省会的研究，当时的浙江大学、中正大学、心远中学、国立幼稚师范学校的研究，当时的文化、经济、社会发展研究和重要人物研究，等等。叶骏主任、陈小民老师、严超凡书记，还有同来的江西教育出版社张延主任、南昌的卞教授都陪我们一起访问、拜谒。

父亲长眠的山坡上刚刚下了一场春雨。我们跪着用手掬了两抔红土。那红土潮湿着，在雨后的阳光中显出一份亮丽和鲜艳。我们再一次长跪叩拜，然后郑重地将红土打包、封好，带回南昌。

儿子肖星利用双休日已经由西安直飞南昌。瀛上公墓母亲的墓前，原有一棵松树。肖星托他的表哥欧阳平又新植了一棵松树。欧阳平代表欧阳家族细致认真地做好了一切准备工作，等着爷爷和奶奶这次象征性的合葬。

己亥清明之前的一天，雨后初晴，蓝天一碧如洗，遍野草木返青。我们和母亲家在南昌的欧阳亲戚一行8人，在她老人家墓前跪拜、献花，将从泰和父亲墓前带回来的红土，埋在了新植的松树下。这棵松树与妈妈墓前原有的松树一般大小，绿葱葱站在墓碑两厢，在微风中摇曳着，像是爸爸妈妈在点头，在携手凝望！

父亲母亲终于迈过近八十年岁月的别离，近八十年时代风云的变幻，在南国的青山绿水中相聚了。

爸爸，妈妈，你们的生命如阳光灿烂，如松柏常青！

还有另一抔红土，我们带回了西安，打算择日送到广安，洒在爷爷奶奶墓前。让父亲叶落归根！

我们的寻找还在继续！我相信，一个真实的、鲜活的、丰满的父亲，一定会在我们和儿孙的心中站立起来！

十八

两年前，中国文联在井冈山召开了红色革命文艺高层研讨会，云儒被邀参会并发言。会议期间，同行的著名摄影家、作家董发亮和李泛，知道了我们父亲在井冈山下病逝的情况，悉心为云儒拍摄了大量重返红土地寻亲的照片。

会后董发亮先生给不少照片配上他写的诗，出版了艺术摄影集《乡愁，乡愁》。

董先生的诗文写道：

尘封的记忆如此勾人，偶然的过往深深埋进心房，忧伤隔开了岁月，满世界尽是双亲的馨香。

这座山的歌，是我清远的念想。惆怅的心声，是寻根人灵魂的典藏！

父辈们所经历的战乱倥偬、颠沛流离，让在和平安宁中成长起来的我们，心中常怀酸楚。我与云儒经常感慨，父亲母亲的生命何其短促，大部分的章节还没有来得及展开便匆忙谢幕！他们的爱情只有一个前奏，没有享受过夫妻儿女厮守终生的天伦之乐。他们奋斗过，但很少享受过奋斗带来的幸福。他们为学问深研过，但很少享受过事业的成就感。今天我们几代人吃的、住的、玩的、见识的生活之美好，他们何曾体味过？他们和同代的优秀者，为了子孙后代的幸福，过早地奉献了自己。

每思及此，我会倏然明白，为什么云儒每当意识到他生活中的些许幸福，吃了好的，穿了好的，去国内外旅游，或者出了学术成果，总会情不自禁地长叹一声："我可怜的老爸老妈啊！"然后便默下声来，久久无语。

是啊，我们那叫人终生心痛的老爸老妈啊！

这两年，在寻找父亲的同时，云儒正全力以赴编辑他的文集《云儒文汇》。两件事他都一直掐着日子在赶时间，我劝他顾惜身体，别那么着急。他说，我今年79岁了，知道79岁对我意味着什么吗？难道是自己可以做80寿辰了？不，不。父母两人寿数加起来正好79岁！父亲离开我正好79年！"79"，这是我人生的一个命数呀。我一定要赶在79岁这一年做好这两件大事，给九泉之下的父亲母亲一个慰藉，做一个我的人生的庄严汇报！

寻找父亲，我更亲近、理解了我们的父亲母亲，也更亲近、理解了云儒！我会为两位老人、为我的家庭、为整个社会、为这个来之不易的时代，奉献一位女性最有温度的爱！

谨以此文献给我们亲爱的永远怀念的父亲母亲！

诚挚地感谢在多年寻找父亲的过程中支持和帮助我们的朋友们、萧氏大家族和欧阳大家庭的亲人们！

2019 年 5 月 5 日，西安